JN195251

『鄴中記』

五胡の正統遺産

失われた古代の面影

平勢隆郎 HIRASE Takao
塩沢裕仁 SHIOZAWA Hirohito
宇都宮美生 UTSUNOMIYA Miki 著

雄山閣

◎五胡の正統遺産『鄴中記』――失われた古代の面影――◎目次

第一章　『鄴中記』訳注

平勢隆郎　塩沢裕仁　宇都宮美生

序

鄴（鄴城、鄴都とも称す）には三台と称される巨大な高層の楼閣を有する連立の要塞が聳えていた。日本でいう天守閣のような構造物であり、都市を囲む長大な城壁と平大な宮殿群で構成される宮城を有する中国都城の内にあって、正に稀有な規格をもつ存在であった。何故にこのような都城が中国史の中に登場したかというに、その造営には後漢末の英傑として知られる曹操が関わっていた。稀代の戦略家である曹操が自らの拠点として手掛けたもので、防衛面や視覚効果などの規格構造が重視されていた。しかしそれだけで、五胡十六国・南北朝という中国史上の大混乱期にあって華北を代表する都城として機能しつづけられたのではない。加えて、鄴に繁栄を齎した因子の一つとして曹操が築き上げた水運網の基点として機能したことが挙げられる。そのため、隋の煬帝によって大運河が開かれ、そのルートからも外れたことで水運経済から消え、二度と歴史の舞台に帰ることはなかった。

では、中国史上での鄴の知名度はいかばかりかといえば、魏晋・五胡十六国・南北朝という時代を知らなければ、その名に触れることはない。この間、数百年においてのみ燦然と輝き、一瞬にして歴史から消えている。言を替えれば、その重要性ゆえに歴史から抹殺され、その後歴史に登場することのなかった唯一の中国都城なのである。したがって、五胡十六国・南北朝の歴史を学ばなければ、鄴の存在は知りようもないわけである。しかし、遺憾ながら一般に語られる世界史の中では鄴に触れる部分は極めて限られる。

鄴の始まりは戦国期とされ、戦国魏の西門豹の灌漑等が知られるが、あくまでも漳水沿いの一城塞都市としての位置づ

図1　五胡十六国時代の後趙

けであった。この地域の中心は趙の国都が置かれ、漢代では五大都市の一つとして栄えた邯鄲であり、鄴が歴史の場で脚光を浴びるようになるのは、後漢後期に袁紹が拠点としたことに始まる。袁紹を攻略後、曹操は鄴に本拠地を定め積極的に経営した。曹魏・司馬晋では洛陽に中心が戻ったが、その後の遊牧民族の台頭とともに分裂時代となった十六国南北朝を通して、鄴の地政学的な重要性は比重を増し、華北の中心として機能することになる。この間、鄴に都をおいた王朝は、石氏後趙（図1）・冉氏魏・慕容氏前燕および北魏分裂後の拓跋氏東魏・高氏北斉であり、鄴の卓越した都市経営としては、後燕・北魏期に規模が縮小されて一地方の治所となった百数十年という時期を挟んでその前後、すなわち後漢末から十六国末と東魏北斉という二つの時期が見て取れる。このような鄴の歴史的経緯を踏まえると、鄴の都市空間については、①後漢以前、②後漢末から前燕、③後燕・北魏、④東魏・北斉という四期の時期区分をもって理解する必要がある。鄴城の遺構については、漳河以北にある北城と漳河以南にある南城に対し発掘調査が継続されており、①〜③は北城、④は北城プラス南城という認識でとらえることができる。

宇文氏が建てた北周が北斉を制圧したのち尉遅迥が拠点をおくが、外戚として勢力を増す楊堅（隋文帝）はこれを制圧したのち、分裂勢力の拠点となりえる危険性を有する鄴の存在を危惧し、これを焼き払い削平した。これ以後、鄴は歴史の舞台から姿を消すことになるのである。

本書はこのような都城たる鄴の都市空間を描写しつつ胡漢が雑居するにいたる魏晋南北朝の社会の様相をも描き出した唯一の資料である。それを産み出したのは、遊牧民族と農耕民族という属性の異なる民族の雑居再生産の時期であり、かつ宋代以後のいわゆる道教・仏教・儒教につながっていく諸思想が、前代以来未解明の状況を受けつつ混淆混在している時期でもある。のちの隋唐へ引き継がれる文化の流れも未解明の部分が多い。この未解明の部分に一つの解明への道筋がつけられないか、それが本書のささやかな目標になった。

『鄴中記』は晋の陸翽の選で、主として後趙の第三代皇帝石虎の時代の都であった鄴の宮殿、庭園、風俗、石虎の事績を記したものである。もともと二巻あったが散佚し、『永楽大典』より輯本して、『四庫全書』『叢書集成初編』に収められている。然るに、その内には東魏・北斉の鄴に関する記述なども含まれている。

ところが、陸翽『鄴中記』のほか、東魏・北斉の鄴にも触れた同名の『鄴中記』が宋代以前に存在した可能性を探る作業は、その実困難を極める。これは、われわれの眼前に残されたいわゆる逸文なるものが、後代の作為により削除・増補ないし変形された結果になっている危険が少なくないからである。この種の危険は、『四庫全書』の提要として膨大にまとめられているだけでなく、それに影響を与え、またはその影響をうけつつなされたいわゆる考証学の成果においても議論されている。そのため、この種の危険については、本書ではそれに配慮しつつ、禁欲的姿勢を示すことにした。極力議論可能な部分を検討し、それに限って言及する。

本書訳注は武英殿聚珍版を底本とし、その全七十四条を取り扱う（北京国家図書館蔵の清代湘郷陳氏闕慎室刻朱印本は文字の異動という範疇で認識している）。『太平御覧』のほか『鄴中記』が部分的に収録されている書籍は多い。また、同一書籍においても版本により文字の異同がみられる。そのような認識のもと、本訳注における校勘使用の版本を定めた。本訳注校勘の実務は宇都宮が担当し、平勢と塩沢がその点検・補正に協力した。

塩沢裕仁

底本　清・陸錫熊・紀昀・雛奕孝輯『鄴中記』、『四庫全書』武英殿聚珍版本

①　北魏・賈思勰撰『斉民要術』清・学津討原本、台湾中華書局、一九八〇年

②　北魏・酈道元『水経注』楊守敬・熊会貞疏『水経注疏』所収、北京科学出版社刊行熊会貞稿本影印本

③　隋・杜台卿撰『玉燭宝典』清・古逸叢書影印本、百部叢書集成、芸文印書館、一九六五年

④　唐・虞世南撰『北堂書鈔』清・光緒十四年南海孔氏三十有三万巻堂影宋刊本、学苑出版社、一九九八年

⑤唐・欧陽詢等撰『芸文類聚』上海図書館蔵宋紹興刻本等、上海古籍出版社、一九九九年
⑥唐・徐堅等撰『初学記』古香齋本等、中華書局、一九六二年
⑦唐・白居易撰『白氏六帖事類集』静嘉堂文庫所蔵北宋版、『白氏六帖事類集』汲古書院、二〇〇八年
⑧宋・李昉等撰『太平御覧』商務印書館影印宋本、中華書局、一九六〇年初版
⑨宋・楽史撰『太平寰宇記』金陵書局本（崇仁楽氏祠堂本）等、中華書局、二〇〇七年
⑩宋・呉淑撰注『事類賦』宋・紹興十六年刻本影印原書版、北京図書館古籍珍本叢刊、書目文献出版社、一九八七年
⑪宋・葉廷珪撰『海録砕事』明・万暦二十六年沛国劉鳳本等、李之亮校点本、中華書局、二〇〇二年
⑫宋・潘自牧撰『記纂淵海』北京図書館・遼寧図書館蔵三種宋刊本、中華書局、一九八八年
⑬宋・高承撰『事物紀原』、惜陰軒叢書
⑭宋・王応麟撰『玉海』二〇四巻・附刻一三種、明初、国立国会図書館デジタルコレクション、https://dl.ndl.go.jp/pid/2586020（二〇二四年八月五日閲覧）
⑮元・馬端臨撰『文献通考』清・乾隆年間重刻本、中華書局、一九八六年
⑯元・納新撰『河朔訪古記』清・守山閣叢書、広文書局、一九六八年
⑰明・陶宗儀撰『説郛』一百二十巻本宛委山堂蔵版、『説郛三種』上海古籍出版社、一九八六年
⑱明・陶宗儀撰『説郛』一百巻、涵芬楼蔵版、『説郛三種』上海古籍出版社、一九八六年
⑲明・崔銑撰『彰徳府志』巻八「鄴都宮室志」明・嘉靖元年刻本（天一閣蔵）、上海古籍書店、一九八二年
⑳明・陳耀文撰『天中記』本衙蔵版
㉑明・周嬰撰『巵林』明・湖海樓叢書本
㉒清・顧炎武撰『歴代宅京記』清・嘉慶十三年来賢堂刊本等、中華書局、一九八四年
㉓清・陳元龍撰『格致鏡原』清・雍正十三年刊本、新興書局、一九七一年

各条の校勘においては、異体字及び「於」「于」の異同は除く。複数の巻がある場合、それぞれの異同を区別する必要があるときにはその巻数を記載し、それらすべてが異同の対象になっているときには巻数の記載を省略する。

第一条　鳳詔

石季龍①與②皇③后在觀上④。爲⑤詔書⑥五色紙⑦、著⑧鳳⑨口⑩中。鳳⑪既銜詔⑫、侍人放數⑬百丈⑭緋繩。轆轤⑮回⑯轉、鳳凰⑰飛⑱下⑲。謂之鳳詔⑳。鳳凰㉑以木作之、五色漆㉒畫㉓、㉔腳皆用金。

【校勘】

① 『北堂書鈔』『白氏六帖事類集』4『太平御覧』593 605『事類賦』15『記纂淵海』82『説郛』『格致鏡原』37は「季龍」を「虎」に作る。
② 『初学記』『記纂淵海』4は「与」を脱する。
③ 『事類賦』18は「皇」を「為」に作る。
④ 『北堂書鈔』『白氏六帖事類集』4『太平御覧』593 605『事類賦』15『記纂淵海』82『説郛』『格致鏡原』37は「與皇后在観（觀）上」を脱し、『記纂淵海』4は「在觀上」を脱する。
⑤ 『初学記』『白氏六帖事類集』29『記纂淵海』4『格致鏡原』77は「為（爲）」を「有」に作り、『北堂書鈔』『白氏六帖事類集』4『太平御覧』593 605『事類賦』『記纂淵海』82『説郛』『格致鏡原』37は「為」を脱する。
⑥ 『北堂書鈔』『太平御覧』593 605『記纂淵海』82『説郛』『格致鏡原』37は「書」の下に「以」を増し、『白氏六帖事類集』4『事類賦』15は「書」を「以」に作る。
⑦ 『白氏六帖事類集』4は「紙」を「牋」に作り、同書29は「紙」の下に「書」を増す。
⑧ 『北堂書鈔』『太平御覧』593 605『記纂淵海』4『説郛』は「著」を「着」に作る。
⑨ 「鳳」の下に『太平御覧』593 605『事類賦』15『記纂淵海』82『説郛』は「雛」を、『北堂書鈔』『格致鏡原』は「凰」を、『白氏六帖事類集』は「皇」を増す。
⑩ 『白氏六帖事類集』4は「口」を「之」に作る。
⑪ 『白氏六帖事類集』29『格致鏡原』77は「鳳」を脱する。
⑫ 『事類賦』18は「鳳既（旣）銜詔」を脱する。『記纂淵海』4はこの四字を「銜之」に作り、『格致鏡原』37は「御之」に作る。
⑬ 『事類賦』18は「放数（數）」を「以」に作る。
⑭ 『太平御覧』915は「丈」を「文」に作る。
⑮ 『白氏六帖事類集』29『格致鏡原』77は「轆轤」を「鹿盧」に作る。
⑯ 『初学記』『白氏六帖事類集』29『太平御覧』915は「回」を「迴」に作り、『格致鏡原』77は「廻」に作る。

⑰『初学記』『白氏六帖事類集』29『太平御覧』915は「凰」を「皇」に作る。

⑱『事類賦』18は「鳳凰飛」を脱する。

⑲『事類賦』18は「下」の下に「之」を増す。

⑳『初学記』『白氏六帖事類集』29『太平御覧』915『格致鏡原』77は「謂之鳳詔」を脱する。

㉑『初学記』『白氏六帖事類集』29『太平御覧』915『格致鏡原』77は「凰」を脱する。

㉒『白氏六帖事類集』29『格致鏡原』77は「漆」を脱する。

㉓『白氏六帖事類集』29『格致鏡原』77は「画（畫）」の下に「之」を増す。

㉔『初学記』『白氏六帖事類集』29『格致鏡原』77は「脚」の上に「咮」を増す。「咮」は鳥の嘴。

【語釈】

観：戯馬観のことで、閲馬台のこと。『晋書』載記石季龍に「季龍常以女騎一千為鹵簿、皆著紫綸巾、熟錦袴、金銀鏤帯、五文織成鞾、游于戯馬観。観上安詔書五色紙、在木鳳之口、鹿戸回転、状若飛翔焉」（傍点訳者、以下同じ）とある。第十五条参照。

石季龍：石虎。字は季龍、諡は武帝。石勒の従弟で、後趙第三代の皇帝（在位三三四～四九）。

五色：何色か不明。古代の五色は、青、黄、赤、白、黒であったのでこれらの色と思われる。

【現代語訳】

石季龍は皇后と（戯馬）観の上にいて、詔を出して五色の紙に書かせ、それを鳳の口の中に入れた。鳳凰が詔を銜えると、侍人は数百丈もある赤色の縄を放し、轆轤が回転すると、鳳凰が飛んで下った。これを「鳳詔」といった。鳳凰は木で作られ、五色の漆で描かれ、足はすべて金でできていた。

第二条　鳳陽門

鄴宮南面三門、西鳳陽門、高二十五丈。上六層、反宇向陽、下開二門。又安大銅鳳于其巓①、舉頭一丈六尺。門②窗③戸（案此句疑有缺字）、朱柱白壁。未到鄴城七八里、遙望此門（案此條見太平御覽）。

【校勘】

①『太平御覧』は「巓」を「鎮」に作る。

②『太平御覧』は「門」を「開」に作る。

③「牕」あるいは「窗」に作るが、本訳注では正字の「窗」を用いる。「牕」は壁の窓。

【語釈】

南面三門：南城壁の三門を指す（図2）。『水経注』巻一〇濁漳水の条に「城有七門。南曰鳳陽門、中曰中陽門、次曰広陽門。東曰建春門。北曰広徳門、次曰廏門。西曰金明門、一曰白門」とあり、南面三門とは鳳陽門、中陽門および広陽門のことである。

鳳陽門：石虎の鄴城の主たる門（図2）。

二十五丈：目安としての数値を述べれば、晋後尺によると一丈は二・四五メートルとして、二五丈は六一・二五メートル。尺を含む度量衡の変化については、小泉袈裟勝『ものさし』（法政大学出版局、一九七七年一月）参照。度量衡がばらばらに変化したことが知られる。

層：床を数える単位。

反宇：反りあがった屋根。

一丈六尺：晋後尺では約三・九メートル。

門窗：建物の窓。

【現代語訳】

鄴の宮殿の南面には三門あった。西鳳陽門は、地中からの高さは二五丈、上った場所に（上に）六層の建物があり、その反宇は南（太陽）に向かっていた。下に二門あった。また、大きな銅の鳳凰を建物の一番高いところに置いた。屋根から頭抜けた高さは一丈六尺、窓や壁の戸があり〔注：この下に欠字があるかもしれない〕、朱色の柱と白壁になっていた。地中を含めた門の高さは、遠方より高台を表現しており、鄴城から七、八里のところからもこの門が見えた〔注：この条は『太平御覧』（巻一八三居処部）にみえる〕。

【解説】

〔屋根の上の鳳凰〕銅の鳳凰は、建物の屋根に置くのだから、鴟尾が参照できる。正史では、唐代『晋書』、梁代『宋書』以後「鴟尾」の記載がある。『宋書』五行志に「劉斌為呉郡、群堂屋西頭鴟尾無故落地、治之未畢、東頭鴟尾復落」とあ

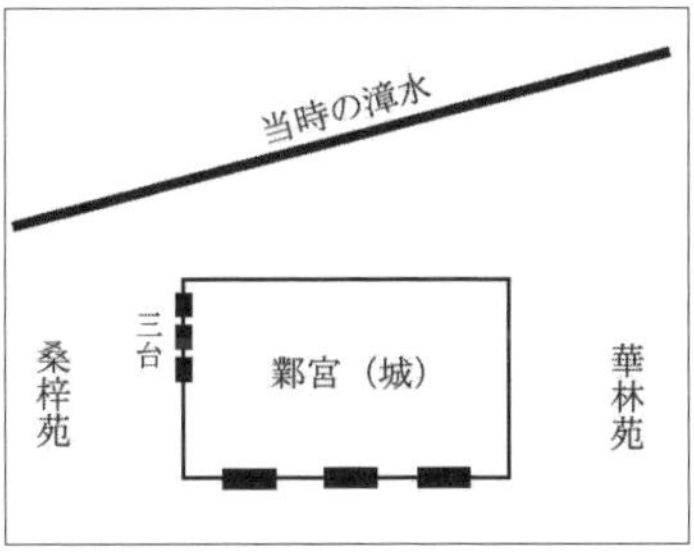

図2　鄴宮と漳水の概念図

図3　参考：平等院鳳凰堂の鳳凰
（pixabay.com）

る（図3は後代の日本の事例）。日本古代建築の鴟尾の形態を参照できるのだが、三門のうち西鳳陽門から登った場所（上）に六層の建物がある。下った場所に別の二門がある。門は両端の柱とそれらをつなぐ部分からなる。柱部分の天頂に鳳凰を置いた可能性と、六層建物の屋根の鳳凰が想定できる。門柱上の場合、平勢解説《その二》「第二条」に示したような、梁代の門柱の上部に鳳凰を置いたような形態を想定しておく（漢代の門闕参照。日本の三輪神社鳥居の変遷も参照できる）。門の高さ、二頭の鳳凰については、第三条参照。建物の屋根の上の鳳凰は、我国の神輿の上の鳳凰のように、一頭を据え付けた可能性もある。『下記第三条との関係』

　下記第三条の記事は、『鄴中記』を諸書（具体的には下記が引いて、他の史料内容を付加した部分と見ることができる。参照すべきなのは、『十六国春秋』である（訳注や上記解説でも言及した）。『十六国春秋』は成立時期の問題があり、多くの論者が利用にしり込みする。ただし、後代の論者が、古来の諸書を勘案しつつ、再まとめを行なった点を前提に、他の諸史料をどう利用するかの比較材料だとわりきれば、利用法を検討できないわけではない。こうした利用法を模索すると、平勢解説《その三》の「『石虎と鏡と太子像』母を特別に位置づける『形』」に示したような試案ができる。この『十六国春秋』の場合と同じ対処が求められる。

第三条　鳳陽門及金鳳凰

鳳陽門五層樓、去地三十丈①、安金鳳凰②二頭。石虎將衰、一頭飛入漳河、會晴日見于水上③。一頭以鐵釘釘④足、今存（案太平寰宇記引鄴中記云、魏太祖都城之⑤内、諸街有赤闕、南面西頭曰鳳陽門。上有鳳二枚、其一飛入漳水、其一仍以鎖絆其足。鄴人舊歌曰、鳳陽門南天一半、上有金鳳相飛喚。欲去不去著鎖絆。其文與此詳略互異）。

【校勘】

①『事類賦』『格致鏡原』は「去地三十丈」を脱する。

②『太平御覧』『事類賦』『格致鏡原』は「凰」を「皇」に作る。

③『太平御覧』『事類賦』『格致鏡原』は「上」を「中」に作る。

④『格致鏡原』は「釘」を脱する。

⑤『太平寰宇記』は「城之」を「之城」に作る。

＊『幽明録』（『芸文類聚』に所収）には「鄴城鳳陽門五層樓、去地二十丈、長四十丈、廣二十丈。安金鳳皇二頭於其上。一頭飛入漳河、清浪見在水底、一頭今猶存」とある。

【語釈】

鳳陽門：第二条参照。ただし、第二条では六層となっている。

三十丈：目安の数値であるが、晋後尺では約七三・五メートル。『幽明録』（『芸文類聚』に所収）は「鄴城鳳陽門五層楼、去地二十丈、長四十丈、広二十丈」とあり、高さを「二十丈」に作る。

漳河・漳水：上流は清漳河と濁漳河があり、山東省東部太行山脈に発して東流し、河北省南部で合流してから漳河と呼ばれる。河南・河北両省の境をなして東流し、衛河に合流する。しばしば流路が変わる。

闕　：宮殿の門にある一対の見張り台。宮殿の門。

【現代語訳】

鳳陽門（の先に見える）五層（第二条では鳳凰据え付け部を入れて六層）の楼閣は、地中から三〇丈の高さがあり（第二条の西鳳陽門は二十五丈）、本来金の鳳凰を二体置いていた（一体だけ残ったので西鳳陽門と言うのか、三台〈南北にならんだ南の台が金鳳台〉が西にあるので西鳳陽門と呼んだのかのいずれかであろう）。石虎に衰えがみえたときに、一体は飛んで行って漳水に入ってしまい（図2）、晴れた日には水面に映った。もう一体は鉄釘（鎖）で（金鳳台に）足を留められているので（飛び立つことができず）、今も残っている〔注：『太平寰宇記』（巻五五河北道相州鄴県）は『鄴中記』を引用して、魏太祖の都城内には、街路に赤闕があった。南面する西鳳陽門があった。門の上にはもともと鳳凰が二体見えていたが、一つは飛んで行って漳水に入り、もう一つは鎖で足を留められていた。鄴人の旧歌に詠うところでは、鳳陽門のある南側の空には、金の鳳凰が飛びたとうとして鳴くが、飛び去ろうとしても飛び去れず、鎖を付けて留められていた。この文と本文の詳細部分と簡略部分には異なっている部分がある。第十一条を参照すると、本来鳳凰は南の空高くにあるのが筋だが、石虎の造営した建築では、西に三台があり金鳳台があるだけだ、と石虎を揶揄する意味がありそうである〕。

【解説】

鳳陽門の建物の描写が違うため、第二条と第三条の記載は同時代ではないとするか、または、いずれも地中からの高さを論じ、それぞれ意味があるとするか、いずれかである。ここは、第二条の鳳凰を据え付ける部分を含めて六層、下の部分が五層と考えておく。第十一条に黄恵賢氏は、鄴城は北周大象二年（五八〇）に全壊し、鳳陽門の巔にあった金の鳳凰もなくなっているから、本文の「今」は北周大象二年より前を指すと考えている（黄恵賢「輯校『鄴中記』」劉心長・馬忠理主編『鄴城暨北朝史研究』河北人民出版社、一九九一年、三七八頁）。平勢解説《その一》「曲水」に、「安金鳳凰二頭」は『荊楚歳時記』「七月七日爲牽牛織女聚会之夜」の伝説に関係することを述べる。この二頭が、上記『鄴中記』の一頭になる経緯を詮索するのが、『太平御覧』に引かれる諸書の内容になる。この二頭は、そもそもは南中の場の朱雀と七夕のころの夜天に見える鶉火が象徴的に扱われることを意味する（だから二頭の扱いがばらばらになる）。それが一頭になったので、もう一頭も飛び立ちたいのに飛び立てない。王朝滅亡を比喩的に述べている。中国古代尺の変遷については、小泉袈裟勝『ものさし』（法政大学出版局、一九七七年十月）等が参照できる。一般に、考古学に応用する場合は、礎石間等を尺の整数として検討する。また、時代変化を論じる。復古尺を論じるのも一つの特徴で、その基準は『漢書』律暦志の度量衡の体系的説明にある。その体系的説明ができなくなった状況が正統にとって大問題となり、復古を論じた。平勢解説《その一》の「『曲水』と西王母との関係」に示したように、『水経注』は高誘を引いて黄河は崑崙から地中を伏流することを話題にしている。石虎の時代にあっても、同様の考え方がすでにあり、象徴的な門も、議論としては地中から建っている、という意味だと理解しておく。

第四条　太武殿

石虎于魏武故臺立太武殿。窗戸宛轉、畫①作雲氣。擬秦之阿房・魯之靈光。流蘇染鳥翎②爲之、以五色③編蒲心④薦席⑤〔案此條見太平寰宇記〕。

【校勘】

① 『歴代宅京記』は「画（畫）」を「盡」に作る。
② 『太平寰宇記』は「翎」を「羽」に作る。
③ 『太平寰宇記』は「色」の下に「線」を増し、『彰徳府志』『歴代宅京記』は「綿」を増す。
④ 『彰徳府志』『歴代宅京記』は「心」の下に「而為」を増す。
⑤ 『彰徳府志』『歴代宅京記』は「席」を「薦」に作る。
＊ 『彰徳府志』『歴代宅京記』巻一二鄴下太武殿に「屋皆漆瓦金鐺、銀楹金柱、柱硃亦鑄銅為之。珠簾玉壁、窗戸宛轉、畫作雲氣。復施流蘇之帳、白玉之床、黄金蓮花見于帳頂、以五色錦編蒲心而為薦席」とある。

【語釈】

魏武故台：魏の曹操の殿址。魏武は曹操（一五五～二二〇年）。字は孟徳、謚は武皇帝。なお、「登鄴台賦」には「顕陽隗其顛隧、文昌鞠而為墟、銅爵隕於台側、洪□寝於兩除、昔帝王之霊宇、為狐兎之攸居」と詠われ、『水経注』巻一〇濁漳水の条には「石氏于文昌故殿處造東西太武二殿」と記されている。

太武殿：石虎の鄴の主殿。『十六国春秋輯補』に「起大武殿於鄴、造東西宮。至是皆就大武殿。基高二丈八尺。以文石綷之、下穿為伏室。置衛士五百人於其中。東西七十五歩。南北六十五歩。皆漆瓦、金鐺、銀楹、金柱、珠簾、玉壁」とある。

宛転：緩やかに巡る、回る。

雲気：雲に象徴される気の流れ。

阿房：秦の阿房宮。『史記』第六秦始皇本紀には「乃営作朝宮渭南上林苑中、先作前殿阿房、東西五百歩、南北五十丈、上河以坐万人、下可以建五丈旗」とあり、その注には「三輔旧事云、阿房宮東西三里、南北五百歩、庭中可受万人。又鋳銅人十二於宮前。阿房宮以慈石為門、阿房宮之北闕門也」とある。

霊光：前漢魯国恭王の霊光殿のこと。恭王は、その旧宅から古文・今文論争で有名な竹簡が発見されたことで知られている。『文選』に所収の「魯霊光殿賦並序」には「初、恭王始都下国、好治宮室、遂因魯僖基兆而営焉。遭漢中微、盗賊奔突、自西京未央建章之殿、皆見隳壊、而靈光巋然獨存」とある。また、『後漢書』、『芸文類聚』に記載がある。

流蘇：飾りの一種。

蒲心：蒲（植物）。

薦席：蒲で作った平らな筵。蒲席・蒲薦ともいう。

【現代語訳】

石虎は魏の曹操の故台に太武殿を建てた。窓と戸の形は雲気を表現していた。秦の阿房宮や前漢魯の霊光殿に似せて造った。流蘇は鳥の羽を染めて造られた。五色の糸で蒲の敷物を編んで造った〔注：この条は『太平寰宇記』（巻五五河北道相州鄴県）にみえる〕。

【解説】

『十六国春秋』は成立時期の問題があり、多くの論者が利用にしり込みする。ただし、後代の論者が、古来の諸書を勘案しつつ、再まとめを行なった点を前提に、他の諸史料をどう利用するかの比較材料だとわりきれば、利用法を検討できないわけではない。こうした立場を目指して試案を示したのが、平勢解説《その三》の「『石虎と鏡と太子像』母を特別に位置づける『形』」である。一案として参照されたい。

第五条　太武殿及大綬

石虎太武殿懸大綬于梁柱、綴玉璧于綬。

【語釈】
綬：組み紐。
璧：中央に穴があいた輪状の平らな玉（図4）。古代中国で祭祀用、威信財、装飾等に使われた。

【現代語訳】
石虎の太武殿は大綬を梁と柱に掛け、玉璧をこの大綬に結んだ。

【解説】
この玉璧と綬の形状を、流蘇と称する。流蘇は平勢解説《その二》第四条の写真「四川省渠県趙家村の無銘門闕（別人のもの二基）」を参照。

図4　参考：玉璧
（洛陽博物館所蔵、宇都宮撮影）

第六条　崑華殿

石虎太武殿西有崑華殿、閣上①輒開大窗、皆施以②絳紗幌〔案此條與下一條、倶見太平御覽〕。

【校勘】
①『北堂書鈔』は「上」の下に「通支不壁」を増す。
②『北堂書鈔』『太平御覧』『格致鏡原』は「施以」を脱する。

【語釈】
崑華殿：『晋書』載記石季龍に記載がある。
絳　：深紅色。
幌　：垂れ布。

【現代語訳】
石虎の太武殿の西に崑華殿があった。楼閣には大きな窓があり、すべて赤い薄絹の垂れ布（カーテン）が懸かっていた〔注：この条と次の条は『太平御覧』（巻六九九服用部）にみえる〕。

第七条　皇后浴室

石虎金華殿後有①虎②皇后浴室、三門③徘徊、反④宇櫨欂隱起彤采、刻鏤雕⑤文粲麗。四月八日、九龍銜⑥水浴太子⑦之像⑧。又太武殿前溝水注。浴時、溝中先安銅籠疏、其次用葛、其次用紗、相去六七歩斷水。又安玉盤⑨受十斛⑩。又安銅龜飲穢水、出後、郤⑪入諸公主第、溝亦出建春門東。又顯陽殿後⑫皇后浴池上作石室、引外溝水注之室中、臨池上有石牀。

【校勘】

①『太平寰宇記』は「有」を「作」に作る。
②『芸文類聚』『太平寰宇記』は「虎」を脱する。
③『太平御覧』395は「門」を「間」に作る。
④『太平御覧』395は「反」を「及」に作る。
⑤『太平御覧』395は「雕」を「彫」に作る。
⑥『太平御覧』395は「銜」を「御」に作る。
⑦『太平寰宇記』は「浴太子」を脱する。
⑧『太平寰宇記』は「像」を「象」に作る。
⑨『太平御覧』は「盤」を「槃」に作る。
⑩『太平御覧』758は下に「於二樹之門」を増す。この二樹は後稿第五十八条の雙長生樹を指す。
⑪『太平御覧』395は「郤」を「腳」に作る。
⑫『太平御覧』395は「後」の下に「有」を増す。

＊『太平御覧』758に「石虎皇后浴室中雙長生樹、又安玉槃、受十斛於二樹之間」とある。

＊『彰徳府志』『歴代宅京記』は『太平寰宇記』を引いて「虎於金華殿後、作浴室、爲九龍銜水之像」とある。

＊『格致鏡原』は『鄴中記』を引いて「金華殿後有皇后浴室。種雙長生樹、枝條交於棟上、團團車蓋形。冬日不凋、葉大如掌。至八九月乃生華、華色白、子赤、大如橡子、不中啖也。世人謂之西王母長生樹」とある。

【語釈】

金華殿：石虎の寝殿か（図5）。『十六国春秋輯補』に「虎甍於金華殿」という記載がある。
徘徊：廊下。
反宇：反りあがった屋根。
櫨欂：柱の上の枡の形。方形。
隠起：彫った飾り。
彤采：鮮やかである。
刻鏤：彫刻。
粲麗：鮮やかで、耀くばかりに美しいこと。
四月八日：この日、北方仏教の東アジアでは釈迦の誕生を祝う灌仏会（花まつり）が行われるが、釈迦の誕生日を四月八日としていることに由来する。

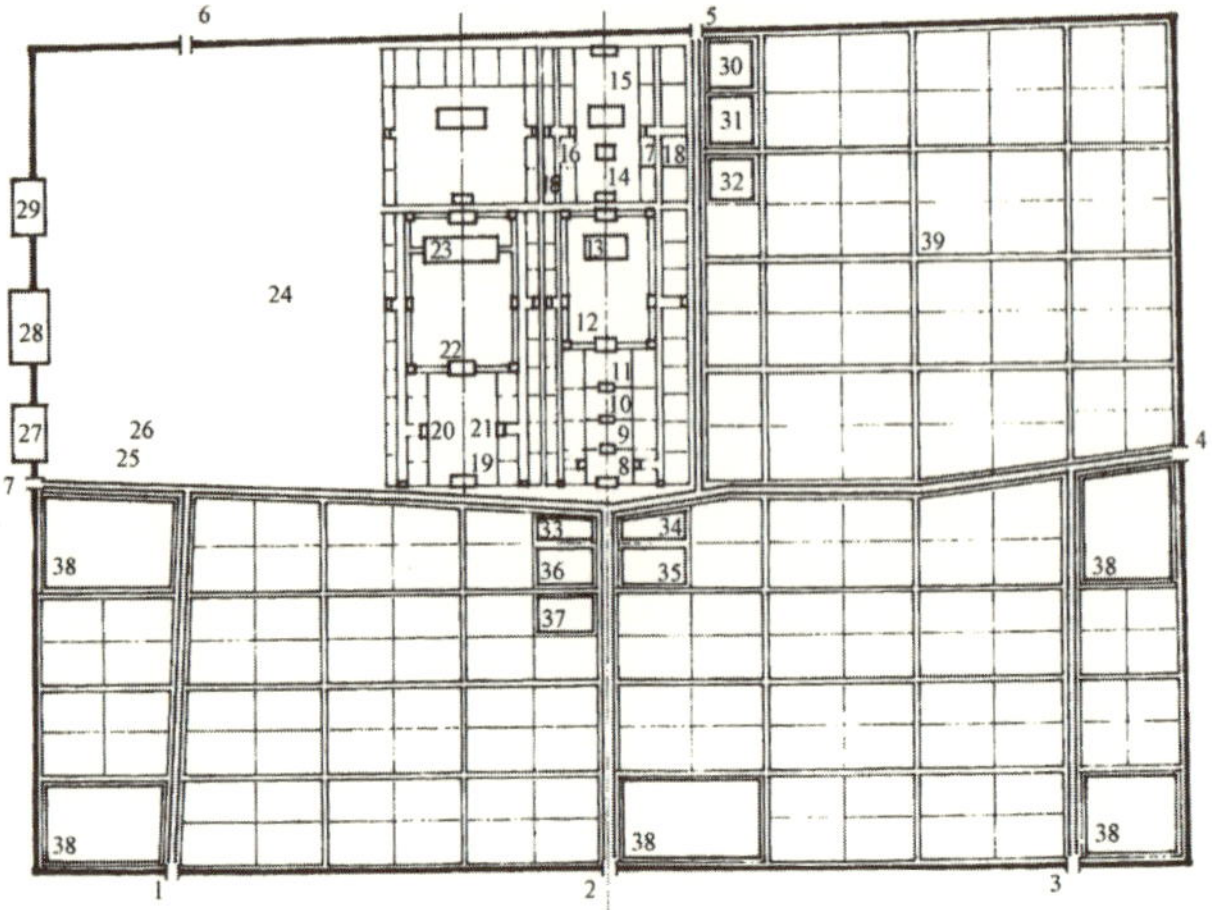

1. 鳳陽門
2. 中陽門
3. 広陽門
4. 建春門
5. 広徳門
6. 厩門
7. 金明門
8. 司馬門
9. 顕陽門
10. 宣明門
11. 昇賢門
12. 聽政殿門
13. 聽政殿
14. 温室
15. 鳴鶴堂
16. 木蘭坊
17. 楸梓坊
18. 次舎
19. 南止車門
20. 延秋門
21. 長春門
22. 端門
23. 文昌殿
24. 銅爵園
25. 乘黄厩
26. 白藏庫
27. 金虎台
28. 銅爵台
29. 冰井台
30. 大理寺
31. 宮内大社
32. 郎中令府
33. 相国府
34. 奉常寺
35. 大農寺
36. 御史大夫府
37. 少府卿寺
38. 軍営
39. 戚里

図5　曹魏時代の鄴城（北城）推定復元図（傅熹年主編『中国古代建築史』第二巻、三国、両晋、南北朝、隋唐、五代建築、中国建築工業出版社、2001年をもとに修正）

図6　参考：石床
（洛陽古墓博物館所蔵、塩沢撮影）

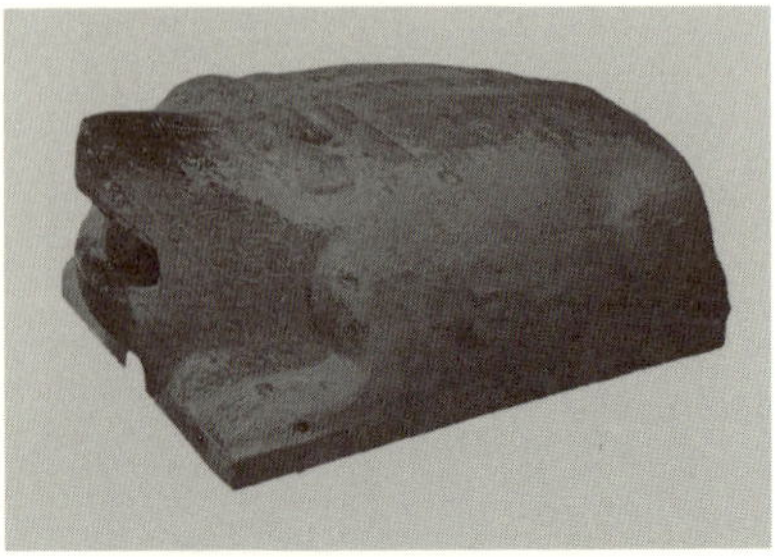

図7　参考：蛙形の排水管
（洛陽博物館所蔵、宇都宮撮影）

太子之像：釈迦像。

籠　疏：文脈上溝に水をためてその水にひたす。籠にして編めるような疏（菜＝蔬）であろう。

葛・沙：いずれも、籠疏とともに水にひたしたのであろう。

斛：古代の単位で、一斛は一〇斗、一斗は一〇升。

第：屋敷。

顕陽殿：九華宮の主殿。

石　牀：石造の台で、背面に石の屏風がある（図6）。

【現代語訳】

石虎の金華殿の後ろに虎の皇后の浴室があった。三門より出入りした。屋根・櫨檗の飾りは鮮やかで、彫刻された紋様は耀くばかりに美しかった。四月八日に、九つの龍の口から水を釈迦像にかけた。また、太武殿の前の溝より水が注ぎ入った。水を浴びるときには、溝の中にまず銅製の籠疏を置き、それに葛を置き、さらに沙を置いて水を受け、これから六、七歩離れたところで水を止め、その下方に玉盤を置いて一〇斛の水を溜めた。その水を用いて皇后が浴した。さらに、銅製の亀を置いて、穢水と称する聖なる水を口から飲ませた（図7）。水はそこから出た後諸公主の邸宅に入り、溝は建春門から東に出て行った。また、顕陽殿の後ろにある皇后の浴池の上に石室を設けた。外の溝の水を引き込んで石室の中に注ぎ入れた。池のほとりに石床があった。

【解説】

平勢解説《その一》「曲水」に、蘭亭の「曲水」は、『続斉諧記』の「曲水」の意味を継承してなされていることを述べる。その『続斉諧記』には、できたばかりの秦昭王伝説を紹介し、河曲（黄河の河曲部）に「置酒」を行って、金人が奉水心剣を出し、昭王が覇王（諸侯に覇たり）になると予言したとする（別の意味の金人が『史記』にある）。永和九年（三五三）の蘭亭儀礼は、殷浩の下の北伐を前に挙行されている。こうした金人を横目で見ながら、本条の「四月八日、九龍銜水浴太子之像」ができあがる。「四月八日」が示す太子は釈迦である。「皇后浴池上作石室」は、「石室」により西王母の霊威を皇后が受け、「皇后浴室」の水は「安銅亀飲穢水、出後、郤入諸公主第」として銅亀を経由して公主にいたる。「穢水」は上位の者には「穢」だが、下位の者には「聖」である。平勢解説《その二》「その他」の「第七条　浴室　石室（正統の書）太子像（穢はいわゆる穢ではない）（飛鳥に先行する水の儀礼）」参照。『十六国春秋』については、平勢解説《その三》の「『石虎と鏡と太子像』母を特別に位置づける『形』」の試案を参照。籠疏は、文脈からみて皇后懐妊儀礼を受ける。籠疏、葛、沙いずれも水につけて皇后が浴する。鄴城内の西方に造営された三台の銅鳳の霊験にあやかる目的だった点については、第十三条参照。

第八条　椒房

石虎以胡粉①和椒②塗③壁、曰椒房（案此條見説郛）。

【校勘】

①『北堂書鈔』は「粉」を「椒」に作る。

② 『北堂書鈔』は「椒」を「粉」に作る。
③ 『北堂書鈔』は「塗」を「泥」に作る。

【語釈】

胡粉：貝殻を焼いて製した白い粉で、化粧あるいは壁に塗るときに使う。

椒　：山椒。

椒房：皇后の御殿。山椒は暖気を与え、悪気を除く効果があり、多く実を結ぶことから子孫の多いことを祝うことから、壁に塗りこんでいた。椒屋、椒庭、椒間ともいう。

【現代語訳】

石虎は胡粉と山椒を混ぜ、壁に塗ったので、それを「椒房」と称した〔注：この条は『説郛』にみえる〕。

第九条　桑梓苑及苑囿

鄴城西①三里②桑梓苑、③有宮④臨漳水⑤。凡此諸宮、皆有⑥夫人・侍婢。又並有苑囿、養獐鹿雉兔。虎數遊宴于⑦其中〔案此條與下一條倶見太平御覽〕。

【校勘】

① 『彰徳府志』『歴代宅京記』は「城西」を「南城」に作る。
② 『彰徳府志』『歴代宅京記』は「里」の下に「有」を増す。
③ 『彰徳府志』『歴代宅京記』は「有」の上に「苑内」を増す。
④ 『彰徳府志』『歴代宅京記』は「宮」を脱する。
⑤ 『彰徳府志』『歴代宅京記』は「水」を「宮」に作る。
⑥ 『太平御覧』は「有」を脱する。
⑦ 『太平御覧』は「于」を脱する。

【語釈】

桑梓苑：桑を栽培したことから名づけられた庭園。『水経注』巻一〇濁漳水の条には「漳水又對趙氏臨漳宮、宮在桑梓苑、多桑木、故苑有其名。三月三日及始蠶之月、虎帥皇后及夫人採桑于此」とある。採桑は、養蚕に関わる。

漳　水：第三条参照。

夫　人：皇后の次に位する側室。

苑　囿：苑と囿はともに垣で囲われ禽獣を養い花木を植える庭園であるが、大きい場所を苑といい、小さい場所は囿と称した。

獐　：鹿に似て角が小さい動物。

【現代語訳】

鄴城の西三里のところに桑梓苑（図2）があった。そこには宮殿があり、漳水に臨んでいた。ここにある諸々の宮殿には、夫人と侍婢を住まわせた。また、庭園があって、獐、鹿、雉、兔を飼っていた。石虎はよくその中で遊宴した〔注：この条は『太平御覧』（巻一九六居処部）にみえる〕。

【解説】

　平勢解説《その一》「曲水」に、「三月三日及始蠶之月……虎数数宴于其中」について取り上げ、「桑梓苑」に関して上記『水経注』濁漳水注を引き、「皇后及夫人採桑」にちなむ名称であることを述べ、これに関わることとして、《その三》の「〔三月三日、五月五日、七月七日〕女妓の楽の始まりと伏日の意味。織女と七夕と詩経」に、「三月三日の制度が始まり、三月上巳の称謂と混在するにいたるのは、南朝梁代ごろであり（《その一》「曲水」）、七月七日が正史において話題になるのは、『晋書』・『宋書』になってからであり、いわゆる七夕伝説の内容がわかるのは、『梁書』所載の晋宗懍撰『荊楚歳時記』になってからである」こと、五月五日の端午の節句は、「『曲水』儀礼が『招魂』儀礼を内実とし、将軍の軍事力に期待するにいたった後の意味が継承される」こと、石虎『鄴中記』の時期は、『曲水』儀礼の二つの起源（三月上巳と秦の昭王伝説）が融合していたこと（《その一》「曲水」）、「これに七夕伝説と端午の節句が加わり、三月三日、五月五日、七月七日の制度に落ち着くと見るのが、妥当である」ことを述べた。『鄴中記』第十八条「三月三日」（「『事類賦』が「上巳」に作る）、『鄴中記』第三十七条に「三月三日臨水会」参照。

第十条　行宮

自襄國①至鄴②二百里中四十里③輒④一⑤宮。⑥有一夫人・侍婢數十・黄門宿衞。石虎下輦卽止⑦。凡⑧所起内外、大小殿⑨臺⑩行宮⑪四十四⑫所。

【校勘】

① 『太平寰宇記』は「国（國）」の下に「徙都之」を増す。
② 『太平寰宇記』は「鄴」の下に「道里相去」を増す。
③ 『初学記』は「中四十里」を脱し、『太平寰宇記』は「中四十里」を「毎一舎」に作り、『歴代宅京記』は「毎舎」に作る。
④ 『初学記』『太平御覧』『太平寰宇記』『歴代宅京記』は「輒」の下に「立」を増す。
⑤ 『歴代宅京記』は「一」の下に「行」を増す。
⑥ 『初学記』『太平御覧』『太平寰宇記』『歴代宅京記』は「有」の上に「宮」を増す。
⑦ 『初学記』『太平寰宇記』『歴代宅京記』は「黄門宿衞。

石虎下輦卽止」を脱する。

⑧『初学記』は「凡」の下に「季龍」を、『太平御覧』は「虎」を増す。『太平寰宇記』は「凡」を「季龍」に作り、『彰徳府志』は「石虎」に作る。

⑨『初学記』『彰徳府志』は「殿」の下に「九」を増し、『太平寰宇記』は「大小殿」を脱する。

⑩『初学記』『太平御覧』『太平寰宇記』『彰徳府志』は「台（臺）」の下に「観」を増す。

⑪『太平寰宇記』は「宮」の下に「凡」を増し、『彰徳府志』は「行宮」を脱する。

⑫『彰徳府志』は「四」を「餘」に作る。

【語釈】

襄国：石虎の最初の都。今の河北省邢台市にあった。

夫人：皇后以外の妻。第九条参照。

黄門：宮城の門内にある役所。初めは侍中・黄門侍郎（天子の侍従職）などの加官が詰めた所。

宿衛：宿直して警護する人。

行宮：天子が旅をしたときに泊まる御宿。天子の仮の御所。

【現代語訳】

　襄国から鄴に至る二〇〇里の間には四〇里ごとに一宮を建てた。宮ごとに一夫人と、侍婢数十人を住まわせ、黄門の宿衛がいた。石虎が輦を下りると、そこに留まった。国の内外に大小の殿台・行宮が四四か所あった。

【解説】

「輦」については、平勢解説《その一》の「輦」参照。

第十一条　三台

銅爵・金鳳・冰井三臺、皆在鄴都北城西北隅。因城爲基址。建安十五年、銅爵臺成。曹①操將諸子登樓、使各爲賦。陳思王植援筆立就。金鳳臺②初名金虎、至石氏改今名。冰井臺則凌室也。金虎・冰井皆建安十八年建也。③銅爵臺高一十丈、有屋、一百二十間周圍彌覆其上。金虎臺有屋、百三十間。冰井臺有冰室三與涼殿。皆以閣道相通。三臺崇舉、其高若山云。至後④趙石虎、三臺更加崇飾、甚于魏初。于銅爵⑤臺上、起五層樓閣⑥、去地三百七十尺⑦。周圍殿屋一百二十房、房中有女監女伎⑧。三臺相面、各有正殿。上安御牀、施蜀錦流蘇斗帳、四角置金龍頭、銜五色流蘇。又安金鈕屈戌屏風牀、牀上細直女三十人、牀下立三十人。凡此衆妓、皆宴日所設。又于銅爵臺穿二井、作鐵梁地道以通井、號曰命子窟。于井中多置財寶飲食、以悅蕃客、曰聖井。又作銅爵⑨樓巓、高一丈五尺⑩、舒翼若飛。南則金鳳臺⑪、有屋、一百九間、置金鳳于臺巓⑫、故名⑬。北則⑭冰井臺⑮、有屋、一百四十間、上有冰室。室有數井、井深十五丈、藏冰及石墨⑯、石墨可書。又爇⑰之難盡、又⑱謂之石炭。又有窖粟⑲及鹽⑳、以備不虞。今窖上㉑石銘尚㉒存焉。三臺皆甎㉓甃、相去各六十歩。上作閣道如浮橋、連以金屈戌、畫以雲氣龍虎之勢、施則三臺相通、廢則中央懸絶也（案此條見河朔訪古記）。

【校勘】
① 『河朔訪古記』は「曹」を脱する。
② 『河朔訪古記』は「台（臺）」の下に「曹公」を増す。
③ 『河朔訪古記』は「銅」の上に「魏」を増す。
④ 『河朔訪古記』は「至後」を「後至」に作る。
⑤ 『水経注』は「銅爵」を脱する。
⑥ 『水経注』は「閣」を脱し、「閣」の下に「高十五丈」を増す。
⑦ 『水経注』は「三百七十尺」を「二十七丈」に作り、『水経注疏』の楊守敬疏は「三」は「二」の誤りであろうとする。
⑧ 『河朔訪古記』は「伎」を「妓」に作る。
⑨ 『水経注』は「爵」を「雀」に作り、下に「于」を増す。「爵」は同音の雀。
⑩ 『水経注』は「高一丈五尺」を脱する。
⑪ 『水経注』は「台（臺）」の下に「高八丈」を増す。
⑫ 『河朔訪古記』は「巓」を「顚」に作る。
⑬ 『水経注』は「置金鳳于臺巓、故名」を脱する。
⑭ 『水経注』は「則」を「曰」に作る。
⑮ 『水経注』は「台（臺）」の下に「亦高八丈」を増す。
⑯ 『水経注』は「墨」の下に「焉」を増す。
⑰ 『水経注』は「爇」を「然」に作る。
⑱ 『水経注』は「又」を「亦」に作る。
⑲ 『水経注』は「窖粟」を「粟窖」に作る。
⑳ 『水経注』は「鹽」の下に「窖」を増す。
㉑ 『水経注』は「上」の下に「猶有」を増す。
㉒ 『水経注』は「尚」を脱する。
㉓ 『河朔訪古記』は「甎」を「磚」に作る。
＊ 『初学記』は『鄴中記』を引いて「魏武於鄴城西北立三台、中台名銅雀台、南名金獣台、北名水井台」とある。
＊ 『太平寰宇記』に「三台。銅雀、中台也。金虎・冰井、南台・北台也」とある。
＊ 『芸文類聚』は『鄴中記』を引いて「鄴城西北立台、皆

因城為基趾。中央名銅雀台、北則冰井台」とある。

＊『格致鏡原』は『鄴中記』を引いて「鄴城西北立台、皆因城為台。中央名銅雀、北則氷井」とある。

【語釈】

銅爵、金鳳、冰井：鄴城にある台。

北　城：鄴宮を北城と呼称するのは、後の北斉であるから、本文が書かれたのは北斉以後であろう。

陳思王植：曹植。字は子建、謚は思。陳思王と呼ばれた。曹操の第三子（一九二～二三二）。三国魏の詩人。曹植は「登台賦」を書いたが、兄の曹丕も「登台賦並序」を書いている。

凌　室：氷を貯蔵する室。氷室。

閣　道：架け橋。

三百七十尺：『水経注』巻一〇濁漳水によると、銅爵台の高さは一〇丈、石虎が再建したときに二丈高くし、上に高さ一五丈の五層の楼を建てているから、合計で二七丈（二七〇尺）となる。『水経注疏』で楊守敬も指摘しているが、この「三」は「二」の誤りか。

女　監：宮中の女官。

女　伎：女芸子。「女妓」にも作る。

鈕　：握り。

屈　戌：人が膝を曲げているような形の、戸や窓などの蝶番。一方に円環、一方に鈕があり、その鈕に環を入れて栓をさす。

鉄　梁：鉄製の横木。『河朔訪古記』巻中・康楽園条に「又傳、休逸堂、魏公取鄴城冰井台四鐵梁為柱、初鐵梁棄鄴台歳久、光瑩無蘚剝、人以為神物、訶護不敢動、及以為台柱、羣疑始定」とあり、冰井台の鉄梁四本は園内の休逸堂の柱として再利用された。

地　道：地下道。

石　墨：石炭。近くの山西省では石炭を多く産出する。晋・陸雲撰『陸士龍集』巻八書・与兄平原書に「一日上三台、曹公蔵石墨数十万片、云焼此消復可用、然煙中人。不知兄頗見之不。今送二螺」とあり、曹操の時代、石炭を多く貯蔵していた。

窖　：穀物などを保管するために地下に掘られた穴倉（図9）。中国では新石器から隋唐にかけて、雨量の少ない中北部で盛んに設置された。

蕃　客：外国からの使者。

甋　甃：地面に敷くための平瓦。

六十歩：考古調査では各台間の距離は八三メートル（中国社会科学院考古研究所・河北省文物研究所鄴城考古工作隊「河北臨漳鄴北城遺址勘探発掘簡報」『考古』一九九〇年第七期）。

【現代語訳】

銅爵台・金鳳台・氷井台の三台（図2、図5、図8）は、いずれも鄴都の北城の西北の隅にあった。城壁を用いて台の基壇とした。建安一五年（二一〇）、銅爵台が完成した。曹操は子らを引き連れて楼閣に登り、各人に賦を作らせたところ、陳思王の曹植は筆をとってすぐさま書き上げた。金鳳台は初め金虎と呼ばれたが、石氏（石虎）の時代になって、（石虎の諱を避けて）今の名（金鳳）に改めた。氷井台には文字通り氷室がある。金虎台と氷井台は建安一八年（二一三）に建てられた。銅爵台には高さ一〇丈の建物があり、一二〇間の部屋で台上をすべて覆っていた。金虎台にも建物があり、部屋は一三〇間であった。氷井台には三つの冷室と涼殿があった。三台は閣道によってつながれていた。三台は高くそびえ、山のようだといわれた。後の趙の石虎の時代に、三台は更に装飾され、魏の初めより際立った。銅爵台の上に五層の楼閣を建て、（鳳凰据え付け部を含めて）地上二七〇尺あった。周囲に一二〇間の部屋があり、その部屋には女監と女伎がいた。三台とも部屋は内側に出入り口がある相面構造になっていた。いずれにも正殿があった。上手に御床（御座）が置かれ、蜀錦（四川

図8　現在の金虎台遺跡（宇都宮撮影）

図9　参考：窖断面
（河南博物院蔵、宇都宮撮影）

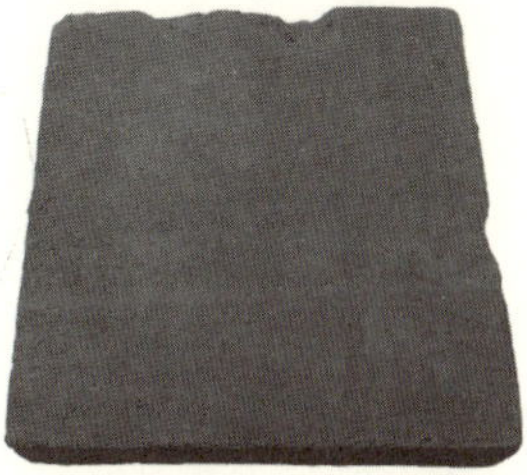
図10　参考：倉の銘磚
（洛陽博物館蔵、宇都宮撮影）

図11　三台の復元模型
（三台遺跡、宇都宮撮影）

産の錦）の流蘇と桝形の帳が設置された。四隅（足の部分）には金の龍頭が置かれ、五色の流蘇をくわえていた。御床には金の握り・蝶番・衝立がつけられた。細身の女が御床の上手に三〇人、下手に三〇人が立った。これらの女伎は、毎日開かれる宴会に出向いた。また、銅爵台に二井（竪穴）を穿って、鉄梁の地下道を作り、井を通し、命子窟といった。井戸の中に多く財宝・飲食（の材料）を置いて外来の客にそれらを供して悦ばせたので、聖井といった。また、銅雀楼を造り、その巓の高さは一丈五尺あった。銅雀が翼を広げる形は飛んでいるかのようであった。南には金鳳台があり、部屋があり、一〇九間あった。金鳳を台の巓に置いているので、この名がついた。北は冰井台で、部屋があり、一四〇間あった。上部に冷室があり、そこにいくつかの井があった。井戸の深さ一五丈、氷と石墨を置いた。石墨は書くことができた。これは焼いても焼き尽くせず、石炭といった。窖（図9）もあって穀物と塩を所蔵し、有事に備えた。窖の上に石の銘（図10）があり、今でもここに残っている。三台はいずれも瓦が葺かれていた。六〇歩の間隔を置いて、上部に閣道があり、それは浮橋のようであった。金の屈戌で連ね、雲気や龍虎のありさまが描かれていた。この浮橋で三台はつながっているが、浮橋を切ると中央は孤立した（図11）（注：この条は『河朔訪中記』（巻中）にみえる）。

【解説】

平勢解説《その一》の「曲水」に戦国時代の『周礼』夏官方相氏の記事が次第に変化増補されて、唐の『酉陽雑俎』冥跡では、「墓上樹栢、路口致石虎」となっていることを述べた。この「虎」の辟邪の性格を期待して本条の「金虎」を使用しているようだ。同じく《その二》の「第十一条　銅爵・金鳳・冰井（第十二条の伏日が反映される場）」に関連事項をまとめた。

第十二条　氷井台蔵氷

> 石季龍①于冰井臺②藏冰。三伏之月③、以冰④賜⑤大臣〔案此條見太平御覽〕。

【校勘】

①『太平寰宇記』は「季龍」を「虎」に作る。
②『太平寰宇記』は「冰井台（臺）」を「上」に作る。
③『初学記』は「月」を「日」に作る。
④『太平寰宇記』は「冰」を脱する。
⑤『事類賦』『格致鏡原』は「賜」の下に「其」を増す。

【語釈】
蔵　氷：古代の帝王は多く氷を蓄えていた。『事物紀原』巻九蔵冰の条には「周礼、凌人掌冰。正歳十二月令斬冰、三其凌。注云、凌、冰室也。三之者、為消釈度也」とある。
三伏之月：夏の暑い時期。解説《その二》「第十二条」参照。

【現代語訳】
石季龍は、冰井室に氷を保存した。夏の暑い月に、氷を大臣に賜った〔注：この条は『太平御覧』（巻二一時序部）にみえる〕。

【解説】
平勢解説《その三》「〔『毛詩』から『鄴中記』へ〕『詩経』「三星」の解釈が変化して曲水儀礼の源流の一つ「三月上巳」儀礼が生まれる－歳差の影響の一つ」を参照。「伏日」では、六月の伏日（三庚日）が「鵬鳥来る有りし時」の夏にあり、『鄴中記』第十一条の「金鳳台」が夏を象徴する。この時期は、「七夕」への準備期間となる。夏正四月（太陽申）、五月（同未）、六月（同午）が夏であり、その後半の夏至以後、伏日が問題にされた。この五月の夏至のころには、未明の東方に参宿が見え、六月にはそれがさらに高くなる。そして七月の七夕の儀礼が行われる。平勢解説《その二》「第十二条、伏日（七夕伝説を「金鳳台」にもたらす縁起担ぎ）」参照。

第十三条　西台

西臺高六十①七丈。上作銅鳳。窗皆銅籠疏・雲母幌②。日之初出、乃③流光照曜④〔案此條見藝文類聚〕。

【校勘】
①『格致鏡原』20は「六十」を「十六」に作る。
②『格致鏡原』20は「皆銅籠疏・雲母幌」を脱する。
③『格致鏡原』20は「乃」を脱する。
④『格致鏡原』19は「曜」を「耀」に作る。

【語釈】
西台：西台の別称は不明。「六十七丈」は第三条「解説」に示したように地中からの高さを示すのだろう。
籠疏：銅製の疏（菜）を編み上げたもの。籠状にもできる。第七条参照。

【現代語訳】
西台は高さが「六十七丈」あった。上部に銅鳳を作って置いた。窗にはすべて籠疏と雲母をあしらった垂れ布があった。（節日の）日の出に光輝いた〔注：この条は『芸文類聚』（巻六二居処部）にみえる〕。

【解説】

『六十七丈』本条に「六十七丈」という。第二条に西鳳陽門「二十五丈」、そこから奥に見える六層楼閣の鳳凰据え付け部を「一丈六尺」といい、第三条に鳳凰据え付け部除いた五層楼閣を「三十丈」という。そして第十一条に六層楼閣を「去地三百七十尺」（つまり、鳳凰据え付け部が七十尺）、「銅爵楼顛、高一丈五尺」という。第十一条の尺が若干違い二つの長さにも差異が見えるが、これらはほぼ統一的基準をもって解釈可能である。しかし、本条「六十七丈」は、長さに倍近い差がある。今の時代から本条のような記事の文意を理解するには、違いの見える記事相互に書れた時期が「違う」とか、例えば大地を浮かべる水があるという当時の考え方があって、その水に到達するまでの距離や、途中の地中の中ほどから高さを考えたとか、われわれとして当時の人々の理念をおもんぱかる必要がある。

『西台の銅鳳、銅籠疏・雲母幌の窓』第七条の皇后浴室につき「溝の中にまず銅製の籠疏を置き、それに葛を置き、さらに沙を置いて水を受け」たことが記される。これが、銅鳳の霊験にあやかるためだったことが、本条の記事でわかる。

第十四条　涼馬台及洹水

涼馬臺高三十尺、周迴五百歩、後趙石虎所築。建武六年、虎都鄴洗馬于洹水、築此臺以涼馬、故以名云。

【校勘】

＊『彰徳府志』は『鄴中記』を引いて「石虎浴馬洹中水滸作臺、曰涼馬臺」とある。

【語釈】

涼馬台：『太平寰宇記』巻五五河北道相州安陽県が引く『鄴城記』には「安陽涼馬台、即石季龍造、以涼馬名之」とある。

三十尺：晋後尺で約七・三五メートル。

建武六年：『晋書』『十六国春秋』『資治通鑑』等の記載によると、石虎が建武元年九月に襄国から鄴へ遷都しているから、「元年」が正しい。

洹水：川の名。「水経注図」によると濁漳水と洹水を結ぶ支流が鄴城の城外の北と東を南から北に流れているが、地形を考えると鄴城の周囲では北から東に流れていた。

【現代語訳】

涼馬台は高さ三〇尺、周囲は五〇〇歩あって、後に趙の石虎が築いた。建武六（元か）年、石虎は鄴に都を置き、洹水で馬を洗い、この台を築いて馬を涼ませたので、この名がついている。

【解説】

『十六国春秋』については、平勢解説《その三》の「『石虎と鏡と太子像』母を特別に位置づける『形』」の試案を参照。

第十五条　涼馬台及黒矟・女騎

趙王虎建武六年造涼①馬臺。在城西漳水之南②、虎常于此臺簡練騎卒。虎牙宿衞、蛇③雲騰〔案此句疑有缺字〕黒矟、騎五千人。毎月朔望④、閲馬于此臺、乃于漳水之南、張幟鳴鼓列騎星羅。虎乃登臺、射髀箭⑤一發、五千騎一時奔走。從漳水之南、齊走至⑥于臺下、隊督以⑦下⑧皆班賚。虎又射一箭、騎五千⑨又齊走于漳水之北。其五千騎⑩流散攢促若數萬人、⑪皆⑫以漆矟從事、故以黒矟爲號。季龍又嘗⑬以女伎⑭一千人爲鹵簿、皆著⑮紫綸巾熟錦袴金銀鏤帯五文織成韡、遊⑯臺上〔案此條見説郛〕。

【校勘】

① 『説郛』は「涼」を「梁」に作る。
② 『太平御覧』は「南」の下に「約坎為台」を増し、『説郛』は「約次為台」を増す。
③ 『太平御覧』は「蛇」を「號」に作る。
④ 『太平御覧』『説郛』は「望」を「晦」に作る。
⑤ 『説郛』は「箭」を「笴」に作る。
⑥ 『太平御覧』は「至」を「集」に作る。
⑦ 『太平御覧』は「以」を「已」に作る。
⑧ 『説郛』は「下」を「已」に作る。
⑨ 『太平御覧』は「騎五千」を「其五千騎」に作る。
⑩ 『太平御覧』『説郛』は「騎」を脱する。
⑪ 『太平御覧』は「皆」の上に「騎」を増す。
⑫ 『説郛』は「皆」の下に「騎」を増す。
⑬ 『太平御覧』『説郛』は「嘗」を「常」に作る。
⑭ 『太平御覧』は「伎」を「騎」に作り、『説郛』は「弟」に作る。
⑮ 『太平御覧』『説郛』は「著」を「着」に作る。
⑯ 『太平御覧』は「遊」の下に「于」を増す。

【語釈】

簡練：選んで訓練すること。

宿衛：警護すること。
虎牙：虎牙将軍。ここでは虎牙将軍の部隊。
雲騰：雲の立ち昇る様子。
黒矟：黒い矛。矟は馬上で持つ短めの矛。
朔望：朔は一日、望は一五日。
星羅：星のように散らばっていること。
髇　：かぶら矢。
班賚：褒美を分け賜うこと。
攢促：集まり近づくこと。
鹵簿：天子や皇太后・皇后等の行列。ここは石虎の鹵簿で、皇后の鹵簿については後稿の第四十九条参照。
綸巾：紗に似て光沢のある絹織物で作った頭巾。
熟錦：上等な錦。
鏤帯：金銀を散りばめた帯。
織成：金糸を織り込んだ織物で、今日の刺繍に似たもの。
鞾　：騎馬用の長靴。
台上：涼馬台のこと。ただし、『晋書』載記石季龍に「季龍常以女騎一千為鹵簿、皆著紫綸巾、熟錦袴、金銀鏤帯、五文織成鞾、游于戯馬觀。觀上安詔書五色紙、在木鳳之口、鹿戸廻轉、状若飛翔焉」と同様の記載があるが、ここでは戯馬観となっている。第一条参照。

【現代語訳】

趙王の石虎は、建武六（元か）年に涼馬台を造った。城の西の漳水の南にあった。石虎は常にこの台で騎卒を訓練した。虎牙将軍の部隊が警護をした。五千人の騎兵がいて、雲騰〔注：この句の下に欠字があろう〕黒矟と称した。石虎は毎月一日と一五日にこの台で騎馬を閲覧した。漳水の南に幟を張り、鼓を鳴らした。騎馬を連ねるさまは満点の星のようであった。石虎は台に登り、鏑矢を一本放つと、五千騎が一気に奔走した。漳水の南より整列して走り、台下に至った。ここで隊督以下の兵は皆褒美をもらった。石虎が又一矢を放つと、五千騎は揃って漳水の北に走った。五千騎が散っては集まるさまは数万人のようであった。どれも漆矟をもっていたので黒矟といった。また、石虎は、女伎一千人で天子の行列を作り、女伎は紫の頭巾・上等な袴・金銀をちりばめたベルト・五色の刺繍入りの長靴を身にまとい、台上で遊戯した〔注：この条は『説郛』にみえる〕。

【解説】

平勢解説《その二》の「女妓」に下記をまとめている。女妓・伎楽・角抵いずれも、六世紀以前に正史において重視されるものとなり、六世紀以後唐代までそれが継続される。そして、宋代にはなおその余韻が残り、以後議論の場が衰える。唐末から、それらの議論中によくない意味が見える。論者が、そのよくない意味に過度に反応すると、歴史的意味を取り違える危険がある。『南斉書』に南朝宋を回顧して、権勢と富を象徴するのが車服と伎楽であったことを述べる。『宋書』にも、皇帝の司る室宇園池の象徴として伎楽の妙があったことを記す。『宋書』は三国魏に遡って、魏の武帝が崩御した折は、「妓楽百戯を設く」としこれを言い換えて「楽を廃せず」とするが、晋武帝以来、「楽を廃す」の状態となったことを述べる。この晋の時「女妓」の称が出現する。それまでの「廃す」とされた楽ではなく、新しい楽（雅楽ではなく、女妓が舞うのと合体された楽）が行われるようになったようだ。魏の薄葬令の影響とすべきで、薄葬の時代に沿った楽の様態になったと考えられる。以後、「女妓」と「伎楽」は併存することになる。加えて述べれば、前漢武帝のころ以後衰微した古代編鐘が忘れられた後、この新しい女妓の時代に梵鐘が時を数えることになる。解説《その三》「〔三月三日、五月五日、七月七日〕女妓の楽の始まりと伏日の意味。織女と七夕と詩経」に、「女妓評価が比較的高い唐代までの時期、儀礼に「織女」が活用された。科挙の殿試が本格化して女妓活用の場もなくなり、「織女」活用の儀礼も廃れたとみられることを述べた。

第十六条　華林苑及八月雪

石①虎②、以五月③發五百里内民④萬人、築⑤華林⑥苑。垣在宮西⑦、周環⑧數十里。羣臣或諫、虎不從。到⑨八月、天暴雨雪、⑩深三尺⑪、作者凍死⑫數千人。太史奏、作役非時⑬、天降此變⑭。虎⑮誅起⑯部⑰尚書朱軌⑱、以塞天⑲災。

【校勘】

① 『太平御覧』『説郛』は「石」を脱する。
② 『太平寰宇記』は「虎」を「季龍」に作る。
③ 『太平寰宇記』は「以五月」を脱する。
④ 『太平御覧』『説郛』は「民」を脱し、『太平寰宇記』は「五百里内民」を脱する。
⑤ 『太平御覧』『説郛』は「築」を「營」に作る。
⑥ 『太平寰宇記』は「華林」を脱する。
⑦ 『太平寰宇記』は「在宮西」を脱する。
⑧ 『太平寰宇記』は「環」を「旋」に作る。
⑨ 『太平御覧』『説郛』は「到」を「至」に作る。
⑩ 『太平御覧』『説郛』は「深」の上に「雪」を増す。
⑪ 『太平寰宇記』は「雨雪、深三尺」を「雪三尺」に作る。

⑫『太平寰宇記』は「作者凍死」を「凍死者」に作る。
⑬『太平寰宇記』は「作役非時」を「非時降雪」に作る。
⑭『太平寰宇記』は「天降此變」を「此變異」に作る。
⑮『太平寰宇記』は「虎」を「乃」に作る。
⑯『説郛』は「起」の下に「戸」を増す。これは衍字。
⑰『太平寰宇記』は「起部」を脱する。
⑱『説郛』は「朱軌」を脱する。
⑲『太平寰宇記』は「天」を脱する。
＊『河朔訪古記』に「暴風大雨、死者數萬人」とある。

【語釈】

華林苑：鄴城の皇室庭園の一つ。

宮　：第十七条に、「華林苑在鄴城東二里」とあるため、この宮は鄴城ではない。

太　史：太史の役職の具体例がここに示されている。

起　部：造営工作のことを掌る。晋宋以来、起部尚書の官があり、宗廟宮室を造営するたびに設け、竣工すれば廃した。

朱　軌：『十六国春秋輯補』後趙録六・建武一二年条に「尚書朱軌與中黄門厳生不協、會大雨霖、道路陷滯不通。生因譖軌不修道、又訕謗朝政、季龍遂殺之」とある（『晋書』載記石季龍にも同様の記載がある）。これに従うと朱軌の殺害は建武一二年であり、華林苑はそれ以前に造られたことになる。

【現代語訳】

石虎は五月に五〇〇里内の人民一万人を集め、華林苑（図2）を造ろうとした。その垣は宮の西にあって、周囲は数十里あった。群臣はこれを誡めたが、石虎は従わなかった。八月になって、天候が急変して雨雪が降り、雪は三尺も積もった。華林苑の造園に携わるもののうち数千人が凍死した。太史は、このような仕事は今やるべきではないので、天がこのような異変を下したのだと上奏した。石虎は、起部尚書の朱軌を誅殺して、天災に対処した。

【解説】

『十六国春秋』については、平勢解説《その三》の「『石虎と鏡と太子像』母を特別に位置づける『形』」の試案を参照。

第十七条　華林苑及蝦蟇車

華林苑在鄴城東二里。石虎①使尚書張羣發近郡男女十六萬人②。車萬乘運土、築華林苑、周迴③數十里。又④築長牆數十里。張羣以燭夜作、起三觀四門⑤。又鑿北城、引漳⑥水于華林園。虎于園中⑦種⑧衆果⑨、民

⑩間有⑪名果⑫。虎⑬作蝦蟇⑭車、箱⑮闊一丈、深一丈⑯。四搏掘⑰根、面⑱去一丈⑲〔案説郛引此條、句下有深一丈三字〕、合土載之⑳、植之㉑無不生㉒。

【校勘】

① 『河朔訪古記』は「石虎」を脱し、『彰徳府志』『歴代宅京記』は「石虎」を「季龍」に作る。

② 『河朔訪古記』『彰徳府志』『歴代宅京記』は「人」を脱する。

③ 『彰徳府志』『歴代宅京記』は「迴」を「回」に作る。

④ 『河朔訪古記』『彰徳府志』『歴代宅京記』は「又」を「及」に作る

⑤ 『河朔訪古記』は「門」の下に「通漳水、皆設鐵扉」を増す。

⑥ 『河朔訪古記』は「漳」を脱する。

⑦ 『太平御覧』『記纂淵海』『説郛』は「虎于園中」を「石虎有華林園」に作り、『格致鏡原』は「石虎華林園」に作る。

⑧ 『太平寰宇記』『彰徳府志』『歴代宅京記』は「虎于園中種」を「季龍於華林苑植」に作り、『河朔訪古記』は「園中種」を「苑中植」に作る。

⑨ 『河朔訪古記』『彰徳府志』『歴代宅京記』は「衆果」を脱する。

⑩ 『太平寰宇記』『河朔訪古記』『彰徳府志』『歴代宅京記』は「民」を「人」に作る。

⑪ 『太平寰宇記』『河朔訪古記』『彰徳府志』『歴代宅京記』は「有」を脱する。

⑫ 『太平寰宇記』は「果」の下に「悉有之」を増す。

⑬ 『河朔訪古記』『彰徳府志』『歴代宅京記』は「虎」を脱し、『太平寰宇記』は「虎」を「季龍」に作る。

⑭ 『太平寰宇記』『河朔訪古記』『彰徳府志』『歴代宅京記』『格致鏡原』は「蟇」を「蟆」に作る。

⑮ 『彰徳府志』は「箱」を「相」に作る。

⑯ 『太平御覧』『太平寰宇記』『記纂淵海』『説郛』『格致鏡原』は「箱闊一丈、深一丈」を脱する。

⑰ 『記纂淵海』『格致鏡原』は「掘」を「握」に作る。

⑱ 『太平寰宇記』は「面」を脱する。

⑲ 『太平寰宇記』は「丈」を「尺」に作る。『太平御覧』『太平寰宇記』『記纂淵海』『説郛』『格致鏡原』は「丈」の下に「深一丈」を増す。『河朔訪古記』『彰徳府志』『歴代宅京記』は「四搏掘根、面去一丈」を脱する。

⑳ 『太平寰宇記』は「之」を「車中」に作り、『彰徳府志』『歴代宅京記』は「載之」を「栽車中」に作り、『河朔訪古記』

は「花木」に作る。

㉑『河朔訪古記』『彰徳府志』『歴代宅京記』は「植之」を「所植」に作る。

㉒『太平寰宇記』は「生」の下に「焉」を増し、『河朔訪古記』は「生」を「榮茂」に作る。

【語釈】

華林苑〈園〉：第十六条参照。一般的に「苑」は垣を設けて禽獣を養い花木を植える大きな場所を、「園」は花園を指す。『鄴中記』では両者が混在する。

万　乗：一万の兵車。『晋書』載記石季龍には「季龍于是使尚書張羣発近郡男女十六万、車十万乗、運土築華林苑及長牆于鄴北、広長数十里」とあり「十万」と記されている。

三観四門：このうち三門については、『晋書』載記石季龍に「乃促張羣以燭夜作。起三観、四門。三門通漳水、皆為鉄扉」とある。

蝦　蟇　車：蝦蟇が土を掘るように穴を掘り広げる作業用の車か。

【現代語訳】

華林苑は鄴城の東二里のところにあった。石虎は尚書張群に近郡の男女一六万人を動員させ、一万の兵車で土を運んで華林苑を築いた。周囲は数十里あり、また長い土塀を数十里にわたって築いた。張群は燭を灯して夜も作業し、三観と四門を建てた。また、北城より溝を引いて漳水を華林園に引いた。石虎は園内に多くの果樹や民間で名のある果実を種えた。石虎は蝦蟇車を作らせた。広さは一丈、深さは一丈。根の周りの地面から一丈の深さのところの土を根こそぎ掘り〔注：この条は『説郛』にみえるが、句の下に「深さ一丈三有り」の字がある〕、土を合せてこれにかぶせた。ここに植えて生えないことはなかった。

第十八条　華林苑及三月三日臨水宴

華林園中①千金堤②、上③作兩銅龍、相向吐水、以④注天泉⑤池、通御溝中⑥。三月三日⑦、石季龍及皇后百官⑧、臨水⑨宴⑩賞⑪。

【校勘】

①『事類賦』は「中」を脱する。

②『事類賦』は「堤」を「隄」に作る。

③『初学記』は「上」を脱する。

④『事類賦』は「以」を脱する。

⑤『事類賦』は「泉」を「淵」に作る。

⑥『事類賦』は「通御溝中」を脱する。
⑦『事類賦』は「三月三日」を「上巳」に作る。
⑧『事類賦』は「石季龍及皇后百官」を脱する。
⑨『初学記』『太平御覧』『事類賦』は「水」を「池」に作る。
⑩『初学記』『太平御覧』『事類賦』は「宴」を「會」に作る。
⑪『初学記』は「賞」を脱する。

【語釈】

天泉池：もともと洛陽県東の池の名。『晋書』礼志に洛水での禊ぎに関して「陸機云、天泉池南石溝、引御溝水」とある。同名の池を造っていることから、洛陽を模倣したと考えられる。

三月三日：第三十七条参照。曲水儀礼には、宴会が接続する。三月上巳（『梁書』以後「上巳」と「三日」を併用）の宴会が曲水に結びつくのは、曲水儀礼の本来の意味が失われてからである。

【現代語訳】

華林園内の千金堤の上に二体の銅製の龍を作った。相向いて水を吐きだし、その水を天泉池に注がせて、溝の中を通御できるようにした。三月三日、石季龍及び皇后・百官は水に臨んで宴会を開いた。

【解説】

曲水儀礼の「曲水」の本来の意味（軍事行動前の儀礼）とこれに三月上巳（詩経に淵源あるも歳差の影響で意味が変化）が合体した経緯、五月五日端午の節句が合体した経緯と軍の忠義を通した皇帝と臣下の関係、科挙定着後の屈原『楚辞』注釈の忠義を通した皇帝と地主官僚の関係（墓葬と科挙）、同じころ、『楚辞』活用の歴史なく三月三日の宴会に曲水が合体したまま継承された日本の特別性については、平勢解説《その二》の「曲水」（軍事行動の儀礼から科挙へ）、《その三》の「補足一　三星、七夕、招魂」（詩経に淵源、意味変化、『楚辞』活用と地主層）を参照。第六十一条参照。

第十九条　銅駞

二銅駞、如馬形、長一丈、高一丈、足如牛、尾長三①尺、脊如馬鞍。在中陽門外、夾道相向（案此條見太平御覽）。

【校勘】

①『初学記』『太平御覧』は「三」を「二」に作る。

【語釈】

銅　駞：銅製の駱駝。駞は駝の別体。『太平御覧』巻七六九舟部・敘舟中に崔鴻の『後趙録』を引いて「張彌率衆一万、徙洛陽鍾簴・九龍・翁仲・銅駞・飛廉。鍾一没於河、募浮没三百人入河、以竹絙・牛頭・轆轤引之乃出。造万斛舟、載以渡之至于鄴」とあり、洛陽城にあったものを鄴に移した。

三　尺：晋尺で約七三・五センチ。

中陽門：永陽門ともいう（図5）。

【現代語訳】

二体の銅製の駱駝は、馬の形のようで長さは一丈、高さは一丈、足は牛のようであった。尾は長さ三尺、背は馬の鞍のようであった。中陽門の外にあり、道の両側に向かい合うように置かれた〔注：この条は、『太平御覧』（巻九〇一獣部）にみえる〕。

第二十条　銅鐘

銅鐘四枚、如鐸形、高二丈八尺①、大面廣②一丈二尺、小面廣七尺。或作蛟龍、或作鳥獸、繞其上（案此條見初學記）。

【校勘】

①『初学記』は「尺」を「寸」に作る。

②『初学記』『太平御覧』は「廣」の下に「外」を増す。

【語釈】

鐘　：古代の打楽器。吊るして、叩いたり衝いたりして音を出す。平勢解説《その三》第二十条に図と写真掲載。梵鐘とは形式が異なる。

鐸　：古代の打楽器。柄を持って、もう片方の手にした木槌などで叩いたり衝いたりして音を出す。

二丈八尺：晋後尺で、約六・八六メートル。なお、一丈二尺は約二・九四メートル、七尺は約一・七二メートル。

蛟　龍：龍の一。

【現代語訳】

四体の銅鐘は鐸の形のようであった。高さ二丈八尺、大面広一丈二尺、小面広七尺の場にとりつけた。蛟龍や鳥獣をそなえつけた〔注：この条は『初学記』（巻一六鐘）にみえる〕。

【解説】

王朝の雅楽を象徴する楽器であった編鐘（大小の鐘を配列）が前漢武帝以後衰微した。その後、その余韻が地域ごとにどう継承されたかの一端が本条に見える。平勢解説《その二》「その他」の「第二十条」参照。この鐘を逆さにして柄をもつのが鐃で、時代的には鐘に先行して殷で用いられ、長江下流域では「鐸」とも称され、中原の「鐘」に対抗使用された。南越は編鐸（鐃と称したかもしれない）を用いた。その「鐸」の知識が本条に継承議論されているが、文脈からして単体を意識しているようで、編鐸という意識は薄い。雅楽に関わる話題ではないようだ。

第二十一条　正会及礼制

石虎正會、①于正殿、南面臨軒。施流蘇帳、皆竊擬禮制。整法服、冠通天、佩玉璽、玄衣纁裳、畫日月・火龍・黼黻・華蟲・粉米。尋改車服、著遠遊冠、前安金博山、蟬翼。丹紗裏服。大曉②行禮。公執珪、卿執羔、大夫執雁、士執雉、一如舊禮。充庭車馬・金根③・玉輅・④革輅數十⑤〔案此條與下三條俱見太平御覽〕。

【校勘】
①『太平御覧』は「于」の上に「虎」を増す。
②『太平御覧』は「大曉」を「太学」に作る。
③『太平御覧』は「根」を「銀」に作る。
④『太平御覧』は「輅」を「路」に作る。
⑤『太平御覧』は「十」を「千」に作る。

【語釈】
正　殿：後趙では太武殿のことか。『南斉書』礼志上に「魏武都鄴、正會文昌殿、用漢儀、又設百華燈」とあり、曹操のころの正会は文昌殿で執り行われたとする。『水経注』巻一〇濁漳水篇に「石氏于文昌故殿處、造東西太武二殿」とあり、石氏が文昌故殿のところに東西太武二殿を造ったとある。
正　会：皇帝が毎年元旦に群臣を朝見すること。
臨　軒：天子が正座に御せずに、平台に座して臣下などに接見すること。
流　蘇：第十一条参照。
礼　制：『晋書』輿服志に「明帝採周官、礼記、更服袞章、天子冠通天而佩玉璽」とある。礼制は『礼記』『周官』に基づくことを記す。『周官』は『周礼』の別称だが、戦国時代燕国由来の本文を、後漢以後の注釈が増補により別解釈を付加。さらに、その後の注釈が独自の解釈を増補（『礼記』の注釈による増補も同様だが、これについては、比較的知られているようだ）。
法　服：法は仏法の法であろう。伝統的には細かく規定するのが「律」、それをおおもとで規制するのが「法」。
冠通天：正史の中で、袞冕、通天冠、そして時に遠遊冠が天子や高官の冠として議論される。天子が朝賀、祭祀、宴会などで着する冠を通天冠という。元をのぞき秦から明にかけて用いられた。『晋書』輿服志には「通天冠、本秦制。高九寸、正豎、頂少斜却、乃直下、鐵為巻梁、前有展筩、冠前加金博山述、乗輿所常服也」とあり、冠の前に金博山述の飾りがついている。本条では、「冠通天」（冠もて天に通ず）とする。『晋書』は最終的に唐代に編纂されているが、それより遡る時代のものとして、鞏県石窟の事例が参照できる（平勢解説《その三》「『石虎と帳』天蓋を象徴する帳、天井の蓮華」出口に向かって左側図上段第一貴人の冠。塩沢が気づき、平勢が補足）。「冠通天」の冠と、上記図が同様であるかどうかは未詳。「通天冠」は、正史では『後漢書』から下記「遠遊冠」参照。

玉　璽：天子の御印。

玄　衣：玄は黒。玄武の北方を意識する。

纁　裳：薄赤色の下衣。下衣を裳という。

黼　黻：古代天子の礼服の縫い取り。黼は白と黒の斧形、黻は黒と青で両弓の字の相背いた模様を縫い取りしたもの。

華　虫：雉の異名。礼服に施す雉の縫い取り。

粉　米：白米の異称。裳に飾りとして縫い取りしたもの。

車　服：車と衣服。天子が功臣に賜る品に用いる。

遠遊冠：天子・諸王が服す冠。『晋書』輿服志には通天冠との比較がなされており、「遠游冠、傳玄云、秦冠也。似通天而前無山述、有展筩横于冠前。皇太子及王者後、帝之兄弟、帝之子封郡王者服之。諸王加官者自服其官之冠服、惟太子及王者後常冠焉。太子則以翠羽為緌、綴以白珠、其余但青糸而已」とある。

金博山：正史の中では袞冕、通天冠、遠遊冠の飾りとして議論される。

蟬　翼：蟬が翼を広げた様子。『旧唐書』劉道合伝に「咸亨中卒。及帝営奉天宮、遷道合之殯室、弟子開棺将改葬、其尸惟有空皮、而背上開坼、有似蟬蛻、盡失其歯骨、衆謂尸解。高宗聞之不悦曰、劉師為我合丹、自服仙去。其所進者、亦無異焉」とあり、それをイメージするのであろう。

執　珪：戦国時代の祭祀をつかさどった宰相格の者の爵位。それに擬えて、執羔・執雁・執雉の名称を使ったようである。

金　根：金根輦のこと。金で飾った根車で、帝王の乗る車を指す。

輅：天子の車、大きな車。

【現代語訳】

石虎は正殿に正会する時、南面して臨軒した。太子をさずかる場として流蘇が下がっている帳をしつらえ、礼制に擬えた。正式な衣服をまとい、通天を冠し、玉璽を帯びた。玄衣と纁裳は日月・火龍・黼黻・華蟲・粉米の模様が描かれていた。そして車服を改め、遠遊冠をかぶり、前には金博山・蟬翼の飾りをつけた。丹紗の重ね着を着て夜明けに礼を行った。公は執珪、卿は執羔、大夫は執雁、士は執雉の儀礼を行うこと、すべて旧礼のごとくである。庭に車馬・金根車・玉輅・革輅数十台を置いた〔この条と次の三条は『太平御覧』（巻二九時序部）にみえる〕。

【解説】

『執珪』第十八条の「解説」に言及したが、五月五日については、「曲水」儀礼に組み込まれた経緯に注意が必要である。本条に「公執珪、卿執羔、大夫執雁、士執雉、一如旧礼」とあるが、「執珪」は戦国時代の楚の爵位である。この条に反映された制度では、参照した楚の爵位はそもそも儀礼の場の役割に基づくと考えているのだろう。「一如旧礼」とするのはそのためである。「執羔」と「執雁」は楚爵には見えないが、「執珪」から派生させた名称であろう。春秋戦国時代の社会変動を加味した基礎的考証は平勢「楚王と県君」（『史学雑誌』九〇—二、一九八一年）、同じく平勢「楚国世族の邑管領と呉起変法」（一九八二年史学会大会発表内容。谷中信一編『中国出土資料の多角的研究』汲古書院、二〇一八年）等参照。『楚辞』については、膨大な研究史があるが、「曲水」儀礼に組み込まれた経緯の研究は、為されていない。本書に指摘した点のみまとめておくと、平勢解説《その三》に述べたように、三月上巳に「招魂」の意味が重なって曲水儀礼ができあがっている。三月上巳の儀礼が「曲水」儀礼に結合されるには、夷狄（外敵）を伐つ前に戦意を鼓舞する必要があり、ここに問題にされた「招魂」は、それに相応しい人物の神霊を呼び寄せる意味がある。武周のころ、曲水の儀礼に影響を受けつつ、有力者の葬儀において「招魂復魄」が問題にされていた（『旧唐書』永安王孝基列伝）。これより先、六世紀の先天八卦方位出現の後、三月上巳が三月三日の儀礼として定着するのと軌を一にして、五月五日の儀礼に屈原の死を悼む「競渡之戯」ができがり、「伏日」儀礼も定着していった。この「伏日」儀礼定着の前、『鄴中記』本条すなわち第二十一条の「公執珪、卿執羔、大夫執雁、士執雉、一如旧礼」がある。つまり、『鄴中記』には、「伏日」儀礼の中に楚国の俗が定着していく過程が記されている。第十二条に「石季龍于冰井台藏冰、三伏之月、以冰賜大臣」とあるが、これも、「伏日」儀礼に関わる別の記事であった。後に科挙が定着すると、「招魂」の場としての中央と各地の地主の墓地とを結びつける論理として、朱子の『楚辞』集注が活用されるにいたる。その集注の前叙では、「九歌」について、「而して又彼の神に事ふるの心に因りて、以て吾が忠君愛国、眷変不忘の意を寄す」と述べている。忠を論じる際に一般に注目されるのは、儒家経典である。儒家経典とは距離のある『楚辞』の注釈を朱子が書いている。忠君と屈原は関連づけて語られるが、どういう論理づけがなされるかは意外に知られていない。その漠然としたイメージの祖型が『鄴中記』に求められる。平勢解説《その三》の〔袞冕、通天冠、遠遊冠の用例の変遷〕参照。『晋書』輿服志に古くからの内容未詳の伝承と新しい制度が記されており、その新しい制度より遡る内容が『隋書』礼儀志の「梁元会礼」に記されている。「羣臣及諸蕃客並集、各従其班而拝。侍中奏中厳、王公卿尹各執珪璧入拜。侍中乃奏外弁（辦）、皇帝服袞冕、乗輿以出。侍中扶左、常侍扶右、黄門侍郎一人、執曲直華蓋従」とあるのが、『鄴中記』本条の「公執珪、卿執羔、大夫執雁、士執雉、一如旧礼」の中身を知る鍵を握る。「羣臣及諸蕃客並集」の儀礼である。上述したように、戦国以来の楚の俗が定着してきている。その「諸蕃」の扱いが「王公卿尹各執珪璧入拜」という「形」になる。つまり、「梁元会礼」に似た儀礼の存在が『鄴中記』本条に見えている。おそらく「梁元会礼」に見える儀礼の祖型の一つであろう。『鄴中記』本条の「冠通天……著遠遊冠、前安金博山、蝉翼」もその祖型の一つと見てよい。その後の制度の概要は平勢解説《その三》の〔袞冕、通天冠、遠遊冠の用例の変遷〕を参照。

第二十二条　正会及楽

虎正會、殿前作樂。高絙・龍魚・鳳凰①・安息五案之屬、莫不畢備。有額上緣橦、至上鳥飛、左回②右轉。又以橦著③口齒上、亦如之。設④馬車立木橦其車上、長二丈、橦頭安橫⑤木。兩伎⑥兒⑦各坐木一頭⑧、或鳥飛、或倒掛⑨。又衣⑩伎⑪兒、作獼猴之⑫形、走馬上、或在脅⑬、或在馬頭⑭、或在⑮馬尾、馬⑯走如故⑰、名爲⑱猿⑲騎〔案太平寰宇記載此條云、作戲馬⑳、令人㉑于馬上屈一腳㉒。馬上立書、而字皆正好。又衣伎兒作獼猴形、走馬、或在頭尾、臥側縱橫、名爲猿騎。其文與此小異〕。

【校勘】
①『文献通考』は「凰」を「皇」に作る。
②『文献通考』は「回」を「迴」に作る。
③『北堂書鈔』『太平御覧』569は「著」を「着」に作る。
④『太平御覧』569は「設」を「誤」に作る。
⑤『太平御覧』569は「橫」を「橦」に作る。
⑥『北堂書鈔』は「両（兩）伎」を「下大四囲、上漸小座、妓」に作る。
⑦『文献通考』は「児」を脱する。
⑧『北堂書鈔』は「各坐木一頭」を「於上四面俳舞」に作る。
⑨『北堂書鈔』は「掛」の下に「也」を増す。
⑩『文献通考』は「衣」を「依」に作る。
⑪『北堂書鈔』は「伎」を「妓」に作り、『記纂淵海』は「衣伎」を「製皮」に作る。
⑫『北堂書鈔』は「之」を脱する。
⑬『太平御覧』569は「脅」を「脇」に作り、『記纂淵海』『文献通考』は「馬脇」に作る。
⑭『北堂書鈔』は「或在脅、或在馬頭」を「或馬脳」に作る。
⑮『北堂書鈔』は「在」を脱する。
⑯『文献通考』は「馬」を脱する。
⑰『太平寰宇記』は「走馬上、或在脅、或在馬頭、或在馬尾、馬走如」を「走馬、或在頭尾、卧側縦横」に作る。
⑱『記纂淵海』は「為（爲）」を「曰」に作る。
⑲『北堂書鈔』『太平御覧』569『記纂淵海』『文献通考』は「猿」を「猨」に作る。
⑳『太平寰宇記』は「馬」の下に「書」を増す。
㉑『太平寰宇記』は「人」の下に「立」を増す。
㉒商務印書館出版の叢書集成初編本は「膷」を「作戯馬」の上に増すが、誤植であろう。
＊『太平御覧』747は「石虎有馬妓、著朱衣進賢冠、立於馬上、馬走而作書、字皆端正」を増す。

【語釈】
高　絙：古代の雑技。綱渡りの一種。
龍　魚：変幻の術。大型マジックの一種で、魚龍蔓延ともいう。
鳳　凰：古代の雑技。現在の獅子舞のようなもので、雀戯ともいう。
安息五案：古代の雑技。五つあるいはそれ以上のテーブルを重ねて、芸人がその上で逆立ちになる。古代の安息国（パルティア王国）で起こったものとして、この名がついた。
縁　橦：軽業の一種。垂直に立てられた橦竿に登って行う遊戯。
獮猴：母猿。獮猴
脅：わき。
屈一：身体を前屈する。

【現代語訳】
石虎の正会では、殿前に楽が設けられた。高絙（綱渡り）、龍魚（マジック）、鳳凰（獅子舞）、安息五案（テーブルの雑技）などすべて揃っていた。額の上に橦を乗せ、橦の上に登って鳥のように飛び、左右に回った。また橦を歯の上に置いた。馬車に木橦を立て、その車の上に長さ二丈の橦の先に横木を置き、二人の芸人が両端に座り、鳥のように飛んだり、逆さ吊りになったりした。芸人に大きな猿のきぐるみを着せて、走馬の脇・頭・尾で動いて馬を走らせた。これを名猿騎と言った（図12）（注：後代の記事になるが、『太平寰宇記』（巻五五河北道相州鄴県）によると、戯馬では、芸人に馬上で体を前屈させ、馬を普通に走らせ、その上に紙を立てて字を綺麗に書かせ、また芸人に大きな猿のきぐるみを着せて、走馬させながら頭や尾に体勢を移し、横たわらせたので、猿騎と名づけたとある。これと本文とは少し異なる」）。

図12　参考：雑技の画像磚
（河南博物院所蔵、宇都宮撮影）

第二十三条　正会及白龍樽

石虎正會、殿前有白龍樽、作金龍于東箱、西向。龍口金樽受五十斛（案太平寰宇記載此條云、作金龍吐酒于殿前、金樽①可容五十斛、供正會。其文與此小異）。

【校勘】
①『太平寰宇記』は「樽」を「罇」に作る。
＊『彰德府志』『歴代宅京記』巻一二鄴下太武殿に「作金龍頭、吐酒于殿東廂、口下安金樽、可容五十斛、于大宮置地道百餘歩、酒入龍腳出口中、以供正會」とある。

【語釈】
箱：小部屋、廂。正殿の両脇の部屋のこと。

【現代語訳】
石虎の正会では、殿前に白龍の樽を置き、金龍を東の部屋に西向きに置いた。龍口の金樽より、白龍の樽に酒五〇斛が注がれた（注：『太平寰宇記』（巻五五河北道相州鄴県）には、酒を殿前に吐きだす金龍を作り、龍の口から金樽に五〇斛をいれ、正会に供するとある〕。

【解説】

金龍に酒五十斛を用意し、白龍樽に酒を移す。金龍の龍口から注ぐ。これは正会の次第である。酒を広くふるまう儀礼を付設したのだと考えられる。以上は、正会の次第である。この酒の儀礼とは別に、龍より吐水させて太子像（釈迦像）・仏像に水浴せしめ（第七条・第五十三条）、皇帝太子の懐妊の場である御牀の四角に金龍を備えつけて五色の流蘇を銜えさせ（第二十九条）、銅龍より天泉池に吐水せしめる（第十八条）。その池を眺める場にて酒がふるまわれたのであろう。水の儀礼は釈迦像・仏像への灌水と皇帝太子の懐妊を重ね（皇后の水浴儀礼も併設された。第七条・第五十七条・第六十一条参照）。以上は「四月四日」の儀礼である。軍事侵攻をめぐっても、同じ場が使われ得た。広く酒をふるまう場は、この場にも付設された。ただ、この軍事侵攻前の儀礼は蘭亭曲水以来唐代まで継続して認められているものの、『鄴中記』には認められない。「曲水」儀礼に関わる『鄴中記』記事には、西王母の霊力にあやかる西王母棗（第六十条）、太子像に関わる桑梓苑・西王母桃（第七条）、石虎苑中の勾鼻桃（第六十一条、この石虎苑は華林苑〈第十六条、第十七条、第十八条、第五十九条、第六十条〉）、皇后浴池上の石室（第七条〈『晋書』地理志の「天泉池南石溝、引御溝水」〉）があって、太子懐妊にまつわる皇后浴室と西王母の霊力の将来を「形」にしている。平勢解説《その一》の「曲水」に示したように、秦昭王故事と三月上巳の洗濯祓除が合体して、「蘭亭曲水」儀礼がなされている。そのうちの三月上巳は、梁代ごろより「三月三日」が定まり、以後「三月三日」と「三月上巳」が併行使用された。西王母桃は、『酉陽雑俎』続集には「王母桃、洛陽華林苑内有之、十月始熟」とされるものだが、これは言わば特別の桃で、一般的桃（唐李善が「三月三日曲水詩序」に注して「韓詩曰、三月桃花水之時、鄭国之俗、三月上巳、於溱洧両水之上、執蘭招魂、祓除不祥也」とする）も華林苑に植えられていた。西王母桃に惹かれて三月三日の桃が結びついた。そして、第十八条「華林苑中千金堤、上作銅龍、相向吐水、以注天泉池、通御溝中。三月三日、石季龍及皇后百官臨水宴賞」がこの「曲水」儀礼と太子懐妊を祝う儀礼の地である「天泉池」とを結びつけた。つまり、日本に伝播して後々継承された「桃の節句」の起源が、『鄴中記』の記事に求められる（石季龍及皇后百官臨水宴賞）。しかも、第九条「鄴城西三里桑梓苑、有宮臨漳水。凡此諸宮、皆有夫人侍婢。又並有苑囿、養獐鹿雉兔。虎数遊宴于其中」とあるように、養蚕に関わる儀礼が、「鄴城西三里桑梓苑」にて行われるにいたる。養蚕により得られるのが絹帛であり、これは周囲の諸族を惹きつけた。『鄴中記』には、「曲水」の軍事侵攻儀礼が見られない一方で、諸族との融和をはかる儀礼が組み込まれていることがわかる。蘭亭曲水以来唐代まで継続して認められている軍事侵攻儀礼に冷淡だというのが、『鄴中記』の一つの特色である。この点、同じ「曲水」儀礼が伝播した日本の酒船石遺跡の場合に、付設された飛鳥宮跡苑池において、蝦夷討伐を「形」にした儀礼が議論されているのと異なる事情がある。『鄴中記』が反映される石氏政権が、五胡の一つとし、言わば夷狄の身で中華を標榜する意識が垣間見えるのに対し、飛鳥宮跡苑池の場では、別に夷狄とすべき存在が「形」とされているようだ。今後も比較検討できよう。なお、「曲水」儀礼は、科挙の本格化とともに、軍事侵攻儀礼が否定され、かつ、「五月五日」による『楚辞』の活用が皇帝と地主層の墓地を結びつけたため、「三月三日」の存在意義がなくなった。この『楚辞』の活用の背景にある地主層と皇帝との関係が、日本にはなかったため、日本では「三月三日」の儀礼が以後も存続し、かつ西王母の霊力の話題は忘却されることになる。軍事侵攻儀礼と西王母の霊力が忘却される点は、日中とも共通する。以上、「曲水」とこれに関わる諸儀礼の統合と意味の変遷、それぞれの儀礼の衰退に視点をあててまとめてみた。

第二十四条　正会及枝灯

石虎正①會、②殿前設百二十枝燈、以鐵爲之。

【校勘】

①『芸文類聚』は「正」の下に「日」を増す。

②『芸文類聚』『太平御覧』は「殿」の上に「於」を増す。

【語釈】

百二十枝灯：古代の宮廷の灯は、動物、人物、樹木の形にした灯籠があり、上部に受け皿がある（図13）。『南斉書』礼志に「魏武都鄴、正会文昌殿、用漢儀、又設百華灯」とあり、多くの灯籠を設けていた。

図13　参考：樹枝灯
（洛陽博物館蔵、宇都宮撮影）

【現代語訳】

石虎の正会では、殿前に一二〇の枝のある灯を設置し、それは鉄でできていた。

【解説】

これに関連する儀式次第が『南斉書』礼志に詳細に記されている。「魏武都鄴、正会文昌殿、用漢儀、又設百華灯、後魏文修洛陽宮室、権都許昌、宮殿狭小、元日於城南立氈殿、青帷以為門、設楽饗会、後還洛陽、依漢旧事、晋武帝初、更定朝会儀、夜漏未尽十刻、庭灯起火、臣集、伝玄朝会賦云、華灯若乎火樹、熾百枝之煌煌。此則因魏儀与庭燎、設也。漏未尽七刻、臣入白賀、未尽五刻、就本位、至漏尽、皇帝出前殿、百官上賀、如漢儀、礼畢罷入。臣坐、謂之辰賀、画漏上五刻、皇帝乃出受賀、宋世至十刻乃受賀、其余升降拝伏之儀、及置立后妃王公已下祠祀夕牲拝授弔祭」とある。古来の儀式がどう継承されたかの一端が示される。ただし、第二十三条「解説」等参照。

第二十五条　正会及庭燎

石虎正會、殿庭中端門外及①閶闔門②前、設庭燎各③二合六處、皆丈六尺④。

【校勘】

①『芸文類聚』『格致鏡原』は「及」を脱する。
②『芸文類聚』『格致鏡原』は「門」を脱する。
③『芸文類聚』『格致鏡原』は「各」を「皆」に作る。
④『芸文類聚』『太平御覧』『格致鏡原』は「丈六尺」を「六丈」に作る。

【語釈】

殿（庭中）：文昌殿。第二十一条参照。

庭　燎：庭でたくかがり火。『晋書』載記石季龍には「左校令成公段造作庭燎于崇杠之末、高十餘丈、上盤置燎、下盤置人、絙縶上下、季龍試而悦之。其太保夔安等文武五百九人勸季龍稱尊號、安等方入、而庭燎油灌下盤、死者七人、季龍惡之、大怒、斬成公段于閶闔門」とある。

一丈六尺：晋後尺では約三・九二メートル。

【現代語訳】

石虎の正会では、殿庭の中の端門の外及び閶闔門の前に、庭燎を二合（灯皿）ずつ六所に置いた。いずれも一丈六尺の高さであった。

第二十六条　正会及女鼓吹

石虎正會、置三十部①鼓吹。三十歩②置一部。十二③皆在平閣上、去地丈餘。又有女鼓吹。

【校勘】

①『太平御覧』『説郛』は「部」を「歩」に作る。
②『太平御覧』『説郛』は「歩」の下に「輒」を増す。
③『太平御覧』『説郛』は「二」の下に「人」を増す。

【語釈】

鼓吹：軍楽を奏する官。

【現代語訳】

石虎の正会では、三〇部の鼓吹を置いた。三〇歩ごとに一部を置き、そのうち一二部は平閣の上にあって、その高さは一丈強であった。また、女鼓吹もいた。

第二十七条　大会及礼楽

①虎大會、禮樂旣陳。虎繖西②閣上窗幌。宮人數千陪列看坐、悉服飾金銀熠熠。又于閣上作女伎③數百、衣皆絡以④珠璣、鼓舞連倒⑤〔案此句疑有訛字〕、琴瑟細伎⑥畢備。

【校勘】

①『説郛』は「虎」の上に「石」を増す。
②『太平御覧』『説郛』は「西」を「兩」に作る。
③『太平御覧』『説郛』は「伎」を「妓」に作る。
④『太平御覧』は「以」を脱する。
⑤『説郛』は「倒」を「到」に作る。
⑥『説郛』は「伎」を「妓」に作る。

【語釈】

熠熠：鮮やかである。
珠璣：珠は丸い玉、璣は四角い玉。
鼓舞：鼓を鳴らして舞う。
琴瑟：琴と瑟。

【現代語訳】

石虎の大（正か）会では、礼楽の宴が設けられた。石虎は西閣の上の窓に生糸で窓カーテンを付けた。数千人の宮人たちが居並び、座ってこれを見た。皆金銀で飾った服を着ており、鮮やかであった。また、閣上に数百人の女妓を置き、衣は丸や四角の玉をまとっていた。鼓舞は倒立を連ね〔注：この句には、訛字があるかもしれない〕、琴瑟と細やかな伎はすべてそろって見事であった。

【解説】

本文は「大会」となっているが、文脈から鑑みて「正会」のことかもしれない。

第二十八条　御牀及玉牀

石虎①御②牀、辟③方三丈④。其餘牀、皆局腳高下⑤六寸⑥。後宮別院⑦中有小形玉牀⑧。

【校勘】

① 『初学記』は「虎」を「季龍」に作る。
② 『北堂書鈔』『格致鏡原』53は「御」を「於正殿安」に作る。
③ 『格致鏡原』53は「辟」を脱する。
④ この句の下に『初学記』『格致鏡原』53は「有転関牀射鳥獣」を増す。
⑤ 『北堂書鈔』は「下」を脱する。
⑥ 『北堂書鈔』『説郛』は「寸」を「尺」に作る。
⑦ 『太平御覧』は「院」を「坊」に作り、『北堂書鈔』は「院」を「房」に作る。
⑧ この句の下に『太平御覧』706は「又有転開牀射鳥獣」を『説郛』は「又有転開牀射鳥獣」を増す。この追加の句は第五十四条にみえる。

【語釈】

辟方：辟は「壁」などの意味を含み一方があいた形状を言う。三方についたてをおく方形を言うのであろう。

局脚：曲がった足のこと。

三丈：晋後尺で約七・三五メートル。

六寸：晋後尺で約一五センチ。

【現代語訳】

石虎の寝台は三丈四方で、そのほかの寝台の足はすべて曲がっており、高さは六寸であった。後宮と別院の中に小さい玉の寝台があった。

第二十九条　御牀

石虎①御牀、辟方三②丈③。④冬月⑤施⑥熟⑦錦⑧流⑨蘇斗⑩帳。四角安純金龍頭、銜⑪五色流蘇。或用青⑫綈⑬光⑭錦、或用緋綈登高文錦⑮、或⑯紫綈⑰大⑱小⑲錦。絲⑳以房子錦㉑百二十斤。㉒白縑㉓裏、名曰㉔複帳、帳㉕四角安純金銀鏨鏤㉖香爐、㉗以石墨㉘燒㉙集㉚和名㉛香。帳頂㉜上㉝安金蓮花、花㉞中懸㉟金箔㊱織成㊲綩㊳囊㊴、囊㊵受三升㊶、以盛㊷香。㊸帳之四面上十二香囊采㊹色亦㊺同㊻〔案太平御覧載此條、無嚢受三升以下二十字）。春秋但㊼錦帳、裏㊽以五色縑㊾、爲夾㊿帳(51)。夏用(52)紗羅、或綦文丹羅、或紫(53)文穀(54)爲單帳。

【校勘】

① 『初学記』『格致鏡原』は「虎」を「季龍」に作る。
② 『説郛』は「三」を脱する。
③ 『北堂書鈔』『初学記』『太平御覧』703 815 816 『太平寰宇記』『事類賦』『説郛』（10条18条）『格致鏡原』は「御牀、辟方三丈」を脱する。なお、『格致鏡原』53は「冬月」以下「百二十斤」までの描写を「用明光錦」に作る。
④ 『太平寰宇記』は「冬」の上に「于」を増す。
⑤ 『説郛』（10条）『格致鏡原』55は「冬月」を脱する。
⑥ 『太平御覧』981 『説郛』（10条）は「施」を「作」に作り、『北堂書鈔』132 『格致鏡原』55は「造」に作る。
⑦ 『格致鏡原』53は「熟」を「蜀」に作る。
⑧ 『北堂書鈔』『太平御覧』816 981 『太平寰宇記』『説郛』（10条）『格致鏡原』は「熟錦」を脱する。
⑨ 『説郛』（10条）は「流」を「沈」に作る。
⑩ 『太平御覧』『天中記』は「斗」を脱する。
⑪ 『太平御覧』699 『説郛』（29条）は「銜」を「御」に作り、『説郛』（18条）は「衡」に作る。
⑫ 『初学記』27 『太平御覧』815 『事類賦』『説郛』（18条）は「青（靑）」を「黄」に作る。
⑬ 『太平御覧』815 『事類賦』『説郛』（18条）は「綈」を「地」に作る。
⑭ 『初学記』27 『太平御覧』815 『事類賦』『説郛』（18条）は「光」を「博山文」に作る。
⑮ 『初学記』27 『事類賦』『太平御覧』815 『説郛』（18条）は「或用緋綈登高文錦」を脱する。
⑯ 『初学記』27 『太平御覧』699 815 『事類賦』『説郛』（29条）『天中記』は「或」の下に「用」を増し、『説郛』（18条）は「有」を増す。
⑰ 『北堂書鈔』132は「綈」を「纚」に作る。
⑱ 『太平御覧』815 『説郛』（18条）は「大」を「及」に作り、『事類賦』は「大」を脱する。
⑲ 『北堂書鈔』132は「小」を「明光」に作り、『初学記』27 『太平御覧』815 『事類賦』は「小」の下に「明光」を増し、『説郛』（18条）は「明光文」を増す。『太平寰宇記』は「四角……紫綈」を脱して「小」の下に「明光、博山文」を増す。
⑳ 『北堂書鈔』132 『太平御覧』699は「絲」を「絮」に作り、

㉑『太平寰宇記』は「係」に作る。
『北堂書鈔』132は「錦」の下に「一」を増し、『太平寰宇記』は「施屈膝屏風」を増す。
㉒『格致鏡原』53は「白」の上に「以」を増す。
㉓『太平御覧』699は「縑」を「綈爲」に作り、『北堂書鈔』132『格致鏡原』53は「縑」の下に「為」を増す。
㉔『北堂書鈔』135『初学記』25『太平御覧』703『格致鏡原』58は「名曰」を「為」に作り、『太平御覧』699『説郛』『天中記』は「曰」を「為裏」に作り、『北堂書鈔』132『格致鏡原』53は「曰」を脱する。
㉕『北堂書鈔』『格致鏡原』53は「帳」の下に「之」を増し、『初学記』25『太平御覧』703『説郛』(29条)『格致鏡原』58は「帳」を脱する。
㉖『太平御覧』699『説郛』(29条)『天中記』は「鏤」を「金」に作る。
㉗『格致鏡原』53は「以」の上に「爇」を増す。
㉘『説郛』(29条)『天中記』は「墨」を「黒」に作る。
㉙『格致鏡原』53は「石墨焼」を脱する。
㉚『太平寰宇記』『格致鏡原』53は「集」を「百」に作る。
㉛『格致鏡原』53は「名」を脱する。
㉜『北堂書鈔』132は「頂」を脱する。
㉝『太平御覧』981『説郛』(10条)『格致鏡原』53は「上」を脱する。
㉞『北堂書鈔』132『説郛』(29条)『格致鏡原』53は「花」を脱する。
㉟『説郛』(10条)『北堂書鈔』132は「懸」を「縣」に作る。
㊱『北堂書鈔』132『太平御覧』699 816 981『説郛』(10条29条)『天中記』は「箔」を「薄」に作る。

㊲『北堂書鈔』132『格致鏡原』55は「織成」を「盛」に作る。

㊳『太平御覧』699『説郛』(29条)は「椀」を「椀」に作り、『北堂書鈔』132『太平御覧』816『格致鏡原』55は「腕」に作り、『天中記』は「枕」に作る。『格致鏡原』53は「錦」に作る。

㊴『北堂書鈔』132は「囊」の下に「飾以□□」を増す。

㊵『説郛』(10条)は「囊」を「褁」に作る。

㊶『北堂書鈔』132『格致鏡原』55は「囊受三升」を脱する。

㊷『北堂書鈔』132は「盛」の下に「異」を増し、『格致鏡原』55は「以盛」を「盛以異」に作る。

㊸『太平御覧』981『説郛』(10条)は「帳」の上に「注」を増す。

㊹『北堂書鈔』132は「采」を「米」に作る。

㊺『北堂書鈔』132は「亦」を「糸(絲)」に作る。

㊻『北堂書鈔』132は下に「但小嚢耳、百丈以經節貫玉璧、内帳雄也」を増す。『太平御覧』699『説郛』(29条)『天中記』『格致鏡原』53は「嚢受三升」から「亦同」までの句を脱する。

㊼『北堂書鈔』132は「但」の下に「施」を増す。『格致鏡原』53は「但」を「施」に作る。

㊽『北堂書鈔』132『太平御覧』699『説郛』(29条)『格致鏡原』53は「裏」を「表」に作る。

㊾『北堂書鈔』132『格致鏡原』53は「縑」を「糸(絲)」に作り、『太平御覧』699『説郛』(29条)『天中記』は「総」に作る。

㊿『北堂書鈔』132『格致鏡原』53は「夾」を「裌」に作る。

51『北堂書鈔』132は「帳」の下に「帷」を増し、『格致鏡原』53は「帳」を「帷」に作る。

52『北堂書鈔』132は「用」の下に「單」を増し、『格致鏡原』53は「丹」を増す。

53『北堂書鈔』132『格致鏡原』53は「紫」を脱する。

54『北堂書鈔』132『格致鏡原』53は「文縠」を「縠文羅」に作り、『太平御覧』699『説郛』(29条)『天中記』は「縠文」に作る。

【語釈】

辟方：第二十八条参照。

三丈：晋尺では約七・三メートル。

熟錦：よく練った錦。

流蘇：飾りの一種。

斗帳：斗枡を伏せたような形をしている小さい帳。

綈：つむぎ。

文錦：あや錦。

登高：山に登ることだが、ここでは文様の一つか。

房子錦：房子産の錦。左思『魏都賦』に「錦繢房子、縑總清河」とあり、房子県(河北省高邑の西)では御錦を産する。

百二十斤：晋尺では約二七キログラム。

縑：かとり絹、よりあわせた糸で固く織った絹。

石墨：煤のこと。第十一条参照。

織成：金糸を織り込んだ織物で、今日の刺繍に似たもの。第十五条参照。

絻嚢：網状の袋。

三升：晋尺では約〇・六リットル。

紗羅：うす絹。

綦：もえぎ色。

縠　：ちりめん。

【現代語訳】

石虎の寝台は三丈四方で、冬は熟錦・流蘇・斗帳を施した。四隅に純金の龍頭を置き、いろいろな色の流蘇を銜えさせた。それは青綈（つむぎ）光錦、緋綈登高文錦、紫綈大小錦を用い、縫い付けて百二十斤の房子錦としたものである。白かとり絹の裏があり、複帳（二重の帳）とした。帳の四隅に純金と純銀で象嵌した香爐をとりつけ、石墨を焼き集めた和名香を用いた。帳の頂上に純金の蓮花をとりつけ、花の中に金箔で織った網の袋をかけ、袋は香が三升入れられた。帳の四面の上の一二のにおい袋の色も同じである（注：『太平御覧』（巻九八一香部）に「袋は香が三升入れられた」以下の文はない）。春秋には但ら錦の帳を置き、その裏は五色のつむぎで挟んだ帳を作った。夏は紗羅や、もえぎ模様の丹羅、紫模様のちりめんを用いて単帳（一重の帳）を作った。

【解説】

本条は、石虎の時代に遅れて造営される石窟の意匠の先駆が議論できる。注目するのは、本条と龍門石窟と鞏県石窟である。御牀は皇帝の太子を授かる場である。流蘇は前漢馬王堆三号墓帛画に祖型がある。四川省渠県趙家村の無銘門闕に青龍・白虎に結びついた流蘇の事例がある（平勢解説《その二》「その他」の第四条）。石虎の時代に西王母の霊威を受ける「石室」の記事があり（『北史』斉本紀に石虎を揶揄した記事。平勢解説《その二》「その他」の第四十五条女尚書　貂蟬他〈石窟寺院を準備したもの〉）、それを受けて北魏の石窟が始まる。この間別に継承された流蘇が、鞏県石窟第一窟図に見られる（同上、および平勢解説《その三》「『石虎と帳』天蓋を象徴する帳、天井の蓮華」）。太子の懐妊を補佐する特別傘の先に垂れている。石虎の御牀以来、太子の懐妊に関わる意匠として継承されている。この流蘇と不可分の関係にあるのが、本条の斗帳の「帳頂上安金蓮花」である。帳の天井を天蓋にみたて、「斗」により天頂を象徴させる。この意匠は龍門石窟第十三洞天井の蓮弁（《その三》上記）に継承される。蓮弁は、太子が過去世（前世）から今の世（現世）に生まれ変わる通り道である。それを皇帝太子の出産に重ねる。この意匠はさらに鞏県石窟第一窟出口に向かって左側図の第一貴人の特別傘、第二貴人の長柄の先の蓮弁に継承される。第一貴人の特別傘は八方の先に流蘇が垂れ、その傘との接続部に蓮弁があしらわれる。その意味を特別傘を通して対面の右側図の第一貴人の特別傘に伝え、その懐妊にその意味を重ねるようである。重ね方の意匠に、変遷を読み取ることができる。本条の「帳四角安純金銀鏨鏤香炉、以石墨焼集和名香」と「嚢受三升、以盛香、帳之四面上十二香嚢」の「香炉」と「香嚢」は、鞏県石窟第一窟右側図第三貴人の「香炉」と第二貴人の「香嚢」として継承されている。この「香嚢」だが、第三十八条に「龍頭鞶嚢」とあるもので、単なる香嚢ではなく、それに入れる印綬を通して、官僚に霊力を及ぼす意味があるのだろう。

第三十条　御坐几

石虎御①坐②几、悉漆雕畫③、皆爲④五色花也⑤。

【校勘】

①『事類賦』『格致鏡原』53は「御」を「所」に作る。
②『太平御覧』『天中記』は「坐」を「座」に作る。
③『太平御覧』『天中記』は「画（畫）」を「尽（盡）」に作る。
④『北堂書鈔』は「皆為」を「以」に作る。
⑤『北堂書鈔』は「花也」を脱し、『事類賦』『格致鏡原』53は「也」を脱する。

【語釈】

座几：足のある椅子。
五色：第一条参照。

【現代語訳】

石虎の御座は漆を塗って絵を彫り、すべて色とりどりの花が描かれた。

第三十一条　金縁褥

石虎作褥、長三尺①、用金②縁之。

【校勘】

①『太平御覧』は「尺」を「丈」に作る。
②『太平御覧』は「金」を「綿」に作る。

【語釈】

褥：しとね。暖かく柔らかい敷物。
三尺：晋後尺では約七三センチ。

【現代語訳】

石虎の褥は長さ三尺で、金で縁取ったものである。

第三十二条　錦席

石虎①作席以錦②、雜以五香、施以五采③綖④。編蒲皮、縁之以⑤錦〔案此條見初學記〕。

【校勘】
①『初学記』『格致鏡原』は「虎」を「季龍」に作る。
②『北堂書鈔』『初学記』『格致鏡原』は「錦」を「金裏五香」に作る。
③『説郛』は「采」を「彩」に作る。
④「雑以五香、施以五采綖」を『北堂書鈔』は「雑以五色線」に作り、『初学記』『格致鏡原』は「雑以五采線」に作り、『太平御覧』は「裏五雑香以五綵綖」に作る。
⑤『太平御覧』『説郛』は「以」を脱する。

【語釈】
席：草や竹などで編んだ一重の敷物。
五香：茴香、花椒、大料、桂皮、丁香の総称。
綖：梁顧野王『玉篇』に、「綖」について「冕前後垂」とする。鞏県石窟第一窟出口に向かって左側図（平勢解説《その三》〔石虎と帳〕天蓋を象徴する帳、天井の蓮華）の上段の貴人がかぶる特別冠の前後に垂れる布をいうようだ。それとは異なる意味の「綖」がここにある。冠に使う布ではないが、同種の布と理解しておく。

【現代語訳】
石虎の席は錦を用いている。五香を交え、色とりどりの布をほどこし、蒲の皮を編み、錦で縁どった〔注：この条は『初学記』（巻二五席）にみえる〕。

第三十三条　金銀鈕屈戌屛風

石虎①作金銀②鈕③屈戌④屛風。衣⑤以白縑、畫義士・仙人・禽獸之像⑥。讃者⑦皆三十二言⑧。高施則八尺、下施⑨四尺、或施六尺、隨⑩意所欲也⑪。

【校勘】
①『初学記』『格致鏡原』は「虎」を「季龍」に作る。
②『格致鏡原』は「銀」を脱する。
③『初学記』は「銀鈕」を「鈿」に作る。
④『北堂書鈔』『初学記』『太平御覧』『説郛』『格致鏡原』は「戌」を「膝」に作る。なお、底本とした武英殿聚珍版は版本により「戍」に作る。
⑤『北堂書鈔』は「衣」を「依」に作る。
⑥『北堂書鈔』は「像」を「相」に作り、『格致鏡原』は「像」を「象」に作る。『初学記』は「之像」を脱する。
⑦『北堂書鈔』は「者」を脱する。
⑧『北堂書鈔』は「画義士仙人禽獣之像、讃者皆三十二言」を「欲」の下におく。

⑨『北堂書鈔』『格致鏡原』は「施」の下に「則」を増す。
⑩『北堂書鈔』は「隨」を「従」に作る。
⑪『北堂書鈔』は「也」を脱する。

【語釈】

屈戌：第十一条参照。窓や戸の蝶番で、人が膝を曲げた形のため、屈膝ともいう。

縑：つむぎ。

讃：ほめ言葉で、画の上に書き加える詩文。賛とも記す。

八尺、六尺、四尺：晋尺ではそれぞれ約二メートル、約一・五メートル、約一メートル。

【現代語訳】

石虎は、金銀の鈕・蝶番のある屏風を作った。白かとりの上に、義士・仙人・禽獣の像を描いた。画讃は三二言であった。高施は八尺、下施は四尺、六尺のものもあり、自ずとおさまった。

第三十四条　鏡

石虎①三②臺及内宮中鏡、有徑③二④三尺者、⑤純金蟠⑥龍⑦雕⑧飾⑨〔案此條與下一條、倶見太平御覽〕。

【校勘】

①『初学記』『白氏六帖事類集』『格致鏡原』は「虎」を「季龍」に作る。
②『太平御覧』は「三」の下に「人」を増す。
③『格致鏡原』は「径（徑）」を脱する。
④『北堂書鈔』は「二」を脱する。
⑤『北堂書鈔』『格致鏡原』は「純」の上に「下有」を増す。
⑥『北堂書鈔』は「蟠」を「盤」に作る。
⑦『北堂書鈔』は「龍」の下に「及」を増し、『格致鏡原』は「蟠龍」を「龍盤」に作る。
⑧『北堂書鈔』は「雕」を「彫」に作る。
⑨「純金蟠龍雕飾」を『初学記』は「有尺五寸者」に作り、『白氏六帖事類集』は「有五寸者」に作る。『北堂書鈔』は「飾」の下に「金用数斤者也」を増す。

【語釈】

三台：鄴城の西北の城壁上にある銅爵台、金鳳台、冰井台の三台（図5）。第十一条参照。

蟠龍：とぐろを巻いてまだ天に昇らない龍。鏡を地上の池に見たて、池から龍が飛び立つということのようだ。

【現代語訳】

石虎の三台と内宮の中にある鏡は、直径が二、三尺あり、純金の蟠龍が彫雕により装飾された〔注：この条と次の一条は『太平御覧』（巻七一七服用部）にみえる〕。

第三十五条　雲母五明金箔莫難扇

石虎①作雲母・五明・金箔②・莫難③扇、此一扇之名也④。薄⑤打純金如蟬翼。二面彩⑥漆⑦、畫列仙・奇鳥・異⑧獸。其五明方⑨中辟方三寸、或五寸⑩、隨扇大小⑪、雲母帖其中。細縷縫⑫其際、雖⑬罨⑭畫⑮而⑯彩⑰色明徹⑱、看之如謂⑲可取⑳、故名㉑莫難㉒也㉓。虎㉔出時㉕、以㉖此㉗扇夾㉘乘輿。亦用㉙牙桃枝㉚扇。其上竹㉛、或綠沈色、或木蘭色、或作㉜紫紺色、或作㉝鬱金色。

【校勘】

① 『初学記』『白氏六帖事類集』『海録碎事』『説郛』『格致鏡原』は「虎」を「季龍」に作る。

② 『北堂書鈔』『初学記』『白氏六帖事類集』『太平御覧』『太平寰宇記』『事類賦』『説郛』百二十巻本『格致鏡原』は「箔」を「薄」に作る。

③ 『北堂書鈔』は「難」の下に「之」を増し、『太平寰宇記』は「莫難」を「黄雉等」に作る。『太平御覧』808は「莫難」を脱し、『海録碎事』は「雲母五明金箔莫難」を「五明雲母」に作る。

④ 『説郛』百二十巻本『事類賦』は「此一扇之名也」を脱する。

⑤ 『説郛』百巻本『太平寰宇記』は「薄」を「簿」に作る。

⑥ 『初学記』『白氏六帖事類集』『説郛』『格致鏡原』は「彩」を「采」に作る。

⑦ 『北堂書鈔』は「薄打純金如蟬翼。二面彩漆」を「扇」に作り、『白氏六帖事類集』『説郛』百巻本は「漆」を脱する。

⑧ 『北堂書鈔』は「異」を脱する。

⑨ 『白氏六帖事類集』『格致鏡原』は「方」を「分」に作る。

⑩ 『事類賦』『説郛』百巻本は「其五明方中辟方三寸、或五寸」を脱する。

⑪ 『北堂書鈔』は「隨扇大小」を脱す。

⑫ 『太平御覧』702は「縫」の下に「為」を増し、『格致鏡原』は「縫」を「縁」に作る。

⑬ 『太平御覧』702は「雖」を「唯」に作り、『白氏六帖事類集』は「維」に作る。

⑭ 『北堂書鈔』『初学記』『説郛』『白氏六帖事類集』『格致鏡原』は「罨」を「掩」に作り、『太平御覧』702は「罨」を脱する。

⑮ 『北堂書鈔』は「画（畫）」の下に「象」を増し、『初学記』

⑯『説郛』百二十巻本は「画」を「尽（盡）」に作る。
⑰『事類賦』は「細縷縫其際、雖罨畫而」を脱する。
⑱『北堂書鈔』は「彩」を「采」に作る。
⑲『初学記』『説郛』百二十巻本は「徹」を「澈」に作る。
⑳『説郛』百二十巻本は「謂」を「金」に作る。
㉑『説郛』百二十巻本は「取」を「耴」に作る。
㉒『北堂書鈔』は「名」の下に「為」を増す。
㉓『北堂書鈔』は「難」の下に「者」を増す。
㉔『事類賦』は「看之如謂可取、故名莫難也」を脱する。
㉕『初学記』『白氏六帖事類集』『説郛』『格致鏡原』は「虎」を「季龍」に作る。
㉖『白氏六帖事類集』『説郛』百巻本『格致鏡原』は「時」を脱する。
㉗『事類賦』は「以」を「用」に作る。
㉘『初学記』『白氏六帖事類集』『説郛』百二十巻本『格致鏡原』は「此」を脱する。
㉙『初学記』『白氏六帖事類集』『太平御覧』702『事類賦』『説郛』『格致鏡原』は「夾」を「挟」に作る。
㉚『白氏六帖事類集』『太平御覧』702『格致鏡原』は「牙」の上に「象」を増し、『事類賦』は「亦用」を「又有象」に作る。
㉛『白氏六帖事類集』は「桃枝」を脱する。
㉜『事類賦』『格致鏡原』は「其上竹」を脱する。
㉝『格致鏡原』は「作」を脱する。
『格致鏡原』は「作」を脱する。

【語釈】

五明（扇）：舜の作った扇の名。五明とは本来人間の五官の明敏を指す。崔豹『古今注』（『新唐書』所載の書）輿服の条には、「五明扇舜作也。既受堯禅、広開視聴、求賢人以自輔、故作五明扇也。漢公卿士大夫皆用得之、晋非乗輿不得用也」とある。

莫難：難を避ける意味だが、おそらく発音類似の「白檀」の葉がついた形状を言うのであろう。

方中：中央部分のこと。

辟方：意味は不明であるが、辟は「劈」か。第二十八条、第二十九条参照。

三寸、五寸：晋後尺では、それぞれ約七・四センチ、約一二センチ。

罨画：雑色の彩画。『唐会要』巻三一輿服上・内外官章服雑録の条に「其女人不得服黄紫為裙及銀泥罨画繍等」とある。

徹：透き通る。

牙：象牙。牙扇は象牙でできた扇のこと。

緑沈色：濃緑色。

木　蘭　色：黄紅色。
鬱　金　色：ウコン色。

【現代語訳】

　石虎は雲母と金箔を使って五明莫難扇を作ったが、雲母五明金箔莫難扇が一つの扇の名である。薄く純金を打って蝉翼のようにし、両面とも采漆にし（漆で色とりどりにし）、列仙・奇鳥・異獣を画いた。その「五明」は、方中辟があり（四つの方向に欠けた辟が作り出され）方三寸または五寸。そこには扇の大小によりつつ、その中に雲母を使う。細縷をもって際を縫い、罨《あみ》画にして彩色明徹とはいえ、これを看るに（手のように見えて）取るべしと言うがごとくであった。故に莫難（おそらく白檀）と名づけた。石虎が外出するときは、両脇の者にこの扇を持たせて乗輿した。また、牙桃枝扇を用いた。その上方は竹のようで緑沈色、木蘭色、紫紺色、鬱金色を呈した。

【解説】

　扇については、石虎の時代を受けた龍門石窟画像、およびそれより降る鞏県石窟画像が参照できる。古来の扇の意味は、平勢解説《その二》「第三十五条　雲母五明金箔莫難扇　下記『鄴中記』第四十五条の画像参照」を参照。扇の意味は風よけに発し、邪気よけを基本義とする。この第三十五条の「莫難」は難を避ける意味であり、邪気よけを意味する。しかし、「雲母五明」は、「雲母」の基本義である「雲」が仙人、「母」が西王母を意味する（「五明」を扇として解説する書は比較的新しい）。単なる邪気除けではない。加えて、「牙桃枝扇」も、西王母に関わる桃を名にもっている（「第六十条　華林園、西王母棗及羊角棗」およびその前後の条を参照）。神意を受ける意味を議論する。石虎の西王母・仏教両にらみの重視の姿勢は、気にしておいてよい。神意は、天の神意と西からの霊威（仏教・西王母）を論じる。

第三十六条　御食及遊槃

> 石虎大①會、上②御食。遊槃兩重、皆金銀參帶、百二十醆雕③飾④並同。其參帶之間、茱萸畫⑤微如破髮、近看乃得見。遊槃則圓轉也〔案此條見説郛〕。

【校勘】

① 『太平御覧』は「大」を「正」に作り、『説郛』は「大」を脱する。
② 『太平御覧』は「上」を脱する。
③ 『太平御覧』『説郛』は「雕」を「彫」に作る。
④ 『説郛』は「飾」を「節」に作る。

⑤『太平御覧』は「画（畫）」を「尽（盡）」に作り、「遊」の上に「動」を増す。

【語釈】

大　会：すべての版本が「大」となっているが、「正」の誤りか。

遊槃両重：回転テーブルのようなもので二枚重ね。

参　帯：遊槃の縁を取り巻く飾りであろう。

醆　：杯。

茱　萸：グミの一種。薬用、厄除けに用いる。

【現代語訳】

石虎の大会にて御食をたてまつるには、二重の遊槃を用い、いずれも縁は金銀を用いた帯状の部分（参帯）が巻かれていた。百二十の杯がつけられ、雕飾は両円転とも同じであった。その参帯の間は、茱萸をもって画くのだが、破髪のごとく微細で、近づいてやっと見えるものであった。遊槃は回転の円卓であった〔注：この条は『説郛』にみえる〕

第三十七条　三月三日臨水会

石虎三月三日臨水會。公主・妃嬪①・名家婦女、無不畢出。臨水施帳幔、車服燦②爛。走馬歩射、飲宴終日。

【校勘】

①『太平御覧』は「嬪」を「主」に作る。

②『太平御覧』は「燦」を「粲」に作る。

【語釈】

三月三日：三月上巳に行われた儀礼が、後に三日に固定され、「上巳」と「三日」が併用された。水辺で沐浴による禊、曲水宴、後代の行楽等との関わりは、下記「解釈」。

車　服：車と衣服。天子が功臣に賜る品。

【現代語訳】

石虎の三月三日の臨水会では、公主・妃嬪・名家の婦女、すべてが参加した。水のそばに幕を設置した。車服はあでやかであった。走馬・歩射が催され、終日飲宴した。

【解説】

三月三日については、第九条、第十五条、第十八条、および平勢解説《その三》「〔三月三日、五月五日、七月七日〕女妓の楽の始まりと伏日の意味。織女と七夕と詩経」参照。

第三十八条　大会及碧紗袍

石虎臨軒大會、著①碧②紗袍〔案太平御覧載此條、作丹紗袍〕。

【校勘】
①『太平御覧』『説郛』は「著」を「着」に作る。
②『北堂書鈔』『太平御覧』『格致鏡原』は「碧」を「丹」に作る。

【語釈】
臨軒：軒は車。閲兵。

【現代語訳】
石虎は大会に臨軒（閲兵）するとき、緑色の絹の上着（袍）を着た〔注：『太平御覧』（巻六九三服章部）は「赤の絹の上着」に作る〕。

第三十九条　龍頭鞶囊

石虎改虎頭鞶囊、爲龍頭鞶囊。

【語釈】
鞶囊：首からぶら下げる小さな革制の袋。官吏が印綬を入れるのに用いる。『宋書』礼志に「鞶、古制也。漢代著鞶囊者側在腰間、或謂之傍囊、或謂之綬囊、然則以此囊盛綬也」とある。

【現代語訳】
石虎は、（諱により）虎頭の鞶囊をやめて、龍頭の鞶囊を作った。

第四十条　天鹿旛

鄴中①、爲石虎諱、呼白虎旛、爲天鹿旛。

【校勘】
①『太平御覧』は「鄴中」を「勒」に作る。

【語釈】
旛：しるし旗。白虎と天鹿は言い換えが可能な関係であったことがわかる。

【現代語訳】
鄴中では、石虎の諱により、白虎旛を呼ぶときは、天鹿旛と称した。

第四十一条　左右直衞

石季龍左右①直衞萬人、皆著②五色細鎧、光耀③奪目〔案此條見説郛〕。

【校勘】
①『太平御覧』は「右」の下に「置」を増す。
②『太平御覧』は「著」を脱する。
③『太平御覧』は「耀」を「曜」に作る。
【語釈】

直衛：皇帝直属の軍隊。

【現代語訳】

石季龍の左右の直衛は一万人いた。五色の細い鐙を着て、光耀にしてまばゆいほどであった〔注：この条は『説郛』にみえる〕。

第四十二条　金縷織成合歓帽

季龍獵、著①金縷織成合歡帽。

【校勘】
①『太平御覧』は「著」を「着」に作る。
【語釈】

織成：金糸を織り込んだ織物で、今日の刺繍に似たもの。

【現代語訳】

石虎は狩りをするときに、金の糸で織った合歓帽をかぶった。

第四十三条　金縷合歓袴

石虎時①著②金縷③合歡袴〔案太平寰宇記載此條云、虎每獵、著金線織成合歡袴〕。

【校勘】
①『北堂書鈔』『太平御覧』は「時」を「獵」に作り、『太平寰宇記』は「每猟」に作り、『格致鏡原』は「出猟」に作る。
②『太平御覧』695『説郛』は「著」を「着」に作る。
③『太平御覧』816は「織成」を増し、『太平寰宇記』は「縷」を「線織成」に作る。
【現代語訳】

石虎は〔狩りをするとき〕、金の糸で織った合歓袴を着た〔注：『太平寰宇記』（巻五五河北道相州鄴県）には、石虎が狩りをするとき、金の糸で織った合歓袴を着たとある〕。

第四十四条　女鼓吹

石虎從①出行、有女鼓吹、尚書官屬、皆著②錦袴佩③玉〔案此條見太平御覽〕。

【校勘】

①『太平御覧』は「従」を「后」に作る。

②『太平御覧』は「著」を「着」に作る。

③『太平御覧』は「佩」を「珮」に作る。

【語釈】

従　：文脈から皇后とする解釈があるが（『太平御覧』）、「従出行」を、皇后を伴った外出とすると、前後の文脈上無理がない。

鼓吹：軍楽を奏する官。第二十六条参照。

尚書：官職で尚書省の長官。第四十五条参照。

官属：官吏。

【現代語訳】

石虎が皇后を伴って外出するときには、女鼓吹が付き添い、尚書の官属であった。みんな錦袴・佩玉をつけた（注：この条は『太平御覧』（巻六九二服章部）にみえる）。

第四十五条　女尚書

石虎征討、所得美①女②萬餘③、以爲④宮人。簡其有⑤才藝者、爲女尚書（案太平寰宇記載此條云、又揀宮人有才藝者、爲女尚書。八座・侍中・納言、皆貂璫直侍。其文與此詳略互異）。

【校勘】

①『太平御覧』688は「美」を「婦」に作る。

②『太平御覧』688は「女」の下に「美色」を増す。

③『太平御覧』688は「余（餘）」以下を「選為女侍中、着貂璫直皇后」に作る。第四十七条参照。

④『太平寰宇記』は「以為（爲）」を「選揀」に作る。

⑤『太平寰宇記』は「簡其有」を「皆」に作る。

【語釈】

尚　書：文字を掌る官吏。

女尚書：女官。尚書に相当する高官と見られる。『魏書』明帝紀の青龍三年条の注に、「魏略曰、（中略）帝常游宴在内、乃選女子知書可付信者六人、以為女尚書、使典省外奏事、処当画可」とある。

八　座：官名の総称で、尚書を含む。『通典』巻二二職官四に「八座、後漢以六曹尚書并令、僕二人、謂之八座。魏以五曹尚書、二僕射、一令爲八座。宋齊八座與魏同。晋梁陳不言八座之數。」とある。

侍　中：官名。魏晋以降は門下省の長官。

納　言：官名。上のことばを下に宣布し、下のことばを上に納めることを掌る。

貂　璫：『後漢書』朱穆列伝の唐引く『李賢注漢官儀』に、

漢代の中常侍の冠だとし、李賢注が金蝉を前につけるというが、『宋書』礼志に（男の官僚の）侍中の冠とするなど、女尚書とは分けるべきで、第四十七条の「貂蝉」とは異なる冠である。

【現代語訳】

石虎が征討したときに得た美人は一万人以上もいたが、宮殿に仕える人とした。特に才芸のあるものを選んで女尚書にした（注：『太平寰宇記』（巻145皇親部）に記されたところによると、宮人のうち才芸あるものを女尚書とし、八座・侍中・納言はいずれも貂璫の冠をつけて仕えたとある。この文は本文と細部が異なっている）。

【解説】

平勢解説《その二》「その他」の「第四十五条」および「第四十七条」参照。本条により女尚書が貂璫、第四十七条により女侍中が貂蝉をかぶったことがわかる。男の官僚の話題としては、『後漢書』朱穆列伝の唐李賢注引く『漢官儀』に、貂璫は漢代の中常侍の冠だとする。これについて、唐李賢注は金蝉を前につけるとする。唐代に貂璫と貂蝉の区別がつかなくなったことを示す。鞏県石窟第一窟の出口に向かって右側図において、上段第二貴人と第三貴人の冠には、「蝉」の表現が見えない（懐妊した第一貴人のうしろ）。これに対し、龍門石窟第三窟東南隅図（出口に向かって右側）にあっては、蝉表現の貂蝉とそれのない貂璫は区別されている。以上は、唐代に貂璫と貂蝉の区別がつかなくなったことと関係する。さらに遡って、石虎の時代には、蝉が殻を抜け出る変態が太子の生まれ変わりに結びつけられていて、それが女侍中の職掌に関わるとすると、女尚書が関わるのは、天の霊意なのであろう（鞏県石窟画像では形骸化。天の神意は特別扇を通して伝えられる）。

第四十六条　陳逵妹

廣陵公①陳逵②妹才色甚美、髪長七尺、石虎③以爲夫人。

【校勘】

①『芸文類聚』『説郛』百巻本は「広陵公」を脱する。
②『説郛』百巻本は「逵」を「達」に作る。
③『芸文類聚』『説郛』百巻本は「虎」を「季龍」に作る。

【語釈】

広陵公陳逵：人名。
夫人：皇后以外の妻。第九条参照。

【現代語訳】

広陵公陳逵の妹は容姿端麗で、髪の長さが七尺あった。

石虎はこの妹を夫人とした。

第四十七条　女侍中

石虎置①女侍中、皆②貂蟬③、直侍④皇后⑤。

【校勘】

①『太平御覧』688は「置」を「選爲」に作る。
②『太平御覧』688は「皆」を「着」に作る。
③『太平御覧』688『太平寰宇記』は「蟬」を「璫」に作る。
④『太平御覧』688は「侍」を脱する。
⑤『太平寰宇記』は「皇后」を脱する。
＊『太平寰宇記』は「選揀宮人皆才藝者、爲女尚書。八座・侍中・納言、皆貂璫直侍」とする（第四十五条参照）。

【語釈】

貂蟬：貂璫とは別。第四十五条参照。

【現代語訳】

石虎は女侍中をおき、貂蟬冠をかぶらせ、皇后に仕えさせた。

第四十八条　女官門下通事及玉案

石虎以宮人爲女①官門下通事、以②玉案行③文書（案此下三條倶見太平御覽）。

【校勘】

①『北堂書鈔』は「女」を脱する。
②『太平御覧』805は「官門下通事、以」を「用」に作る。
③『太平御覧』805は「行」を脱する。

【語釈】

門下：官署名。秦漢より始まる。魏晋以降、宮中の事を掌る。
通事：通常の意味は「通訳」である。
案：机、台のこと。

【現代語訳】

石虎は宮人を女官門下の通事とした。玉でできた机で書類を書かせた（注：次の三条は『太平御覧』（巻七一〇服用部）にみえる）。

第四十九条　女騎及鹵簿

①皇后出、②女騎③一④千⑤爲鹵簿⑥。冬月皆著⑦紫⑧衣⑨巾・蜀⑩錦袴褶⑪（案太平寰宇記引此條云、皇后出、從女騎千

人爲鹵簿、腳著五文織成韡、手握⑫雌黃婉⑬轉⑭弓。其文與此互異〕。

【校勘】

① 『北堂書鈔』『太平御覧』『説郛』は「皇」の上に「石虎」を増す。

② 『北堂書鈔』『太平御覧』716は「女」の上に「以」を増し、『太平寰宇記』は「従」を増す。

③ 『太平御覧』816は「騎」を「妓」に作る。

④ 『太平御覧』816は「一」を「二」に作り、『太平寰宇記』は「一」を脱する。

⑤ 『太平御覧』819『太平寰宇記』は「千」の下に「人」を増す。

⑥ 『説郛』は「為（爲）鹵簿」を脱する。

⑦ 『太平御覧』687 816『説郛』は「著」を「着」に作り、『太平御覧』716は「著」を脱する。

⑧ 『太平御覧』716は「紫」を「絮」に作る。

⑨ 『北堂書鈔』『太平御覧』『説郛』は「衣」を「綸」に作る。

⑩ 『太平御覧』687は「蜀」を「孰」に作り、同書816は「熟」に作る。

⑪ 『太平御覧』716 819『説郛』は「蜀錦袴褶」を脱し、同書816は「褶」を脱する。

⑫ 『事類賦』は「手握」を「持」に作る。

⑬ 『事類賦』は「婉」を「宛」に作る。

⑭ 『事類賦』は「転（轉）」の下に「角」を増す。

＊『北堂書鈔』117に「石虎皇后出女騎千人、脚皆著五采韡也」とある。

＊『太平御覧』698に「石虎皇后出、女騎千人、皆着五綵織成靴」、同書816に「石虎皇后出、女妓二千、為鹵簿。冬月皆着紫綸巾・熟錦袴、脚着五文織成韡」とある。

＊『太平寰宇記』に「皇后出、従女騎千人、爲鹵簿、脚著五文織成韡、手握雌黄婉轉弓」とある。

＊『説郛』一百二十巻本七条に「石虎皇后出、女騎千人、皆着五采靴」、同書二十一条に「石虎皇后出、女騎一千、冬月皆着紫綸巾」とある。

【語釈】

鹵簿：天子の行列。石虎の場合は第十五条に記載がある。

紫衣巾：紫綸巾あるいは諸葛巾ともいう。古代の絹帯で作った頭巾のこと。綸巾については第十五条参照。

蜀錦：蜀（今の四川省）の錦。蜀の錦江の水でさらして織った錦。美麗な錦。

織成：金糸を織り込んだ織物で、今日の刺繍に似たもの。

第十五条参照。

雌　黄：硫黄と砒素を混合して作った黄色い土。この場合、黄色のこと。

婉転弓：弩のようにまがった弓。

【現代語訳】

皇后が外出するとき、女騎一千を従えて鹵簿とした。冬には皆紫衣巾をかぶり、蜀錦の袴褶を着た〔注：『太平寰宇記』（巻五五河北道相州鄴県）に、皇后の外出には女騎千人を従わせて鹵簿とした。脚に五文織成の靴をはかせ、手に黄色の婉転弓を握ったとある。この文は本文と異なる〕。

第五十条　女騎

石虎皇后女騎、腰中著①金環參鏤帶。

【校勘】

①『太平御覧』『説郛』は「著」を「着」に作る。

【語釈】

参鏤帯：第三十六条の「参帯」の記載について、円盤の縁の装飾と理解した。参鏤帯も、装飾を鏤でとりつけた帯を言うのであろう。

【現代語訳】

石虎の皇后の女騎は、腰に金環で象嵌したベルトを着けた。

第五十一条　宮婢

石季龍宮①婢數十、盡著皂褠、頭著神弁、如今②禮先冠③。

【校勘】

①『初学記』は「宮」を「官」に作る。

②『太平御覧』は「今」の下に「之」を増す。

③『太平御覧』『格致鏡原』は「冠」の下に「也」を増す。

【語釈】

宮婢：官婢と称するものもある。

皁褠：黒い単。あわせ。

神弁：冠の一種。

先冠：冠婚葬祭という言葉があり、先冠婚、後葬祭といわれる。『晋書』礼志に冠の記事がたくさんあり、「穆帝、孝武將冠、皆先以幣告廟、訖又廟見也」とある。「先」とは、武将が始めて冠のことを廟に報告することである。

【現代語訳】

石季龍の宮婢は数十人いて、すべて黒い服を着て、頭に神弁をかぶった。今の儀礼の先冠のようである。

第五十二条　指南車、司里車及磨車

石虎有指南車及司里車。又有舂車[1]木人、及[2]作[3]行碓于車上。車[4]動則木人踏[5]碓舂[6]、行十里成米一斛。又有磨車、置石磨于車上、行十里輒磨麥[7]一斛。凡此車皆以朱彩爲飾、惟[8]用將軍一人。車行則衆[9]並發、車止則止。中御史解飛・尚方人魏猛變所造〔案説郛引此條云、解飛者、石虎時工人。[10]作旃檀車、左轂上置碓[11]、右轂上置磨[12]。毎行十里、磨麦一石、舂米一斛。其文與此小異〕。

【校勘】

①『太平御覧』829『説郛』は「車」の下に「作」を増す。
②『太平御覧』829『説郛』は「及」を「反」に作る。
③『太平御覧』829『説郛』は「作」を脱する。
④『太平御覧』752 829『説郛』は「車」を脱す。
⑤『太平御覧』752は「踏」を「蹋」に作る。
⑥『太平御覧』752は「舂」を脱する。
⑦『太平御覧』752は「麥」を脱する。
⑧『太平御覧』752は「惟」を「唯」に作る。
⑨『太平御覧』752は「衆」の下に「巧」を増す。
⑩『太平御覧』762は「作」の上に「造」を増す。
⑪『太平御覧』762は「碓」を「磑」に作る。
⑫『太平御覧』762『説郛』は「磨」を「碓」に作る。

【語釈】

指南車：南を向いて儀礼をする車。平勢解説《その二》第五十二条参照。
司里車：一里進むごとに通知する車。『宋書』礼志には「記里車、未詳所由来、亦高祖定三秦獲。制如指南、其上有鼓、車行一里、木人輒撃一槌。大駕鹵簿、以次指南」とあるので、記里車とも記した。
行碓：碓のこと。
御史：官職名。
解飛：人名。
尚方：官署名。漢代に置き、少府の属官で天子の御物を作りこれを保管する。漢末になると中左右の三尚方があった。
魏猛變：人名。
栴檀車：インド・交趾などで産する香木で作った車。
轂：こしき。車軸に着けて車の輻の集まる部分。

【現代語訳】

石虎は指南車及び司里車をもっていた。また、木の人形と動く碓を載せた舂車があった。車が動くと木の人形は碓を踏んでつき、一〇里進むと米一斛をついた。さらに、石臼を載せた磨車があった。一〇里進むと麦一斛をついた。車の飾りはすべて朱色で、将軍一人に用いた。車が進めばいろいろな細工が一緒に動き出し、車が止ればそれらも同時に止まった。中御史解飛と尚方の魏猛変が製作したものである〔『説郛』はこの条を引いて、解飛は石虎のときの職人であり、梅檀車を作って、左の轂上に碓を置き、右の轂上に磨を置いた。一〇里進むごとに麦一石をつき、米一斛をついたとする〕。

【解説】

平勢解説《その二》の「第五十二条　指南車　司里車」参照。本条の内容はしかけが歯車を用いたものであることを示している。

第五十三条　仏衆

石①虎②性好佞③。佛衆巧奢、靡不可紀也。嘗作檀④車、廣丈餘、長二丈、⑤四輪。作金佛像、坐于車上、九龍吐水灌之。又作⑥木道人、恆以手摩佛心腹之間。又十餘木道人、長二尺餘、皆披袈裟繞佛行、當佛前輒揖禮佛。又以手撮香投爐中、與人無異。車行則木人行、龍吐水、車止則止。亦解飛所造也。

【校勘】

①『太平御覧』は「石」を脱する。
②『太平御覧』は「虎」の下に「至」を増す。
③『太平御覧』は「佞」を脱する。
④『太平御覧』は「檀」を「擅」に作る。
⑤『太平御覧』は「四」の上に「安」を作る。
⑥『太平御覧』は「作」の下に「一」を増す。

【語釈】

二丈：晋尺で約四・九メートル。
二尺：晋尺で約五〇センチ。
揖礼：胸の前に手をあわせて、前に出して上下させ、礼をすること。
九龍：天を意識した言い方。

【現代語訳】

石虎の性はへつらいを好んだ。仏教の衆は豪奢に巧みで、それを天紀としていた。かつて幅一丈余、長さ二丈、四輪の檀車を作った。金の仏像を作って車の上に座らせ、九龍がこの仏像に水を吐いて注ぐようにした。また、木の道人を作り、その手で仏の心腹間を摩らせた。長さ二尺余の木の道人も十数個作り、袈裟を被いて仏を繞らせ進ませた。仏前に来ると仏に礼をさせた。さらに、手で香をつかんで爐中に投じたが、この動作は人のようであった。車が動けば木人も動いて龍も水を吐いたが、車が止まればこれらも止まった。すべて解飛が製作したものである。

第五十四条　猟輦及転関牀

石虎少①好②遊獵。後③體④壯大、不復⑤乘馬、作獵輦。⑥二十人擔⑦之。如今之歩輦。上安徘徊⑧曲蓋、當⑨坐處安⑩轉關牀⑪。若⑫射鳥獸、直⑬有所向、關隨⑭身而轉⑮。虎善射、矢不虛發⑯〔案此條與下三條倶見太平御覽〕。

【校勘】

①『北堂書鈔』『格致鏡原』29は「少」を脱し、『太平御覧』832は「少」の下に「時」を増す。
②『太平御覧』774は「好」を脱する。
③『北堂書鈔』『太平御覧』774は「後」を脱する。
④『北堂書鈔』『太平御覧』774『格致鏡原』29は「體」の下に「転」を増す。
⑤『格致鏡原』29は「復」を「堪」に作る。
⑥『北堂書鈔』『太平御覧』774『格致鏡原』29は「二」の上に「使」を増す。
⑦『格致鏡原』29は「擔」を「舁」に作る。
⑧『格致鏡原』29は「徘徊」を「排」に作る。
⑨『太平御覧』774『格致鏡原』29は「当」を脱する。
⑩『北堂書鈔』『格致鏡原』29は「安」を「施」に作り、『初学記』『太平御覧』706『説郛』『格致鏡原』53は「有」に作る。『太平御覧』774は「安」を脱する。
⑪『格致鏡原』29は「牀」を脱する。
⑫『初学記』『太平御覧』706『説郛』『格致鏡原』53は「若」を脱する。
⑬『北堂書鈔』『太平御覧』774『格致鏡原』29は「直」を「宜」に作る。
⑭『格致鏡原』29は「關隨」を「開」に作る。
⑮『格致鏡原』29は「転（轉）」の下に「之」を増す。
⑯『太平御覧』832は「発」の下に「矣」を増す。

【語釈】

猟　輦：狩猟をするときに使う車、輿。『晋書』載記石季龍に「季龍性既好猟、其後体重、不能跨鞍、乃造獵車千乗、轅長三丈、高一丈八尺、置高一丈七尺、格獣車四十乗、立三級行楼二層于其上、剋期將校猟」と、その車のサイズが記されている。
歩　輦：肩に担ぐ輿。
徘　徊：ぶらぶら歩き。

曲　蓋：曲がった骨の傘。
転関牀：軸に取り付け回転する大きめの椅子。
関　：かんぬき状のとりつけ部分。

【現代語訳】

石虎は幼い頃から狩りを好んだ。後に体が大きくなりすぎて馬に乗れなくなったので、獵輦を作らせた。二十人でこれを担がせた。今の歩輦に似ている。上部に曲がった骨の徘徊用の傘を置き、坐る位置に軸が回転する大きめの椅子を置いた。鳥獣を射ようとするときは、転関牀の回転軸は直なので、向かう方向に合わせて回転でき、そのかんぬき状のとりつけ部分は人間の動きにそって回転したので、石虎はうまく射ることができ、矢の虚発はなかった（注：この条と次の三は『太平御覧』（順番に、巻八三二資産部、巻八一六布帛部、巻七五八器）にみえる）。

【解説】

平勢解説《その一》の「輦」参照。「輦」の形態は具体的記事に欠ける。「作獵輦。二十人担之、如今之歩輦」とあるのが注目でき、担ぐ「輦」と車で挽く「輦」があったことが確認できる。車で挽く「輦」は歯車によりしかけが自動になるが、人が担ぐ「輦」は自らの意思で回転させる。平地の道路は馬に引かせ、山間や陵墓では人に担がせる。この「輦」を担ぐ人が角抵の源流であろう。「輦」の日本的発展形が神輿である。

第五十五条　織錦署

織錦署在中尚方①、錦②有③大登高・小登高・大明光・小明光・大博山・小博山④・大茱萸・小茱萸・大交龍・小交龍・蒲桃⑤文錦・斑⑥文錦・鳳皇⑦・朱雀錦・韜文錦・桃核文⑧錦⑨。或⑩青綈、或白綈、⑪或黄綈、或綠綈、或紫綈、或蜀綈⑫。工巧百數、不可盡名也。

【校勘】

① 『初学記』（錦序文）『説郛』は「織錦署在中尚方」を脱する。
② 『事類賦』は「錦」を脱し、『初学記』（錦朱雀）は「織錦署在中尚方錦」を「御府中」に作る。
③ 『太平御覧』815は「錦有」を脱する。
④ 『事類賦』は「大博山・小博山」を「黄黄地博山文」に作る。
⑤ 『事類賦』は「桃」を「陶」に作り、『太平御覧』815は「皇」の下に「錦」を作る。
⑥ 『太平御覧』815『事類賦』は「斑」を「班」に作る。
⑦ 『初学記』（錦朱雀）『太平御覧』815『事類賦』は「皇」

の下に「錦」を増す。『格致鏡原』は「皇」を「凰」に作る。

⑧『格致鏡原』は「核文」を「蒲桃」に作る。
⑨『格致鏡原』は「錦」の下に「四疋」を増す。
⑩『太平御覧』816『説郛』は「或」を「有」に作る。
⑪『太平御覧』816『説郛』は「或緋綈」を増す。
⑫『太平御覧』816『説郛』は「或蜀綈」を脱する。

【語釈】
織錦署：官署名。
中尚方：三尚方のひとつ。第五十二条参照。
登　高：文様の一種。どのようなものか不明。
明　光：文様の一種。どのようなものか不明。
博　山：文様の一種。どのようなものか不明。但し、第二十一条の語釈の通天によると、『晋書』輿服志に「通天冠、本秦制。高九寸、正豎、頂少斜却、乃直下、鐵爲巻梁、前有展筩、冠前加金博山述、乗輿所常服也」とあり、『隋書』礼儀志「梁元会礼」に「有通天冠、高九寸、前加金博山述」とある。「金博山」の記述がある。
朱　萸：カワハジカミ、グミの一種。第三十六条参照。
交　龍：二頭の龍が交差している文様。
蒲桃文：西域の葡萄か。
斑　文：斑文様か。
韜　文：弓・剣の袋の形をした文様か。
桃核文：桃の種の文様か。
綈　：あつぎぬ、太い糸で厚く織った絹。
工　巧：工の巧なる者、巧みな職人。第五十六条では巧工となっているが、同じ意味であると思われる。

【現代語訳】
織錦署は中尚方にあった。錦の文様には大登高・小登高・大明光・小明光・大博山・小博山・大朱萸・小朱萸・大交龍・小交龍・蒲桃文錦・斑文錦・鳳凰朱雀錦・韜文錦・桃核文錦があり、織り方にも青綈、白綈、黄綈、緑綈、紫綈、蜀綈などあり、職人は百をもって数え、すべての名前を挙げることができなかった。

第五十六条　織成署

石虎①中②尚方③御府中巧工作錦、織成④署皆數百人⑤。

【校勘】
①『初学記』『説郛』（3条）は「石虎」を「織錦羅在」に作る。
②『太平御覧』は「中」を空格とする。

③『初学記』『説郛』(3条)『格致鏡原』は「方」を「坊」に作る。
④『初学記』『格致鏡原』は「御府中巧工作錦、織成」を「三」に作る。
⑤『説郛』(3条)はこの下に「有班文錦」を増す。

【語釈】
中尚方：三尚方のひとつ。第五十二条参照。
巧 工：巧みな職人。第五十五条では工巧となっているが、同じ意味であると思われる。
織成署：官署名。織物を作る場所。

【現代語訳】
石虎の中尚方の御府中の巧工が錦を作り、織成署には数百人いた。

第五十七条 御府罽

石虎御府罽、有雜①頭文罽・鹿②子罽・花罽。

【校勘】
①『太平御覧』『説郛』は「雞」を「巳」に作る。
②『太平御覧』は「鹿」を「麗」に作る。

【語釈】
御府：御物の保管場所。
罽：毛織物。

【現代語訳】
石虎の御府に納められている罽には、雞頭文様の罽，鹿子文様の罽，花文様の罽があった。

第五十八条 雙長生樹

石虎種雙長生樹。根生于屋下①、枝葉②交于棟上。是先種樹、後立屋。安玉盤③、容④十斛于二樹之間〔案此條見太平寰宇記〕。

【校勘】
①『芸文類聚』は「根生于屋下」を脱する。
②『芸文類聚』は「葉」を「条」に作る。
③『太平御覧』758は「盤」を「槃」に作る。
④『太平御覧』758は「容」を「受」に作る。
＊『芸文類聚』に「種雙長生樹、枝条交於棟上、団団車蓋形。冬日不彫、葉大如掌、至八九月乃生華。華色白、子赤、大如橡子、不中啖也。世人謂之西王母長生樹」とある。
＊『太平御覧』758器物部槃に「石虎皇后浴室中雙長生樹。

又安玉槃受十斛於二樹之間」、同書巻九五九木部長生に「金華殿後有石虎皇后浴室、種雙長生樹。世謂之西王母長生樹」とある。

＊明・周嬰撰『巵林』巻五王母越王には『鄴中記』を引いて「石虎皇后浴室有二長生樹、葉大如掌、八九月白花、子赤（葉）大如橡、世謂之（西）王母長生樹」とある。

＊『格致鏡原』は『鄴中記』を引いて「金華殿後有皇后浴室。種雙長生樹、枝条交於棟上、団団車蓋形。冬日不凋、葉大如掌。至八九月乃生華、華色白、子赤、大如橡子、不中啖也。世人謂之西王母長生樹」とある。

【語釈】

長生樹：もちのき。

【現代語訳】

石虎は二本の長生樹を種えた。根は建物の下に生え、枝葉は建物の棟の上で交わった。先に樹を種え、その後に建物を建てた。一〇斛の容量のある玉盤を二樹の間に設置した（注：この条は『太平寰宇記』（巻五五河北道相州）にみえる）。

【解説】

本条は『太平御覧』によると皇后浴室（金華殿の後ろ）の下にあるから、本条の玉盤は浴室のものか。

第五十九条　華林園及春李

華林園有春李、冬華春熟。

【語釈】

華林園：鄴城の皇室庭園の一つ。第十六条、第十七条、第十八条参照。

春李：どのようなものか不明。一般に李は早春に白い花を咲かせる。

【現代語訳】

華林園に春李があった。冬に開花し、春に熟した。

第六十条　華林園、西王母棗及羊角棗

石虎①園②中③有西王母棗。冬夏有葉④、九月生花、十二⑤月乃⑥熟⑦、三子一尺⑧。又有羊角棗、亦⑨三⑩子⑪一尺⑫。

【校勘】

①『芸文類聚』『初学記』『海録砕事』は「虎」を「季龍」に作る。

②『斉民要術』は「園」を「苑」に作る。

③『初学記』『事類賦』『巵林』は「中」を脱し、『説郛』は「園

中」を脱す。
④『事類賦』は「冬夏有葉」を「味絶美、枝葉葱茂。四時不凋」に作り、『巵林』は「枝葉葱茂。四時不凋」に作る。
⑤『斉民要術』は「二」を「一」に作る。
⑥『事類賦』『巵林』は「乃」を脱する。
⑦『説郛』は「熟」を「成」に作る。
⑧『斉民要術』は「尺」を「赤」に作り、『事類賦』は「三子一尺」を脱する。
⑨『芸文類聚』『初学記』『格致鏡原』は「亦」を脱し、『説郛』は「亦」の下に「生」を増す。
⑩『格致鏡原』は「三」を「二」に作る。
⑪『海録砕事』は「亦三子」を「長」に作る。
⑫『斉民要術』は「尺」を「赤」に作り、『事類賦』は「亦三子一尺」を脱する。

【語釈】
園　中：第十六条、第十七条、第十八条、第五十九条、第六十一条、第六十二条参照。
西　王　母：神話上の女の仙人。西の果ての崑崙山に住み、不死の薬をもっていたといわれる。
西王母棗：どのようなものか不明。
羊　角　棗：棗の別称。初夏に開花する。

【現代語訳】
石虎の園に西王母棗があった。冬も夏も葉をつけ、九月に花を咲かせ、十二月に実がなって、三つの実で一尺あった。また、羊角棗もあり、三つの実で一尺あった。

第六十一条　勾鼻桃

石虎苑中有勾①鼻桃、重二斤②。

【校勘】
①『斉民要術』は「勾」を「句」に作る。
②『芸文類聚』『初学記』『格致鏡原』は「斤」の下に「半」を増す。

【語釈】
苑　中：華林園のこと。第十六条、第十七条、第十八条、第五十九条、第六十条、第六十二条参照。
勾鼻桃：どのようなものか不明だが、大きい桃である。
二　斤：晋尺では約四五〇グラム。

【現代語訳】
石虎の華林園に勾鼻桃があり、重さは二斤あった。

【解説】
華林苑（園）について、本条以外、第十六条、第十七条、

第十八条、第五十九条、第六十条を参照して述べると、第五十九条に実りが早い特別な李を述べる。勾鼻桃は北魏楊衒之『洛陽伽藍記』に「華林苑……俗伝云、伝崑崙山、一曰西王母棗、又有仙人桃、其色赤、表裏照徹、得厳霜乃熟」とある仙人桃である。別称を西王母桃と言い、唐段成式撰『酉陽雑俎』続集には「王母桃、洛陽華林苑内有之、十月始熟、形如括蔞、俗語曰、王母甘桃、食之解労、亦名西王母桃」とある。第十八条には「華林苑中千金堤、上作両銅龍、相向吐水、以注天泉池、通御溝中。三月三日、石季龍及皇后百官臨水宴賞」とある。「上作両銅龍、相向吐水」は、龍が天から水をもたらす意味がある。「以注天泉池、通御溝中」は、下記の「積石」に関わる。第十八条「三月三日、石季龍及皇后百官臨水宴賞」は、「曲水」儀礼に組み込まれる宴である。西王母の桃が曲水儀礼に結びついたわけだが、本来は季節の異なる話題が合体している。日本では、後に西王母のことが忘却され、三月の桃が議論された。

第六十二条　安石榴

石虎苑中有安石榴。子大如椀①盞②、其味不酸。

【校勘】

① 『斉民要術』は「椀」を「盂」に作り、『記纂淵海』は「盌」に作る。

② 『斉民要術』は「盞」を「碗」に作る。

【語釈】

苑　中：第十六条、第十七条、第十八条、第五十九条、第六十条、第六十一条参照。

安石榴：甘くて多汁の果物で、果実酒を作った。『後漢書』和帝本紀に竜眼・茘枝の描写があるが、そこには「甘而多汁、似安石榴」とあり、『梁書』扶南国列伝には酒樹について「有酒樹、似安石榴、采其花汁停甕中、數日成酒」と記載がある。石榴の一種か、それは不明。

椀　盞：椀は小さい碗、盞は杯。

【現代語訳】

石虎の苑中に安石榴があった。実は椀盞の器ぐらいに大きく、酸味がなかった。

第六十三条　仏図澄及棘子

石季龍①大饗羣臣于②太武殿。佛圖③澄④曰、殿乎殿乎、棘子成林、將⑤壞人衣⑥。視⑦殿右⑧有棘生〔案此條見説郛〕。

【校勘】

①『河朔訪古記』は「石季龍」を「虎」に作り、『説郛』は「季龍」を「虎」に作る。
②『河朔訪古記』は「群（羣）臣于」を脱する。
③『河朔訪古記』は「仏（佛）図（圖）」を脱する。
④『河朔訪古記』は「澄」の下に「吟」を増す。
⑤『河朔訪古記』は「将（將）」を脱する。
⑥『河朔訪古記』は「衣」の下に「乎」を増す。
⑦『太平御覧』と『説郛』は「視（視）」を「龍」に作り、『河朔訪古記』は「視（視）」を「虎發」に作る。
⑧『太平御覧』は「右」を「石」に作り、『河朔訪古記』は「右」を「石視之果」に作る。

【語釈】

大　饗：賓客などをもてなす大宴会のこと。

太武殿：石虎の鄴の主たる宮殿。第四条、第五条、第六条、第七条参照。

仏図澄：インド人で、竺仏図澄ともいう。晋の永嘉年間（三〇七～三一二）に洛陽に来て、種々の神秘を現し仏教を広めた。三一〇年に石勒と一緒に鄴に行き、石虎の在位が三三四年から三四九年なので、この間は鄴にいたと考えられる。三四八年に死亡。

棘　子：本来の意味はいばらであるが、ここでは奸臣冉閔（字が棘奴）のことを諷している。後代性の強い（諸史料をもとに作り上げた可能性がある）『十六国春秋』の後趙録の石虎の条には「（建武十四年）十一月享羣臣於太武前殿。仏図澄殿上褰衣而行吟曰、殿乎殿乎、棘子成林。将壞人衣。虎令発石下而視之。有棘子生焉。〔注：冉閔小字棘奴也〕」とある。この記事は三四八年のことで、同年に仏図澄は死亡し、翌年石虎は冉閔に殺害される。

【現代語訳】

石季龍が太武殿での宴会で臣下をもてなしていたときに、仏図澄が、「今は種にすぎない棗が、生い茂り、林となり、人も衣も壊してしまいますぞ」と言った。太武殿（図1）の右（西）をみると、（日陰にさえ）棘が生えていた〔注：この条は『説郛』にみえる〕。

【解説】

仏教を広めた仏図澄と西王母棗との緊張関係を示す説話のようである。『十六国春秋』については、平勢解説《その三》の「『石虎と鏡と太子像』母を特別に位置づける『形』」の試案を参照。

第六十四条　黄石公墓及文石

孟津河東、去鄴城五①里、有濟北郡穀城縣。有穀城山②、是黄石公所葬處。有人登此山、見崩土③中有文石、石文④鮮明。石⑤虎使採取以治宮殿⑥。又免穀城令、不奏聞故也。

【校勘】
①『太平御覧』は「五」の下に「百」を増す。
②『事類賦』は「山」の下に「上」を増す。
③『事類賦』は「是黄石公所葬處。有人登此山、見崩土」を脱する。
④『事類賦』は「石文」を脱する。
⑤『事類賦』『太平御覧』は「石」を脱する。
⑥『事類賦』は「殿」を「室」に作る。

【語釈】
孟津河：特定できないが、河南省孟県にある河か。
五　里：晋尺で約二・二キロ。
済北郡：山東省にある地名。
穀城県：山東省東阿県で、ここに黄山がある。
黄石公：楚の項羽と漢の高祖が争覇していた時の人。『史記』留侯世家に「出一編書曰、讀此則爲王者師矣。後十年興。十三年孺子見我、濟北穀城山下黄石即我矣」とある。これにちなんで「黄石公」と語り伝えた。高祖が黄石を発見し、留侯死去後にその墓と黄石冢を造営した。この黄石冢から遠くないところに項羽の墓がある（『史記』項羽本紀）。

【現代語訳】
孟津河の東で、鄴城から五（百）里離れたところに済北郡穀城県（黄山）があり、穀城山があるが、黄石公が葬られたところである。この山に登る人がいて、崩土の土中に文字のある石を見つけた。石に書かれた文は鮮明であり、石虎が採取させて宮殿を安泰にした。その石について報告をしなかったことで、穀城（県）令を免職にした。

【解説】
原文は「五里」とするが、『太平御覧』は「五百里」に作り、距離を鑑みこれを採用する。本条は、第六十五条の仏図澄故事を述べる上での根拠を示す。そのための前例になっている。

第六十五条　仏図澄墓及石虎之死

佛圖①澄死②後③、有人于隴上見之④。石⑤虎⑥令開⑦視⑧

其墓⑨、惟⑩有⑪一石⑫。虎⑬曰、石者朕也。葬吾⑭而去、吾其⑮死矣、果然⑯〔案此條見太平寰宇記〕。

【校勘】
①『太平寰宇記』は「仏（佛）図（圖）」を脱する。
②『河朔訪古記』は「仏図澄死」を脱する。
③『太平御覧』は「仏澄死後」を脱する。
④『河朔訪古記』は「人于隴上見之」を「沙門雍州來稱見澄西入關」に作り、『太平御覧』は「沙門從雍州來稱見澄西入關」に作る。
⑤『河朔訪古記』は「石」を脱する。
⑥『太平御覧』は「虎」を「季龍」に作る。
⑦『河朔訪古記』は「令開」を「発壙」に作り、『太平御覧』は「掘而」に作る。
⑧『太平御覧』は「視（視）」を「観」に作る。
⑨『太平御覧』『河朔訪古記』は「其墓」を「之」に作り、『太平寰宇記』は「其墓」を脱する。
⑩『太平御覧』『太平寰宇記』は「惟」を「唯」に作る。
⑪『河朔訪古記』は「有」を脱する。
⑫『太平御覧』は「石」の下に「而無尸」を増す。
⑬『太平御覧』は「虎」を「季龍悪」に作り、『河朔訪古記』は「悪之」を増す。
⑭『太平御覧』『太平寰宇記』『河朔訪古記』は「吾」を「我」に作る。
⑮『太平御覧』『河朔訪古記』は「其」を「将」に作る。
⑯「果然」を『太平御覧』は「明年季龍死」に作り、『河朔訪古記』は「明年虎果死」に作る。

【語釈】
仏図澄：第六十三条参照。三四八年に鄴で死ぬ。
隴　上：陝西省隴県のことか。
其　墓：葬られた場所は不明であるが、『水経注』巻一〇濁漳水に「趙建武十一年造紫陌浮橋于水上、為仏図澄先造生墓於紫陌、建武十四年卒」、『元和郡県図志』巻一五河東道・磁州・滏陽県に「仏図澄墓、在県西南十七里」とある。

【現代語訳】
仏図澄が死んで、隴上で彼を目撃した人がいた。石虎は人に命じて仏図澄の墓を開いて見たが、惟一石あるだけだった。石虎は、「石は朕である。仏図澄は吾を葬って去ったのだ」と述べた。果してそのとおりになった〔注：この条は『太平寰宇記』（巻五五河北道相州）にみえる〕。

第六十六条　石宣及石韜

石虎太子宣與母弟蔡公韜迭秉政事、宣嫌終有代己①之勢。八月社日、韜登東明觀遊、暮還酌②宴、作女伎③罷。宣遣力士鉅鹿・楊材④等十餘人、夜緣梯入韜第⑤斫殺之〔案此條見太平御覽〕。

【校勘】

①『太平御覧』は「己」を「巳」に作る。
②『太平御覧』は「酌」を「酣」に作る。
③『太平御覧』は「伎」を「妓」に作る。
④『太平御覧』は「材」を「杯」に作る。
⑤『太平御覧』は「第」を「弟」に作る。

【語釈】

石　宣：石虎の次子（生年不詳～三四八）。石虎は石宣と石韜を寵愛していたので、石虎が執務を行わなくなると二人が交代で行った。後に石宣は石虎の怒りに触れてしまい、石韜に勢力が移りそうになり、二人は対立するようになった。石韜殺害後、石虎に知られてしまい、石韜と同じように殺された。

石　韜：石虎の子（生年不詳～三四八）。石虎が最も寵愛した後継者。

迭　秉：かわるがわる執政の役割を担った。

社　日：立春および立秋後の第五の戊の日。土地の神を祭る日。春を春社といい五穀豊穣を祈り、秋を秋社といい報賽をする。

東明観：『彰徳府志』巻八鄴都宮室志に『鄴中記』を引いて「南城東北角、北城東南隅、有東明觀、因城成基」とある。東明観は、北城と南城の境の東の隅にあったようである。

鉅　鹿：人名。

楊　材：人名。『晋書』載記石季龍には「楊屮」となっている。「宣使楊屮、牟皮、牟成、趙生等緣獮猴梯而入、殺韜、置其刀箭而去」とある。

韜　第：ここでは、殺害されたのは自宅となっているが、『高僧伝』巻九神異上・晋鄴中竺佛圖澄の条には「後二日、宣果遣人害韜於佛寺中」とあり、仏寺で死亡したと記されている。

【現代語訳】

石虎の太子宣と「母弟」の蔡公韜は、かわるがわる執政の役割を担った。宣は韜が自分の勢力に替わるのを嫌った。八月の社の日（秋社）、韜が東明観に登って遊び、日が暮れて家に還り、女伎のみを呼んで酒宴をした。宣は力士の鉅鹿・楊材等十数名を遣わし、彼らは夜中に梯に登って韜の邸宅に忍び込み、韜を切り殺した〔注：この条は『太平御覧』（巻七六五器物部）にみえる〕。

第六十七条　西門豹十二渠

當魏文侯時、西門豹爲鄴令、堰引漳水漑①鄴、以富魏之河内②。後史起爲鄴令、引漳水十二渠、灌漑③魏田數百頃、魏益豐實。後廢堰田荒、④更修⑤天井堰。引⑥鄴城西面漳水、十八里中細流、東注鄴城南、二十里中作二十堰。

【校勘】

① 『太平御覧』は「漑」を「激」に作る。
② 『太平御覧』は「内」を「南」に作る。
③ 『太平御覧』は「漑」の下に「於」を増す。
④ 『太平御覧』『水経注疏』は「更」の上に「魏時」を増す。
⑤ 『太平御覧』は「修」の下に「通」を増す。
⑥ 『太平御覧』は「引」を脱する。
＊ 『彰徳府志』『歴代宅京記』は『鄴中故事』を引いて「西門豹為鄴令、造十二渠以漑民田。其後史起脩之、民歌其利、

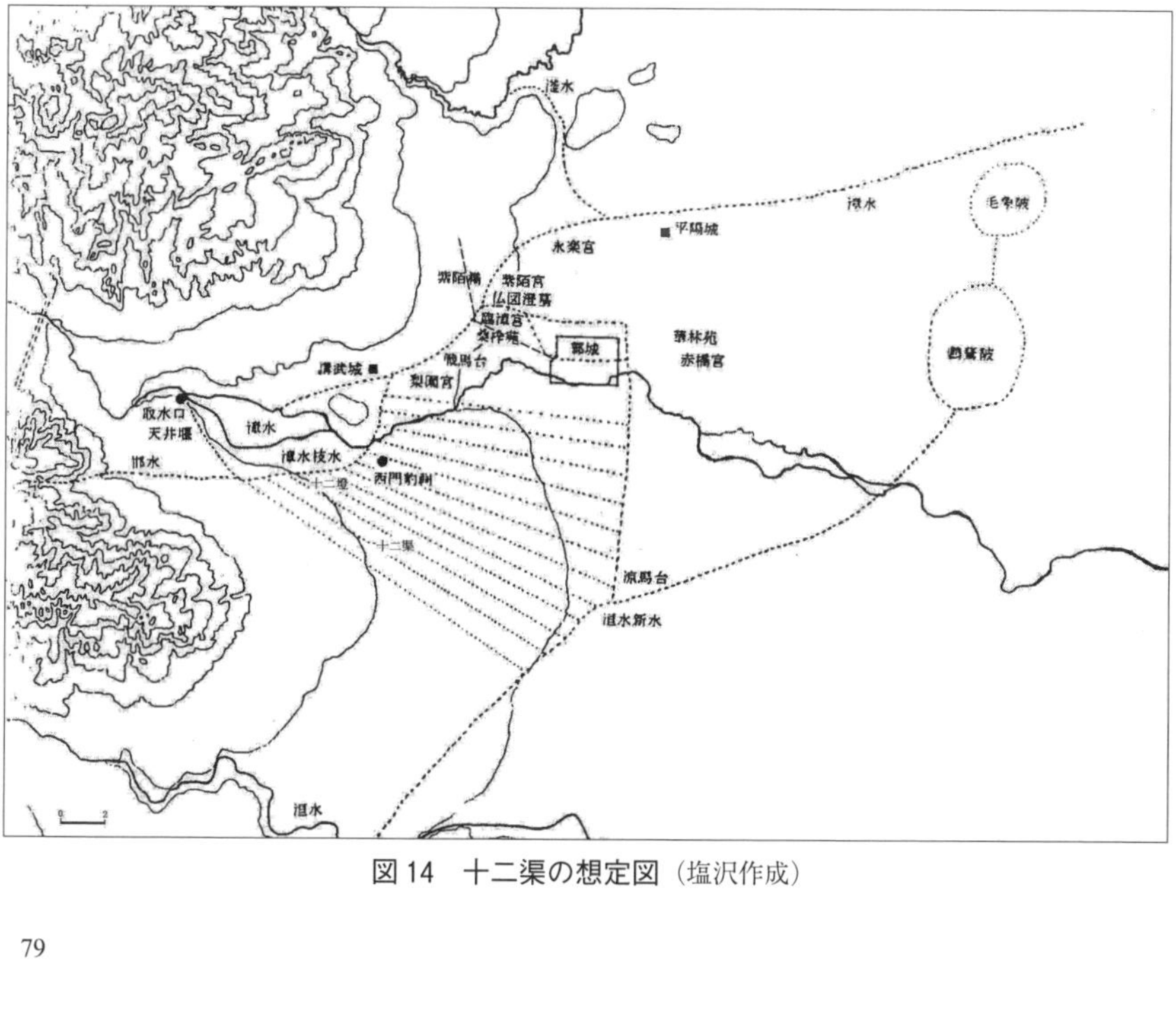

図14　十二渠の想定図（塩沢作成）

故魏都賦曰、西門既其前、史起漑。其後墱流十二、同源異口也。石虎修西門旧跡、亦分十二墱、相去三百歩、令互相灌注其流二十余里、世号天井堰云」（傍線訳者）とある。

【語釈】

魏文侯：戦国時代の魏の君主（在位：前四四二〜前三九五）。氏は魏、名は斯。

西門豹：魏の人。文侯のとき、鄴令となり、河水を引いて灌漑した。

鄴　令：鄴の長官。

漳　水：漳河の支流。

史　起：魏の人。襄公のとき、西門豹の後に鄴令となる。漳水を引いて灌漑した。

天井堰：四方が高く中央が低くなっている堰。

【現代語訳】

魏文侯のときに西門豹が鄴令となり、堰を造って漳水を引き、鄴を灌漑して、魏の黄河の内側地域を富ませた。後に史起が鄴令となり、漳水に「十二渠」（図15）を引いて魏田数百頃を灌漑し、魏はますます豊かになった。後に堰を廃したので田が荒れてしまい、天井堰を造った。鄴城の西面の漳水を引き、一八里中に細流を造り、鄴城の南に流した。二〇里中に二〇堰を作った。

図15　十二渠の取水口跡（塩沢撮影）

【解説】

現在安陽県北の西高穴村にその遺跡が残っている（図15）。

第六十八条　三台

魏武于銅爵①臺②西立二③臺。魏都賦云、三臺列峙而崢嶸（案此條見太平寰宇記）。

【校勘】

① 底本とする武英殿聚珍版の版本の中には「爵」を「雀」とするものもある。『太平寰宇記』は「雀」に作る。

② 『太平寰宇記』は「台（臺）」を脱する。

③ 『太平寰宇記』は「二」を「三」に作る。

【語釈】

二　台：鄴城にある銅爵台の他には金鳳台、冰井台の二台がある。ただし、南北に位置している。第十一条参照。

魏都賦：左思が魏の都を読んだ賦で、「右則疎圃曲池、下

畹高堂。蘭渚莓莓、石瀬湯湯、弱蔓係実、軽葉振芳。奔亀躍魚、有睽呂梁。馳道周屈於果下、延閣胤宇以経営。飛陛方輦而径西、三臺列峙而崢嶸」とある。

列　峙：並んでそびえること。

崢　嶸：高くそびえること。

【現代語訳】

曹操は銅爵台において儀式を行った。これに加え、西に二台を建てさせた。だから、魏都賦に、三台は一列に並び、高くそびえ立っているとある〔注：この条は『太平寰宇記』（巻五五河北道相州）にみえる〕。

第六十九条　鄴南城

鄴中南①城②、東西六里、南北八里六十歩③。高歓以北④城⑤窄隘、故⑥令僕射高隆之更築此城。掘⑦得神龜、大踰方丈。其⑧堵堞之状、咸⑨以龜象⑩焉〔案此條見河朔訪古記〕。

【校勘】

① 『河朔訪古記』『彰徳府志』『歴代宅京記』は「鄴中南」を脱する。

② 『正徳臨漳県志』は「鄴中南城」を脱する。

③ 『光緒臨漳県志』は「鄴中南城、東西六里、南北八里六十歩」を脱する。

④ 『彰徳府志』『歴代宅京記』は「北」を「比」に作る。

⑤ 『正徳臨漳県志』は「北城」を脱する。

⑥ 『正徳臨漳県志』『光緒臨漳県志』は「故」を脱する。

⑦ 『正徳臨漳県志』は「掘」の下に「地」を増す。

⑧ 『正徳臨漳県志』『光緒臨漳県志』は「其」を「具」に作る。

⑨ 『正徳臨漳県志』は「咸」を「城」に作る。

⑩ 『光緒臨漳県志』は「象」を「像」に作る。

【語釈】

鄴中南城：『中原文物』一九八三年第四期および『文物春秋』一九九五年第三期の一九八三年の発掘調査結果報告によると、東西は二八〇〇《メートル》、南北は三四六〇《メートル》、西南と東南の両角は曲線を描き、亀の形をしている。『魏書』孝静本紀・天平二年秋七月甲午条には「発衆七萬六千人営新宮」とあり、『北斉書』高隆之列伝には「増築南城、周迴二十五里。以漳水近於帝城、起長隄以防汎溢之患」とあるから、南城は漳水の氾濫で北城が侵されるために、天平二年（五三五）に造営されたことがわかる。

六　里：晋尺で約二・六キロ。
八里六十歩：晋尺で約三・六キロ。
高　観：北魏末から東魏の権臣（四九六～五四七）。次子の高洋が北斉を建てた後に廟号を太祖、諡号を献武帝と追贈された。
窄　隘：狭いこと。
僕　射：官名。尚書省の次官。昔、射（弓術）を重んじたのでこの名称ができた。
高隆之：北魏末から北斉の官僚（四九四～五五四）。高歓と深く結びついたが、高洋（文宣帝）の怒りを買い、放逐されて路上で死去した。文宣帝の末年には、隆之の子らが殺害されて、遺体は漳水に投げ込まれた。隆之の墓も暴かれて、骸骨を切り刻まれ、漳水に捨てられた。
方　丈：一丈四方。晋後尺で一丈は約二・四五メートル。
堵　堞：城垣。前掲発掘調査によると、幅は約一〇メートル。
以亀象焉：前掲発掘調査によると南城の東南隅と西南隅は直角ではなく、弧形を呈し、亀の形に似ている（図16）。

【現代語訳】

鄴の南城は東西六里、南北八里六〇歩であった。高歓は、北城内の造成で、人の往来も手狭状態をきたしたので、僕射高隆之にさらに南城を築かせた。地面を掘ったときに神亀を得た。それはとても大きく、一辺一丈以上もあった。南城の城壁の形はすべて亀の形を象っている〔注：この条は『河朔訪古記』（巻中）にみえる〕。

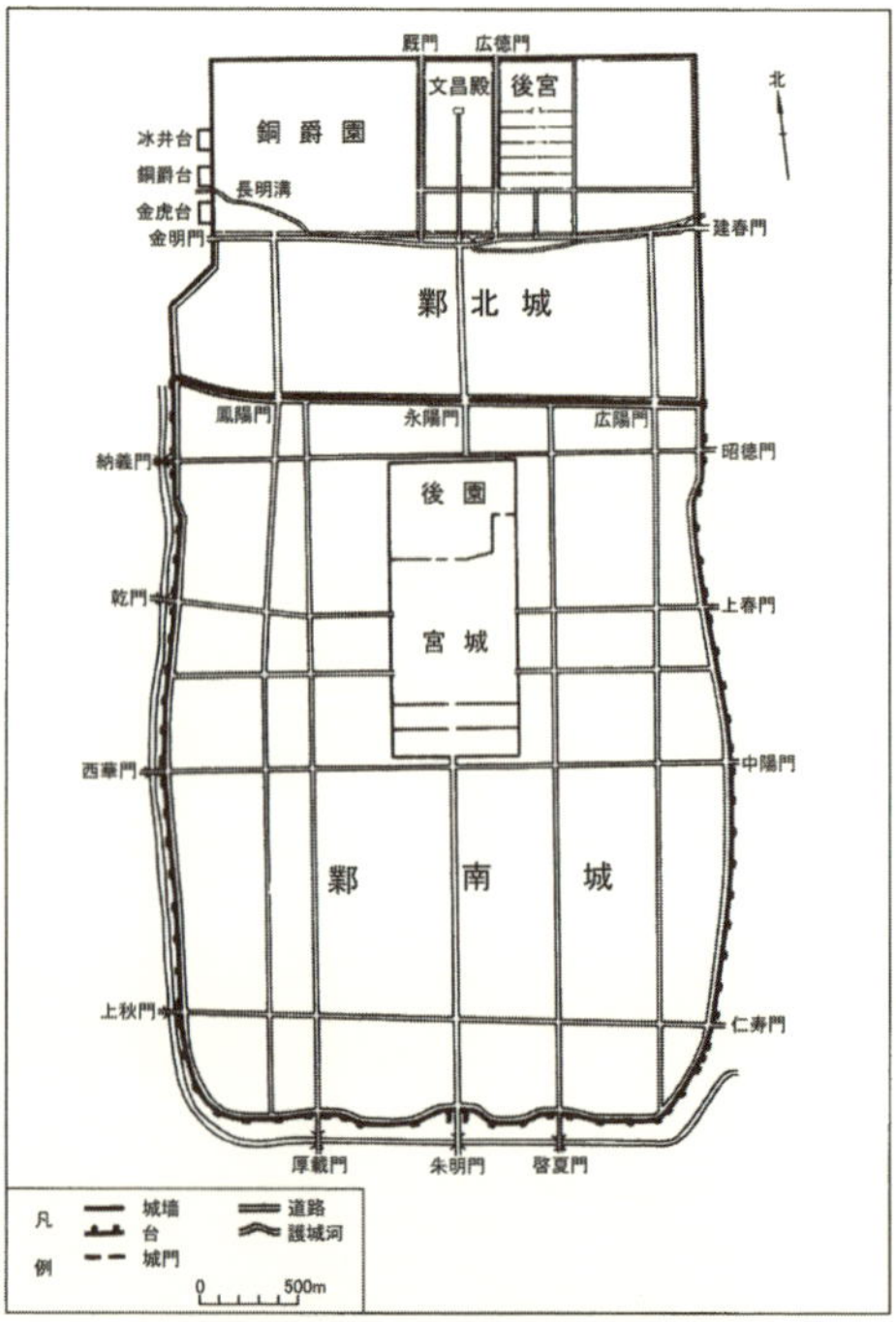

図16　後趙の鄴北城と北斉の鄴南城
（劉慶柱主編『中国古代都城考古発現与研究』社会科学文献出版社、2016年をもとに修正）

第七十条　嵆紹及浣衣里

恵帝師敗蕩①陰、千官皆走、獨嵆②紹端冕帝側、以身捍主。遂至見害、血濺御衣。及事定③、左右欲浣之。帝曰、此嵆侍中血、勿去也。詔葬縣南、因名此地爲浣衣里〔案此條見太平寰宇記〕。

【校勘】

①『太平寰宇記』は「蕩」を「湯」に作る。

②『太平寰宇記』は「嵆」を脱する。

③『太平寰宇記』は「定」を「寧」に作る。

【語釈】

恵帝：晋の第二代皇帝（在位二九〇～三〇七）。永安元年（三〇四）恵帝の軍が石超軍に蕩陰で大敗したので、百官たちは恵帝を見捨てて逃走したが、侍中の嵆紹だけは恵帝を守った。

師：軍隊。

蕩陰：漢代に置かれた県名。河南省湯陰県。蕩山の南にあるからそう名づけられ、唐代湯陰と改名された。鄴より約四五キロ離れている。

嵆紹：人名。

端冕：皇帝の冠。

捍：守る。

濺：そそぐ、ほとばしる。

浣：洗う。

侍中：官名。魏晋以降は門下省の長官。第四十五条参照。

【現代語訳】

恵帝の軍隊は蕩陰で敗北し、百官は皆逃走したが、嵆紹のみが端冕をもって帝の側に居り、身を挺して恵帝を守った。嵆紹は敵の兵士に殺害され、その血飛沫が帝の御衣に飛び散った。事態がおさまると、左右の臣下が血の付いた帝の御衣を洗おうした。これに対し、帝は嵆侍中の血であるから、洗ってはならぬと命じた。詔して、彼の遺体は県の南に葬られ、この地を浣衣里と名づけた〔注：この条は『太平寰宇記』（巻五五河北道相州）にみえる〕。

第七十一条　紫陌橋及文宣帝

紫陌宮①在臨漳縣②城西北五里、石虎建于紫陌橋側③。及④齊時、因修爲濟口。帝巡幸及往⑤并州、百官祖⑥餞、莫不至此而⑦別⑧。⑨文宣嘗⑩西巡、百官辭于紫陌。帝⑪使矟騎圍之曰、我舉鞭一時刺殺。淹留⑫半日、文宣醉不能起。黄門侍⑬郎是⑭連子陽⑮進曰、陛下如此、諸臣恐怖。文宣曰、大怖那⑯若然、不須殺、乃命解圍。將行、見魏孝静帝及高隆之于道左、以酒酹之。至晉陽、又並見之。孝静曰、我不負君、何意發我冢。隆之曰、臣無罪、何意誅臣兒。文宣乃使封魏帝陵及隆之冢也。

【校勘】

①『太平御覧』は『鄴城故事』を引いて「宮」を「浮橋」に作る。
②『太平御覧』『彰徳府志』『歴代宅京記』は「臨漳県（縣）」を脱する。
③『太平御覧』は「石虎建于紫陌橋側」を「趙王虎時於此済置紫陌宮」に作る。
④『太平御覧』は「及」を「曁」に作る。
⑤『太平御覧』は「及往」を「又向」に作る。
⑥『太平御覧』『歴代宅京記』は「祖」を「相」に作る。
⑦『太平御覧』『彰徳府志』は「而」の下に「訣」を増す。
⑧『彰徳府志』『歴代宅京記』は「別」を「訣」に作る。
⑨『太平御覧』は「文」の上に「迄今猶以爲渡口、齊」を増し、『彰徳府志』は「齊」を増す。
⑩『太平御覧』は「嘗」を「時」に作り、『歴代宅京記』は「常將」に作り、『彰徳府志』は「嘗」の下に「將」を増す。
⑪『太平御覧』は「帝」を脱する。
⑫『彰徳府志』は「留」を「流」に作る。
⑬『太平御覧』は「侍」を脱する。
⑭『太平御覧』は「是」を空格とする。
⑮『太平御覧』『歴代宅京記』は「陽」を「暢」に作る。
⑯『太平御覧』『歴代宅京記』は「那」を「耶」に作り、『彰徳府志』は「邪」に作る。
＊『太平御覧』は本条に続いて「又曰、北齊文宣於臺上、以矟刺都督尉子輝、應手而死」を増す。

【語釈】

紫陌宮：河南省臨漳県の西にある地名で、もとは祭陌と称した。『水経注』巻一〇濁漳水の注に「漳水又北逕祭陌西、云々、趙建武十一年造紫陌浮橋于水上」とあるので、紫陌橋は建武十一年の建造である。浮橋とあるから、木造船をつないだものであろう。

臨漳県：魏の鄴都は晋のとき臨漳県と改名した。現在河北省にある地名。

斉　：周の太公望が建てた国。春秋五覇の一人とされる桓公が、勢力圏は今の山東省の一帯。

済　口：河の渡し。
并　州：山西省太原県の治。晋陽のこと。
祖　餞：旅に出る人のために無事に祈る祭りをして、宴会を催すこと。
文宣（帝）：北斉の初代皇帝（在位五五〇～五五九）。酒乱のため多くの人が殺害された。
　稍　：稍は馬上で持つ短めの矛。第十五条参照。
淹　留：留まる。
黄門侍郎：天子の侍従職。
是連子陽：人名。是連は複姓で、北魏が南遷した際に「連」に改姓した。
孝 静 帝：東魏の皇帝（五三四～五五〇）。高洋（北斉の文宣帝）に禅譲し、後に毒酒で殺され、その陵墓も暴かれて崩壊した。
高 隆 之：第六十九条参照。
晋　陽：山西省太原の旧名。
　冢　：大きな墓。王墓は陵という。

【現代語訳】

紫陌宮は臨漳県城の西北五里のところにあった。石虎が紫陌橋の側に建てさせたものである。斉のときに修復して河の渡しを作った。（以下は霊が現れたという話題である）。帝は、巡幸して并州に至った。百官（の霊）が別れを惜しんで宴会をし、ここに至って別れた。文宣帝はかつて西巡したことがあった。百官が紫陌まで同行して別れた。さて、帝は、稍騎に并州を取り囲ませて、「直ちに殺してしまおう」と言った。そのまま半日して、文宣は酔っ払って起きることができなくなった。これをみて黄門侍郎の是連子陽が、「陛下はこのように酔われてしまいました。臣下はみな恐怖でおののいております」と申し上げた。文宣帝は「畏れているのなら殺さないようにしよう」と言い、命じて包囲を解かせた。先に進もうとするときに、魏の孝静帝と高隆之（の霊）に道の左側で会った。酒を二人にふるまった。晋陽に着くとこの二人にまた出会った。孝静帝は、「我は君を負うことができない（先祖に礼を尽せない）、なぜ我が墓を暴くのだ」と言った。高隆之は、「自分は無実なのに、なぜ自分の子を殺すのか」と言った。文宣帝は（畏れて）魏の帝陵と高隆の墓を埋め戻させた。

第七十二条　介子推断火冷食

鄴①俗、②冬至③一④百五⑤日⑥、爲⑦介子推斷火⑧。冷⑨食三日⑩、作⑪乾粥⑫、是⑬今之⑭糗⑮。

【校勘】

①「鄴」を『芸文類聚』『初学記』4（三月三日）『白氏六帖事類集』『太平御覧』30は「并州」に作り、『玉燭宝典』『初学記』26『太平御覧』858 859『事物紀原』『格致鏡原』は「并州之」に作る。

②『玉燭宝典』『初学記』26『太平御覧』858 859『事物紀原』8『格致鏡原』は「冬」の上に「以」を増す。

③『事物紀原』8は「至」の下に「後」を増す。

④『玉燭宝典』『芸文類聚』『初学記』4（三月三日）26『太平御覧』858 859『格致鏡原』は「一」を「後」に作る。

⑤『初学記』26は「五」を脱し、『事物紀原』8は「五」を「三」に作る。

⑥『白氏六帖事類集』は「冬至一百五日」を脱する。

⑦『玉燭宝典』は「爲」を「有」に作り、『太平御覧』858 859は「為（爲）」を脱する。

⑧『事物紀原』9は「断（斷）火」を脱する。

⑨『白氏六帖事類集』は「冷」を「餐」に作り、「三」以下を脱する。

⑩『白氏六帖事類集』『事物紀原』9『格致鏡原』は「三日」を脱する。

⑪『白氏六帖事類集』『太平御覧』859は「作」を脱する。

⑫『白氏六帖事類集』は「粥」の下に「三日」を増し、『事物紀原』8は「食之」を増す。

⑬『芸文類聚』『初学記』4（三月三日）26『太平御覧』859『事物紀原』8は「是」を脱する。

⑭『玉燭宝典』は「之」を脱する。

⑮『玉燭宝典』『太平御覧』30は「也」を増し、『芸文類聚』『初学記』4（三月三日）は「是也」を増し、『玉燭宝典』『初学記』26は「中国以為寒食」を増す。『太平御覧』859は「今之糗」を「中国為寒食」に作り、『事物紀原』8は「中国以為寒食」に作り、同書9は「故謂之寒食乾粥、即今之陵餻、是也」に作る。『白氏六帖事類集』『格致鏡原』は「今之糗」を脱する。『太平御覧』858は「三日～糗」を脱する。

＊『初学記』4（寒食）『説郛』は本文を「寒食斷火起於子推」に作る。『説郛』東京夢華録「清明節」「以冬至後一百五日為大寒食前一日謂之炊熟用麵……謂之子推」の引用が簡素になり、後に「介之推」に結びついたらしい。

＊『記纂淵海』巻二寒食には『鄴中記』を引いて「周擧遷并州刺史、初太原一郡。舊俗以介子推焚骸有龍忌之禁。至其月咸言神靈不樂。擧火一月寒食、莫敢煙爨歳多死

者、擧到州作弔書置子推之廟、言盛寒去火、殘損民命、非賢者意、今則三日而已。宣示愚民使還温食風俗頓革」とある。

＊第七十二条と第七十四条を併記する書籍が多い。

【語釈】

冬至一百五日：三月三日のこと。

介子推：春秋時代の晋・文公（重耳）の臣下（生年不詳～六三六）。重耳が晋の文公となったとき、母を連れて山中に隠栖した。重耳は介子推を参上させるため山中の一本道だけをあけて山を焼き払ったところ、介子推は山の中で母と抱き合って死んだ（以上、原典は『左伝』僖公二十四年「介之推」）。介子推の焼死を悼み、火を使わず冷たい食事をとる風習が生まれた。これを寒食節という（清代『山西通史』が介子推と寒食節との関係を述べる）。

乾　粥：ほしいい。携帯用にした。

糗　：ほしいい。干して乾燥させ、保存用にした食糧。

【現代語訳】

鄴の習慣では、冬至より百五日後、介子推のために火を断ち、三日間冷たい食事をとった。乾粥を作ったが、これは今の糗のことである。

第七十三条　介子推五色新盤

幷州①俗②、以介子推五月五日焼死、世人爲③其忌、故④不擧餉⑤食⑥、非也。北方五月五日⑦、自作飲食祀⑧神⑨、及⑩作⑪五色新⑫盤⑬、相問⑭遺、不爲介⑮子推也⑯。

【校勘】

① 『玉燭宝典』は「并（幷）州」を脱する。
② 『玉燭宝典』は「俗」の下に「人」を増す。
③ 『玉燭宝典』は「為（爲）」を脱する。
④ 『北堂書鈔』は「故」を脱する。
⑤ 『北堂書鈔』は「餉（餉）」を脱し、『玉燭宝典』は「餉」を「火」に作る。
⑥ 『太平御覧』31は「餉食」を「食餉」に作る。
⑦ 『玉燭宝典』は「五日」を脱する。『北堂書鈔』は「日」の下に「午時取之陰乾百日、以其足盡地節也」を増す。
⑧ 『玉燭宝典』『太平御覧』830は「祀」を「祠」に作り、『太平御覧』31は「飼」に作る。
⑨ 『玉燭宝典』は「神」の下に「厲」を増す。
⑩ 『太平御覧』830は「及」を「乃」に作る。
⑪ 『玉燭宝典』は「作」を脱する。

⑫『太平御覧』31は「五色新」を「縷、五色辛」に作り、『玉燭宝典』は「鏤、五色花」に作る。
⑬『太平御覧』830は「新盤」を「縷花」に作る。
⑭『太平御覧』830は「問」を脱する。
⑮『玉燭宝典』は「介」を脱する。
⑯『太平御覧』830は「也」を脱する。

【語釈】

并　州：山西省太原一帯。

餉　：乾し米。保存食。

五色新盤：季節の食をもりつけたようである。五辛盤という気になる名称の盤もあるが、話題になる季節が異なる（正月。『荊楚歳時記』）。

問　遺：食べ物を贈りあう。

【現代語訳】

并州（晋陽）の習慣では、介子推が五月五日に焼死したという理由で、人々が忌日を設けて保存食をあげないと言われているが、それはまちがいである。北方では、五月五日に自ら飲食を作って神を祀り、五色新盤を作って互いに贈り合った。それは介子推のために行っているのではない。

【解説】

本条で「五月五日」を話題にしている。第十八条（三月三日）、第二十一条（執珪と楚の俗）参照。

第七十四条　寒食

寒食三日①、作②醴酪。又③煮粳米及④麥⑤爲⑥酪⑦、擣杏仁⑧煮作粥⑨。按⑩玉燭寶典⑪、今人⑫悉爲⑬大麥⑭粥⑮。研杏仁爲酪、別⑯以⑰餳沃⑱之。

【校勘】

①『説郛』は「三日」を「之日」に作り、『格致鏡原』は「寒食三日」を脱する。
②『初学記』『天中記』は「作」を脱する。
③『玉燭宝典』は「又」を「醴」に作り、『芸文類聚』『太平御覧』858『説郛』『格致鏡原』は「又」を脱する。
④『玉燭宝典』『太平御覧』858『格致鏡原』は「及」を「或大」に作り、『説郛』は「及」の下に「大」を増す。
⑤『太平御覧』30は「麥」を「麦」に作る。
⑥「爲」を『玉燭宝典』は「作之」に作り、『太平御覧』858は「作之又投大麥於其中」に作り、『格致鏡原』は「作」に作る。
⑦『玉燭宝典』『格致鏡原』は「酪」を「之」に作る。
⑧『玉燭宝典』『太平御覧』858は「仁」を「子人」に作る。

⑨『太平御覧』858は「粥」を「之亦投大麥中」に作る。
⑩『初学記』『事物紀原』9『説郛』『天中記』は「按」を脱する。
⑪『初学記』『事物紀原』9『説郛』『天中記』は「典」の下に「曰」を増す。
⑫『太平御覧』30は「人」を「日」に作る。
⑬『説郛』は「爲」を「以」に作る。
⑭『太平御覧』30は「麥」を「麦」に作る。
⑮『事物紀原』9は「悉爲大麥粥」を脱する。
⑯『初学記』『天中記』は「別」を「引」に作り、『事物紀原』9は「以煮淩粥」に作る。『説郛』は「別」を脱する。
⑰『初学記』『太平御覧』30『天中記』は「以」を脱する。
⑱『説郛』は「沃」を「飲」に作る。
＊宋・高承撰『事物紀原』巻九農業陶漁部陵餻には『鄴中記』を引いて「并州之俗、冬至一百五日爲介子推冷食、作乾粥食之、故謂之寒食。乾粥卽今之陵餻是也。世俗毎至清明以麥或秫以杏酪煮爲薑粥、俟其凝冷、裁作薄葉、沃以餳若密而食之、謂之陵餻。此卽其起也。玉燭宝典曰、今人研杏仁為酪、以煮凌粥、以餳沃之、即此也」とある。

【語釈】
醴　酪：甘酒。
粳　米：うるち米。
酪：牛や羊などの乳からつくった飲料、あるいは乳製品。
玉燭宝典：隋の杜台卿によって作られた年中行事を記した漢籍。全十二巻。
餳：飴。
沃：やわらかくする。

【現代語訳】
三日間寒食にした。甘酒を作り、粳米と麦を煮て酪を作った。杏仁をつき、それを煮て粥を作った。『玉燭宝典』によると、今の人はすべて大麦の粥と言う。杏仁をけずって酪を作り、加えて飴を入れて味をうるおした。

【解説】
『玉燭宝典』は隋代の書物なので、これに言及する部分は注釈の混入。あるいはこの条文が隋代。この部分がやや古い『鄴中記』本文なら、ここに見える『玉燭宝典』は隋代に先行する別の書物（按ぜしむ）とするしかない。『鄴中記』と『玉燭宝典』の関係は『四庫全書』提要に見える。

付記

諸書に引用された『鄴中記』について付言すれば、上記とは別に、異なる内容の引用事例を抜き出すことができる。しかし、これらについては、以下に述べる史料事情が存在するので、個別に慎重な対応が求められる。そのことを簡単に述べておこう。他は、割愛することにした。

史料ができあがった時期を判定する上で留意する点がある。明代以後に偽作され、あたかも古いものだとされた書物が出現したことである。『四庫全書』提要に、このことが少なからず議論されている。この種の議論に一定の時期的基準をもたらすのが、正史を活用することである。正史は古くからの史料を用いつつ、編纂時の判断を提示してできあがっている。同じ史実を述べているはずなのに、正史相互に矛盾したり、後代の増補や削除が指摘できたりする。だから、関連する史料とも比較しつつ、その新旧にも目くばりすることが可能である。歴代の史料の新旧だけでなく、後代の偽書の判別にも、一定の基準を期待することができる。平勢解説に述べた点を提示しておけば、歳差の影響により星宿と季節との関係がずれるという、知らないと偽作がばれるような知見が、注目できる。

個別の議論としては、例えば「鳳凰」については、「ありがたみの方向性が変化する前」と「変化した後」の両種の議論が指摘できる。「有り難く拝する存在」から、「体にとりこむ存在」へというありがたみの方向性の変化がある。

『大平御覧』に引く諸書の「門」と「龍・虎・馬」などにおいては、「南（太陽南中の場所）に朱鳥、北（地中としての水中）に鶉火」という対比が述べられる。この場合、皇帝を象徴する鳳凰になぞらえられる朱鳥が天に設定され、同じく大鳥を意味する鶉火（『国語』にも見える大鳥にみたてた星宿）が地中に設定される。いずれも人間には手のとどかない存在である。正史では、梁沈約撰『宋書』符瑞志に、「鳳凰者仁鳥也、不刳胎剖卵、則至、或翔、或集」とある。鳳凰は仁鳥であり、残虐を謹んでいると至る。この有難い鳳の記事は、『旧唐書』にも継承される（第二章—三　平勢解説《その三》末尾の「参考図5『公羊伝』末尾の決め台詞の『形』」参照）。ところが元代『宋史』五行志になると、「鳳卵」を献じた話題が出現し、鳳凰は手のとどく身近な存在となり、『元史』になると民間漢族の鳳凰表現に規制をかけていて、同じく身近な存在となっている様が読み取れる。その上で『淵鑑類函』鳳を見ると、「列仙伝曰、蕭史教弄玉吹簫、作鳳凰声、鳳凰来止、其屋秦穆公為作鳳台、一旦皆随鳳飛去」や「漢武内伝曰、西王母曰、仙之上薬有九色鳳頚、次薬有蒙山、白鳳之肉」が引かれている。唐欧陽詢撰とされる『芸文類聚』鳥部の「鳳」にも、「漢武内伝曰、西王母曰、仙之上薬、有九色鳳頚、次薬有蒙山白鳳之肉」とある。「白鳳」の肉を薬にするという話である。こうした事例は、明らかに『列仙伝』や『漢武内伝』という古きを偽った引用事例により、本来なかった「白鳳之肉」という内容を古く見せかけているのである。つまり、「体に取り込む内容」を記しているのに、その書物は「有難く拝する存在」の時代のものだと偽っているわけである。

『芸文類聚』所載の記事には、「十洲記曰、鳳麟洲在西海之中、四面有弱水繞之、鴻毛不可越也、其上多鳳麟数万、各為羣上仙之家、以鳳喙麟角共煎作膠、名為集弦膠、亦名連金泥、能属連刀剣弓弩絃」ともある。これは、「鳳」のくちばしや「麟」の角を煎じて膠を作るという。くちばしを得るには殺生が話題になる。『芸文類聚』の後代性については、『四庫全書』提要に「隋以前遺文秘籍、迄今十九不存」（十に九も存せず）等とする。そして『十洲記』については、明代『少室山房筆叢』に「今不伝而二書（神異経と十洲記）伝甚矣、世好奇者衆也」とする。「世好奇者衆也」の仲間になるより利用に慎重を期する立場をとるのが筋である。続いて「楊龍驤洛陽記曰、鳳陽門五層楼、去地三十丈、安金鳳皇二頭、石虎将衰、一頭飛入漳河、今日晴朗見於水中、詩漢李陵詩曰、鳳皇鳴高岡有翼、不好飛、安知鳳皇徳謷其来見稀」とある。奇しくもここに引かれた内容は石虎の滅亡を揶揄するもので、『鄴中記』第三条の内容になる。その鳳凰が霊力を喪失する内容が後代の偽作を誘引した。

平勢隆郎

『鄴中記』内容早見一覧

第一条　石虎と皇后が観上に立ち、鳳凰の口に詔勅紙を含ませるとからくりが動き出す。

第二条　遠景としての高さを、地中からの高さとして表現する西鳳凰門、建物と屋根の鳳凰。

第三条　遠景としての高さを、地中からの高さとして表現する建物と屋根の鳳凰。**【平勢解説】《その一》「輦」**

第四条　太武殿と雲気。秦の安房宮や前漢魯の霊光殿に似せたと称する。

第五条　太武殿の梁と柱に流蘇を付ける。玉と綬により流蘇を作る。**流蘇は【平勢解説】《その二》第四条「図13　四川省渠県趙家村の無銘門闕（別人のもの二基）」**を参照。

第六条　崑華殿は太武殿の西。

第七条　金華殿の後ろに皇后浴室があり三門より出入りした。四月八日に釈迦像に潅水するのに、九龍の口からの水を用いた。釈迦潅水の後、太武殿の前の溝より水が注ぎ入った。その溝に銅製の籠蘇を置き、葛を置き、沙を置き、溝を堰き止め、さらに玉盤に溜められて皇后が水浴した。その水は穢水と称される聖なる水で、公主の邸宅に入り、さらに建春門から外に出た。顕陽殿の後ろに皇后浴池があり、その上に石室があった。外の溝から石室に水が入り、浴池に流れ込んでいた。**【平勢解説】《その一》「曲水」「宋代曲水跡」出現の経緯「曲水」と西王母との関係「輦」**

第八条　石虎は胡粉を山椒にまぜて壁に塗り込んだ。椒房と称していた。

第九条　鄴の西に桑梓苑があり、その宮に夫人と侍婢を住まわせた。庭園で獐、鹿、雉、兔を飼い、石虎はよく宴遊した。桑梓苑は採桑にちなむ。**【平勢解説】《その一》「曲水」**

第十条　襄国より鄴に至るには二百里あり、その途中に四十里ごとに一宮を置いた。それぞれ一夫人、侍婢数十、黄門宿衛がおり、石虎が輦を下りればとどまった。凡そ内外に所起の大小の殿台行宮は四十四か所あった。**【平勢解説】《その一》「輦」**

第十一条　鄴都の北城の西北の隅に銅爵台、金鳳台、氷井台の三台があった。銅爵台は高さ十丈で百二十間、金虎台は百三十間、氷井台には氷室と涼殿があった。三台は閣道によりつながっていた。三台は魏に始まり、石虎の時代に装飾が増した。中央の銅爵台に五層楼閣があり、備え付けの鳳凰設置部を含めて地中より三百七十尺あった。南に金凰台、北に氷井台があった。三台とも正殿があり周囲に付設された部屋に女官女妓を住まわせた。瓦葺の正殿ごとに御牀をしつらえた。

第十二条 蜀錦流蘇斗帳を施し、四隅に金龍頭を置いて五色流蘇を銜えさせた。南の金鳳台には正殿の屋根の頂部に鳳凰を置いた。氷井台一百四十間の屋があり、上に氷室が作られていた。氷室からは地中深く井が掘られ、深さは十五丈あった（銅爵台はその倍以上の深さの上に建つことが問題になっている）。井には氷と石墨を置いた。**【平勢解説】**《その一》宋代「曲水跡」**出現の経緯**

第十三条 伏日の話題。三伏の月は旧暦四月五月六月を言う。その後半の夏至以降、伏日が問題にされ、石虎はこの時期に氷井台保存の氷を大臣に配った。五月の夏至のころには、未明の東方に参宿が見え、六月にはそれがさらに高くなる。そして七月の七夕の儀礼が行われる。

第十四条 西台の銅鳳、銅籠疏・雲母幌の窓。第七条皇后浴室の「籠疏」の霊験の由来。

第十五条 石虎所築の涼馬台。石虎が鄴に都した後、馬を洹水で洗ったことにちなむ。

第十六条 涼馬台の機能。鄴城の西、漳水の南。虎牙将軍部隊の警護の下、毎月一日と十五日にこの台で騎馬を閲兵。騎兵は漆矟をもっていたので黒矟と称された。女伎一千人を鹵簿とし、紫綸巾熟錦袴金銀鏤帯五文織をもって靴を作り台上を歩かせた。

第十七条 季節外れの人民動員に天が災いを下す。五月に華林苑を造成しようとしたが、季節外れの雨雪が降り、造園は中止、起部尚書朱軌に責任とらせて誅殺。**【平勢解説】**《その一》「曲水」

第十八条 鄴城の東二里に華林苑を造営した。尚書張群に命じ近郡の男女十六万人を徴発し、車万乗分の土をもって土塀を築いた。三観四門を起こし、北城を鑿ち、漳水を華林園に引いた。園内に多くの果樹や世に知られた果実を植えた。根を深くこそぎとるため、蝦蟇車を作らせた。

第十九条 林園中の千金堤の上に二つの銅龍を造り、対向して水を吐かせ、御溝を通して天泉池に注がせた。三月三日、石虎と皇后、百官は、水に臨んで宴賞した。**【平勢解説】**《その一》「曲水」**「曲水」と西王母との関係**

第二十条 二銅駞の話題。

第二十一条 銅鐘四枚は鐸形のようで、高二丈八尺、大面広一丈二尺、小面広七尺にとりつけ、蛟龍や鳥獣をその上にめぐらせた。石虎は正殿で正会を行い、南面して軍に臨んだ。礼制を意識して流蘇を帳に施し、法服を整え、冠は通天とし、玉璽を佩びた。画に日月・火龍・黼黻・華虫・粉米を表現し、車服を改め、遠遊冠を著けて前に安金博山錦を施し、蟬翼を付けた。旧礼に沿い、丹紗裏服で、大暁に行礼し、公は執珪、卿は執羔、大夫は執雁、士は執雉した。車馬・金根・

玉輅・革輅数十を庭に満たした。

第二十二条　石虎の正会では殿前で楽がかなでられた。からくりが設置されていて、額上に縁橦(はたざお)があって鳥が飛び来たり、左回右転する。橦をついばむものもある。馬車に長二丈の木橦を立て、橦頭に横木をつけたものもあり、二人の伎児がそれぞれの動きを示すものになっていた。

第二十三条　石虎の正会では、正殿前に白龍樽を置いた。金龍を東箱に作って西を向かせ、その龍口から酒五十斛を受けた。

第二十四条　石虎の正会では、正殿前に鉄製の百二十枝灯を置いた。

第二十五条　石虎の正会では、正殿の庭の中の端門外および閶闔門前に、庭燎を置いた。各々灯皿二合で六処に置き、高さは一丈六尺あった。

第二十六条　石虎の正会では三十部の鼓吹を置いた。三十歩ごとに一部で、十二は地より一丈余りの高さの平閣上にあった。別に女鼓吹があった。

第二十七条　石虎の大会では、礼楽が配列された。石虎は西閣上に生糸で窗幌を作り、宮人数千が着飾って陪列看坐した。また閣上に女伎数百を作り、これも衣に珠璣を絡ませるもので、鼓舞も倒を連ね、琴瑟の細伎も畢く備わっていた。

第二十八条　石虎の御牀は、一方が開いた(辟)方三丈で、他の余牀は、六寸の局脚がついていた。後宮の別院には小形の玉牀があった。

第二十九条　石虎の御牀は、一方が開いた（辟）方三丈で、冬月には熟錦流蘇斗帳をつけた。四隅には純金龍頭をとりつけ、五色流蘇を銜えさせた。それは青綈光錦、緋綈登高文錦、紫綈大小錦を用い、縫い付けて百二十斤の房子錦としたものである。白縑を裏地にすると、名複帳と称する。帳の四隅には純金銀鑿鏤香爐をとりつけた。石墨を焼き集めた和名香を用いた。帳頂に金蓮花をとりつけ、花中に金箔織成嚢を懸け、嚢ごとに三升の香を入れた。帳の四面に十二の香嚢をとりつけた。色は同上。春秋には但錦帳を用い、裏に五色縑を用いて、夾帳とし、夏は紗羅、綦文丹羅、紫文縠のいずれかを用いて単帳とした。

第　三十　条　石虎の御坐几は、漆雕画をつくして五色花を表現していた。

第三十一条　石虎の褥《しとね》は、長三尺、金糸で縁どられていた。

第三十二条　石虎は錦で席を作り、五香を交え、五采綖を施し、蒲皮を編み、錦で縁どった。

第三十三条　石虎は金銀鈕屈戌屏風を作った。白縑に、義士・仙人・禽獣の像を画いた。画讃は三十二言、高施は八尺、下施は四尺、六尺のものもあり、自ずとおさまった。

第三十四条　石虎の三台、および内宮中の鏡は、径二、三尺で、純金蟠龍を主題に雕飾した。
第三十五条　石虎は、雲母五明金箔莫難扇を作った。薄く純金を打って蝉翼のようにし、二面とも彩漆にて、列仙奇鳥異獣を画いた。その「五明」は、方中辟があり（四つの方向に辟が作り出され）方三寸または五寸。扇の大小により、その中に雲母を使う。細縷をもって際を縫い、罨画にして彩色明徹とはいえ、これを看るに取るべしと言うがごとくであった。故に莫難（白檀）と名づけた。虎が出かける時、この扇を両脇で用いさせ乗輿した。また、牙桃枝扇を用いた。その上方は竹のようで緑沈色、木蘭色、紫紺色、鬱金色を呈した。
第三十六条　石虎の大会にて御食をたてまつるには、二重の遊槃（円転）を用い、いずれも縁は金銀を用いた帯状の部分（参帯）が巻かれていた。百二十の杯がつけられ、雕飾は両円転とも同じであった。その参帯の間は、茱萸（錦）（第五十四条）に画くのだが、破髪のごとく微細で、近づいてやっと見えるものであった。
第三十七条　石虎の三月三日の臨水会には、公主・妃嬪・名家婦女が総出で参加した。臨水には帳幔を施し、車服燦爛、走馬歩射があり、飲宴は終日であった。
第三十八条　石虎の臨軒（閲兵）大会では、碧紗袍を着けた。
第三十九条　石虎は「虎頭鞶囊」を「龍頭鞶囊」に改めた。
第　四十　条　石虎の諱を避け、「白虎旛」を「天鹿旛」とした。
第四十一条　石虎の左右直衛は万人おり、皆五色細鎧を着け、まばゆいばかりの光耀をはなっていた。
第四十二条　石虎が田猟にでかける時は、金縷織成合歡帽を着けた。
第四十三条　石虎の時には、金縷合歓袴を着けた。
第四十四条　石虎の出行時の従者である女鼓吹は、尚書官属であり、皆錦袴を着け玉を佩びていた。
第四十五条　石虎が征討すると、所得の美女は万余となり、宮人とした。その才芸あるものを選んで女尚書とした。宋代『太平寰宇記』の記事だが、遡って議論し得るものとして、「八座・侍中・納言はいずれも貂璫の冠をつけて仕えた」とある。**【平勢解説】**
《その一》「**曲水**」「**輦**」
第四十六条　広陵公陳逵の妹は才色甚美で、髪長は七尺あった。石虎は夫人とした。
第四十七条　石虎は女侍中を置き、皆貂蝉を着け皇后に直侍した。**【平勢解説】《その一》**「**曲水**」「**輦**」
第四十八条　石虎は宮人を女官門下通事とし、玉案をもって文書づくりを行わせた。

第四十九条　皇后が出かける時は、女騎一千で鹵簿を為し、冬月は皆紫衣巾をかぶり蜀錦袴褶を着けた。

第五十条　石虎皇后の女騎は、腰中に金環参鏤帯を着けた。

第五十一条　石虎の宮婢は数十おり、皆皁構を着け、頭に今の例先冠のような神弁を着けていた。

第五十二条　石虎には指南車と司里車があった。また木人つきの春車があり、車を進めると車上で碓をついた。十里を行くと米一斛がつきあがった。また磨車があり、車上に石磨を置いた。十里を行くと麦一斛を挽いた。凡そ此の種の車は皆朱彩を飾りに用い、将軍一人用であった。車が行けば衆も動き、車が止まれば衆も止まった。中御史解飛と尚方人魏猛變の所造である。

第五十三条　石虎の性格は佞を好んだ。仏衆は贅沢するのがうまく、それを天紀としていた。嘗て檀車を作り、広さ丈余、長は二丈、四輪であった。金仏像を作り、車上に座らせた。九龍が吐水してこれを潅した。また木道人を作り、恒に手で仏の心腹の間を摩らせた。また十余の木道人は、長二尺余で、皆袈裟をかぶって仏を繞らせ、仏前にくると礼をさせた。また手に取って香を爐中に投ずる様は、人と異なるなく、車が動けば木人も動き、龍が吐水する。車止まればそれらの動きも止む。これも解飛の所造である。

第五十四条　石虎は若い時から遊猟を好んだ。後に体が壮大になり、乗馬できなくなると、猟輦を作った。二十人がこれを担ぎ、今の歩輦のようなものである。上に徘徊曲蓋をとりつけ、坐処に転関牀をとりつけた。鳥獣を射んとすれば、牀の回転軸の取り付け部がすばやく方向を変えさせ、身に従って回転した。虎は射に巧で、矢は虚発がなかった。**【平勢解説】《その二》「輦」**

第五十五条　織錦署は中尚方にあり、錦には大登高、小登高、大明光、小明光、大博山、小博山、大茱萸、小茱萸、大交龍、小交龍・蒲桃文錦、斑文錦、鳳皇（錦）、朱雀錦、韜文錦、桃核文錦があった。織り方も、青綈、白綈、黄綈、緑綈、紫綈、蜀綈など、工の巧は百をもって数え、名を尽すことができない。

第五十六条　石虎の中尚方は、御府中の巧工で錦を作り、織成署は数百人いた。

第五十七条　石虎の御府が作る罽（毛織物）は、雞頭文罽、鹿子罽、花罽がある。

第五十八条　石虎は双長生樹を植え、その根は屋下から生え、枝葉は棟上にて交わっていた。是は先に樹を植え、後に屋を立てたのである。二樹の間に玉盤を置き、十斛を溜めていた（第七条に玉盤の記事がある。釈迦潅水の後、太武殿の前の溝より水が注ぎ入り、その溝に銅製の籠蘇を置き、葛を置き、沙を置き、溝を堰き止め、さらに玉盤に溜められて皇后が水浴した。その玉盤は、上記の屋に置かれていた）。

第五十九条　華林園には春李があり、冬に花をつけ春に熟した。【平勢解説】《その一》「曲水」

第　六十　条　石虎の園中には西王母棗があり、冬夏とも葉があった。九月に花咲き、十二月に熟した。一尺の実の中に三子（種）があった。羊角棗もあり、これも一尺の実の中に三子（種）があった。【平勢解説】《その二》「曲水」　宋代「曲水跡」出現の経緯

第六十一条　石虎苑には勾鼻桃があり、重さ二斤であった。【平勢解説】《その一》「曲水」

第六十二条　石虎苑には安石榴があり、子（実）の大なるものは椀盞のようであった。その味は酸っぱくなかった。

第六十三条　石虎は太武殿において大饗を開き群臣をもてなした。仏図澄は「殿か殿か、棘子（種）も林となり、人衣を破壊しようとしている。殿を見ればすでに西の日陰にさえ棘が生えている」と述べた。（西王母をあがめる道教と仏教の対立を懸念する説話のようである。仏教が西王母伝説を利用しつつ浸透している現実が別にある）

第六十四条　孟津の河東、鄴城を去ること五里、済北郡穀城県があり、穀城山がある。ここには黄石公の所葬処がある。此の山に登る人があり、崩土中に文石があるのを発見した。石文は鮮明であった。石虎はその文石を採取して宮殿を造営した。また穀城令を免職にした。文石のことを奏聞しなかったからである（穀城には項羽の墓地もあり、楚の伝統継承が念頭にあるかもしれない。冒頭に言及する孟津は周の武王が殷を伐つ前に黄河を渡った場所である。本条は、第六十五条の仏図澄故事を述べる上での根拠となっている）。

第六十五条　仏図澄が死去した後、隴上にその姿を見た者がいた。石虎が仏図澄の墓を開かせると、ただ一石があるだけだった。虎は「石は朕である。仏図澄は我を葬して去ったのだ。吾が死も近い」と述べた。果してその通りになった。

第六十六条　石虎の太子宣と「母弟」蔡公韜はこもごも政事をとったが、宣は韜が自分の勢力に替わることを恐れた。八月の社の日（秋社）、韜は東明観に登って遊び、暮に帰って酌宴を張り、女伎のみを行った。宣は力士鉅鹿、楊材等十余人を遣わし、夜に梯に縁って韜の第に入り、韜を切り殺した。

第六十七条　魏の文侯の時、西門豹が鄴令となり、堰を作って漳水を引き、鄴を潅漑し、魏の河内を富ませた。後に史起が鄴令となり、漳水十二渠を引き、魏田数百頃を潅漑し、魏は益々豊かになった。後に堰を放置してだめにし田は荒れたので、更に天井堰を修復し、鄴城の西面に漳水を引き、十八里中に細流を作り、東より注ぎ鄴城の南に抜けるようにし、二十里中に二十堰を作った。

第六十八条　魏武（曹操）は銅爵台において儀式を行った。これに加え、西に二台を建てた。だから魏都賦に云うには、三台が列

峙して峥嶸しているとある。

第六十九条　鄴中の南城は、東西六里、南北八里六十歩あった。高歓は北城内の造成で、人の往来にも窄隘状態をきたしたので、僕射高隆之に命じて更にこの城を築いたのである。掘削していて神亀を得た。大なること方丈を超え、堵堞（城垣）の状は、亀をもって象っている。

第　七十　条　恵帝の軍は蕩陰に敗れ、千官はみな逃走した。嵇紹だけは端冕して帝の側にあり、身をもって主を守った。遂に害されるにいたり、血は御衣に飛び散った。事が定まるに及び、左右が御衣を洗おうとしたが、帝は「これは嵇侍中の血である。取り去ってはならぬ」と述べ、詔して嵇を県南に葬り、この地に浣衣里と名付けた。

第七十一条　紫陌宮は臨漳県の城西北五里にあった。石虎が紫陌橋の側に建てた。斉の時、修復して河の渡しを作った。（以下は霊が現れたという話題である）。帝が巡幸して并州に行こうとすると、百官（の霊）は祖餞し、至りて別の礼を行わない者はいなかった。そもそも文宣は嘗て西巡し、百官は紫陌にて辞を述べ、帝は矟騎をもって囲ませて述べた、「我は鞭を挙げて一時に刺殺せん」。淹留すること半日、文宣は（霊障により）酔って起つことができない状態になった。黄門侍郎是連子陽が進んで言うには、「陛下がこのようでは、諸臣恐怖いたします」。文宣が言うには、「そうであってはこまる」。すべて殺すことはやめて、囲みを解かせた。行こうとすると、魏孝静帝と高隆之（の霊）が道左にいたので、酒をもって酹（地を祭る）した。晋陽に行くと、またこれ（霊）を見た。孝靜（霊）が言うには、「我は君を負うことができない。何の意をもって我が冢をあばいたのか」。隆之（霊）が言うには、「臣は無罪だ。何の意をもって臣の児を誅殺したのか」。文宣はそこで魏の帝陵と隆之の冢を埋め戻させた（この条は、并州の霊に礼を尽くした内容になっている。第七十三条の并州の話題の前提になっている）。

第七十二条　鄴の俗では、冬至から一百五日に、介子推の為に断火を行う。冷食すること三日、乾粥を作る。是は今の糗である。**【平勢解説】《その三》『端午の節句と屈原』**

第七十三条　并州の俗では、介子推が五月五日に焼死したのをもって、世人がその忌を行う。その時、餉食を挙げないのは非である。北方では、五月五日に自ら飲食して神を祀る。五色新盤を作り、相問遺（贈り合う）するが、介子推の為ではない（第七十二条とも、五月五日に屈原をいたむ儀礼がまだ定着していないことを示す）。**【平勢解説】《その三》『端午の節句と屈原』**

第七十四条　寒食三日には、醴酪を作る。また粳米と麦を煮て酪を為り、杏仁を擣き、煮て粥を作る。玉燭宝典を備え付け、今の人はみな大麦の粥を作る。杏仁を研して酪を為り、別に餳《あめ》を沃める。

参考図１　歴代正史と編纂王朝

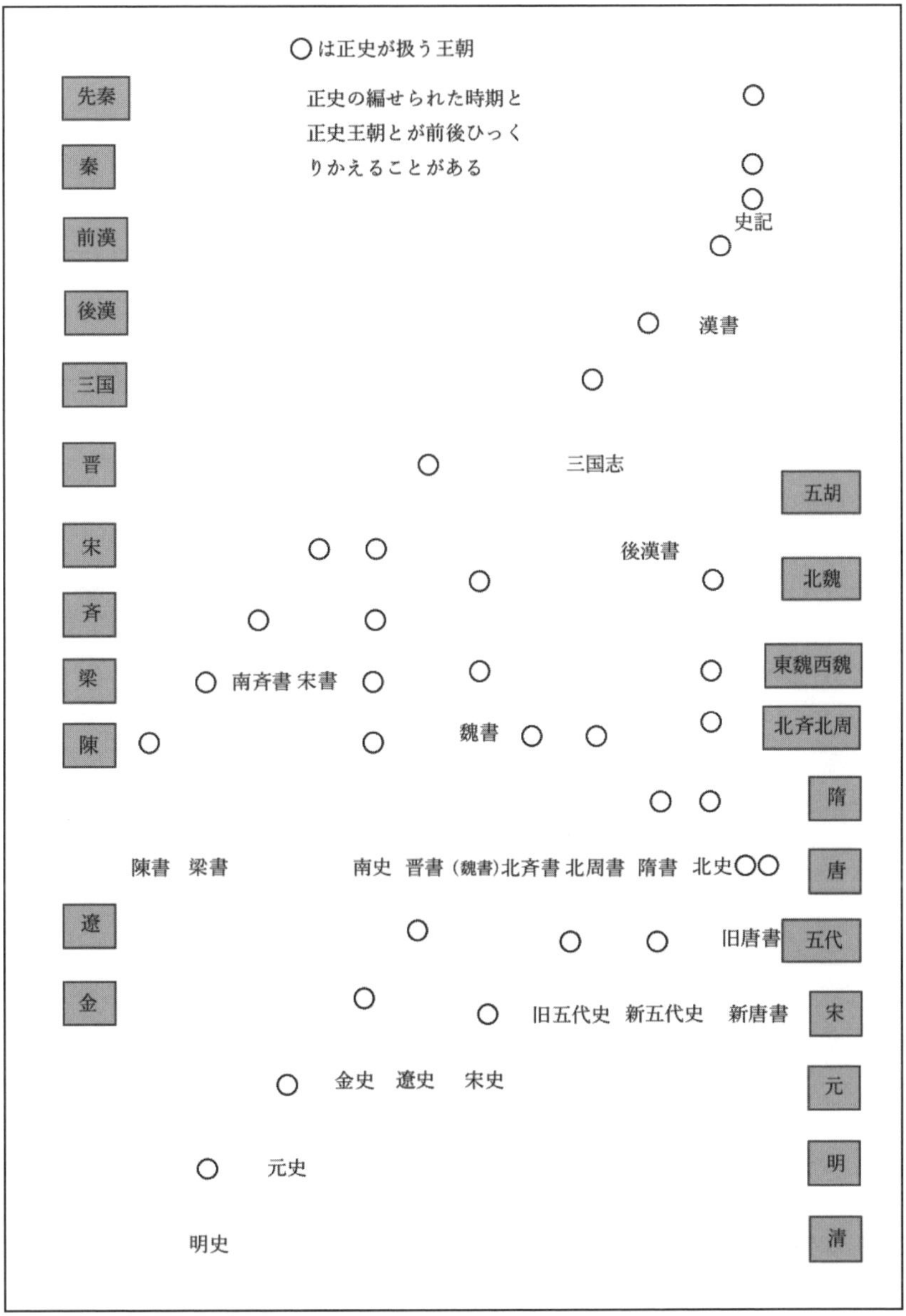
○は正史が扱う王朝
正史の編せられた時期と
正史王朝とが前後ひっく
りかえることがある
先秦
秦
前漢
後漢
三国
晋
宋
斉
梁
陳
遼
金
史記
漢書
三国志
後漢書
南斉書 宋書
魏書
陳書　梁書
南史　晋書（魏書）北斉書 北周書　隋書　北史
旧唐書
旧五代史　新五代史　新唐書
金史　遼史　宋史
元史
明史
五胡
北魏
東魏西魏
北斉北周
隋
唐
五代
宋
元
明
清

参考図2　三種の八卦方位と立面方位、平面方位

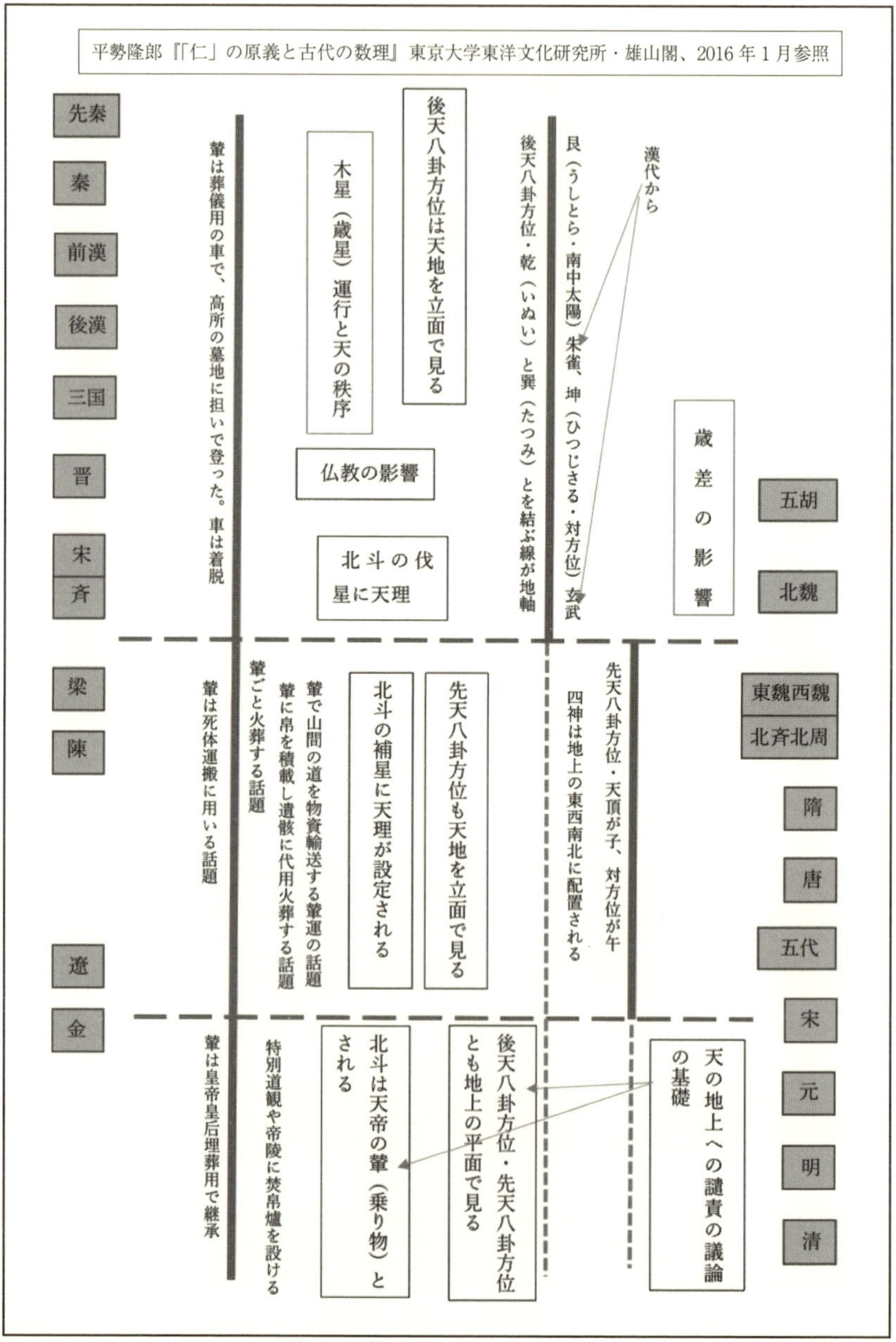

第二章―一　解説：『鄴中記』を読む上で鍵を握る用語《その一》

平勢隆郎

はじめに

『**鄴中記**』を検討する中で、次第に明らかになったのは、この書が正当に評価されていないということである。『**鄴中記**』に記されたいくつかの言葉に、焦点が当てられてこなかったことが大きい。

下記には、『**鄴中記**』の検討中、注目するにいたった言葉について、最低限[1]ながら、本訳注の根拠を提示すべきささやかな考証を進めてみたい。

この「解説」は、言わば宇都宮・塩沢・平勢「訳注」作成の副産物と言ってよい。簡単に述べれば、**中国正史とその関連書籍に「こう書いてある」**という紹介なのだが、内容を読んだ者には、これまでの理解と異なることが多々あることが予想される。そこで、**読者の便宜のため、適宜強調文字を用いる**ことにした。場合によっては少々うるさい感じがするかもしれないが、まずは強調文字に目を向け、次に写真図版とその簡単な説明に目を向け、さらにその前後に読み進めていただくのが、一つの読み方になろう。

《その一》は、特に注目すべき用語として「曲水」と「輦」を取りあげ、《その二》は、その他の用語に目を向けた。さらに関連する議論内容を《その三》にまとめている。

時期区分の目安

史料引用の際には、その史料がいつどのような経緯で作成されたのかを、丹念にたどる必要がある。その作業がないと、新旧入り混じった内容を古いと一元化してしまい、後代の内容を古い時代のものと誤解する危険が生じる。近年史料のデジタル化が進んで、これまで思いもしなかった内容が扱えるようになった。だから、勢い従来の見解が修正できるかの誤解が生じやすい状況にある。

初歩的に**『鄴中記』**を検討する過程で、以下の時期区分が、史料批判の上で有効であることがわかった。

正史は、正統王朝の下で編纂されている。だから、その**正統王朝の色眼鏡**を理解することに努めれば、すでに整理を経た史料であるという特徴が意味をもつ。**原史料の時期**と、**色眼鏡が生じた時期**とを両にらみにして、適切に判断利用することが可能である。留意すべきなのは、正史の本文なのか、その注釈なのかである。世に示された見解の中に、注釈内容を正史の内容とするものがあることがわかっている。

その上で述べれば、正史は二つの時期に区分できる（後晋劉昫等撰**『旧唐書』以前**と宋歐陽修等撰**『新唐書』以後**）。最初の一千年は、前漢武帝の天下（「八紘」とされる）を基礎とする。天地は、地が八紘の範囲を意味し、その外を海とする。「八紘」の別称は「四海の内」である。大地は水に浮かんでいると見なされた。次の一千年は、地はそのまま継承され、天が拡大された。八紘の外の征服王朝が正統王朝となったためである。

八紘観が生きている時期は、八卦方位が**天地を横から見た視点**によって議論される。八卦方位は立面図を議論する。この時期は、**六世紀で前後に分けられる**。**六世紀までは、八卦方位の立面図において、地軸が傾いて議論される**（図をいくつか使った方がわかりやすいが、下記に示す注釈にゆだねる[2]）。現代的に言えば当然の視点である。だから、極軸の北極方位を乾とし、天の赤道と黄道との差異があいまいなまま、太陽がもっとも低い方位を坤とした。この八卦方位を後天八卦方位という。**六世紀**に、実際は傾いている地軸を**理念的に垂直**だと修正した[3]。これで天頂を乾、反対方位を坤とする方位ができた。これを先天八卦方位という（古い方位を新しい方位が否定的に扱ったので、古い方位が後天八卦方位となった）。

征服王朝の時代になると、征服王朝の故地を含めるため、天だけが拡大された。地の八紘の領域は、道教を信奉する漢族の居住地なので、根強く継承され拡大されなかった。結果、王朝の議論としては八卦方位を立面で議論することができなくなり、八卦方位は平面で議論されるものとなった。これが我々のよく知っている八卦方位である（上記、立面図としての八卦方位がわからなくなっている理由がここにある[4]）。

以上、①八紘天下ができるまで（天地を横にみる視点ができた戦国時代の前四世紀以後）、②八紘天下の六世紀にいたるまで（前漢前期以後）の時代、③八紘天下の六世紀以後の時代、④征服王朝の時代で、かつ六世紀以後唐代までの観念が根強く生き残っている時代（宋代）、⑤同じく六世紀以後唐代までの観念すらわからなくなった時代（元代以後）、に分けて議論の目安とするとよい。下記において、適宜この時期区分の目安を用いる。

【Ⅰ】「曲水[5]」

「曲水」と称する人工の流れに杯を浮かべ、その杯の流れが時を刻み、定められた時間内に詩を作る。そして杯を飲み干す。優雅な遊びの世界が構想された。

ところが、史料をひもといてみると、実は常識とは異なる世界が広がっている。世に名高い王羲之の「曲水」も、世の理解とは異なっている。

時代的変化をたどろうとする時、比較的信頼のおける検討が可能なのは正史を用いることである。正史も、それらを編纂した時期（編纂王朝）の問題がある。後の王朝において、先行する諸史料をまとめる。このことを念頭におきつつ、以下、述べてみよう。

正史における「曲水」の事例は、宋范曄撰『後漢書』までと、唐房玄齢等撰『晋書』以下とて極めて明らかな「形」の違いを示している。『史記』と『後漢書』では、本文に「曲水」の語は存在しない。しかし、内容をとらえて、注釈が付され、「曲水」に言及する場合がある。通常、本文を検討しながら、注釈を読むくせがついているので、余計な先入観を抱かないよう、「本文ではない」ことを確認しておく必要がある。『史記』注釈の事例は地名についてであり、『後漢書』注釈の事例は、「曲水」の語の由来を語るものと、後代の書名が話題になる場合がある。この由来を語るものも、後代性が強く、後漢時代のものと判断する根拠が得られない。根拠が得られない場合、そこに見えている「注釈の時代」を話題にするのが筋である。(6)

唐房玄齢等撰『晋書』礼志に、「漢儀、季春上巳、官及び百姓皆東流水上に禊す。洗濯祓除して宿垢を去る。而して魏自り以後、但に三日のみを用ひ、上巳を以てせざるなり。晋中朝公卿以下、庶人に至るまで、皆洛水の側に禊す。趙王倫簒位するや、三日天泉池に会し、張林を誅す。懐帝亦天泉池に会し、賦詩す。陸機に云ふ、『天泉池の南、石溝あり、引きて溝水に御し、池西の積石を禊堂と為す』と。水流に本づき杯飲酒するも、亦『曲水』と言はず。元帝又詔し三日の弄具を罷む。鍾山に『流杯曲水』を立て、百僚に延ぶ。皆其の事なり。九月九日、馬射、或説に云ふ、秋、金の節、講武習射、立秋の礼に象るなり」とある。上述したように、「曲水」という用語が突然現れる。しかも、「曲水と言はず」と記している。流盃飲酒の儀礼は「曲水」とは言わなかった。

上記『晋書』に「漢儀、季春上巳、官及び百姓皆東流水上に禊す。洗濯祓除して宿垢を去る。而して魏自り以後、但に三日のみを用ひ、上巳を以てせざるなり」とあるが、この上巳と三日の関係は、実はこの記事のとおりにならない。このことは理解されていない現状がある。ここには割愛するが、正史以外の史料をも用いて検討すると、**南朝梁代ごろに、「三日」とすることが定まった。それ以前は、「上巳」に行う儀礼であった。**以後も本来「上巳」の儀礼であるという意識は継承され、「上巳」とも表現する史料を「三日」とする記事と併記していたりする(『晋書』に、梁代以後の知見が記されている）。
「曲水」の起源として、別に議論されているのは、秦昭王の故事である。『四庫全書』提要に梁代の書とされる梁呉均撰『続斉諧記』には、「又秦昭王、三日、酒を河曲に置き、金人有るを見て水心剣を出奉して曰く、君制あらしめて西夏有り、秦諸侯に覇あるに及び、乃ち此に因て処立して曲水祠を為す」とある（西夏は秦の祖先を言うようだ）。これは、清朝陳光耀撰『戦国異事』秦昭王にも引用されているのだが、戦国時代に遡る根拠に欠ける。注目すべきなのは、宋楽史撰『太平寰宇記』河南道五に、『続斉諧記』を引用するに際し、「曲洛、穆天子伝曰く、天子東のかた黄沢に遊び、曲洛に宿し、今県東洛北に曲河駅有り。洛水の曲を以て名を為す。洛其の南を経。続斉諧記に云ふ……」としていることである。ここに見える『穆天子伝』は、晋の時に魏の安釐王の墓を盗掘して出土した記録（太康二年〈二八一〉）があり、それを記す『晋書』束晳伝（魏安釐王墓を魏襄王墓としている）に『続斉諧記』の上文と同内容が見える（字句や表現に異なる部分がある）。唐房玄齢等撰『晋書』（唐太宗文皇帝御撰・『四庫全書』提要）は、『太平寰宇記』より早い「曲水」祠記事の引用例になる。

現行『戦国策』には、同内容は見えず、『史記』等に見える内容と異なるものが『大平御覧』に引用されたりするのを参照すると、上記「曲水」祠記事は後代性が強いものと判断できる。それでもここに注目するのは、「曲水」祠の「曲水」が、後代の「曲水」と意味を異にするためである。

『続斉諧記』の「曲水」は、**秦の昭王が覇王**になる前に、**河曲（黄河の河曲部）に**「**置酒**」を行って、**金人**[7]が奉**水心剣**を出し、昭王が覇王（諸侯に覇たり）になると予言した。太康二年以来若干の時を経た永和九年（三五三）の**蘭亭儀礼は、殷浩の下の北伐**を前に挙行されている。『晋書』桓温伝や殷浩伝に、殷浩と桓温が対立をかかえつつ、ともに北伐にとりくんだことが書かれている。殷浩の下で北伐が行われた時に、蘭亭の会が挙行されている。王羲之は、殷浩と密なる関係があった。ということなので、蘭亭の「曲水」は、『続斉諧記』の「曲水」の意味を継承してなされている。

蘭亭の序には、「又清流激湍（はやい）なる有り。左右を映帯し、引きて以て『流觴曲水』を為る。其の次に列坐し、絲竹管絃の盛んなる無しと雖ども、一觴一詠、亦以て幽情を暢べ叙するに足る」とある。梁蕭子顕撰『南斉書』礼志・

梁沈約撰『宋書』礼志・唐房玄齢等撰『晋書』礼志の記事では、①天泉池の西に禊堂を為り、②水流に本づき杯もて飲酒し（「曲水」と言はず）、③日をあらためて「流水曲水」を立てて百僚に及ぼしたとある。下記に述べていくように、隋代以後の事例を調べると、「修禊事」と酒宴とがセットになっている。王羲之は、蘭亭の会は前者の「修禊事」だと述べているわけである。蘭亭の会は、永和九年（三五三）暮春に行われている。

「曲水」という名称は、黄河が屈曲する場所に基づく。その場所で覇王たらんことを祈願する儀礼が行われた秦昭王の故事がある。その故事自体は秦の昭王の時代のものではなく、**後代の創作**である。上述した出現時期から推定すると、洛陽を天下の中心とする考え方に密接に関わって出現するようだ。もう一つの来源である三月上巳の洗濯祓除も後代性が強い。唐房玄齢等撰『晋書』礼志に「漢儀」として紹介し上巳を三日に定めたのが魏の時だとするものの、上記の史料から推定すると、梁代のことである。以後も三日と定めるものの本来「上巳」の儀礼だという意識は継承される。秦**昭王故事と三月上巳の洗濯祓除が合体して、「蘭亭曲水」儀礼**がなされている。それらの儀礼に付随して、宴会がなされている。三日上巳が三月三日になるのは、その後のことである。「曲水」の意味は、まだ秦昭王故事を継承している。(8)

そして、その後の経緯を見てみると、秦昭王の故事を継承する儀礼の意味、すなわち覇王たらんことを祈願するという意味が、隋唐を通して継承されたことがわかる。

後晋劉昫等撰『旧唐書』高宗本紀下には、「（調露）二年（六八〇）春正月乙酉、諸王諸司三品已上、諸州都督刺史に洛城南門楼に宴す。新造六合還淳の舞を奏す。二月丙午、詔して曰く、故符璽郎李延寿、正典一部を撰す。辞殫雅正、已に淪亡功すと雖も、猶録して宜しく其家に絹五十疋を賜ふべしと。壬子霍王元軌文武百寮を率ゐ、一月俸料を出して助軍し以て突厥を討たんことを請ふ。癸丑、汝州温湯に幸し、丁巳、少室山に至る。戊午親ら少姨廟に謁し、故玉清観を賜ふ。道士王遠知謚を昇真先生と曰ひ、太中大夫又隱士田遊巖所居を贈る。己未、嵩陽観に幸し、啓母廟に及び、並びに立碑を命ず。又逍遥谷に幸し、道士潘師正に所居あらしむ。甲子、温湯自り東都に還る。三月、裴行倹突厥を黒山に大破す。其の首領を擒へ、奉職せしむ。偽可汗泥熟匐、其部下の殺す所と為る、伝首して来降す」とある。

割愛するが、高宗は泰山封禅（六六六）しており、その儀礼の後に高句麗降伏のことがあった。そして、**永淳二年（六八三）の嵩山における新しい儀礼の場合は、封禅に加えて漢武帝の故事を合した儀礼を行い、突厥を滅ぼした**。つまり、ここに、漢武帝の故事が議論された「曲水」の禊の意義づけが、息づいている。

後晋劉昫等撰『旧唐書』と宋欧陽修等撰『新唐書』との間には、しばしば相違する点が指摘できる。高宗泰山封禅や永淳二年年の嵩山における新しい儀礼については、『旧唐書』ではわかりやすい「形」として示されているが、『新唐書』高宗本紀では、わかりにくくなる。「永隆元年（六八〇）二月癸丑、汝州温湯に如く。丁巳少室山に如く。乙丑東都に如く、三月、裴行倹、突厥と黒山に戦ひ之を敗る」と簡述するだけになる。

この『新唐書』に見える傾向は、宋王欽若等撰『冊府元亀』帝王部巡幸にも見える。これも割愛するが、突厥を降伏させた事実が無視されていたりする。**唐代において示されていた高句麗や突厥を滅ぼした意義が、宋代においては、示してはならないものに変貌した結果**と言える。

高宗泰山封禅と永淳二年の嵩山における新しい儀礼に、時期的にやや後れて、下記の「流杯亭」の宴が行われたことが、上記の変化に重ねて検討できる。

宋欧陽修撰『集古録』に、二つの「唐流杯亭侍宴詩」が録されている。一つは「右流杯亭侍宴詩者、唐武后久視元年（七〇〇）、臨汝に幸し湯留宴あり。羣臣制詩に応ず。李嶠殷仲容書に序す。開元十年、汝水壊亭碑、遂に沈廃す。貞元中に至り、刺史陸長源、以て嶠之文仲容の書を絶代の宝なりと為す。乃ち復た立碑造亭す。又自ら其の碑陰を記刻すと為す。武氏唐を乱し、天下に流毒あり。其の遺跡も宜しく唐人の所棄為るべし。而して長源当時、号して賢者と称するは、乃ち独り区区として、此に於けるは何ぞや。然れども余は今又之を録す。蓋し亦仲の書を以てせん。惜むべし。是を以て君子多愛に患あり（右真跡）」である。もう一つは、やや異なる部分がある。それらに記されているように、群臣が詩を作っている。武氏の事績は、その死後「武氏唐を乱し、天下に流毒あり」とされた。この時のことは、**『旧唐書』則天紀**に記されている。「二年……戊子、嵩山に幸す。王子晋廟を過ぎ、丙申、緱山に幸し、丁酉、嵩山自り至る。夏四月、吐蕃の大論賛婆来奔す。秋七月、上春秋高きを以て皇太子王に相たり梁王武三思定王武攸寧等と不協ならんことを慮り、令して誓文於を明堂に立つ。八月王及善を文昌と為し、左相豆盧欽望を文昌と為し、右相仍ほ並びに鳳閣鸞台と同じく三品たらしむ。冬十月乙亥、福昌県に幸し、王及び善薨ず。三年正月戊寅、梁王三思を特進と為し、天官侍郎吉頊、嶺表に配流せらる。臘月辛巳、皇太子男重潤を封じて召王と為す。狄仁傑を内史と為し、戊寅、汝州の温湯に幸す。甲戌、温湯自り至る。三陽宮を嵩山に造る。春三月、李嶠を鸞台侍郎と為す。知政事故の如し。夏四月戊申、三陽宮に幸す。五月癸丑、上疾康する所を以て復す。天下に大赦す。改元して久視（七〇〇）と為す。金輪等尊号を停し、大酺すること五日、六月、魏元忠を左粛政御史大夫と為す。……」とある。この『旧唐書』によれば、**嵩山に御幸して「吐蕃大論賛婆来奔」を得た**ので、温湯に至り、あらためて嵩山に三陽宮を造った。儀礼を重ねたということであろう。このことから、本来は、吐蕃の来奔を感謝したという話題であったことがわかる。それが、その先に示した『集古録』では、温湯に御幸した際に群臣が詩を制したという話題だけが残された。**唐代の本来の意味が、宋代に変更され、その変更内容が継承された**ということである。

変更の要点は、秦昭王の故事の覇王たらんことを祈願する儀礼を隠して温湯に御幸した際に群臣が詩を制したという話題だけが残されたことにある。秦昭王故事を継承した「蘭亭曲水」やその後話題にした上記の儀礼には、儀礼に伴う宴会と賦詩の記事がある。しかし、儀礼の重心は、覇王たらんことを祈願する儀礼にあって、賦詩はそれに付随するにすぎない。さらに、宋代に変更された内容では、作詩の方に重心が移っている。時に科挙が軌道に乗った時期に当たり、詩は官僚に不可分の教養である。だから、宋代の変更の要点は、覇王たらんことを祈願する儀礼に付随する賦詩から、官僚の教養としての作詩へ、の変化にある。

宋代「曲水遺跡」出現の経緯

戦前の研究において、「曲水」遺跡がすでに注目されていた。具体的には、**関野貞が大陸調査**を重ね、宋代の河南省登封の「**泛觴亭址（曲水遺跡）**」を紹介し、その写真と調査報告を残している。[9] この関野の研究を継承した竹島卓一は、その著『営造方式の研究』の序[10]において、関野貞が『営造方式』に関わったいきさつを述べている。[11] この竹島による研究の端緒を作った関野貞調査と『営造方式』とを直接的につないでいるのが、登封の泛觴亭址である。近代にいたるまで、言わば忘れられていた『営造方式』の価値が、埋蔵文化財の出土の面からも語られた。

関野は、上記の調査報告（「登封の遺跡」[12]）の中で、この遺跡の大小の概要だけでなく、類例として新羅の朝鮮慶州鮑石亭を紹介している。「新羅時代曲水址跡の小規模なるを異しみしが、今此の泛觴亭を見て唐宋時代此の種遊讌の比較的小団欒の者たりしことを知りたり」が、本質を言い当てている。いわゆる「曲水」は、庭園に水を引いて作られる。このことが前提となるから「比較的小団欒」という感想が得られる。つまり、世に知られた「曲水」には、庭園に水を引いて作られる常識的施設と、新たに知られるにいたった「比較的小団欒」のものがある。[13]

この崇福宮址にさほど遠くないところ、宮址の東南に後漢の啓母廟石闕がある。この啓母廟石闕について調べてみると、上記の流杯渠との意外な接点が見えてくる。

この地の儀礼は、泰山封禅と関わっている。しかも、その封禅は、高句麗や突厥の征伐と関係する。この泰山封禅との関係は、一般に知られていない。しかし、**高宗封禅があって、則天武后を念頭においた儀礼が入り込み、それが発展して永淳二年（六八三）年の嵩山における新しい儀礼ができあがる**、という流れがある。

後晋劉昫等撰『旧唐書』礼儀志三に、「封禅の礼、漢光武の後より、曠世修めず、隋開皇十四年、晋の王広百官を率ゐ、抗（挙）表して固く封禅を請ふ」以下の記事がある。隋文帝の泰山封禅の記事である。後漢の光武帝が泰山封禅を挙行した後、久しく絶えていたこの儀礼を復活した。『旧唐書』の解釈としておくが、[14] 文帝は祭壇を設けて南郊の礼のごときものを行っただけで帰った。[15]

続いて『旧唐書』によれば、高宗は即位（六四九年）した後、泰山の上に、登封の壇を設けた（封祀之制）。また降壇を社に為り、首を山上方壇とし、八隅をすべて八階とした（方丘之制）。登封の礼は遠く古先にさかのぼり、降禅の儀も充全でないと判断し、地祇を祭る日、太后昭配をもって行事にいたり、制度は公卿をもって、あるいは妾愚をもって補い、未周備の何たるかをつつしんだ。乾坤の定位、剛柔の義に加え（いずれも易の議論である）、特殊な経義に載陳する中外の儀をもってし、ここに別の瑶壇をつくって方祇に合せしめた。そして次のように続ける。「其の年の十二月に至り、車駕山下に至る。有司儀注を進奏するに及ぶ。封祀は高祖太宗を以て同配し、禅社は首とするに太穆皇后文徳皇后を以て同配す。皆公卿を以て亜献終献の礼を充たす。是に於て皇后抗表して曰く、伏し尋ぬるに、登封の礼は、遠邁古先にして、降禅の儀、竊かに未允と為す。其の祭地祇の日、太后を以て昭配し、行事に至る。皆公卿を以てし妾愚を以てして誠に未だ周ねく何者をか備へざるを恐る。乾坤定位、剛柔の義、已に経義を殊にし中外の儀を載陳し、斯に瑶壇を別けて既合を方祇に作配す」。太后が関係してくることにまず注意したい。そして中国だけでなく外にも目くばりしている点が注目される。

『旧唐書』は続ける。「（麟徳）三年（六六六）正月、帝親ら昊天上帝を山下に享し、封祀の壇は円丘の儀の如し」とし、「其の日帝侍臣已下を率ゐ、泰山に升り、翌日山上登封の壇を就す。玉策を封じ訖れば復た山下の斎宮に還る。其の明日、親ら地祇を祀り皇にす。社に於いて山上降禅の壇を首とす。方丘の儀の如し。皇后亜献を為し、越国太妃燕氏、終献を為す」とする。麟徳三年改元して乾封元年、高宗は封禅を行った。

この封禅のことは、同じ『旧唐書』巻五の高宗本紀下にも記されている。太宗の時に充分検討された儀礼を行っている。そしてその年の十二月に高句麗を伐った記事があり、翌々年（六六八）に、その高句麗を滅ぼしている。本来天下統一を言祝ぐ儀礼であったはずの封禅の儀式が、高句麗を滅ぼす目処がたったときに為されたということになる。「曲水」は対外的に軍事を起こす時の儀礼に起因し、封禅の儀式は、その軍事に成功の意味が生じた時に行われるにいたった。言われなければ気づかれることのない「形」であることに注意したい。

この「形」には続きがある。『旧唐書』礼儀志に、「高宗既に泰山に封ずる（六六六年）の後、又遍ねく五岳封ぜんと欲す」以下の記事がある。永淳元年になって、嵩山において封禅を挙行することになる（翌年別儀礼）。これは、「又欲遍封五岳至」（泰山のみでなく五嶽に遍く儀礼を行う）ということにしようという議論であり、その代表として嵩山を撰んだということである。そして永淳元年に嵩山の南の嵩陽県を置き、奉天宮を造り、二月にその奉天宮に御幸し、七月に嵩嶽で封禅を行うことの詔勅を降すのである。

しかし、新たな議論が起こる。「偉守貞等議して曰く、周礼と国語とに拠れば、天地を郊祀するには、天子自ら其の牲を射る。漢武は唯だ太山を封ずるのみ」以下の記事があり、「又晩を傷むこと漢武故事に依るが若し。即ち親射の儀事に非ず。詔を行ふこと之に従ふべからず。尋属するに高宗予ばず。遂に封禅の礼を罷む」とあって、漢の武帝は泰山封禅を行っただけであり、伝説の天皇は奠玉酌献しただけである。いまは、祭祀の一日前に射牲の儀礼を行い、傷む儀礼は晩くして漢武帝の故事（後代性があるわけだが）にならうのがよい。この建議が通って封禅の礼はとりやめとなった。そして、漢武帝の故事にならい、嵩山を神岳と為し、嵩山神を天中王と為し、夫人を礼妃と為した。嵩山にはもともと夏啓と啓母、少室と姨神廟があったが、それは引き続き祭祀させた。この記述は「咸令預祈祭」とするわけだが、実際は漢武帝の故事による儀礼を継承させたということである。

この漢武帝の故事に関わるのが、上述した宋代嵩福宮の流杯渠である。上記に「又晩を傷むこと漢武故事に依るが若し」とあった。その儀礼の場に流杯渠があったとするのが自然であり、状況から見てそれは宋代嵩福宮とするのがよい。本来天下統一の後に挙行された封禅が、統一を決定づけた一戦の前に挙行された理由がここに示されている。

「礼畢り便ち大赦改元す。万歳もて登封し、嵩陽県を改めて登封県と為す。陽城県を告成県と為す。粤三日丁亥、少室山に禅す。又二日己丑、朝覲壇に御し、羣臣を朝せしむること咸乾封の儀の如し。則ち天以て封禅の日たらしむ。嵩岳神祇の祐く所と為す。遂に神岳天中王を尊んで神岳天中皇帝と為し、霊妃を天中皇后と為し、夏后啓を斉聖皇帝と為し、封啓母神を玉京太后と為し、少室阿姨神を金闕夫人と為し、王子晋を昇仙太子と為し、別に立廟を為る。登封壇南に槲（かしわ）樹有り。大赦の日、其の杪に金鶏樹を置き、則ち天自ら昇中述志（周武后升中述志）碑を製し、壇の丙地に樹つ」とある。**少室山に禅を行い、神岳天中王を尊んで神岳天中皇帝とし、礼妃を天中皇后とし、夏后啓を斉聖皇帝**

とし、啓母神を封じて玉京太后とし、少室阿姨神を金闕夫人とし、王子晋を昇仙太子とし、別に廟を立てることとした。

こうした記述から、漢武帝の故事を基に、新たな意義づけを行ったことがわかる。

以上の記事は、関野貞も気づいていたらしく、昇仙太子碑と崇陽観碑および嵩陽観漢柏の調査写真を残している。[16]

これについて、同じ『旧唐書』高宗本紀下は、「調露元年（六七九）……二年（六八〇）春正月乙酉、諸王諸司三品已上、諸州都督刺史に洛城南門楼に宴す。新造六合還淳の舞を奏す」以下の記事で、「永淳元年（六八二）正月乙未朔……二年（六八三）春正月甲午朔、奉天宮に幸す。使を遣はし嵩岳少室、箕山具茨等山、西王母、啓母、巣父、許由等祠を祭る」と述べ、この一連の記事をたどってみると、嵩山での儀礼の後に突厥の降伏があったことがわかる。

つまり、上記に述べたことをくりかえすことになるが、高宗泰山封禅（六六六年）では、その儀礼の後に高句麗降伏のことがあり、永淳二年（六八三）の嵩山における新しい儀礼の場合は、封禅に加え、できてさほど時を経ていない漢**武帝故事を合した**。その意味における新しい儀礼を行い、突厥を滅ぼした。ここには、**漢武帝故事により再編された西王母伝説が「曲水」の禊の意義附けをもって息づいている**。永淳二年の「奉天宮に幸す。使を遣はし嵩岳少室、箕山具茨等山、西王母、啓母、巣父、許由等祠を祭る」は、高宗泰山封禅の「少室山に禅す。又二日己丑、朝覲壇に御し、羣臣を朝せしむること咸乾封の儀の如し。則ち天以て封禅の日たらしむ。嵩岳神祇の祐く所と為す。遂に神岳天中王を尊んで神岳天中皇帝と為し、霊妃を天中皇后と為し、夏后啓を斉聖皇帝と為し、封啓母神を玉京太后と為し、少室阿姨神を金闕夫人と為し、王子晋を昇仙太子と為し、別に立廟を為る。登封壇南に槲（かしわ）樹有り」に比較して、「西王母」が関わってきていることが特筆される。本来遠く西方にある西王母を念頭におきつつ中岳に「神岳天中王を神岳天中皇帝、霊妃を天中皇后」、「夏后啓を斉聖皇帝、封啓母神を玉京太后、少室阿姨神を金闕夫人、王子晋を昇仙太子」とする祭祀を挙行していたのに、中岳に直接西王母[17]の祭祀をもちこんだ。

「曲水」と西王母との関係

西王母がどう関わるかの検討を進めるには、別の大きな問題を知っておく必要がある。それは、正史の『史記』から『旧唐書』までに通底して語られる八紘天下（方万里。方九千里＋周囲一千里）である。後晋劉昫等撰『旧唐書』までは、八紘天下を前提として「仁」と「天理」が議論される。宋欧陽修等撰『新唐書』以後は、八紘天下の枠がはずれ、「仁」の場も「天理」の場も、いわゆる征服王朝の領域に拡大される。[18]

そして、**『旧唐書』までについては、八卦方位が立面図として描かれるのだが、古い八卦方位（後天八卦方位）と六世紀ごろに出現した新しい八卦方位（先天八卦方位）**がある。[19] 八卦方位は、征服王朝の下で平面方位として認識されるようになる。

北魏酈道元『水経注』は、その議論自体は六世紀以後の先天八卦方位を基に理解することができる。古い史料も引用されているので、それらは後天八卦方位を基に理解する。『水経注』の注釈は、おおむね征服王朝下で施されているので、立面図をえがく八卦方位は関わらない。だから、この種の後代注釈を基に『水経注』本文を理解しようとすると、理解不能の部分が出てくる。

『水経注』の巻一には、酈道元の天下観が示されている。まず「崑崙墟在西北」とあり、「三成もて崑崙丘と為す。崑崙説曰く、崑崙の山は三級あり。下を樊桐と曰ふ。一名板桐なり。二を玄圃と曰ふ。一名閬風なり。上を層城と曰ふ。一名天庭なり。是れ大帝の居なり」とある。これは、八紘天下の西北に崑崙の墟があるとする認識である。

次に「嵩高を去ること五万里、地の中よりするなり」とある。嵩山を地の中心とし、そこからの高さと比較する。高いところから、八紘天下に水が流れていく。八紘天下を一つの「小天下」として話を続ける。「小天下」が複数集まって「大天下」となる。言い方を換えれば、**酈道元は八紘天下を一つの小天下とする大天下を述べている**、ということになる。小天下は、孟子以来、方一千里九つ分からなる（孟子はみずからの天下を「方一千里」九つ分からなることを述べた）。これを「方九千里」と称する。一千里は面積単位である。孟子の方九千里に東西南北合計一千里（「荒服」とする）に方一千里を加えると「方万里」となる。これが、『旧唐書』にいたるまでの八紘天下の面積になる。方九千里の中央から「荒服」

に出るには、八つの方一千里の二つ分を経由する。方一千里の半分は方五百里（表示は距離だが、十進法の面積単位である）なので、方五百里四つ分を経由する。これが『史記』から『旧唐書』までの五服と方九千里との関係になる（さらに遡ると戦国時代の原初的五服の議論になる。方三千里を特別地域とみなした上でそれを分割して五服を論じる。以上の他、五服と八紘について、解釈可能な説明は見出せていない）。

『水経注』は続けて「高誘称す。河は崑山に出づ。地中を伏流すること万三千里、禹導きて之を通ぜしめ、積石山に出づ」とする。その引用の正否を確認してみると、高誘撰の序を載せる『淮南鴻烈解』墬形訓に「河水は崑崙の東北陬（山麓）に出で、貫きて渤海に入る。禹導く所は積石山（山海経積石山）なり」（『淮南子』は成立過程の問題が議論される。服部宇之吉の漢文大系本序に「天文墬形二訓ハ亦一種ノ参考ニ資スベシ」とある）とある。「伏流地中万三千里」というのは、**崑崙からは「地中を伏流する」**ことを話題にする。「万三千里」のうちわけは、嵩山を中央にいただく小九州が「九千里」で、残りが「四千里」ある。

そもそも崑崙を中央に据える大九州説と、嵩山を中央にすえる九州説（『孟子』以来の九州説）は、接点をもって語られてはいない（ここでも無理に折衷しないでおく）。

『水経注』はさらに「山海経を按ずるに、崑崙自り積石[20]に至る、千七百四十里、積石自り隴西郡を出で洛に至る。地志に準ずるに五千余里可り。又穆天子伝を按ずるに、天子崑山自り、宗周に入る。乃ち里は西土の数なり。宗周瀍水自り以て西し、河に至る。宗の邦、陽紆の山、三千有四百里、陽紆の西自り河首に至ること四千里、合して七千四百里あり。外国図又云ふ、大晋国従り正西七万里、崑崙の墟を得。諸仙之に居り。数説不同、道阻且長、経記緜褫（奪）、水陸路殊、径復不同、浅見末聞、詳究する所に非ず。聞見を聊述せざること能はず、以て差違を誌すなり」と述べる。異論がある、ということである。[21]

以上のように説明できる酈道元の天下観において、八紘天下と崑崙との関係が示されている。その**崑崙に西王母がいる。**したがって、この天下観にみられる西王母と八紘天下の関係を縮尺して示すと、西王母が八紘天下の外にあり、八紘天下に河水が流れ入る状況を表現することができる。西王母の世界から入り、別の世界に流れ出る。これが、縮小された八紘天下の河川の様態だとすると、その様態は、河南登封崇福宮「曲水址」にも、また『営造方式』国字・凬（鳳）字両流杯渠にも重ねて議論できる。

つまり、上記に述べたことをくりかえすことになるが、高宗泰山封禅（六六六年）では、その儀礼の後に高句麗降伏のことがあり、永淳二年（六八三）の嵩山における新しい儀礼に、漢武帝の故事が議論された「曲水」の祓の意義附けが、息づいていることを述べた。高宗泰山封禅（六六六）の儀礼に比較して、「西王母」が関わってきていることが特筆された。本来遠く西方にある西王母を念頭におきつつ中岳に「神岳天中王を神岳天中皇帝、霊妃を天中皇后」、「夏后啓を斉聖皇帝、封啓母神を玉京太后、少室阿姨神を金闕夫人、王子晋を昇仙太子」とする祭祀を挙行していたのに、中岳に直接西王母の祭祀をもちこんだことを述べた。つまり、永淳二年（六八三）の儀礼は、直接関わるという点で西王母を強烈に意識していることは疑いなく、酈道元の天下認識とその縮小された八紘天下の河川の様態が、河南登封崇福宮「曲水址」にも、また『営造方式』国字・凬（鳳）字両流杯渠にも重ねて議論できる点からしても、高宗泰山封禅（六六六年）の儀礼に本来遠く西方にある西王母を念頭におきつつ中岳において儀礼を挙行した蓋然性が濃いことも、間違いないであろう。

東王父の名が出現するのは、意外に新しい。『太平御覧』引く『抱朴子』に、「万物の老なる者、其の精悉く能く仮託し形以て人を惑はす。唯鏡中にのみ形を易ふる能はず。是を以て古人入山するに、道士皆明鏡を以て背に懸くれば、後は則ち老魅も敢えて人に近づかず……又曰、山中寅の日、虞吏と称するは虎なり。当路軍と称するは狼なり。令長と称するは老狸なり。卯の日、丈夫と称するは兎、東王父と称するは麋なり。西王母と称するは鹿なり。……」とある。東王父と西王母が対になって称されることがわかる。

遡って『水経注』河水には、「張華叙ぶる東方朔神異経に曰く、崑崙に銅柱有り。其の高くして天に入る所謂天柱なり。三千里の円周を囲むこと削の如し。下に廻屋有り。仙人九府治なり。上に大鳥有り。名づけて希有と曰ふ。南向して張り、左翼もて東王公を覆ひ、右翼もて西王母を覆ふ。背上小処にして羽無きこと万九千里。西王母歳ごとに翼上の東王公に登る。故に其の柱銘に崑崙銅柱と曰ふ。其の高くして天に入る。円周削れるが如し。膚体美し。その鳥銘曰く、鳥有り希有。緑赤煌煌、鳴かず食はず。東のかた東王公を覆ひ、西のかた西王母を覆ふ。王母東のかた之に登らんと欲す」とある。

よく知られるように、漢式鏡銘文に東王父と西王母の名が対になって用いられている。樋口隆康『古鏡』に「鏡銘分類表」があり、これを基に例えば劉体智『小校経閣金文拓本』所載の銅鏡拓本中の銘文を配列してみると、「東王父」と「東王公」が同じ文例で互用されていることがわかる。(22)

上記の事例から、『水経注』の見解では、神仙思想（『荘子』逍遥遊に「鳳」を論じる。その内容を改変増補）に議論される大鳥が南に向かって憩う時、**左の翼（東方）が東王公を覆い、右の翼（西方）が西王母を覆う**。この状況から永淳二年（六八三）の嵩山における新しい儀礼に解釈を加えると、**高宗の時、泰山封禅（六六六年）の儀礼の場を、嵩山に移した際、西方の西王母の祭祀の場も、嵩山の地に移した**と見るのが妥当だろう。

宋代になって、永淳二年の嵩山（河南登封）における**新しい儀礼も意味を失った**。その結果、崇福宮の名で「曲水址」が継承された。それはやがて地中に埋もれてしまったが、近代の関野貞の調査によって、再度世の知るところとなったのである。

飛鳥酒船石、亀形石造物、飛鳥宮跡苑池

飛鳥酒船石、亀形石造物、飛鳥宮跡苑池については、ネットに多くの情報が提供されている。情報源は、調査に当たった明日香村教育委員会と橿原考古学研究所である。前二者現地遺構を管理するのは、明日香村である。

この遺構群を歴史的にどう解釈するかは、これまで定説を見ていないようだ。本論の検討結果から、この遺構群を見てみると、**酒船石は天の水**（『鄴中記』第七条に龍銜より太子像に水浴せしめ、第十八条に正会には銅龍より吐水が天泉池に注がれるとし、第二十九条に太子懐妊の場である御牀を述べて四角に純金の龍を備え付けて五色の流蘇を銜えるとし、第五十三

条に金で仏像を作って車上に乗せ、九龍に吐水させて仏像に水をかけたとする。天から龍を通して水がもたらされる）に、西方から西王母の霊力を受けるための場、亀形石造物はその付属施設で霊力をさらに受ける沐浴の場（おそらく太子懐妊に関わる沐浴だろう）、飛鳥宮跡苑池は別に設けられる宴会の場（霊力を受ける場でもある）のようだ[23]。あるいは、酒船石の名が示すように、水の儀礼に加えて、酒に霊気を受ける場ともなったのが酒船石であったかもしれない（第二十三条に金龍頭より白龍樽に酒が五十斛注がれるとするのが参照できる）。太子懐妊の瑞兆を酒に得て、それを宴会の場でふるまったかもしれない。なお「曲水」とこれに関わる諸儀礼の統合と意味の変遷、それぞれの儀礼の衰退に視点をあてて第二十三条の「解説」にまとめておいた。「曲水」儀礼は、科挙の本格化とともに、軍事侵攻儀礼が否定され、かつ、「五月五日」による『楚辞』の活用が皇帝と地主層の墓地を結びつけたため、「三月三日」の存在意義がなくなった。この『楚辞』の活用の背景にある地主層と皇帝との関係が、日本にはなかったため、日本では「三月三日」の儀礼が以後も存続し、かつ西王母の霊力の話題は忘却されることになる。軍事侵攻儀礼と西王母の霊力が忘却される点は、日中とも共通する。

宋代崇福宮址「泛觴亭址（曲水址）[24]」は、唐代に遡って議論できる。酒船石はそれをさらに遡って議論すべき遺構となる。こうした想定が可能なら、われわれは、中国において失われてしまった隋唐期の「曲水」儀礼とその変化の一端について、貴重な参照事例を得ることになる。

宋代以後、「曲水」の名が宴会の場にもたらされる。飛鳥宮跡苑池の後裔が寝殿造りの庭園となり、それに付随して「曲水」が語られることになる。注目点は、八紘天下を小天下とみなし、小天下を複数たばねて大天下とすることである。この見方は、宋代崇福宮址泛觴亭址（唐代に遡る）について指摘でき、その天下観を縮小して石盤上に示している。石造物を作り、そこに八紘天下とその水の流れを表現するということである。この発想が宋代以後も「曲水」の語義を規制した。飛鳥宮跡苑池の後裔である寝殿造りの庭園においては、その庭園という場に、世界の縮小の論理を求めて「曲水」の語を用いる。石盤に縮小の論理を求める在り方とともに、二つの系統を作り出し、いずれも縮小の場に、「曲水」の語を用いている。

図１　飛鳥酒船石（奥を下ると亀形石造物）
再利用が企図され原位置から移動しているようだ。

図２　亀形石造物（奥左方を上がると酒船石）

図 3　曲水址（関野貞 1918 年 6 月 22 日調査）
［写真：東京大学東洋文化研究所］

図 4　崇福宮址泛觴亭址［写真：東京大学東洋文化研究所］

宋代以後に相当する我国の「曲水」理解とは別に、隋唐期の「曲水」儀礼に遡って、酒船石が参照でき、さらに遡れば、上述した酈道元『水経注』の大天下説も検討できる。だから、一つの想定を述べれば、上掲写真の酒船石の手前の溝が大本のようなので、これを西王母崑崙から下る水とみなすと、三本の溝は、さしづめ日本と中国とその他（例えば朝鮮半島）に通じると考えられる。だから、大元のくぼみの先にある縦長のくぼみは日本に流れ入る水を貯える場（海）であり、その先に日本が想定されている。亀形石造物は日本を八紘とする世界を象徴する。[25] その石造物に蓄えられた水で禊を行う。聖なる禊の場の水は、伏流して宴会の場にもたらされ、貴族たちがその恩恵にあずかる。

この種の亀は六世紀までの後天八卦方位では、玄武を象徴する存在であった。[26] 大地を浮かべる水の世界の最深部にあり、かつ極軸のまわりに天が回転して太陽・月・惑星・二十八宿が経過する場である。それが、六世紀以後、より確かな言い方としては梁代以後、亀趺碑の台座として地上に置かれるにいたる。[27] **こうした古い時期の玄武の意味が継承されていく途路にあるのが亀形石造物である**（周囲に石を敷き詰めた場は沐浴の場であり、台座の亀にはなっていない。この種の沐浴の場は継承されなかった）。一方、六世紀以後主流となる先天八卦方位の下では、玄武は地上に移り、地中の最深部にある玄武という意味づけがなくなる。古い意味が、日本において息づいた結果、**日本の亀趺には、仏塔を支えるものがある**。[28] 高麗にも亀趺が高僧塔碑の台石となっている事例がある。[29] 大地を浮かべる水の世界の最深部にある亀が仏塔に象徴されるこの世（八紘）を支える意味をもって継承されたのだろう。この種の古い考え方の継承は、日本に限られるわけではなく、また、国ごと、時代ごとに独自な解釈がある。[30]

「曲水」儀礼と殿試　常識的「曲水」観の始まり

よく知られるように、科挙の制度自体は、とくに科（試験）に着目して隋代から説き起こされる。そして、則天武后による人材登用の実際が、玄宗以後に結実し、試験制度が軌道に乗ることになる。**上述した隋唐の「曲水」儀礼の基本義は、武章の禍まで継承され、その後に変容しているように見える。**

唐杜佑君卿纂『通典』選挙三歴代制下（大唐）に、「是自り士族趣嚮する所、唯明経進士二科のみ。其の初、試策に止まる。貞観八年（六三四）詔す、進士試読経史一部を加ふ。調露二年（六八〇）に至り、考功員外郎劉思立始めて二科を奏す。並びに帖経を加ふ。其の後又老子孝経を加へ、兼ねて之に通ぜしむ。永隆二年（六八一）、詔して明経帖十得六進士試文両篇通文律者あり、然る後試策せしむ。武太后載初元年（六八九）、二月、貢人を洛城殿に策問す。数日方了す。殿前に試人するは此自り始む。長寿三年（六九四）、制して令挙人献歳元会を始め、方物の前に列し以て庭に備充せしむ（左拾遺劉承慶、四方より珍貢あり、列して庭実と為すことを上疏し奏するに因るも、挙人（測）らざること甚し。尊賢の意に非ず。上之に従ふ）」とある。「殿前に試人するは此自り始む」が殿試の始まりとされる。「挙人（測）らざること甚し。尊賢の意に非ず」については、下記に検討するところがある。

また、『御批歴代通鑑輯覧』に、「宋初殿試貢士」として、「翰林学士李昉（字は明遠、深州饒陽の人）、知貢挙、進士徐士廉訴する有り。昉、情を用て舎取し宋主乃ち択びて終場に下第す。并せ已に挙する者、親ら講武殿に御し、紙筆を給して別試し、進士諸科百二十七人を得（進士二十六人、五経四人、開元礼七人、三礼三十八人、三伝二十六人、三史三人、学究十八人、明法五人、共百二十七人、続編作百二十五人、誤、今改正す）、皆及第を賜ひ、且つ銭二十万を賜ふ。以て宴会を張り、昉に責めしめて太常少卿と為す。殿試遂に永制と為る」とある。「皆賜及第、且賜銭二十万、以張宴会」というのは、**及第を祝う宴会を開催**したことを述べる。

これよりやや詳しい記述が、宋王応麟撰**『玉海』「選挙」**（注は清朝。四庫全書提要参照）にある。選挙については、ほぼ常識的に議論されているが、**宴会の話題は、一般に出されることがない**。「開宝、講武殿試進士（雍熙、崇政殿試、祥符、景福殿試、熙寧、集英殿試）、詔して禁朝臣公薦せしむ。開宝五年（九七二）閏二月壬辰、知挙扈蒙奏進士安守亮等十一人、諸科十七人、上召し講武殿に対す。始めて下詔し放榜せしむ（建隆三年九月丙辰朔、始めて禁謝恩私室あらしむ）、六年（九七三）三月乙亥（十九日）講武殿に御す。……各々紙札別試詩賦を賜ひ、乙亥、上講武殿に御して親ら之を閲す。進士二十六人を得。士廉焉に預す。五経四、開元礼十三、礼三十八、三伝二十六、三史三学究十八、明法五人、皆及第を賜ふ。又準銭二十万を賜ふ。以て宴会を張る。茲自り殿試常式と為る。……天禧三年（一〇一九）三月九日、王整等作七言詩を試す。考官を晁迥等に賜ふ。又出でて別本輔臣乃ち皇太子書を賜ふ。……神宗四、煕寧三年（一〇七〇）三月己亥（八日）、集英殿試進士に御し、内制策もて葉祖洽已下三百五十五人を得。哲宗四、旧制崇政殿に試、景福殿に考覆。煕寧自り集英に移る、元祐二年（一〇八七）三月二日、三省請ふこと天聖故事の如し。崇政に試ありて二十二日、延和殿に御し、文巻唱名放榜を進呈し、詔して旧試に集英に依る。八年（一〇九三）三月二十三日、詔して来年復せしむ。祖宗三、旧法に題す。紹聖元年（一〇九四）二月二十三日、礼部、試三題條に立御す。三月六日、詔して試策旧の如し。徽宗九、高宗十」とある。そして、あまり注意されていない記事だが、下記『玉海』「宮室」において、新しい動きを述べた際、**一〇一四年と一〇一九年を引き合いに出し、作詩の記述がある。**上記**「選挙」では、一〇一九年に作詩の記述がある。**だから、記述として作詩があるかないかに拘泥しないでおく。詩は経典教養の最たるものだから、その教養の有無が問われただけでなく、**「作詩」の才能も問われた。それが科挙の形となった。**

宋王応麟撰『玉海』「宮室」に「（天禧）三年（一〇一九）三月十三日、後苑に曲宴す。翔鸞閣に登りて観す。太宗聖製あり。又儀鳳閣に御し、安福殿に玉宸し、遂に太清楼下に射す。賞花釣魚詩を作る」は、**「曲水」の宴**を記している。しかも、詩を作ったが、「賞花釣魚詩を作る」ということであった。「祥符七年（一〇一四）三月乙未、近臣を召して観す。太宗聖文神筆、玉宸殿にあり。観書流杯詩を作る。群臣皆賦す」も**観書流杯詩を作った**ことが記されている。

宴会と詩の関係では、上記宋王応麟撰『**玉海**』「**選挙**」に「長編に云ふ、六年（九七三）三月辛酉、進士宋準等十人、諸科二十八人、詣り講武殿に謝す。上進士武済川、三伝劉膺才、質最陋なり、応対次を失ふを以て黜けて之を去らしむ。進士徐士廉等、知挙李昉の取舎非当を訴へ、上に貢院に令して終場下第に籍せしむ。姓名三百六十人を得。癸酉、召し見し択ぶこと一百九十五人。并せて準已下及び士廉等、各々紙札を賜り別に詩賦を試し、乙亥、上、講武殿に御し親ら之を閲し、進士二十六人を得。士廉焉に預る。五経四、開元礼十三、礼三十八、三伝二十六、三史三学究十八、明法五人、皆及第を賜ふ。又準銭二十万を賜ふ。以て宴会を張る。茲自り殿試常式と為る」とあった。ここに、準已下及士廉等に、各々紙札を賜り別に詩賦を試し、皇帝が講武殿に御して、**及第を賜い、宴会を開いた**。儀式の後に宴会がある。これは旧来の儀礼と宴会の関係を踏襲している。この時の模様は、『御批歴代通鑑輯覧』「宋初殿試貢士」に、「翰林学士李昉（字は明遠、深州饒陽の人）、知貢挙、進士徐士廉訴ふる有り。昉情を用て舎取し、宋主乃ち択びて終場下第たらしむ。并せ已挙せられし者、親ら講武殿に御し、紙筆を給ひて別試し、進士諸科百二十七人を得（進士二十六人、五経四人、開元礼七人、三礼三十八人、三伝二十六人、三史三人、学究十八人、明法五人、共百二十七人、続編作百二十五人、誤、今改正す）、皆及第を賜ふ。且つ銭二十万を賜ひ、以て宴会を張らしむ。昉に責あらしめて太常少卿と為し、殿試遂に永制と為る」と記されている。表現がやや異なるが大要は同じである。

以上を通して、注意喚起しておきたいことがある。一般に王羲之の蘭亭序を話題にしつつ、大半は教養を試す目的の作詩をイメージしているはずである。しかし、実際は、儀礼用の詩を賦する趣旨だった。**いわゆる蘭亭序のイメージ（教養を試す目的の作詩）は、宋代に始まる**。そして、儀礼用の作詩には、外国等との戦争を前にしての儀礼と宴会が念頭に置かれ、教養を試す目的の作詩には、科挙とそれに伴う宴会が念頭に置かれる。いわゆる「曲水」儀礼は、後者を内容とする。関連して付言すれば、**日本飛鳥の酒船石と亀形石造物は、古義を残した「曲水」儀礼の遺構**であり、その理解には、神仙思想としての西王母伝説と仏教の融合を論じる必要がある。『鄴中記』の時代は、まだ上記の古義による「曲水」儀礼すら出現していない。後に「曲水」儀礼の一部となる三月上巳の儀礼と、七夕に関わる儀礼が行われ、それらが西王母伝説や釈迦の誕生説話と結びついたばかりの時代である。後にそれらは宴会を通して外国等との戦争を前にしての儀礼と結びつき、「曲水」の名を冠するにいたった。だから、『鄴中記』には「曲水」の語はまだ出てきていない。しかし、隋唐の世に存在し、宋代以後失われた「曲水」儀礼は、『鄴中記』にあって、その前身の一部がすでに熱心に行われていたのである。戦前関野貞の発見しないままの得も言われぬ説明が現在の日本の「曲水」になされている。

肩輿

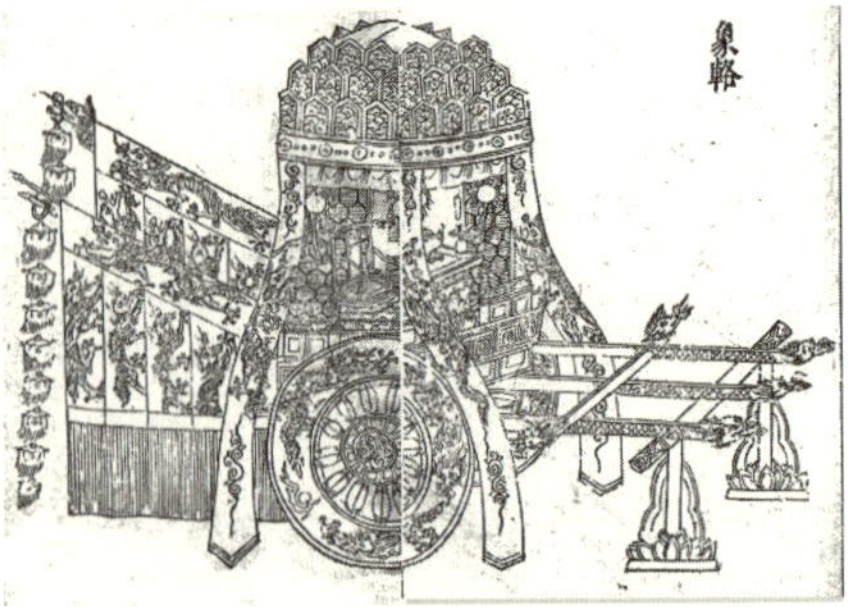

象輅

大轎

籃輿

図5　『三才図会』より［画像提供：東京大学］

【Ⅱ】「輦[31]」

「輦」の概要は、正史を丹念に調べることで得られる。少なからざる事例がある。しかし、隔靴掻痒の感を抱く記事が多く、相関連づけて整理する必要がある。

まずその形態であるが、明の王圻『三才図会[32]』とその解説を基に明代の一般的用語と用例を理解し、江戸中期寺島良安『倭漢三才図会』の「輦」や東京国立博物館蔵の「鳳輦」および『孝明天皇紀附図[33]』が参照できる。

明代『三才図会』、我国の『倭漢三才図会』はいずれも一般に供する書物である。前者には「輦」がなく、後者に「輦」がある。中国王朝下、図としての「輦」は、なきに等しく、明清時代には「輦」が特別視されたことのみわかり、日本において変容継承された「輦」が図として確認できる。『倭漢三才図会』の「輦」の解説には「鳳輦、和名天久流万（てぐるま）、諸社之神輿、多此鳳輦也」とある。

図6　山本讃七郎『Peking』馬車
［画像提供：東京大学］

図7　山本讃七郎『Peking』騾子轎子
［画像提供：東京大学］

中国王朝下の図がまったくないのかというと、そうではなく、**特別身分の葬儀に用いる「輦」**とは別に、一般に用いられる**同種の乗り物が**、**別の称謂**をもって紹介されている。特別身分の輅も紹介されている。『三才図会』器物の「大轎」の解説に「古称肩輿、腰輿、版輿、兜子。即ち今の轎なり」とある（似た図として、同じく儀制に、人が担ぐ「霊車」・「柩」がある）。近代に一般化した乗り物の事例も、写真として残されている(34)。

以上を基礎とし、**正史から関連記事を抜き出すしか、歴代の「輦」の形態を探るすべはない**(35)。正史に残る形態の一部についての記述や用例から、身分的特別性の概要がわかる。

古くは、『周礼』春官巾車・車僕等の「輦車」の記事があり、正史には、多くの「輦」の記事がある。注目されるのは、**「輦」が特別身分の者にゆるされる乗り物**だという点、そして**車輪の有無が話題になる**点である。後代の書き換えには、常に気をつかう必要があるが、「輦」については、下記に述べるような正統観や前王朝に対する誹謗の表現などに、留意すればよい。

六世紀までの後天八卦方位の天地観の下の状況を見てみると、特別の乗り物だから、**分不相応の者が乗れば穢れ**になり（『晋書』載記苻堅下「沙門道安が乗るのは穢れ」〈道安毀形賤士、不宜参穢神輿〉）、**侍中の陪乗は道を清める。賊が使用すると、「偽輦」**と称される（梁沈約撰『宋書』武帝本紀上）。『宋書』後廃帝本紀に、「輦」について、後廃帝の私通が語られる。正統者なら私通にならない。梁蕭子顕撰『南斉書』輿服志に、苻堅・姚興ともに非正統とされ「偽車輦」が議論された。正統の称に改められて「輦輅」となった。

『宋書』二凶列伝に、「輦を以て蔣侯神像を宮内に迎ふ。啓顙（頭を地にすりつけて）恩を乞ひ、拝して大司馬と為し、鍾山郡王に封ず」とあり、地域的に尊崇を聚める神に位階を与え、神像を「輦」に乗せて宮内に迎えたことがわかる。我国の神輿を考える際に参照できる（六世紀以後、仏像の話題がある。下記『南史』文恵諸子列伝参照）。

『宋書』鄧琬列伝に、「脚を除きて以て輦と為す」とあるから、「輦」には車がないのが前提となる。「脚」も車を前提としない表現である。『宋書』索虜列伝に「担輦人の脳を撃つ」とあり、戦闘で敵対する輦の「担輦人」を殺害したことがわかる。

六世紀に先天八卦方位が出現した後の記事をまとめみると、唐李延寿撰『南史』文恵諸子列伝に「文景乃ち仏像を以て輦中に内る」とある。「輦」には御物と仏像が乗せられていた（上記『宋書』二凶列伝の神像参照）。「輦」の特別な位置づけとともに、仏教が道教に融合してきた一面として議論できる。

後晋劉昫撰『旧唐書』高宗本紀上に、「太子親しく之を吮ひ、輦を扶して歩従すること数日」とある。「輦」を扶すことの特別性を、太子が演出する。

一方、『旧唐書』祝欽明列伝に、「重翟……厭翟……安車……翟車……輦車なる者は、后遊宴に乗る所なり。此を按ずるに、則ち王后に祭天の車無きこと明らかなり」とある。「王后に祭天の車無きこと明らかなり」が結論であり、それに「輦車」も関わる。祝欽明はこの列伝冒頭に長安元年（則天武后時期の年号、七〇一年）以来の記事がある。科挙官僚の進出と「王后に祭天の車無きこと明らかなり」の結論が関わる。「輦」の特別性の来源である皇帝皇后の儀礼を離れ、権勢家の進出と后の遊宴が関わることを記す。

「輦」の構造は、人が担ぐことを基本とする。そして、副車と称される着脱可能な車輪（付の部分）がある。この着脱可能な副車は、一般に知られていない。唐魏徵撰『隋書』煬帝本紀に、「始めて路及び五時副車を備ふ」とある。「副車」については、後述する。『隋書』礼儀志に、「今の輦、制は軺車に象る。而して輪を施さず」は、「輦」に車がないことを言う。「用人之を荷ふ」も同じ。「副輦、笨（竹内の薄皮）を加ふ」は、着脱可能の副車であろう。それゆえこの副車を着けて「制は犢車の如し」と述べる。[36] まぎらわしいが、斉魏収撰『魏書』礼志に、「**繍輪**」とあるのは、前後の表現より車輪ではなく、**座席の頂輪**のようである。元脱脱等修『宋史』輿服志に「小輿赤質頂輪、下施曲柄、如蓋、緋繍輪、衣絡帯、制如鳳輦」とある。また、「大輦、大鳳輦、大芳輦、仙遊輦、小軽輦、芳亭輦、大玉輦、小玉輦平輦、逍遙輦、大安輦[37]」を述べ、「上に天輪三層有り。外に施金塗銀の博山八十一あり、内に円鏡、金塗銀頂龍一、四面行龍十六、火珠四あり。……輦官の服色は、武弁、黄纈対鳳袍、黄絹勒帛、紫生色袒帯、紫絹行縢……芳亭輦……長竿四、銀龍頭、銀飾梯、行馬……既にして而上皇却って受けず、大内に至る毎に、乗馬多くして、間に行幸有れば、則ち肩輿を用ふ」とする。「天輪」は傘軸につけた傘の装飾である。

『魏書』李平列伝の「輦」の記述から、**地形が険しい場合**、「**輦運**」**は有効な運搬手段**であることがわかる。「牛畜輦運に斃る」というのは、上掲写真の大轎のような用法である。「資産遷移に磬《っ》く」の具体的運搬方法である。「陵に太行の険あり」というのは、高処にある陵墓の祖霊に対し報告したことを言う。つまり、「輦」は（祖霊祭祀を背景とする）特別の乗り物であり、かつ地形が険しい場合の有効な運搬手段になった。

宋欧陽修撰『新唐書』宦者列伝下劉季述（僖宗昭宗間の高官）に殺人の話題がある。「夜に鞭笞し、昼に出戸すること十輦、凡帝に寵有れば悉く榜もて之を殺す」とある。「輦」は死体運搬に用い、その死体も皇帝に関わるものであった。この特別性が示されている。

唐李百薬撰『北斉書』文苑列伝顔之推に、「胡、越輦轂に生ず」とあり、「輦」に関わる勢力から胡、越の敵対勢力が出てくることを述べる。「**輦**」**が葬儀に関わり、その場が諸族の交流の場になっている**ことを述べるようだ。

上記『旧唐書』祝欽明列伝に、科挙官僚の進出と「王后に祭天の車無きこと明らかなり」の結論が関わることを述べたが、その後の権勢家の動静を伝える話題として、宋薛居正等撰『旧五代史』唐書安重誨列伝に、「輦運」が話題になっている。『**旧五代史**』**斉書李遐列伝に**、「**輦運**」**の中身が緡帛だった**という話題がある。銭貫を蔵し運搬に「輦」を用いた。

一方、**唐に伝えられていた正統と「輦」との関わりは、宋・元・明だけでなく、遼にも伝えられている**。

『遼史』礼志嘉儀下に「皇太后小輦を御し、皇帝輦の側なれば歩従す。臣僚分行序引し、宣徽使、諸司、閤門の攢隊前引す」とある。『遼史』儀衛志漢輿に、「輦、人を用ひて挽かしむ。本宮中の所乗なり。唐高宗始めて七輦を制す。周官巾車に輦有り。人組を以て之を挽かしむ。太平冊礼に皇帝の御輦あり」とある。輦は人が組になって挽く。明宋濂等修『元史』世祖本紀に、「葬を輦谷より起し、諸帝陵に従ふ」とあり、同じ表現が、同成宗本紀、武宗本紀、仁宗本紀、文宗本紀、寧宗本紀（「諸帝陵」を「諸陵」とする）にある。泰定本紀は「葬を輦谷より起す」とのみ記す。清張廷玉等修『明史』輿服志に、「（洪武）二十六年始めて鹵簿大駕の制を定む。玉輅一、大輅一、九龍車一、歩輦一。後九龍車を罷む。永楽三年、更に鹵簿大駕を定む。大輅、玉輅、大馬輦、小馬輦、歩輦、大涼歩輦、板轎各一有り。具服、幄殿各一」とある。続いて「大馬輦、古は輦は人を以て之を輓く。周礼の巾車后五輅、其一『輦車、組輓』とす。然れども縣師に『車輦の稽』有り。黍苗詩云『我任我輦』、則ち臣民乗る所、亦輦と名づく。秦に至り、始めて其の輪を去る。而して制して乃ち尊あらしむ。諸輦輪有る者は駕するに馬を以てし、以て歩輦に別あらしむるを明らかにす」とある。巾車后五輅、其一「輦車、組輓」は、『周礼』春官巾車の文。「王后之五路」を「后五輅」とし、「其一」を補う。黍苗詩云「我任我輦」は、『毛詩』小雅黍苗の文。鄭注に「任者有輓輦車」とある。「秦に至り」以下は史料解釈であろう。**輿服志**の文は、「其の一」以外のいくつかの「輦」を紹介するが、それに続けて「安車、本周礼后五輅の一。応劭漢官鹵簿図に五色安車有り。晋皇后雲母安車に乗り、**唐皇后安車もて制すること金輅の如し**。明皇后の安車、独り簡素なるのみ」とある。『周礼』巾車の鄭注は、「安車坐乗車」とする。『太平御覧』儀式部鹵簿に『漢官』を引いて「鹵簿」を述べ、蔡邕『独断』を引いて「五色安車」を述べる。

民国『清史稿』聖祖本紀に、「上太皇太后を奉じて赤城湯泉に幸す。八達嶺を過ぎ、親ら慈輦を扶し、歩行して下山す」とある。「輦」を扶すること自体特別な行為たり得る。同様の行為として、『清史稿』后妃列伝孝荘文皇后に、「康熙九年、上太后を奉じて孝陵に謁す。**十年、福陵、昭陵に謁す。十一年、赤城湯泉に幸し、長安嶺を経、上下馬し輦を扶す**。坦道に至り、始めて上馬もて以て従ふ。還りて嶺を度（渡）るに、正に大雨ふる。仍ほ下馬し扶輦す。太后騎従を命ずるも、上可かず。嶺を下り、乃ち乗馬して輦に傍して行く」とある。

以上、**この時期、「輦」と陵墓との関係が特別視され、太后への尊崇が「形」にされている**ことがわかる。これに関連する話題として、「輦道」を検討することができる。

六世紀までの後天八卦方位が論じられた時代は、「輦道」は古くは山地の祭祀に関わる地上の道である（『史記』孝武本紀、『史記』封禅書、『史記』司馬相如列伝、『史記』郊祀志、『漢書』司馬相如伝、『漢書』杜周伝、『漢書』霍光伝）。

唐房玄齢等撰『晋書』の後代性を考慮すれば、おそらく**六世紀以後に、天の「輦道」を議論する**にいたる（『晋書』天文志「西足五星曰輦道、王者嬉游之道也、漢輦道通南北宮、其象也」、『魏書』張淵列伝「輦道屈曲以微煥、附路立于雲閣之側、輦道五星在織女西足、屈曲而細小、故言微煥也」、『隋書』天文志上「西之五星曰輦道、王者嬉遊之道也、漢輦道通南、北宮象也」）。これは、後天八卦方位が天の地軸の傾きを「形」にして四神の朱雀・玄武も上下の位置に置き、六世紀ごろ出現する先天八卦方位が地軸を垂直にして四神をすべて同じ高さに表現し墓室天井に星図を画くにいたったことに関わる。少なくとも先天八卦方位出現をもたらす動きには連動するだろう。六世紀以後も地上の「輦道」は議論される（『梁書』張率列伝）。

『晋書』天文志に「西足五星曰輦道、王者嬉游之道也」とあり、『魏書』張淵列伝に「輦道屈曲以微煥、附路立于雲閣之側、輦道五星在織女西足」とあるので、**天の織女から西足を経て天の赤道の五星にいたるのが天の「輦道」**なのだろう。注目できるのは、六世紀以前の後天八卦方位の下で、七夕儀礼が特別に位置づけられたことである。**本来は「牽牛」の名を冠する牛宿に冬至点があり、隣に「織女（婺女）」の名を有する女宿**があったという話だったが、七夕伝説が生まれ、それに利用された。最古の記事が梁宗懍撰『**荊楚歳時記**』「**七月七日為牽牛織女聚会之夜**」にある。内容的には、その伝説に関係するとみられる儀礼が、『**鄴中記**』第三条に「鳳陽門五層楼、去地三十丈、安金鳳凰二頭。石虎将衰、一頭飛入漳河、会晴日見于水上。一頭以鉄釘釘足、今存」として見えている。「石虎将衰」の前と後の変化を述べ、石虎を揶揄しつつ、石虎本来の制度が古いことを示している。金鳳凰二頭というのは、**鳳凰と称すべき鳥が二羽**いることを言い、

図 8-1　元代焚帛爐　湖北省武当山〈その 1〉
八角塔の形式を継承する。前掲『宋史』孫行友列伝の「其の尼師の屍を輦して之を焚く」の時代を受け、焚帛爐が出現したものだろう。

後天八卦方位の四神観を表現する後漢永建三年の王孝淵碑[38]には、南面上部に朱雀、北面下部に玄武が見える。その**玄武の上には、牛頭があり、さらにその上に朱雀とは別の鳥**がいる。これは星宿を想起すれば容易に理解でき、**牽牛宿と織（婺）女宿を象徴**する。『**鄴中記**』の時代は、まだ上記の古義による「曲水」儀礼すら出現していないが、後に「曲水」儀礼の一部となる三月上巳の儀礼と、七夕に関わる儀礼が行われ、それらが西王母伝説や釈迦の誕生説話と結びついた。その説話と結びつきつつ、「輦道」を通って天に昇ることが想定されているのだろう。**歳差による天の冬至点の移動が、世に認知されていたことが『宋書』天文志に見える**。徐々にではあるが、天の冬至点は牛宿の中を織女方向に移動していた。七夕伝説と「輦」との結びつきは、『**鄴中記**』のころには、すでに起こっていた。

『宋史』以後も、天の「輦道」と織女とは、相関連して語られる（『宋史』天文志二十八舎下「輦道五星、在織女西、主王者游嬉之道。漢輦道通

図 8-2　元代焚帛爐　湖北省武当山〈その 2〉
〈その 1〉に面して建てられている。

南北宮、其象也」・「晋志以織女、漸台、輦道皆属太微垣」、『宋史』天文志流隕「星出輦道東」・「慢流至輦道西南没」、『宋史』職官志「輦道商販」、『金史』天文志月五星凌犯及星變「初犯輦道」、『元史』天文志「孛星出紫微垣北斗権星、玉衡之間、在於軫宿、東南行、過犯天棓、経漸台、輦道、去虚宿、壘壁陣西方星、始消滅焉」、『元史』祭祀志「虚宿、女宿、牛宿、織女居前行、其数十有七、月星、建星、斗宿、箕宿、天雞、輦道、漸台、敗瓜、扶筐、匏瓜、天弁、天棓、帛度、屠肆、宗星、宗人、宗正位于丑、月星、建星、斗宿、箕宿居前行、其數十有七」)。

『明史』になって、**地上と天の「輦道」とを通じさせる記事が出てくる**（**『明史』石琉列伝**「明年世廟を太廟の東に建つ。帝何淵の言に従はんとし、神宮監を毀し、林木を伐ち、以て輦道に通ぜしむ」）。この記事の存在と、「輦」に関する特別視は、特別の存在たる皇帝陵墓と天の「輦道」とが通じることを示すようだ。**明朝と清朝の陵墓には、焚帛爐**(39)がある。**『宋史』孫行友列伝**に、「仍ほ其部下を戮すること数人、使を遣はして馳せ狼山に詣り、其の尼師の屍を輦して之を焚く」というのは、**特別の「輦」をもって尼師の屍を焚いた**ことを言う。**『旧五代史』斉書李遐列伝**に、「人をして輦より繒帛を取り以て羣逆に賞せしむ」とあり、**「輦運」**

図9　関野貞調査　河北省昌平明世祖長陵の焚帛爐（東）
［写真：東京大学東洋文化研究所］

の**中身が繒帛**だったという話題であった。以上を結び合わせてみると、**遺体と輦運の繒帛とは関連**づけられ、やがて焚帛爐の出現を見たという可能性が濃い。不明な点が多いが、「輦運」の中身としての繒帛は、そもそも葬儀用であった可能性を、今後検討してよい。中国王朝で「輦」の知識が減衰し、七夕儀礼との関わりもなくなったように見える。日本で七夕祭が継承されているのと対照的である。

『明史』天文志客星「輦道東南有星如盞」、**『清史稿』天文志**に「輦道」を緯度の基準として用いる。**七夕伝説との関わりはなくなっている**のだろう。

時代は限られるが、「輦道」と関連して議論し得るのが「輦閣」である。**『漢書』霍光伝**に、「**盛飾なる祠室、輦閣もて通じて永巷に属す**。而して幽良人婢妾之を守る」とある。この「輦閣」は「輦」そのものであろう。祠室と墓地（永巷）が通じるという意味だろう。唐の顔師古は、上記に注して「師古曰く、此も亦其冢の上に輦閣の道及び永巷を作るなり。掖庭の永巷を謂ふに非ざるなり」とする。天**の「輦閣」ではない**ということである。裏を返せば、顔師古は天の「輦閣」の議論を知っているということである。時期が降って、『宋史』天文志二十八舎下に、「閣道六星、王良前に在り。飛道なり。紫宮従り河に至る、神の所乗なり。一に曰く輦閣の道を主ると。天子別宮に游ぶの道なり」とある。

正史の記事では「歩輦」の語が繰り返し議論されている。車なしの「輦」が本来の在り方だということを代々確認しているということであろう。これに対し、「京輦」という言い方もある。少なからざる事例がある。これは山地ではなく平地の「輦」を問題にする。おそらく着脱可能の車をもつ「輦」であろう。これについて、贅言しておけば、我国の山車の起源は、この「京輦」にあるのではないかと推論される（議論可能な形態と用例に注目）。「輦轂之下」という言い方も少なくない。これは、「輦」が正統の象徴として機能していることを基礎にできあがった表現であろう。

注

（1）正史に見える用例を可能な限り検討し、検討の鍵を握る用語があれば、それについて『太平御覧』等の逸文を取り上げる。本稿はそれらから選んで紹介する。逸文は、時代を経るごとに内容が増補される傾向がある。正史の用例検討が、その増補についての検証の基準となり得る。正史相互に同じ事件が記述される場合、編纂時期の違いがどう影響するかの具体事例を与えてくれる。

（2）平勢隆郎『左伝の史料批判的研究』（東京大学東洋文化研究所・汲古書院、一九九八年十二月）二八頁の「冬至頃の天地」、同三一頁の「八卦方位と天地」。平勢隆郎『「八紘」とは何か』一二九頁以下の「後漢～唐の四神表現」。平勢隆郎『「仁」の原義と古代の数理―二十四史の「仁」評価「天理」観を基礎として』（東京大学東洋文化研究所・雄山閣、二〇一六年十二月）一二九頁。

（3）この六世紀という変化の時期は、前掲「後漢～唐の四神表現」に述べたように、有光教一「高松塚古墳と高句麗壁画古墳―四神画の比較」（『仏教芸術』八七、一九七二年）に示された図と時期区分について、平勢が朱雀・玄武の高さの変化を読み取った結果である。これについて、その後気づいた点を補足しておけば、この頃、天体認識を揺るがす変化が顕在化してきた。歳差と称される。地軸がコマの回転軸のようにゆっくり振れて、北極が移動し、星宿と季節との関係に無視できないずれができてしまう。戦国以来地軸に基準をおいてきたのが後天八卦方位である。その根拠が揺らいだ。それが先天八卦方位の出現を促したのであろう。この歳差については、ジョセフ・ニーダム『中国の科学と文明』第五巻（東畑精一・藪内清監修、思索社、一九七六年七月）の「梁から宋初（+十世紀）にかけての天文学の著述」が参照できる。歳差が話題にされた比較的早い事例は、『宋書』天文志にある。戦国時代以来、八三年七周天を数えてきた木星紀年は、後漢時代以後影の惑星の太歳を独立させた（木星に関係なく十二年一周天として現在に至る。いわゆるエト）。そして歳差の影響が基準とすべき星宿に及んできたので、その歳差を改暦の議論に介在させた。それが日本でも三角縁神獣鏡に反映される改暦である（このころ、八三年七周天と十二年一周天〈つまり八四年七周天〉との一年差を調整する時期になった）。『三国志』魏書に記される景初年代は、西暦二三七年を元年とし二三九年を三年とする。これに対し平勢は、当初西暦二三六年を元年とし二三九年を四年とする改暦がなされたと考えた（「景初の年代に関する試論」池田温編『日中律令制の諸相』東方書店、二〇〇二年三月）。この論文公表の際は、『宋書』は律暦志しか参照しなかったが、その後歳差の記事を参照していて天文志の「景初壬辰」（西暦二三六年：丙辰から遡った暦元が壬辰）の記事に気づいた。平勢の想定の史料根拠となるだけでなく、邪馬台国論争にも影響を与える（三角縁神獣鏡とその関連鏡には、後に書き換えられる前の景初年代が記されていた）。**『鄴中記』第三条**に「鳳陽門五層楼、去地三十丈、安金鳳凰二頭。石虎将衰、一頭飛入漳河、会晴日見于水上。一頭以鉄釘釘足、今存」とあるのは、「石虎将衰」の前と後の変化を述べている。石虎を揶揄しつつ、石虎本来の制度が古いことを示している。金鳳凰二頭というのは、鳳凰と称すべき鳥が二羽いることを言う。後天八卦方位の四神観を表現する後漢永建三年の王孝淵碑（四川郫県出土、四川省博物館蔵。平勢隆郎『「八紘」とは何か』東京大学東洋文化研究所・汲古書院、二〇一二年三月の一三〇頁紹介）には、南面上部に朱雀、北面下部に玄武が見える。その玄武の上には、牛頭があり、さらにその上に朱雀とは別の鳥がいる。これは星宿を想起すれば容易に理解でき、牽牛宿と織（婺）女宿を象徴する。両宿は天の丑方位に配され、ここには冬至点があるが、両宿とも七夕の儀礼の主役である。七夕の太陽は天方位の午にあり、この方位は「鶉火」と称される。鶉火は『国語』周語に武王伐殷の歳の歳星がやどった星宿として記され、前後に鶉首（未）、鶉尾（巳）の方位がある。鶉は、二十八宿にはならなかった星宿である。『太平御覧』引く『鶡冠子』に「鳳、鶉火の禽、陽の精なり。徳能く之を致せば其の精畢く至る」とあるように、「鶉」は鳳凰と関連づけて理解された鳥である。だから、**『鄴中記』第三条**の金鳳凰二頭は、南中の場の朱雀と七夕のころの夜天に見える鶉火が象徴的に扱われることを意味し、鶉火が水中に入ったというのは、そうした七夕における鶉火の扱いがなくなり北方の玄武と関連づけられた（後漢石碑の昔にもどった）ことを意味する。

（4）上掲書に、天の十二方位と地の十二方位を重ねる際の留意点を述べておいた。天は自転するので、比較の都合上静止させて地に重ねる。音の生成を重ねて議論する必要から、子を宮とした場合に辰が角となることに注目、天方位としての辰に二十八宿の角宿がくるようにした結果、天方位の丑の中央に冬至点が設定された。季節方位の場合に、冬至は子の中央にくるから混乱しないよう注意する必要がある（留意すれば混乱しない）。立面図としての八卦方位と平面図としての天方位・地方位を比較するにも、留意点がある。『周易』には、繫辞伝と説卦伝という、この種の留意点を述べる部分がある。そのうちの説卦伝に示されるところ、後天八卦方位に、南から見た立面図（「震為雷、為龍」、「万物出乎震、震東方也……坤也者地也、万物皆致養焉、……兌正秋也、万物之所説也」）が重ねられ、平面図と西からみた立面図が重ねられる（「巽東南也……乾西北之卦也、言陰陽相薄也、坎者水也、正北方之卦也、……艮東北之卦也」）。ここには戦国時代の後天八卦方位がいくつかの視点を重ねて出現した結果が見えている。そうした経緯も後漢時代には不明となり、後天八卦方位はそういうものだとされた。その方位に重ねられたのが、当時の四神配当である。結果、後漢時代の注釈は、説卦伝にはほとんど説明を加えていない。天地のことわりを述べていた繫辞伝には、四神配当を加えて念頭においた説明が補足されている。六世紀に先天八卦方位が出現しても、天地のことわりを述べること自体は変わらなかったが、後天八卦方位の説明は邪魔になったので、繫辞伝のみならず説卦伝についても季節方位を重ね、注釈として内容を別物に変更した。かくして注疏により読者が読み取る内容は先天八卦方位と矛盾せぬものに変更されただけでなく、さらに宋代以後に先天八卦方位が平面図を意味するにいたる（つまり現在の常識的解釈になる）と、注疏の説明がそもそも立面図を意識していた過去すら忘れ去られてしまう。現在の常識的解釈によっては、繫辞伝・説卦伝ともに説明不能に陥る部分が多いのは、そもそも立面図の観点がないためである。

（5）この語が、『鄴中記』に直接出てくるわけではない。しかし、「曲水」儀礼は水の儀礼であり、祓いの儀礼である。そして続いて宴会が行われる。『鄴中記』には、関連する記事が多い。

（6）水による祓いの儀礼の注釈に、「曲水」が言及される。その儀礼に、後代、「曲水」の意味付けが加わった、と考えるのが妥当だろう。例えば晋司馬彪撰『後漢書』礼儀志上に「是月上巳、官民皆絜於東流水上、曰洗濯祓除去宿垢疢為大絜」とあり、梁劉昭注補に、「一説云、後漢有郭虞者、三月上巳産二女、二日中並不育、俗以為大忌、至此月日諱止家、皆於東流水上為祈禳自絜濯、謂之禊祠、引流行觴、遂成曲水」とある。

（7）『鄴中記』第七条「九龍銜水浴太子之像」の「太子像」に関わる話題である。この太子像は、「四月八日」とあることからも釈迦誕生を重ねて論じる。太子を生んだのは皇后であり、太子が皇帝になれば太后となる。『鄴中記』第四十五条「女尚書」、同「案」の「貂璫」、同第四十七条「女侍中」、「貂蟬」も仏教に関わる（神仙思想にも）。これについては平勢解説Ⅱ「輦」参照（唐李廷寿撰『南史』文恵諸子列伝に「文景乃ち仏像を以て輦中に内る」とあり、「輦」には御物と仏像が乗せられていた〈上記『宋書』二凶列伝の神像参照〉、「輦」の特別な位置づけとともに、仏教が道教に融合してきた一面として議論できる）。上記第七条の「九龍」の「九」は天を示す（地は「六」、人は「八」。三分損益法による周易の卦の表示法）。水が後天八卦方位の天頂の方位の「坎」（水）からもたらされ、その水により太子が水浴する。これに対し、宋張君房『雲笈七籤』洞経教部の「三洞品格」に「元始天王告西王母云、太上紫微、金格玉書、霊宝真文十部、妙経太上所秘、不尽伝世、王母所得、詎已極源、五岳所蔵、亦多不備、亀山西室、王屋南洞、天経備足、昔黄帝登峩嵋山、詣天真皇人、請受此法、駕龍昇玄帝嚳之時、九天真王駕九龍之輿、降牧徳之台、授帝嚳此法、帝後封之於鍾山、夏禹所感之書、出見有異、今略序者、按真一自然経云」とある（『雲笈七籤』については、四庫提要に「凡有渉于道家者、悉編入焉、大都摘録原文、不加論説、其引用集仙録霊驗記等、亦間有脱遺然、類例既明、指帰略備、綱条科格、無不兼該、足為道家総彙博士之士、咸取材焉、誠不可廃」とある）。ここに示されているのは、馬でなく龍が挽く輿である。注目すべきは、かつて仙人はみずからが飛翔して天地を行き来し、帝王がそれに近づくべく山に登るに際し、歩輦を使う、という話であった（仙人の飛翔について、『魏書』釈老志には「忽遇大神、乗雲駕龍、導従百霊、仙人玉女、左右侍衛、集止山頂、称太上老君」とある。「雲に乗り龍を駕す」）。それが、その輦が、九龍が挽く車となり（平勢解説Ⅱ「輦」参照。『明史』輿服志に、「〈洪武〉二十六年始めて鹵簿大駕の制を定む、玉輅一、大輅一、九龍車一、歩輦一、後九龍車を罷む」とある）、それに仙人（仙女）たる西王母が乗ることになった。『鄴中記』第七条の九龍には、後天八卦方位による天地観が反映される。それが仏教と統合されている。西王母が九龍挽く輿に乗るのは、天地を自ら行き来する仙人という説明をしなくなったことを意味する。宋代には、先天八卦方位の立面図としての性格が衰え、平面図としての性格が主流になっていったことの証左であろう。

（8）意味は秦昭王故事を継承しているが、ここに合体してきた三月上巳の儀礼の意味が、宋代以後継承される。『鄴中記』第九条「鄴城西三里桑梓苑、有宮臨漳水。凡此諸宮、皆有夫人侍婢。又並有苑囿、養獐鹿雉兎。虎数遊宴于其中」とある。

「桑梓苑」に宮があり、「漳水」に臨み、皆夫人と侍婢がいて、苑囿には獐鹿雉兔を養い、しばしば游宴を行う。「桑梓苑」は、『水経注』濁漳水注「漳水又対趙氏臨漳宮、宮在桑梓苑、多桑木、故苑有其名。三月三日及始蠶之月、虎帥皇后及夫人採桑于此」の「皇后及夫人採桑」にちなむ名称である。この皇后及び夫人の関与が、後々日本のひな祭りの原点となった。梁宗懍撰『荊楚歳時記』に、「正月十五日作豆糜加油膏其上以祠門戸」として、「按斉諧記曰、正月半有神、降陳氏之宅云、是蚕室、若能見祭、当令蚕桑百倍、疑非其事祭門備之、七祠今州里風俗是……**石虎鄴中記**、正月十五日、有登高之会、則登高又非今世而然者也」とする。ここに引く『**鄴中記**』は一般に知られていない。「正月十五日、有登高之会」に関わるのは、『晋書』載記石季龍下の「永和三年季龍親籍田于其桑梓苑、其妻杜氏祠先蚕于近郊」である。籍田の月日は必ずしも記されないが、『漢書』文帝紀に「二年……春正月丁亥……其開籍田」とある。日本のひな祭りは桃の節句とされる。これに関わるのは、我国の（品種改良前の）桃であり、上巳に関わっている。明陳耀文撰『天中記』の四時に、「上巳」として、「桃花水韓詩曰……謂当三月桃花水盛流之時、衆士與衆女方執蘭祓除耶悪、鄭国之俗、三月上巳之辰、此雨水之上、招魂続魄、除払不祥」とある。遡って唐李善が「三月三日曲水詩序」に注して「風俗通曰、周礼女巫掌歳時祓除、疾病禊者絜也、於水上盥絜也、已者祉也、邪疾已去、祈介祉也、韓詩曰、三月桃花水之時、鄭国之俗、三月上巳、於溱洧両水之上、執蘭招魂、祓除不祥也」とする。日本の桃の節句は唐・明を継承する。一方『**鄴中記**』の桃は、**第六十一条**に「石虎苑中有勾鼻桃、重二斤」とあり、この「苑」は、華林苑のこと（**第十六条、第十七条、第十八条、第五十九条、第六十条参照**）であり、一般的桃に加えて勾鼻桃があったという記事だろう。第五十九条に「華林園有春李、冬華春熟」とあるのも実りが早い特別な李のようだ。勾鼻桃は北魏楊衒之『洛陽伽藍記』に「華林苑……俗伝云、伝崑崙山、一曰西王母棗、又有仙人桃、其色赤、表裏照徹、得厳霜乃熟」とある仙人桃である。別称を西王母桃と言い、唐段成式撰『酉陽雑俎』続集には「王母桃、洛陽華林苑内有之、十月始熟、形如括蔞、俗語曰、王母甘桃、食之解労、亦名西王母桃」とある。「西王母棗」は**第六十条**にある。**第十八条**には「華林苑中千金堤、上作両銅龍、相向吐水、以注天泉池、通御溝中。三月三日、石季龍及皇后百官、臨水宴賞」とある。「上作両銅龍、相向吐水」は、龍が天から水をもたらす意味がある。「以注天泉池、通御溝中」は、下記の「積石」に関わる。「三月三日、石季龍及皇后百官臨水宴賞」は、「曲水」儀礼に組み込まれる宴である。

（9）関野貞『支那の建築と芸術』（岩波書店、一九三八年九月）の「西遊雑信上支那の部・五、登封の遺跡」。

(10)竹島卓一『営造方式の研究』(中央公論美術出版、一九七〇年十月)。その序に、この著書ができあがるまでの苦労が簡単に紹介されている。その研究は博士論文としてまとめられた(その前に関野貞の遺著の整理出版にたずさわった)。一九四五年、清書二部を名古屋の地で準備したが、おりしも、名古屋空襲があり、家とともに灰燼に帰した。再度清書を作り、一九四九年に学位請求論文として提出した。翌年工学博士号が授与された。それを出版したのがこの著書になる(以上、出版年に気をとられてはいけないことをのべた)。竹島の序は、関野貞の研究から説き起こしており、関野の戦前の当該問題研究も、これにより概要を知ることができる。

(11)朱啓鈐は清末に『営造方式』石印本の出版を推進していたが、関野は関鐸の案内で朱啓鈐を訪れた際、出版本の序文を依頼された。その重大性に鑑みて関野は丁重に断った由である。

(12)上掲『支那の建築と芸術』。

(13)この両種の事例は、宇都宮美生「中国における曲水流杯の実施場所の変遷について」(『中国水利史研究』五〇、二〇二一年)にまとめられている。宇都宮論文は、宋代の変更後の遺跡や諸史料をまとめている。この両種については、本論下記にも論じるところがある。

(14)同じ前漢武帝の封禅の記事も、『史記』と『漢書』で内容に相違がある。これを参照する。

(15)宋高承撰『事物紀原』軍伍名額部の「流杯」に、「東晳対晋武帝問、曲水事曰、周公卜成洛邑、因流水以泛酒、故逸詩曰、①羽觴随流、②晋以来三月三日、③曲水流杯、即其始也、隋大業記、④煬帝大修水、⑤飾以小舟、⑥行觴、⑦及唐豪貴作池亭、引水為之也」とある。『事物紀原』の述べるところ、晋以来、三月三日に「曲水流杯」をすることになった(①②③)。ここに『隋大業記』を引き、煬帝が大修水④(春秋呉以来の大運河をあらためて浚渫し、拡大掘削して開通)し、⑤小舟を飾り⑥宴会を行った。⑦時代が降ると、唐の豪貴が池や亭を作り、水を引いたと述べている。この⑦が後代の「曲水」の場となる。そもそもの宴会の場が、「曲水」の名を冠することになる。『太平御覧』居処部三殿引く『両京記』に、「又曰、流盃殿、東西廊殿南頭両辺、皆有亭子以間山池、此殿上作漆渠九曲、従陶光園引水入渠、隋煬帝常於此、為曲水之飲在東都」とある。流杯殿には東西廊殿が南頭で両辺に附属し、すべて亭との間に山をはさんで池がある。この流杯殿の上には漆渠九曲が作られ、陶光園から水を渠に引いた。この流杯殿の場所とは別に、東京に五殿蘤殿がある。東西房廊はともに五十余間、西院には庫厨があり、東院には教坊があり、内庫は高宗が嘗て此殿に御した。煬帝はというと、流杯殿に常に居り、「曲水」の飲は、東都において為された。煬帝が流杯殿で漆渠九曲を前にして儀礼を行う一方、臣下たちが東都で「曲水」の飲を行う。『太平御覧』地部の「都梁山」に『北征記』を引き「伏滔北征記云、有都梁香草、因以為名、又曰、⑧大業元年煬帝創立宮都、東鄰都梁、西枕長淮南望、岩峯北瞰城郭、其中宮殿三重長廊、⑨周廻院之西、又有七眼泉、涌合為一流於東泉、上作流杯、⑩又於宮西南淮側、造釣魚台、臨淮高峯、別造四望殿、其側又有曲河、以安龍舟大舸、枕倚淮湄、索帯宮殿、至十年為孟譲賊於此置営遂廃」と述べる。⑧は標題の都梁山を述べる。⑨は周廻の場を述べる。西に七眼泉があり、東に別の泉があり、その東の泉の上に流杯が作られている。流杯にて儀式を行う。⑩は釣魚台と曲河（阿）があり、そこに龍舟大舸が設置された。この⑩にて舞を舞わせ宴会を行う。つまるところ、煬帝のとき、まだ流杯と宴会は、場を異にしていたことがわかる。この内容が、時代を降って明董斯張撰『広博物志』になると、流杯殿と「曲水之飲」が同じ場所で行われたように読める文章になった。明顧起元撰『説略』工考下の「宋張思訓斟酌、張衡梁令瓚渾儀之制」以下の説明など、からくりも発展して、増補内容に拍車をかけた。

(16)『礼記』礼器に「礼器是故大備、大備盛徳也、礼釈回、増美質、措則正、施則行、其在人也、如竹箭之有筠也、**如松柏之有心也、二者居天下之大端矣**、故貫四時、而不改柯易葉、故君子有礼、則外諧、而内無怨、故物無不懐仁、鬼神饗徳」とある。『漢書』に「太初元年、冬十月行幸泰山、十一月甲子朔旦冬至、祀上帝于明堂、乙酉柏梁台災、十二月禶高里、祠后土、東臨勃海、望祠蓬萊、春還、受計于甘泉、二月起建章宮、夏五月正歴以正月為歳首、色上黄数用五、定官名協音律、遣因杅将軍公孫敖、築塞、外受降城、秋八月、行幸、安定遣貳師、将軍李広利発天下讁民、西征大宛」とある（この年までは十月歳首。なお、「柏梁台災」については、『史記』では「災」ではなく「於是、天子感之、乃作柏梁台、高数十丈、宮室之修、由此日麗、乃分緡銭諸官、而水衡少府大農太僕、各置農官……」と記される。『史記』と『漢書』の武帝に対する評価が異なる）。ところが、唐段成式撰『酉陽雑俎』巻十三冥跡になると、「周礼方相氏、敺罔象、罔象好食亡者肝、而畏虎與栢、墓上樹栢、路口致石虎、為此也」と記すにいたる。この引用は『周礼』そのままではない。というより、『周礼』の文章ではない。『周礼』夏官司馬下に、「方相氏、掌蒙熊皮、黄金四目、玄衣朱裳、執戈揚盾、帥百隷、而時難以索室敺疫①、大喪先匶、及墓入壙、以戈撃四隅、敺方良②」とある。①に附された鄭氏注に「蒙冒也、冒熊皮者、以驚敺疫癘之鬼、如今魌頭也、時難四時作方相氏、以難卻凶悪也、月令季冬命国、難索廋也」とあり、②に附された鄭氏注に「壙穿地中也、方良罔両也、天子之椁柏、黄腸為裏、而表以石焉、国語曰、木石之怪夔罔」とある。**戦国時代について書かれた『周礼』夏官方相氏の記**

述が、後漢の鄭氏注にいたって、より詳細になり、具体的になっている。そして、唐の『酉陽雑俎』冥跡になると、内容が上記のように増補されている。「墓上樹栢、路口致石虎」が議論されている。こうした経緯を「石虎」の語は背負っており、石季龍（石虎）の時期を経由して唐代にいたる。『鄴中記』第十一条の「金虎」は、疫癘の鬼を驚毆する虎を特別視するものであろう。

(17)「西王母」については、『鄴中記』第六十条に「西王母棗」がある。西王母の霊力にあやかる「形」を作り出している。上記の第七条「太子像」について「桑梓苑」、「西王母桃」に言及したのを参照。下記の「積石」と『鄴中記』第七条の「石室」（皇后浴池上にあり外溝の水を引いて室中に注ぐ）、「石牀」（臨池上にある）との関わり参照。

(18)以上、平勢隆郎『「仁」の原義と古代の数理―二十四史の「仁」評価「天理」観を基礎として』（東京大学東洋文化研究所・雄山閣、二〇一六年十二月）。関連する問題と研究史についても、同書参照（索引にもこれを示してある）。

(19)上掲平勢隆郎『「仁」の原義と古代の数理』第三章および平勢隆郎『「八紘」とは何か』（東京大学東洋文化研究所・汲古書院、二〇一二年三月）一一二頁以下の「四神説の推移と孔子」。

(20)この「積石」は、『鄴中記』第十八条の語釈に問題にした『晋書』理志下「陸機云、天泉池南石溝、引御溝水」に関わる。「引御溝水」ということでは、『鄴中記』第七条「又顯陽殿後皇后浴池上作石室、引外溝水注之室中、臨池上有石牀」の「石室」（皇后浴池上にあり外溝の水を引いて室中に注ぐ）、「石牀」（臨池上にある）に関わる。

(21)異論について補足しておくと、「千七百四十里」の「七百四十里」という端数が気にかかるはずである。これを十倍すれば「合して七千四百里」の「七千四百里」になる。これらは、おそらく、『水経注』では議論の外に置かれた五服論の「荒服」を念頭におくものとすればよいのだろう。だから、これら端数を除いて、『水経注』を比較の対象とするのがよい。いくつかの「方一千里」を経由して洛陽にいたる道筋をどう考えるか、その異論だとして検討すればよい。付け足しで述べると、時代的に重なりかつ日本に関わる話題がある。いわゆる『魏志倭人伝』に、いわゆる里程を問題にしている。常識的に単なる里程として論じているが、正史の通例からすると、面積単位の概略を述べるとして検討を始めるのが筋である。

(22)劉体智『小校経閣金文拓本』（一九三五年序）の巻十五から巻十六に秦～六朝の銅鏡が掲載されている。銘式分類は、樋口隆康『古鏡』（新潮社、一九七九年）の「鏡銘分類表」が参照できる。『小校経閣金文拓本』所載拓本銘文の個々の字を比較一覧にしたものとして、岡村秀典監修・宮石智美編『『小校経閣金文拓本』所載漢式鏡銘文一覧』（三月書房、一九九二年十一月）がある。

(23) 亀形石造物の近くから、飛鳥川とは別に水渠が掘削されていたことが知られている。狂心（たぶれごころ）渠と称される。この水渠の意味づけは、別に検討の必要がある。

(24) 関野貞研究会編『関野貞日誌』（中央公論美術出版、一九八九年二月）三二四頁。

(25) 上掲平勢隆郎『「八紘」とは何か』。

(26) 上掲平勢隆郎『「八紘」とは何か』。

(27) 平勢隆郎「日本近世の亀趺碑―中国および朝鮮半島の歴代亀趺碑との比較を通して」および「同続」（『東洋文化研究所紀要』一二一・一二二、一九九三年三月・十一月）。三国魏の薄葬令の効力が薄れ、梁代以後陵墓の地上の目印が復活すると、地上の碑の台座として亀趺が再出現する。後漢に出現し薄葬令で消滅したものが復活した。この間、墓室内の墓誌が巨大化しており、亀にはこの墓誌と結びついたものがある。地上の亀趺復活の後も、この墓誌と結びついた事例がいくつか見られ、例えば、唐の李寿墓誌がある。蓋つきの墓誌で、銘文末尾に「霊亀是考」とある。

(28) 同上平勢一九九三。

(29) 同上平勢一九九三。

(30) 例えば、上掲平勢隆郎『「仁」の原義と古代の数理』四八頁に紹介した塩沢裕仁の四神表現に関する指摘があり、四神を石棺の四側面に表現する手法が、唐滅亡後も青龍白虎のみの表現として継承される（石棺の方位は問われなくなる）。また、朝鮮半島で八紘をどう考えたかも、不明の部分が多く、似て非なるものが検討対象にならないよう注意が必要であるが（よく知られるように、朝鮮李朝のいわゆる崇禎紀元は、明の正統継承を形にしている。上掲平勢「日本近世の亀趺碑」・「同続」参照）、日本の場合は、古代の八紘観の継承が鎌倉時代と江戸時代について確認できる。この種の問題関心については、平勢隆郎「光圀の『圀』を通して見える『大日本史』編纂と則天武后評価」（『唐代史研究』二四、二〇二一年八月）にまとめた部分がある。『東大寺衆徒参詣伊勢大神宮記』（『大日本仏教全書』一二二、仏書研究会編纂、一九一三年三月）に、文治二年（一一八六）の記事があり、聖武天皇を回顧して感神聖武皇帝と述べている。従来から知られる『続日本紀』文武天皇三年の記事「秋七月辛未、多褹《たね》、夜久《やく》、菴美《あまみ》、度感《とこ》等人従朝宰而来貢方物、授位賜物各有差、其度感嶋通中国、於是始矣」の中国が日本を指すのを受ける。またよく知られるように、『日本書紀』神武天皇即位前紀己未年三月丁卯条に「掩八紘而為宇」とある（佐川栄治編『君主号と歴史世界』山川出版社、二〇二三年十月所載大津透「天皇号の成立と唐風化」に、『続日本紀』の「宝字称徳孝謙皇帝」、「今皇帝」（桓武天皇）が紹介されている）。降って、江戸時代の会津藩保科正之に仕えた山崎闇斎の手になる保科正之陵墓「土津霊神碑」の銘文に、「寛永九年壬申冬、直叙従四位之下、甲戌之秋、家光公上洛、霊神扈従、七月十八日、公参内、是日、霊神任侍従、拝皇帝太上皇、賜天盃」とある（東京大学総合図書館蔵、増子永図輯禄・増子懐永大正六年十二月寄贈『史料』所収。他に小林健三校註『藤田東湖・山崎闇斎集』世界教育宝典日本教育編、玉川大学出版部、一九六七年八月がある）。この「皇帝」は明正天皇、「太上皇」は後水尾天皇である。文化七年の水戸藩主徳川治紀の上表「大日本史を進むる表」は、光格天皇に対して「皇帝陛下」を用い、「皇帝陛下、天祖の正統を紹ぎて、神明なる其の徳、八方に照臨し、聖人の大宝を守りて、寛仁の政、羣生を子育す」とする。**『鄴中記』に見える「輦」は、歴代王朝の下で継承される。**古い時代に日本にも伝播し継承された。その伝播時期と継承過程は不明の部分が多い。日本の神輿は「輦」が日本的に継承された結果と考えることができる。神輿とセットにされる山車は、形は輅に似るが、神輿とセットになる点は輦車に遡る。輦車は輦に副車のついたもので、**『鄴中記』**、さらには戦国時代の曽侯乙墓竹簡に遡って議論できる（**平勢解説Ⅱ「輦」**参照）。継承過程の不明な部分は不明のままとなるが、神輿についている鳳凰は、後天八卦方位による朱雀の位置づけが継承されている。

(31) **『鄴中記』第三条**（安金鳳凰二頭）、**『鄴中記』第十条**（輦）、**第五十四条**（猟輦、歩輦）。**平勢解説Ⅰ「曲水」**にて「輦」に関するものは、**第七条**（九龍・太子像）、**第四十五条**（女尚書、同「案」の貂瑠）、**第四十七条**（女侍中、貂蟬）。

(32) 本論で使用した図版の底本は東京大学東洋文化研究所蔵、清刊本（槐蔭草堂蔵版）。

(33) 東京国立博物館・毎日新聞社編『東京国立博物館創立一五〇周年記念特別展・国宝　東京国立博物館のすべて』（東京国立博物館・毎日新聞社・NHK・NHKプロモーション、二〇二二年十月）一九六頁。

(34) 山本讃七郎『Peking』（山本照像館、一九〇九年五月）。関連して、近代の関野貞の調査写真が東京大学東洋文化研究所に所蔵されている（平勢隆郎・宇都宮美生・野久保雅嗣『東洋文化研究所蔵山本照像館等撮影中国史跡写真目録』東京大学東洋文化研究所付属東洋学研究情報センター叢刊二四、二〇一七年三月）。山本讃七郎の姻族である日向康三郎『北京・山本照像館：西太后写真と日本人写真師』（雄山閣、二〇一五年十月）にも、関連する写真が紹介されている。

(35) 我国の「鳳輦」として、孝明天皇が安政二年（一八五五）に新造された内裏（京都御所）に遷幸する際に用いられたものがある。これらの新造に当たっては、当然ながら中国の正史も丹念に参照されたことが想定できる（詳細は割愛するが、平勢隆郎「光圀の『圀』を通して見える『大日本史』編纂と則天武后評価」『唐代史研究』二四、二〇二一年八月において、水戸藩による『礼儀類典』編纂事業や朝廷の研究整理作業の一端を紹介した。それだけでもおおよそが想定可能である）。しかし、その史料の個々の点検については、今の我々の目にするものにはなっていないようだ。画像石・画像塼を用いた検討として、林巳奈夫著・岡村秀典編『中国古代車馬研究』（臨川書店、二〇一八年十月）の六四四頁の「輦車」があるが、正史等は一部を参照するにとどまるようだ。

（36）この記事に続いては、「安車、金飾、紫通幰、朱裏、駕四馬、臨幸及弔則供之」とあるのも注目できる。というのは、平勢隆郎『左伝の史料批判的研究』（東京大学東洋文化研究所・汲古書院、一九九八年十二月）二〇五頁以下に扱った湖北省隋県曽侯乙墓出土竹簡（湖北省博物館『曽侯乙墓』中国田野考古報告集考古学専刊丁種三七号、一九八九年七月）に、葬送に立ち会った車馬の記録があり、その中に「安車」の記事があり、輦と覚しき「⿰旦⿱力巾路車」や「⿰旦⿱力巾車」の記事もあるからである。「⿰旦⿱力巾」の字は、「旦と力と巾と」からなり、「担」の意を内包するとみられる（侯馬盟書に「旦と力と」からなる字（⿰旦⿱力巾）がある。平勢隆郎編『春秋晋国《侯馬盟書》字体通覧―山西省出土文字資料』東京大学東洋文化研究所付属東洋学文献センター別集十五、一九八八年）。上掲『左伝の史料批判的研究』二〇八頁では、「前車」と解釈しておいた。車の数と馬の数を竹簡相互に比較検討すると、独立した車とは見なせず、かつ馬に関わることがわかるからである。いま「輦」に関する記事をまとめてみると、その「前車」とは実は副車に着けて移動する輦なのではないかと思われるのである。だから、「担」の意を含む字をもって表現されているのだろう（『宋書』索虜列伝に「担輦人」の語があることを本文中に述べた）。⿰旦⿱力巾路車の提供者は「王」・「太子」・「君」、⿰旦⿱力巾車つき路車の提供者は「公」・「君」である。⿰旦⿱力巾車に転用された車の提供者には「尹」が含まれる。以上三種の車の馬の提供者には、「公」・「君子」・「子」・「尹」が含まれ、比較的「君」が多い。つまり、身分的に高位の者に、路車や車およびその馬の記事があるということである。着脱可能の車といっしょになると解釈すると不都合がない。また、この竹簡には「旧安車」、「新安車」の記載もある（第四八簡「宮厩尹駁安車」は第一六四簡に「旧安車」とする車、第五〇簡「新安車」は第一六五簡に「安車」とする車である）。「安車」は貴人用の座席つきの車であろう。副車つきなら輦となる。曽侯乙墓竹簡の場合に「新」と「旧」があるのは、「旧安車」の座席に被葬者の遺体を乗せ、「新安車」の座席に位牌（木主）等を乗せて宗廟にいたったとすればよい（東京国立博物館編『漆で描かれた神秘の世界―古代中国漆器展』一九九八年七月の一七二～一七三頁において、平勢は上記竹簡の一部につき釈文と解説を担当し、今は位牌と考えているものを「木製俑（人形）」としておいた。友人谷豊信と検討してのものである）。以上、平勢の上記竹簡の検討の後、誰も話題にしなくなった内容を、ここに紹介しておく（平勢の検討前は、馬と車の数が合わないと議論されていたが、整理した結果合うことがわかったので、それを記し、『左伝の史料批判的研究』出版の準備作業とした）。

(37) 上掲注に、「安車」について述べた。

(38) 四川郫県出土、四川省博物館蔵。平勢隆郎『「八紘」とは何か』東京大学東洋文化研究所・汲古書院、二〇一二年三月の一三〇頁紹介。下記「**補足・三星、七夕、招魂**」に写真紹介。

(39) 平勢隆郎・塩沢裕仁・関紀子・野久保雅嗣編『東方文化学院旧蔵建築写真目録』（東京大学東洋文化研究所附属東洋学研究情報センター、二〇一四年）所載のNo.四三三・四三四明成祖長陵焚帛爐（本文図9）、No.六五七清朝昭西陵焚帛爐、No.七一四清西陵世祖孝陵焚帛爐、No.八九四清世宗泰陵焚帛爐、No.九一四清泰東陵焚帛爐、No.九二一清泰妃陵焚帛爐、No.九五三清仁宗昌陵焚帛爐、No.一〇〇〇清宣宗慕陵焚帛爐、No.一〇三七清穆宗崇陵焚帛爐。他に、同No.六五〇清昭西陵隆恩殿内部に遺体を運んだ輦の一部と思しきものが写っている。No.一〇三四清穆宗崇陵隆恩殿内部同様。元代の焚帛爐（本文図8‐1・2）が湖北省武当山の道観に残されている。また武当山の山麓の道観遺址に明代の焚帛爐が残されている。

第二章—二　解説：『鄴中記』を読む上で鍵を握る用語《その二》

【Ⅲ】その他

第二条　参考図(1)

河北省定興県義慈恵石柱（図10）は北斉大寧二年（五六二）に造立された。「複数の反花座上に八角の柱身を立て、その上に方形の中台をおき、その下端には蓮弁を刻出し、中台上には四方に仏像を彫刻した小仏殿を安置する」。この仏殿の替わりに獅子像を置き、円柱にすると、図11になる。この種の獅子像造形の時期を決める貴重な事例である(2)。義慈恵石柱に先行する石柱を、石虎が作っていた可能性を、この『**鄴中記**』第二条が示している。上記右闕は西の闕である。銘文が左右反転している(3)。

第四条　流蘇（飛鳥亀形石造物の周囲で行われた儀礼の源流）

図12は、後漢時代の四川省渠県趙家村の無銘門闕である(4)。西闕現存のもの（左）と東闕現存のもの（右）が複数あり（別人のもの）、上掲写真のものでは、西闕に流蘇が白虎を吊り下げ、東闕に流蘇が青龍を吊り下げる。流蘇の祖型は、馬王堆三号墓帛画にある。水に浮かぶ大地に神獣を固定する。前漢時代の四神は、まだ方位配当が安定せず、季節方位に配当された事例がある（前漢陽陵の「羅経石」遺址）。建築遺址の四方の入り口床面の敷居に、四神をあしらった磚をうめこむ。後漢時代になると、天の黄道と赤道の区別があいまいなまま、南中時の太陽の位置に朱雀、子の刻の太陽位置

図10　河北省定興県義慈恵石柱

図11　梁呉平忠侯蕭景墓右闕（南にのびる神道参道の西闕）
［写真：東京大学東洋文化研究所］

梁呉平忠侯蕭景墓右闕を部分拡大

下記補足一の『三月三日、五月五日、七月七日』「女妓の楽の始まりと伏日の意味」に述べるように、呉平忠侯は死後地中にいる（天には昇っていないか、地上と交信するには地中におりてきて墓地にいたる）。その地中から墓地にいたる。門闕を目印にするので、我々の目にする反転文字ではなく、読める文字を読んで墓地にいたる。

反転文字の下には、大地を支える鬼神の姿も見える。獅子下の蓮華は、下から見た模様が平勢解説《その三》の「【Ⅴ】補足二　先天八卦方位の立面図とその前後の時期の留意点」の「『石虎と帳』天蓋を象徴する帳、天井の蓮華」に述べる飾り付きの特別具の飾りと比較対照できる。

と想定される位置に玄武、東に青龍、西に白虎を配当した。太陽や惑星は時々刻々移動するので、大地に固定する象徴が必要であり、それが流蘇になる。これに青龍・白虎を固定する（門闕の青龍・白虎ともに門の内側を向く）。この四神配当は、周易の戦国時代以来の八卦方位（後天八卦方位）に重ねられた（『鄴中記』第六十九条「神亀」参照）。この八卦方位は立面構成であり、地軸が傾き、北極方向に乾、玄武の位置に坤が配当された。六世紀になると、乾を天頂、坤を反対方位に配当する新しい八卦方位（先天八卦方位）ができあがる。地軸は垂直になる。これに合わせて、四神は大地上に固定されることとなり、流蘇の存在意義はなくなった（さらに宋代以後は、八卦方位は平面構成を語るものとなり、立面構成の知識も失われた）。「流蘇は鳥の羽を染めて造られた。五色の糸で蒲の敷物を編んで造った」という表現は、後天八卦方位の四神観を前提とする。下記の**補足その二「石虎と帳」**に示したように、日本に伝来継承された流蘇表現は、**鞆淵八幡神社の神輿、誉田八幡神社の神輿**に見えている。これは神輿の祖型たる輦に結びついたのが**後天八卦方位の時期**（これには**石虎の時期が含まれるわけだが**）であって、それが日本に伝来したことを示唆する。(5)

図12　四川省渠県趙家村の無銘門闕（別人のもの２基）
後漢時期の四神は、朱雀が高く玄武が低い。門闕なのでいずれも正面を向いている。東闕の青龍と西闕の白虎は流蘇によって大地に結びつけられる。図13の後漢高頤碑の青龍と白虎は、碑の基礎上で一つの流蘇を共有する（下記の補足その二「石虎と帳」）。日本の神輿は、鳳凰を含め、後漢時代の後天八卦方位の四神観を継承する。

通常、龍は皇帝の象徴とされることが多い。しかし、上記に示した龍はそうはなっていない。それは、上記の龍が**四神の青龍**であり、別に**『周易』の六十四卦に問題にする龍と、符瑞の五徳**

終始に問題にする**龍**があるためである。これら三者のいずれかに焦点を当て、他に言及する場合があるというのが普通である。四神は戦国以来の後天八卦方位に結びつき、漢代以後に議論された。後天八卦方位の出現過程は、『周易』の説卦伝が参照できる（**平勢解説《その一》「曲水」**注（4））。史料の編年（時代区分）に活用できる。『周易』には説卦伝以外に六十四卦と繫辞伝がある[6]。繫辞伝には、六十四卦の「龍」が引用されている。六十四卦は八卦を二段重ねにして得られる。下段を地（地中）、上段を天（地上から天上）とする。下から上に一～六の層位があり、それぞれの層位に番号が付され、一は「初」、六は「上」の字が当てられる。陽を「九」、陰を「六」と表現する。後天八卦方位は、地平に第三層と第四層の意を重ね[7]、震（東）、兌（西）を配する。第一層に離、第二層に坤、巽、第五層に乾、艮、第六層に坎を配する。六十四卦の一つである「乾」につき、「初九」として「潜龍勿用」とし、「九二」として「見龍在田、利見大人」とし、「九五」として「飛龍在天、利見大人」とし、「上九」として「亢龍有悔」とする。そして、この「**乾**」

図13　四川省雅安の後漢高頤碑
趺石の青龍白虎は、流蘇で大地に固定されている　青龍白虎は趺石としては後代に継承されなかった。

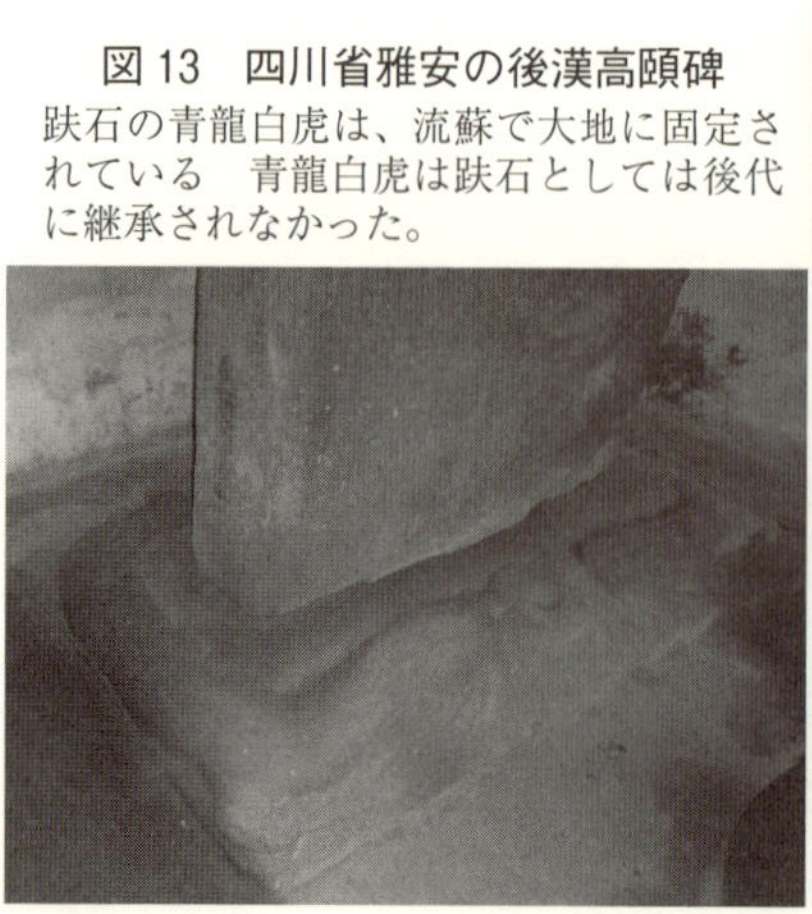

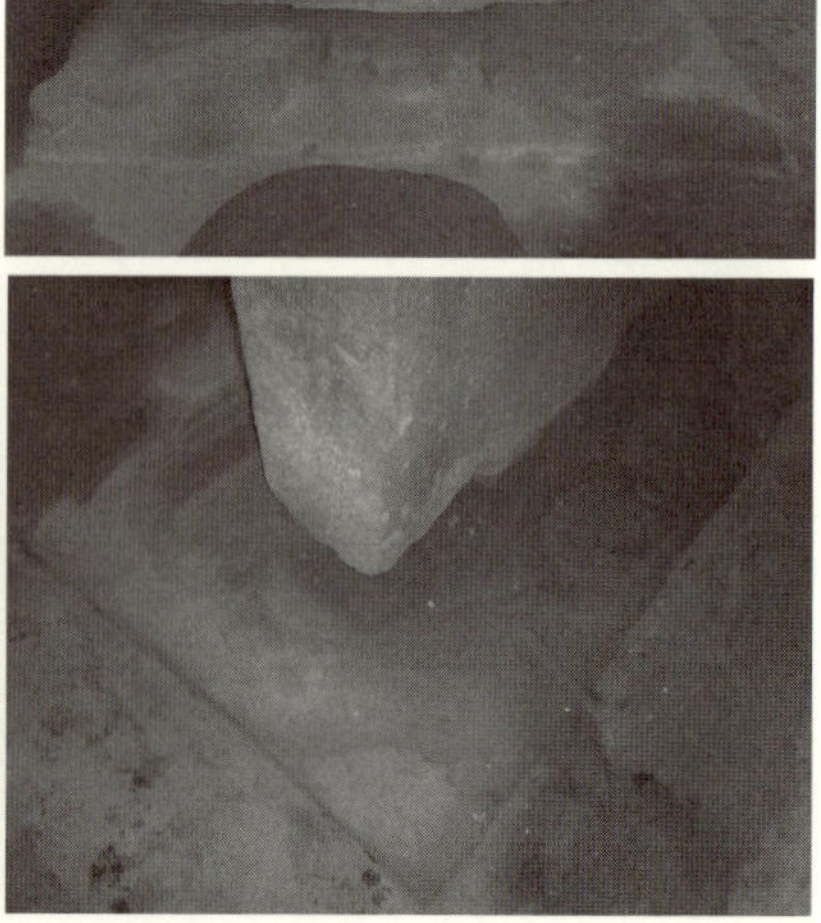

卦に特別な書式として「用九見群龍无首吉」とする。「群龍」が一等下位の龍であることを説明するものらしい。以上から、龍は水（地中）に関係があり、「潜龍」とされ、地中から昇って「田」に出現し、さらに昇って「飛龍」とされる。「大人を見るに利し」は、聖人出現（皇帝に関わる）の瑞兆と理解された表現である。これと別に「亢龍」と「群龍」がいる。「亢龍」については、繋辞伝に「亢龍有悔、子曰、貴而无位、高而无民、賢人在下位、而无輔是以動、而有悔也」とあり、いわゆる龍より一等下る存在である。**「亢」は二十八宿の一つ**である。古く房・心・尾の三宿（いわゆる蠍坐）と一体となり、龍だと認識されたようで、冬至の夜明け前に東方に見える。(8)「亢龍」は、言わば戦国時代以後の**二十八宿にならず仕舞いになった星宿**で、漢代以後の**四神の青龍の原形**といえる。

『漢書』に『周易』を引き、『後漢書』には「陛下乃者潜龍養徳」とし、『晋書』に「潜龍飛戻天」とし、『宋書』に「潜龍升、儀鳳翔」とするなど、**正史は代々『周易』の議論を継承**する。これとは別に、『三国志』蜀書先主伝に孝経援神契「徳至淵泉則黄龍見」を引き、「龍者、君之象也、易乾九五『飛龍在天』、大王當龍升、登帝位也」とする等、後漢以来唐代まで流行した**緯書を活用**して、**五徳終始を述べ**、(9)**五色の龍の出現を瑞兆とみなした**時期（『史記』～『新五代史』）がある。『宋史』以後は、儀衛志等に五色の龍の旗を制度の中に位置づけている。

『北史』に「世号王氏九龍」とあり、これに**『鄴中記』第三十五条**の「扇」の特別性の検討（宰相が特別に扱われる中で扇を象徴的に用いている）を重ねてみると、「九龍」にも、「扇」の場合と同様の特別な意味づけがありそうだ。この場合「九」が『周易』の用法において「乾」卦の「用九見群龍无首吉」や「初九」・「上九」の表現に用いられることが想起される。「扇」に時代的特徴があるように、**「九龍」にも、『三国志』から『北史』までは「九龍殿」が話題になり**（『旧唐書』に「明堂成」とし、「中層法十二辰、円蓋、蓋上盤九龍捧之」とする。建築の一部に「九龍」をあしらう）、**『宋史』以後「九龍」の冠や車を用いる等輿服の制度**として踏襲される傾向が読み取れる。下記の**『鄴中記』第七条**に扱うように、「九龍」**が『周易』の議論により水の儀礼を述べつつ、仏教（太子像）と結びついた点**を、『鄴中記』の時代的特徴として議論することができる。

第七条　浴室・石室（正統の書）・太子像（穢はいわゆる穢ではない）（飛鳥に先行する水の儀礼）

西王母については、平勢解説《その一》「曲水」の崑崙の位置づけ参照。また、太子像と西王母について、平勢解説《その一》「輦」を参照。西王母の伝説は本来崑崙をもって論じ、神仙の飛翔をもって中原にその力を及ぼした。唐代には、西王母を中原の地において祭祀する場もできあがる。それにあやかる形で皇后を母、皇太子を子とする関係を特別に位置づけた。一方、崑崙と中原は大地を浮かべる水と、その水が地上に湧出して流れる河川をもっても結び付けられる。泉より湧出し渓谷を流れ大河に流れ込む水を引き、小型化した流水の場を作り出したのが曲水儀礼の場となる。『水経注』河水注は、大鳥が南に向かって憩う時、左の翼（東方）が東王公を覆い、右の翼（西方）が西王母を覆うとした（『荘子』逍遥遊が「鳳」を論じる内容を改変増補）。ここには、東王公（父）と西王母を鳳が洛陽の地に直につなぐという含意がある。西には西王母の祭祀があり、東には東王公の祭祀があって独立しているのをつなぐ。平勢解説《その一》「曲水」の説明で、日本の酒船石に関連し、下る水が亀形石造物に達し、その石造物に蓄えられた水で禊を行うことを述べた。聖なる禊の場の水は、伏流して宴会の場にもたらされ、貴族たちがその恩恵にあずかった。『鄴中記』第四条の解説に言及した禊の儀礼は、飛鳥の亀形石造物の周囲で行われた禊の儀礼の祖とみなせる。水は、石室から下方の皇后浴室に流れる。九龍から流れる水を釈迦を重ねる太子像にかけ（浴せしめ）、その水を穢水と称して銅亀が受け、それをもって諸公主が禊を行う。皇后は特別に石室の加護を承ける。石室の意味は、詳細は割愛するが、正史に注釈を加味して検討できる。古くは『史記』に牢獄の意味の石室を述べ、別に『史記』を石室金匱の書として紡いだとする。後者の意味が以後継承され、正統の宝を石室に置く。斉魏収撰『魏書』高祖紀「文を石室に、霊泉殿を方山に起す」は、霊泉殿に関わらせ、石室に文を起こしたことを述べ、「永固石室を山上に建て、碑を石室の庭に立て、又太皇太后の終制を金冊に銘し、又鑒玄殿を起す」は、太皇太后の終制を銘文として金冊にし、それを石室に納め、石室の庭に立碑したことを述べる。墓前や山を祭祀する廟などに立碑するがごとくそうした、ということらしい。『北史』斉本紀に石虎を揶揄し

た記事があり、「又先に是れ謠に云ふ、『馬子石室に入り、三千六百日』と。帝午年を以て生る。故に馬子と曰ふ。三台、石季龍の旧居なり。故に石室と曰ふ。三千六百日、十年なり」は、石室という言い方を用いつつ、意味はくさして述べる。いわゆる石室ではなく「石季龍（石虎）の旧居」であり、皇帝といわず「馬子」と称する。くさされる前の話題では、**特別の存在（皇帝）として石室に入った**ということである。宋范曄撰『後漢書』顯宗孝明帝紀に「敦煌昆侖塞」とあり、その唐李賢注に「昆侖、山名、因て以て塞と爲す。今の粛州酒泉県西南に在り。山に昆侖の体有り。故に之に名づく。周の穆王西王母に此の山に見ゆ。石室、王母台有り」とある。『後漢書』馮衍伝に「然る後門を闔ぢ道徳を講習し、孔老の論に観覧し、松喬の福に庶幾し」とあり、唐李賢注に「列仙伝に、赤松子、神農の時の雨師なり、水玉を服し、能く火に入り焼けず、常に西王母の石室中に止まる、能く風に上下に随ひ、王子喬、周霊王の太子晋なり、吹笙を好み、鳳鳴を作し、伊洛の間に游び、道人浮丘公接して以て嵩高山に上り、遂に仙去するなり」とある。仙人の赤松子は、孔老の論において名高く、常に西王母石室中にとどまり、これと併称される王子喬は伊洛の間に游び、道人浮丘公は嵩高山に上ってこれと接し、遂に仙人となった。直接的表現ではないが、**石室は、仙人を通して嵩山や伊洛の間と関わりがあり、その考え方は、神仙思想をもって石虎の鄴とつながっている**ようである。石虎皇后に関わる石室に蔵されていたのは、「孔老の論」の類であろう。正統に関わる書物かと推測できる。**八紘の正統書に石虎が関わり、そこに西王母の「石室」にある正統書の力がつたわる**（下記**『鄴中記』第四十五条**「女尚書・貂蝉他〈石窟寺院を準備したもの〉参照）。西王母の霊力を石虎皇后が受ける、という構図かと考えられる。ちなみに、穢水について補足しておくと、梁宗懍撰『荊楚歳時記』に「雑五行書、厠神名は後帝、異苑に云ふ、陶侃厠の如し、見人自ら云ふ、後帝単衣を著け、上幘を平にし侃に謂ひて曰く、三年説く莫れ、言ふべからざるを貴べと、将た後帝の霊紫姑に憑きて言ふか、俗に云ふ、溷厠の間、必ず静なるを須ち、然る後紫姑を致す」とある。厠神を見た後、富貴になったという話題である。**厠神とはいえ「後帝」と称する存在である**。「後帝」には、おそらくより上位の「帝」がいる。**その上位の存在から下位の存在に霊験が流れてくる**。常識に述べる「穢」ではないことに注意しておきたい。

第十条　輦

平勢解説《その一》「輦」として、別にまとめた。

第十一条　銅爵・金鳳・氷井三台（第十二条の伏日儀礼の場）

金鳳は、唐房玄齢等撰『晋書』五行志に「石季龍時、鄴城鳳陽門上、金鳳皇二頭、飛入漳河」とあるが、『鄴中記』第三条「鳳陽門五層楼去地三十丈安金鳳凰二頭」とあるので、鳳陽門からさらに進んで上った五層楼の二頭を言う。**平勢解説《その一》「曲水」**に話題にしたように、**『鄴中記』第三条**に「安金鳳凰二頭。石虎将衰、一頭飛入漳河」とあり、**南中時の朱雀、七夕のころの夜天の鶉**を、二頭に象徴させていた。石虎死後にそれを誹謗して一頭が水中に沈んだとした。南中時の朱雀の対位は大地を浮かべる水の中にあり、そこに夜天の鶉の場をもとめた（後漢時代の考え方に復帰）。上記『晋書』五行志は、誹謗の意をさらに進め、二頭とも水中に入ったとした（朱雀すら水中に入った）。『晋書』文苑列伝が**『鄴中記』本条と第三条**の三台は並んでいたことを述べる（「珠連三台」）。**鳳凰は中原を象徴し、銅爵は朱雀、氷井は玄武を象徴する**。石虎の意図としては、この**鳳凰の位置に上記七夕の夜天の鶉を関連させて七夕伝説を取り込み、『鄴中記』第六十一条**に「石虎苑中有勾鼻桃、重二斤」とある勾鼻桃が、唐段成式撰『酉陽雑俎』続集に「王母桃、洛陽華林苑内有之、十月始熟、形如括蔞、俗語曰、王母甘桃食之解労、亦名西王母桃」とある**西王母桃であることをもって、皇后の懐妊をイメージさせた**のであろう。台は大地上の高いところにある。大地は水に浮かんでいて、六世紀ごろまでの後天八卦方位による天地観では、地軸北方向が乾、太陽の最も低い位置が坤になる（天が回転し太陽が最深部に来る。大地を浮かべる水の中）。坤を象徴するのであれば、高台には、井戸をほって水を汲む必要がある。**北は四季では冬**（冬至）**を意味するから、氷を作る**ということであろう。北魏酈道元撰『水経注』濁漳水に「又銅雀を樓巓に作る。翼を舒ぶること南に飛ぶが若し。則ち金虎台（「案ずるに虎近刻訛して雀に作る」とあるが、意味の上では金鳳台の方だろう）、高八丈、屋有り百九間なり。北を氷井台と曰ふ。亦高八丈、屋有り、百四十五間、上に氷室有り。室に数井有り、井深十五丈、蔵氷す」とある。金虎台は『鄴中記』第十一条の金鳳台で、石虎の死去直後の誹謗時期に、金鳳台の名称を否定して金虎台としたものであろう。「案ずるに」として述べられた内容は、その否定の意味がわからなくなった後の見解である。

第十二条　伏日（七夕伝説を「金鳳台」にもたらす縁起担ぎ）

三月上巳と三日との関係は上述のとおりであるが、同様の興味を引き起こすのが、六月庚日と六月六日との関係である。宋李昉等撰『大平御覧』に「伏日」をまとめた部分がある。『歴忌釈』を引いて、「伏とは何ぞや、金気伏蔵の日なり。四時代謝、皆以て相生ず。立春、木水に代り、水木を生ず。立夏、火木に代り、木火を生ず。立冬、水金に代り、金水を生ず。立秋に至り、金を以て火に代ふ。金火を畏る。故に庚日に至り必ず伏す。庚とは金なればなり」とする。以下、「庚日に至り必ず伏す。庚とは金なればなり」という理屈をどう理解したかについて、説明を重ねる。理性的には縁起担ぎとなろう。

とくにどの庚日に着目するかだが、『大平御覧』所引書には、六月伏日に注目するものがある。以下、目安で述べれば、六月六日は仲夏の芒種である。「荆楚歳時記曰く、六月伏日、並びに湯餅を作り、名づけて辟悪と為す」というのも、六月を述べている。立秋は八月七日である。

続けて「宋王玄謨寿陽記曰く、明義井、三伏の日、炎暑赫曦、男女行来し、其気短急、義井を望見すれば、則ち喜びて言ふべからず。未だ至らずして憂へず、既に至りて楽しむ。号して歓楽と為す」と述べている。

清の秦蕙田撰『五礼通考』吉礼に、「故説文に云ふ、冬至の後三戌、百神を臘祭す。史記秦恵文王十二年、初めて臘す。始皇三十一年、臘を更名して嘉平と曰ふ。漢復して臘と曰ふ。秦又伏有り。史記秦徳公二年初、伏す。注、六月三伏の節、始めて秦徳公自り伏者あり。金気伏蔵の日にして、四気代謝し、皆相生じて立秋に至る。金を以て火に代へ、金火を畏る、故に庚日、必ず伏す。夏至後三庚、初伏と為す。四庚を中伏と為す。立秋後の初庚、末伏と為すなり」とある。**夏至を越えたら第三の庚を初伏とし、次の庚**（**四伏**）**を中伏とし、立秋を越えたら庚日を末伏とする**。これは、**明章潢撰『図書編』**の「論四時気序」の説をわかりやすくまとめなおしたものである。六月に注目する点は同じである。説明が直接四時に言及しないが、伏日の間に四時の日を経由する。

『大平御覧』の「伏日」は続けて「崔寔四民月令曰く、初伏に麦瓜を祖禰に薦むるなり」とするが、この初伏は、六月ということになるようだ。

続けて「風俗通曰く、漢中の巴蜀、自ら伏日を択び、俗説、漢中の巴蜀は漢土地を広め、温暑草木早く晩を生ず。枯気異なり。中国夷狄之を畜ふ。故に令して自ら伏日を択ぶ。謹しんで按ずるに、漢書高帝四部の衆を分つ。良平の策を用ふ。還りて三秦を定めて天下を席巻す。蓋し君子因る所は本ならん。論功定封、加ふるに金帛を以てす。重復寵異、令して自ら伏日を択ぶ。凡そ俗に同じからざるなり」とあるのは、伏日の風習が夷狄に関わる場合、南北の相違が関わる場合は、草木の生育に季節のずれが生じることを、話題にしている。さらに「書儀曰、六月三日伏日、昔賈誼湘南に在り、六月三庚日、鵩鳥来る有りし時、南方毒悪あり。以て太陽銷鑠（金属を溶かす）して万物を助く。故に之を避く」とある。**六月の伏日**（**三庚日**）**が「鵩鳥来る有りし時」だから問題になる**ことを述べる。

おそらく、ここにいう「鵩鳥来る」が謎を解く鍵を握っていて、上述した『**鄴中記**』第十一条の「**金鳳台**」**が七夕のころに意味をもつようにする**ものかと思われる。

清朝『淵鑑類函巻』歳時部にも、「伏日」がまとめられている。その中に「**翽鄴中記**曰、石季龍於氷井台蔵氷、三伏の日、氷を以て大臣に賜ふ」とある。これは、上記の「伏日」の一覧にないものである。**翽鄴中記**に特徴的に記される。

同第十二条　蔵氷（第十一条の場における臣下への賜り物）

上記第十一条「**銅爵・金鳳・氷井三台**」、第十二条「伏日」参照。

第十三条　雲母（仙人と西王母と「乗雲駕龍」を重ねて縁起を担ぐ）

雲母は、飾りに用いる。とりわけ意味をもつのは、**「輦」や「安車」に用いられた**ことである（唐房玄齢等撰『晋書』帝紀「輦及雲母車」、『晋書』輿服志「雲母安車」、『晋書』宗室列伝「雲母輦」、梁沈約撰『宋書』礼志「雲母飾犢車」、梁蕭子顕撰『南斉書』輿服志「雲母輦」、斉魏収撰『魏書』礼志「雲母安車」、清張廷玉等撰『明史』輿服志「雲母安車」）。これらは、**皇帝・皇后に関わる**。その飾りの意味をもって、特別の祭祀場にもこの雲母を用いたということになる。**平勢解説《その一》「曲水」**に述べたように、『魏書』釈老志に「忽遇大神、乗雲駕龍、導従百霊、仙人玉女、左右侍衛、集止山頂、称太上老君」とある。おそらくこの**仙人の「乗雲駕龍」と西王母を重ねて「雲母」の語を用いている**のだろう。

第十五条　女妓

平勢解説《その一》の「曲水」や「輦」に検討したように、六世紀までの後天八卦方位の時期、六世以後の先天八卦方位の時期がある。その時期区分ごとに検討を進めると理解が深まるのが女妓である。そして、それに関連して議論できるのが**伎楽と角抵**である。女妓・伎楽・角抵いずれも、六世紀以前に正史において重視されるものとなり、六世紀以後唐代までそれが継続される。そして、宋代にはなおその余韻が残り、以後議論の場が衰える。唐末から、それらの議論中によくない意味が見える。論者が、そのよくない意味に過度に反応すると、歴史的意味を取り違える危険がある。

説明の都合上、伎楽から始めよう。梁蕭子顕撰『南斉書』から遡って検討する。『南斉書』に**南朝宋**を回顧して、**権勢と富を象徴するのが車服と伎楽**であったことを述べた記事がある。梁沈約撰『宋書』にも、権勢家すら皇帝の司る室宇園池には無断で立ち入れないことを述べ、その象徴として伎楽の妙があったことを記す。『宋書』には三国魏に遡っての記事がある。魏の武帝が崩御した折は、「伎楽百戯を設く」としこれを言い換えて「楽を廃せず」とする。**晋武帝以来、「楽を廃す」の状態となった。**

やや詳しく述べると、梁蕭子顕撰『南斉書』高逸列伝に「宋、大明自り以来、漸く凋弊を見、徴賦往くに増す有り。天府尤も昔より貧し。兼ねて軍警屢々興り、傷夷復せず。戍役の残丁、儲半菽も無し。小民嗷嗷として、楽生の色無し。貴勢の流、貨室の族、車服伎楽、相奢麗なるを争ふ。亭池第宅、競趣高の華を競ふ。山沢の人に至り、敢へて其の水草を採飲せず」とある。「貴勢の流、貨室の族、車服伎楽、相奢麗なるを争ふ」というのは、宋代を回顧して、権勢と富を象徴するのが車服と伎楽であったことを述べている。同じ時期の同様の情況を述べたものとして、『宋書』徐湛之列伝に、「湛之尺牘に善し。音辞流暢なり。貴戚豪家、産業甚だ厚し。室宇園池は、貴遊及ぶ莫し。伎楽の妙、冠も一時を絶す。門生千余人、皆三呉富人の子にして、姿質にして端妍、衣服鮮麗なり。出入行遊する毎に、塗巷に盈満し、泥雨の日、悉くすに後車載之を以てす。太祖其の侈縦を嫌ひ、毎に以て言を為す」とある（唐李延寿撰『南史』徐湛之列伝に同内容）。「貴戚豪家、産業甚だ厚し。室宇園池は、貴遊及ぶ莫し。伎楽の妙、冠も一時を絶す」というのは、**権勢家も皇帝の司る室宇園池には無断で立ち入れない**ことを述べ、**その象徴として伎楽の妙がある**ことを記す。『宋書』礼志には、「魏武正月を以て崩ず。魏文其の年七月を以て伎楽百戯を設く。是魏喪を以て楽を廃せざるなり。晋武帝以来、国に大喪未だ除せざる有り。正会も亦楽を廃す。太安元年、太子の喪、未だ除せず。正会も亦楽を廃す。穆帝永和中、中原山陵を為すも、未だ修復せず。頻りに年会するも、輒ち楽を廃す。是の時、太后臨朝す。后父褚裒薨、元会又楽を廃す」とある。これは魏に遡って述べる。魏の武帝が崩御した折は、「伎楽百戯を設く」としこれを言い換えて「楽を廃せず」とする。晋武帝以来、「楽を廃す」の状態となった。

この**晋の時**「**女妓**」**の称**が出現する。それまでの「**廃す**」**とされた楽ではなく、新しい楽が行われるようになった**ようだ。時期の一致ということからすれば、魏の薄葬令の影響とすべきで、**薄葬の時代に沿った楽の様態になった**と考えて検討を始めるのが筋だろう。**以後、**「**女妓**」**と**「**伎楽**」**は併存**することになる。

この併存前を知るには、唐房玄齢等撰『晋書』からさらに遡る。『晋書』に「乗輿、服御、伎楽、珍宝」が具体的に貴重視される存在である。「伎楽」が獲得の対象となっている。『晋書』には個人の家について「妾媵伎楽」を論じるものもある。晋陳寿撰『三国志』には伎楽が女伎であることを述べるものがある。宋范曄撰『後漢書』仲長統列伝の「倡謳妓伎楽、深堂に列す」とある。**戦国以来の風を継承するのであれば、女性がそれまでの楽演奏に加わる**ことを言うのだろう[10]。晋以後それまでの**楽が廃止されるとなると、女性は新しい楽と舞を担っ**た可能性が濃い。

それでは、新しくなる前の楽は具体的にどのようなものなのか。『晋書』載記慕容垂に、「慕容瓚攻めて晋陽に克ち、垂進みて長子を囲む。永貫韜等を将ゐて潜みて内応を為す。垂進みて軍もて入城す。永北門に奔り、前駆の獲る所と為る。是に於て数々にして之を戮す。并せ其の所署の公卿刁雲等三十余人あり。永く統ぶる所の新旧八郡戸七万六千八百、及び乗輿、服御、伎楽、珍宝悉く之を獲。是に於て品物具せり」とある。生け捕りにした者を含め、「永く統ぶる所の新旧八郡戸七万六千八百、及び乗輿、服御、伎楽、珍宝悉く之を獲。是に於て品物具せり」と述べるので、「**乗輿、服御、伎楽、珍宝」が具体的に貴重視される**存在であることがわかる。宋において「楽を廃す」の状態になる前、「伎楽」が獲得の対象となっている。『晋書』何攀列伝に「攀顕職に居りと雖も、家甚だ貧素にして、妾媵伎楽無し。惟だ周窮済乏を以て事と為す」とある。個人の家について「妾媵伎楽」を論じる。『晋書』楽志下に、「尚書蔡謨奏すらく、八年正会儀注、惟だ鼓吹鐘鼓を作すのみにして、其の余の伎楽は尽く作さず」とある。**「其の余の伎楽」はなされなかったが、鼓吹鐘鼓を作しての楽は行われた。**『三国志』魏書夏侯惇列伝に、「伎楽名は倡を賜ふ」、同曹爽列伝に、「**妻妾後庭に盈ち、**又私かに先帝才人七八人及び将吏、師工、鼓吹、**良家子女三十三人を取る。皆以て伎楽と為す**」とある。後者は、**伎楽が女伎であることを述べる**ものである。前者もその可能性が濃い。

晋司馬彪撰『後漢書』百官志に「大子楽令一人、六百石、本注曰く、伎楽を掌る。凡そ国の祭祀、請奏楽及び大饗用楽を掌る。其の陳序を掌る」とある。宋范曄撰『後漢書』仲長統列伝に、「馬牛羊豕、山谷も受く能はず。妖童美妾、綺室に填む。倡謳妓伎楽、深堂に列す。賓客待見して敢へて去らず。車騎交錯して敢へて進まず。三牲の肉、臭あらば食すべからず」とある。「**倡謳妓伎楽、深堂に列す**」は、**古来の風を継承する可能性**がある。以上からして、**古い楽として女妓が議論される場合、「鼓吹鐘鼓を作す」ことが念頭に置かれる。**特に「鐘鼓」の楽は、重厚な楽の音を提供する。

だから、**「廃す」と議論されたのは、この種の重厚な楽**と見て間違いあるまい。

斉魏収撰『魏書』から時代を降ってみよう。『魏書』に「美女伎楽」の話題があり、後晋劉昫撰『旧唐書』に権勢家の伎楽の記事がある。高句麗や百済の伎楽の記事もある。宋薛居正等撰『旧五代史』に権勢家の伎楽の記事がある。元脱脱等修『宋史』に市中に進出した伎楽の記事と祭祀場における伎楽をもって賓客を楽しませた記事がある。清張廷玉等修『明史』に酒席の伎楽の記事がある。**唐代までの権勢家の下の伎楽から、市中の酒席の伎楽へという変化が読み取れる**。市中や権勢家など、場として、**重厚ではない楽を演奏**することが前提とされる記事のようである。

『魏書』盧魯元列伝（『北史』盧魯元列伝に同内容）に、「東西二宮、太官に日送奠を命ず。晨昏哭臨し、訖れば則ち備へて鐘鼓伎楽を奏す。輿駕比のごろ葬に三たび之に臨む」とある。葬儀の「鐘鼓伎楽」である。『魏書』蕭道成列伝「昭業龍駒を為り美女伎楽を置く。常に含章殿に住む」以下、『明史』佞倖列伝逯杲「白遣校尉偵四方を事とし、文武大吏、富家高門多く伎楽貨賄を進めて以て免を祈る。親藩郡王も亦然り」にいたるまで、**正史の伎楽には、女妓の意味を含むものが見え隠れ**している[11]。

だから、**伎楽とは別に、女伎という語が出現**するのは（注釈に「この伎楽は我々の知る女妓のことであると説明されるものまで含めて）、それ自体特別な意味を付与された経緯があるためだと言ってよい。『晋書』五行志中に、「安帝隆安中……玄之宮の女及び逆党の家子、女妓、妾、悉く軍賞と為る。東及び甌の越、北流の淮泗、皆人ごとに獲る所有り」とある。「玄之宮の女及び逆党の家子、女妓、妾、悉く軍賞と為る」は、女伎が軍賞となることを記す。『晋書』鍾雅列伝に、「明帝崩じ、御史中丞に遷る。時に国喪未だ期あらず。而して尚書梅陶私奏女妓あり」とある。高官が「私奏女妓」を所有していた。『晋書』載記劉曜に、「茂懼れ、果して遣使称藩し、献馬すること一千五百匹、牛三千頭、羊十万口、黄金三百八十斤、銀七百斤、女妓二十人。及び諸珍宝珠玉、方域美貨は勝げて紀すべからず」とある。この女伎も金銀珍宝や馬牛と併称される存在である。『晋書』載記王猛に、「軍還、以功進封清河郡侯、賜以美妾五人、上女妓十二人、中妓三十八人、馬百匹、車十乘」とある。女妓は美妾、中妓、馬、車と併称される存在である。

『南史』徐勉列伝に、皇帝の女妓の話題がある（『新唐書』順宗本紀に後宮・教坊と女妓が関わる話題がある）が、『南斉書』陸慧暁列伝以下、貴者の蓄う女妓の話題が続く（『梁書』賀琛列伝、『梁書』侯景列伝、『陳書』周炅列伝、唐李百薬撰『北斉書』族人勇列伝、『隋書』蔡王智積列伝、『南史』恩倖列伝阮佃夫列伝、『旧唐書』李晟列伝、『旧唐書』楽従訓列伝、『宋史』西蜀孟氏列伝等。下記にこれに含まれるものもある）。この女妓は、もともと妓楽の系譜を引き、祭祀に関わる。だから、貴者の養う女妓が関わるのは、貴者の家の祭祀である。国家から貴者への賜り物という話題もある（『周書』宇文孝伯列伝、『隋書』史祥列伝、『隋書』王仁恭列伝、『隋書』董純列伝、『北史』周法尚列伝、『旧唐書』文宗本紀下）。女妓は、別の貴者に譲られたりしている（『魏書』崔暹列伝、『隋書』蕭恵開列伝、『隋書』蕭恵開列伝〈断ったという内容〉、『北史』周法尚列伝）。北魏の霊太后から臣下に賜る話題もある（『魏書』献文六王列伝高陽王）。貴者から国家に献じられた場合もある（『陳書』王沖列伝、『魏書』薛安都列伝）。賊が東宮の第十五条を奪ったという記事もある（『南史』崔慧景列伝）。突厥可汗に献じた話題もある（『旧唐書』襄武王琛列伝。突厥ではないが、説話として戎王に献じた話題が『旧唐書』賈曽列伝にある）。**個々の事例を見るだけでは、女妓を妾のように誤解しやすい**と思われるが、実際のところ、**祭祀に関わる存在**である。ここから推測されるのは、女妓が、**国家にせよ、貴家にせよ、外国であるにせよ、皇后や家の嫁や外国君主に嫁いだ者に関わる祭祀をとりしきる存在**であったことである。国家や外国の次代君主を生んだ皇后や嫁が、**母（太后）として特別に位置づけられる。貴者の跡継ぎを生んだ妻**についても、同様のことが言える。**「輦」が陵墓祭祀において尸の運搬に関わって特別に扱われている**のと連動し、その祭祀に女妓の楽や舞が関わって特別視されるということだろう。『旧唐書』李勣列伝「是に於て、堂上に奏女妓、簷下に列子孫あり。宴罷り、弼に謂ひて曰く、我自ら量るに必ず死せん。汝と一別するを欲するのみ」。**女妓と子孫が併称されているのは、当主の母が女妓と儀礼的に深く関わるため**である。『宋史』王洙列伝に「進奏院に赴き賽神し、女妓と雑坐す」とあって、**女妓と賽神**の関係に言及するのは、女妓の関わる場が一般に広がっている現実を示す。

唐末から、それらの**議論中によくない意味**が見える。その後の時代、**正史における女妓の話題はなくなる。**

第十八条　第三十七条　三月三日

平勢解説《その一》「曲水」参照。

第二十条　鐘と鐸

鐘と鐸は形は同じで、梵鐘をつぶして目のような平面形にしたのが鐘である。釣鐘の鈕に当たる部分は鈕のものと棒状のものとがある。この棒状の部分をもって開口部を上にして敲く楽器鐃が殷代に作られていた。これが周に継承される過程で鈕や棒状部分を横木に固定し吊り下げるようになった。複数吊り下げるものを編鐘という。**鐘の平面形は目のようになっているので**、中央と側面を敲いて出る音が異なる。長三度（ドとミの関係）または短三度（ミとソの関係）の違いになることが多い。編鐘は個々の出音の関係がばらばらだった（これが実際の周代から春秋前期まで。殷代は鐘を逆さにして敲く鐃だが、状況は同じ）が、春秋時代**前七世紀ごろ**に音階をきれいに出せるようになった。大鐘から小鐘への配列も、**大小変化が直線的**だったが、**前五世紀後半に曲**

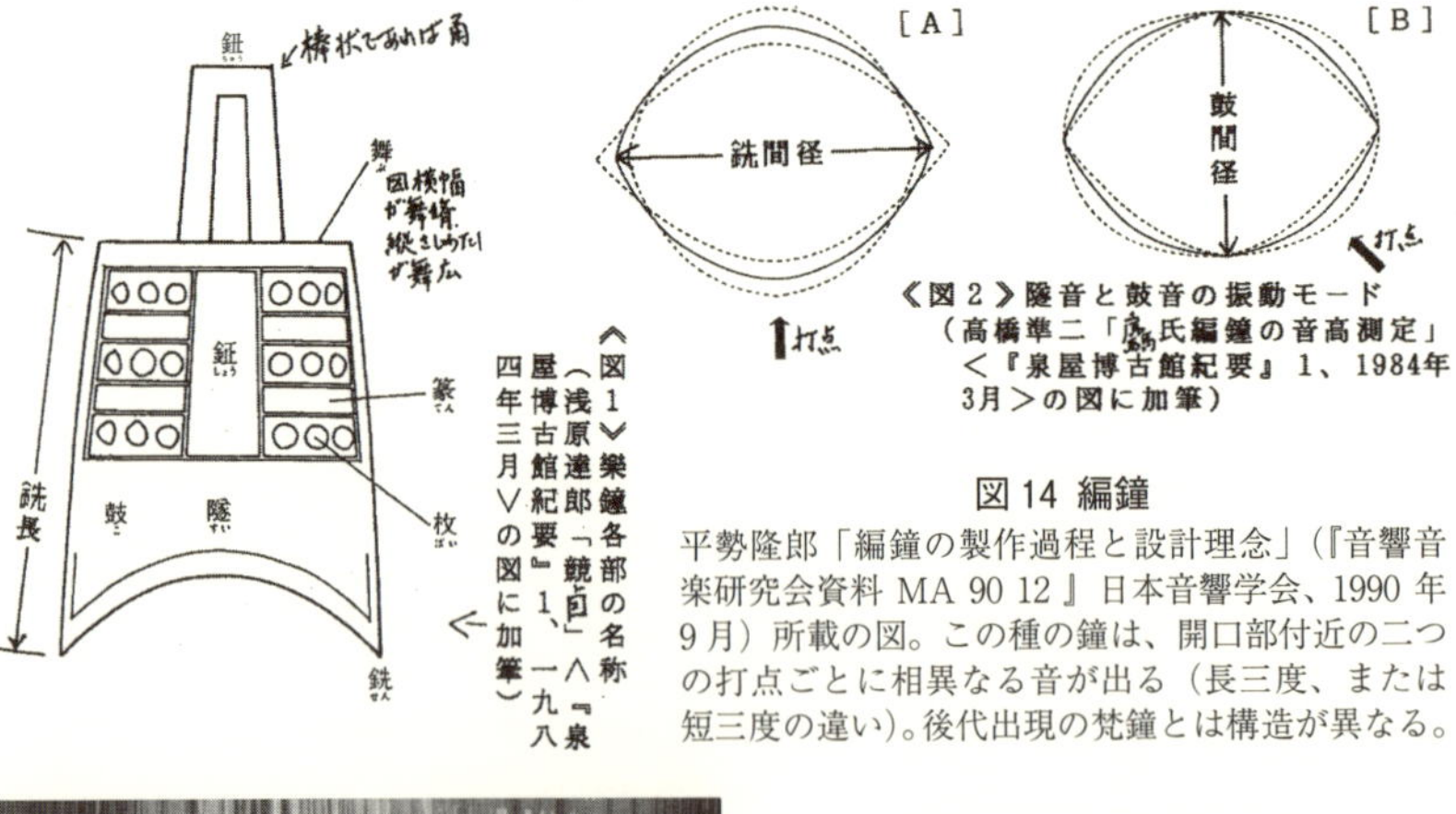

《図1》楽鐘各部の名称（浅原達郎「競卣」〈『泉屋博古館紀要』1、一九八四年三月〉の図に加筆）

《図2》隧音と鼓音の振動モード（高橋準二「氏編鐘の音高測定」〈『泉屋博古館紀要』1、1984年3月〉の図に加筆）

図14 編鐘

平勢隆郎「編鐘の製作過程と設計理念」(『音響音楽研究会資料 MA 90 12』日本音響学会、1990年9月）所載の図。この種の鐘は、開口部付近の二つの打点ごとに相異なる音が出る（長三度、または短三度の違い)。後代出現の梵鐘とは構造が異なる。

図15　山東省出土編鐘の一例（写真中段）

中央に配列の編鐘は、大小配列の変化が直線的である。この種の配列形式の編鐘は、前7世紀ごろ始まる（それまでは大小の差が目立つ)。前5世紀ごろ大小配列の変化が曲線的になる。前4世紀半ば、胴太の鐘が出現し小型化。前1世紀ごろ以後衰微。

線的になった。最大鐘の開口部の長径に尺寸の整数を表現し、その三分の二の長径の鐘までに一オクターブの音を表現した（このころ楽にのせて詩を賦することが一般化する。賦詩は必ずしも作詩ではない）。さらに、**前四世紀に編鐘の製作法が変わる。**それまでは陶器を摸とする方法、それ以後**蜜蠟ないし鉛を摸とする方法**になった。後者は材質上編鐘作成の結果溶けてなくなる。製作過程の関係で胴太の編鐘となり、かつ鉄器が普及する中で小型になった。この**小型胴太編鐘は、前漢武帝以後急速に衰える**（宮廷で詩を賦する演奏としての編鐘が衰える）[12]。殷代の鐃は、長江流域やその南にもたらされ、単体の楽器や編鐃が作られた。これを**鐸**という。この鐘が変形した**錞于**（開口部が楕円をつぶした形）も、春秋戦国時代の長江流域等でつくられていた。編鐘の存在が**忘れられた後、梵鐘が作られる**ようになった。「鐘鼓」の記述が宋范曄撰『後漢書』（列伝）にも唐房玄齢等撰『晋書』にもあるが、晋陳寿撰『三国志』にはない。**『鄴中記』第十五条**「女妓」に関連し、「伎楽についての魏以来の制度を改めた結果、晋以後『楽を廃す』の状態となった。この時『女妓』の称が出現することがわかる」と述べた。おそらく、**女妓の出現は、同時に梵鐘の出現でもある**のだろう。『晋書』王祥等列伝の「史臣曰」に、「撞鐘舞女、流宕忘歸」とある。『晋書』の「鐘鼓」の記述は、前代以来の記事やモノの残存を記した可能性を考えるのが筋だろう。下記において『周礼』に言及する。戦国時代の『周礼』編纂時、目の前にあったのは、戦国時代の編鐘である。六朝時代に議論された『周礼』には、増補された字句があり、その内容創出に関わった者たちの目の前にあったのは、梵鐘である。やや細かいことを述べれば、下記に言及する『史記』封禅書引用の『周礼』も、漢代に創出したものである。この時代はまだ戦国時代以来の編鐘が存在する。遡って、殷周時代の人々（春秋前期まで）は、大小配列において大から急に小になるような原始的配列の編鐘（鐃）を目にしている。

第三十五条　雲母五明金箔莫難扇

下記『鄴中記』第四十五条の画像参照。

この第四十五条に、「扇」と「皇帝・女尚書・女侍従」との関係を簡単に述べた。

「扇」のもつ意味については、正史の用例を参照することができる。個々の事例を通覧して得られる初歩的知見からすると、「扇」は、**平勢解説《その一》「輦」**にまとめた「輦」**の制度と付かず離れずの関係**にある。征服王朝下でまとめられた**『宋史』**（**列伝・天文志・儀衛志**）では天文志・儀衛志に扇の記事が多く、天文志では井宿の東西を分ける名称として「東扇」・「西扇」が使われる。この井宿は夏至点があり、七夕伝説の一翼を担う鶉（井・鬼・柳・星・張・翼・軫の各宿を一つの星宿とみなす）の東に天の川がある。この天文志と「東扇」・「西扇」の関係は、**『元史』天文志**に継承される。**『金史』**にあって扇の記事が多いのは儀衛志であり、天子の祭祀以外の遠出の儀衛である行杖に、諸々の「雉扇」・「団扇」の記事がある。鹵簿にも扇の記事が多いが、多いのは皇太后・皇后に関する規定である。ここにも諸々の「雉扇」・「団扇」の記事がある。皇太子の鹵簿にもそれらがあり、諸侯妃用にも「偏扇」・「方扇」・「団扇」の記事がある。さらに『金史』輿服志は、天子車輅・皇后妃嬪車輦・皇太子車制・王公以下の車制及び鞍勒飾に、扇、障等の制を定めている。**『金史』百官志**に「宮人女官職員品秩、皆同唐制」として、「宮二人、掌導引皇后、管司記、司言、司簿、司闈、仍總知五尚須物出納等事……司輿二人、典輿二人、掌輿二人、女史二人、掌輿傘扇羽儀」とあるのも注意しておいてよい。以上、**『金史』儀衛志・輿服志・百官志の制度**が継承されて『元史』礼楽志冊立皇太子儀（団扇・雉扇・傘扇）、皇太后上尊号進冊寶儀（同前儀）、太皇太后加上尊号進冊寶儀（同前儀）、同**礼楽志楽服**（櫻毛日月扇）、祭祀志儀注之節（傘扇）、祭祀志宗廟（傘扇・繖扇）、**輿服志儀仗**（朱団扇・団扇・雉扇・扇錡・繖扇・青瀝水扇・道扇）、**輿服儀衛殿上執事**（団扇・雉扇・五色嵌金黄雲扇・朱団扇・繖扇・扇錡）、**百官志**（成造宮殿網扇）、**『明史』礼志宗廟之制**（儀衛傘扇前導）、**礼志大朝儀**（明扇・扇）、**礼志山陵**（傘扇）、**楽志**（扇・宝扇・雉扇）、儀衛志（雉扇・朱団扇・団黄扇・紅扇・黄双龍扇）、儀衛志皇后儀仗（方扇・青羅団扇・季花団扇）となっている。**焦点の当て方が変化しているが、基本的な「形」は継承されている。七夕伝説に関わる場が天文志に**記され、この伝説が元代までは残存し、以後は廃れたことがわかる。**その後は、皇太后・皇后・皇太子に関わる儀礼の場に扇が用いられ、輅車や輦の使用の場に重なっている。**『宋史』魏王廷美列伝に「絹扇」の記事があり、盧多遜列伝にも廷美の記事として「絹扇」がある。遡って『晋書』安帝紀に「禁絹扇及摴蒱」とある。これらが象徴的に示すように、「**扇**」**は特別に意味づけられた**ものである。

『旧唐書』以前の「扇」の記事は、**風を遮ることの特別性**を示している。門に扇を設置する「門扇」の語を用いる（『漢書』霍光伝、『梁書』侯景列伝、『魏書』清河王列伝、『南史』侯景列伝、『北史』道武七王列伝、『旧唐書』楊慎矜列伝、同魯炅列伝、同隠逸列伝、同西戎列伝拂菻）。これは、**門の内に外からの邪気が入り込むことを遮断する**意味があるのだろう。しかし、一般には、「**扇**」**は風を起こす**ものである。その**風は反乱を誘発する**。「相扇」の前後の表現に注目すると、それがよくわかる。「相扇而起」（『漢書』馮奉世伝）、「相扇動」（『後漢書』楊震列伝、『三国志』魏書梁習伝、同魏書高柔伝、同魏書烏丸鮮卑東夷伝、）、「相扇結」（同上）、「寇賊相扇」（『後漢書』袁紹劉表列伝）、「妖妄相扇」（『宋書』礼志）、「交遘主相、扇揚朋黨」（『宋書』天文志）、「同弊相扇、圖傾宗社」（『宋書』武二王列伝）、「権醜相扇、鴟梟奮翼」（『宋書』文九王列伝）、「凶醜相扇、志肆譏惑」（『宋書』臧質列伝）、「迷愚相扇、四海同悪」（『宋書』孝武十四王列伝永嘉王子仁）、「韞、述相扇、成此亂階、醜圖潛構、危機竊發」（『南斉書』高帝本紀上）、「蛮虜相扇動」（『南斉書』陳顕達列伝）、「慮相扇為乱」（『南斉書』荀伯玉列伝）、「蛮虜相扇」（『南斉書』蕭景先列伝）、「更相扇惑」（『梁書』陳慶之列伝）、「竝扇惑合成其事」・「蝥賊相扇」（『陳書』陳宝応列伝）、「相扇謀逆」（『魏書』昭成子孫列伝）、「因相扇動、所在聚結」（『魏書』崔玄伯列伝）、「潜相扇誘、図為叛」（『魏書』穆宗列伝）、「妄相扇動、為患必大」（『魏書』陸俟列伝）、「競設斎会、仮称豪貴、以相扇惑」・「咸相扇惑」（『魏書』盧玄列伝）、「迭相扇動」（『魏書』尉元列伝）、「共相扇奬、遂與輝復致忿争」（『魏書』劉昶列伝）、「軽薄之徒、頗相扇動」（『北斉書』封隆之列伝）、「朋党相扇、貨賄公行」（『隋書』楊玄感列伝）、「互相扇惑」（『隋書』宇文化及列伝、『北史』宇文化及列伝同じ）、「更相扇誘、本其恒意」（『隋書』王藻列伝）、「群迷相扇、構造無端、貪利幼弱、競懐希幸」（『南史』殷孝祖列伝）、「慮相扇為乱」（『南史』荀伯玉列伝）、「相扇謀逆」（『北史』魏諸宗室列伝）、「因相扇動、所在聚結」（『北史』崔宏列伝）、「朋党相扇、貨賄公行」（『北史』楊玄感列伝）、「相扇構乱」（『旧唐書』懿宗本紀）、「近年浮薄相扇、趨競成風」（『旧五代史』唐書昭宗列伝）、「兵民相扇動」（『宋史』鄭戩列伝）といった事例がある。

甲骨文まで遡ると「**風**」は「**鳳**」の字になる。この観念が部分的に継承されているから、『荘子』逍遥游の大鵬は、飛び立つのに「風之積」が「厚」いことが必須となる。この『荘子』の故事が念頭にあって、「亦群下相扇助之象、雛而未大、脚羽差小、亦其勢尚微、易制御也」（『魏書』崔光列伝、『北史』崔光列伝同じ）という記事が生まれる。ここに見える経緯から、**「輦」の屋根に「鳳」があしらわれる**意味もわかる。「羽扇」（『晋書』五行志上、同周顗列伝、『周書』庾信列伝）、「白羽扇」（『晋書』庾懌列伝、同芸術列伝呉猛列伝、『南斉書』孔稚珪列伝、『魏書』景穆十二王列伝任城王、『魏書』抱嶷列伝、『南史』孔珪列伝、『北史』景穆十二王列伝下、同王思政列伝、同恩倖列伝抱嶷、『新唐書』張九齢列伝）は、この**「鳳」の羽を具現化**する。唐の制度を部分的に継承した五代梁について、「及梁太祖即位、諸侯之彊者皆相次称帝、独茂貞不能、但称岐王、開府置官属、以妻為皇后、鳴梢羽扇視朝、出入擬天子而已」（『新五代史』雑伝李茂貞）という記事があり、「輦」に密接に関わっていた皇后と「鳴梢羽扇」が関連して示される。「仙人羽扇」（『金史』輿服志上）という記事もある。**「羽扇」は神仙思想を根底に位置づける**。だから、「輦」に西王母伝説が重なってくる。

「扇」には「団扇」もある。「団扇」と「白団扇」の記事があるのが『晋書』・『宋書』・『南史』・『旧唐書』であり（『新唐書』は「団扇」のみ）、「団扇」と「朱団扇」の記事があるのが『金史』・『元史』・『明史』である。**「団扇」は、その形状からして大きな葉が風を起こすものとして利用されたのが起源になる**のだろう。「羽扇」・「白羽扇」が話題になる時代には、「白団扇」が用いられ、「羽扇」・「白羽扇」が廃れると、「朱団扇」が用いられるようになった。**仏教が流行した後にして、神仙思想の背景として立面構成である後天八卦方位と先天八卦方位が語られた時代、「白羽扇」と「白団扇」が用いられた**とまとめなおすことができる。

上述したように、**邪気をはこぶ「鳳」**が話題になる**「扇動」**等の用語がある一方、**神仙思想に基づく鳳凰の霊力下に、秩序が保たれる**という考え方だけでなく、儒教的王道が風によって運ばれるという考え方もある。『三国志』魏書文帝紀「今王纘承前緒、至徳光昭、御衡不迷、布徳優遠、声教被四海、仁風扇鬼区、是以四方效珍、人神響応、天之曆数実在爾躬」の「仁風」、『三国志』魏書蒋済伝「往者大臣秉事、外内扇動、陛下卓然自覧万機、莫不祗粛、夫大臣非不忠也」の「忠」がそれに当たる。儒教的王道は、補佐する賢人によって世に実践される。それを述べたのが、『晋書』五行志

上「旧為羽扇柄者、刻木象其骨形、列羽用十、取全数也、自中興初、王敦南征、始改為長柄、下出可捉、而減其羽用八、識者尤之曰『夫羽扇、翼之名也、創為長柄者、将執其柄以制羽翼也、改十為八者、将未備奪已備也、此殆敦之擅権以制朝廷之柄、又将以無徳之材欲竊非據也』」になる。この補佐役の賢人と「扇」との関係を示すのが、「交結朋党、構扇是非、実足乱俗傷風」（『宋書』庾炳之列伝）、「少帝即位、権在大臣、霊運構扇異同、非毀執政、司徒徐羨之等患之、出為永嘉太守」（『宋書』謝霊運列伝、『南史』謝霊運列伝同じ）、「遂乃合党連群、構扇同異、付下蔽上、専弄威権、薦子樹親、互為表裏、邪付者栄曜九族、秉理者推陥必至」（『宋書』劉湛列伝）、「太祖延見之、求北還構扇河、陝、招聚義衆」（『宋書』薛安都列伝）、「而猜貳滋甚、志興乱階、随与荀伯玉駆合不逞、窺窬非覬、構扇辺荒、互為表裏」（『南斉書』垣崇祖列伝）、「協付姦邪、疑間勳烈、構扇異端、譏議時政、行路同忿、有心咸疾」（『南斉書』謝超宗）、「義陽人謝天蓋与虜相構扇、景先言於督府、驃騎豫章王遣輔国将軍中兵参軍蕭恵朗二千人助景先」（『南斉書』蕭景先列伝）、「而長亜易流、構扇弥大、与北中郎司馬蕭穀、台隊主劉明達等剋期竊発」（『南斉書』王晏列伝）、「元徽之間、政関群小、構扇異端、共令傾覆」（『南斉書』何昌寓列伝）、「昔在渚宮、構扇蕃邸、日夜縦諛、仰窺俯画」（『南斉書』謝朓列伝）、「于時尼娼構扇内外、風俗頽薄、人無廉耻」（『魏書』僭晋司馬叡）、「爾乃桀点構扇、憑陵畿甸」（『周書』庾信列伝）、「又常私入宮掖、密謀於献后、楊素等因機構扇、遂成廃立」（『隋書』煬帝紀下、『北史』隋本紀下同じ）、「桀逆構扇」（『南史』梁本紀下）、「求北還、構扇河、陝」（『南史』薛安都列伝）、「又與褚遂良等朋党構扇、罪当大逆」（『旧唐書』閻立徳列伝）、「遂良卒後二歳余、許敬宗、李義府奏言長孫無忌所構逆謀、並遂良扇動、乃追削官爵、子孫配流愛州」（『旧唐書』褚遂良列伝）、「大則傾覆朝政、小則構扇藩方」（『旧唐書』宦官列伝楊復恭）である。「更相扇慕、破産傾資、風俗流行、遂下兼士庶」（『旧唐書』輿服志）は、その**仁政の結果**を示す。

平勢解説《その一》「曲水」において、**王羲之の儀礼**を話題にした。**できたばかりの秦昭王伝説**が「曲水」の名の由来になっていた。これに加える形になるが、**書聖としての王羲之には、「扇」にまつわる話題**もある。『晋書』王羲之伝に、「又嘗在蕺山見一老姥、持六角竹扇賣之、羲之書其扇、各為五字、姥初有慍色、因謂姥曰『但言是王右軍書、以求百銭邪』、

図 16-1　龍門石窟第三窟東南隅図（後方に芭蕉扇）［写真：東京大学東洋文化研究所］
神仙思想の西王母（16-1）・東王父（16-2）が仏教石窟に継承 された事例のようだ。そこに貂蝉・貂璫 と覚しきものも見える［写真：東京大学東洋文化研究所］

姥如其言、人競買之、他日、姥又持扇来、羲之笑而不答、其書為世所重、皆此類也、毎自称『我書比鍾繇、当抗行、比張芝草、猶当雁行也』、曾与人書云『張芝臨池学書、池水尽黒、使人耽之若是、未必後之也』」とある。一般には、書聖の技法に目がいく話題になっているが、上記のような視点からすれば、**王羲之が皇帝の補佐賢人として活躍を期待される家柄「王氏」の中心人物で**あることが、前提になっている。

下記**第四十五条にも**「龍門石窟第三窟東南隅」の画**像**を紹介したところがある。皇后の隣は西王母と覚しき人物（神格）のようだ。**西王母は三本の「扇」を手にしている**。同じく**第三窟東北隅の画像には、若き皇帝と東王父と覚しき人物**（神格）が見える。この龍門石窟第三窟画像より時期が降る**鞏県石窟の同種画像**では、格下の「団扇」の上位に、特別の扇が存在する（下記解説《その三》**『石虎と帳』天蓋を象徴する帳、天井の蓮華**）。神官がかぶり天の神意を受ける特別冠、その神意をさらに受ける特別扇、「張」の発展形たる特別傘に影響を及ぼす特別扇（皇帝が肩にする）、皇太子が受ける特別扇がある。「龍門石窟第三窟東南隅」の**西**

花弁の少ないパルメット風の特別具

皇帝、香嚢を首から下げる

前方に特別具をもつ先導役　後方に芭蕉扇をもつ者と特別傘

特別具を肩かける東王父？

図 16-2　龍門石窟第三窟東北隅図（後方に芭蕉扇）［写真：東京大学東洋文化研究所］
特別具の先端は、上掲図 11 の拡大図の蓮弁下方が参照できる。図 11 の蓮弁と獅子との関係は、後代日本の安倍文珠院の騎獅文殊菩薩像（左手に蓮華）が参照できる。

王母が手にするパルメット風の「扇」の特別性を継承するもののようだ。その形はパルメット風であり、仏教画像として特殊な意味づけが可能である。西王母がもつ他の二本の「扇」も、後代の団扇に比較して、より自然で蓮の葉のような形になっている。龍門石窟第三窟画像には、西王母（東南隅）・東王父（東北隅）という道教的（神仙思想の影響が強い）要素が見える一方で、その要素に融合した「扇」には、仏教の影響が強い。下記の第四十五条を参照されたい。

『晋書』載記苻丕に、「主上傾国南討、覆敗而還、慕容垂擅兵河北、泓、沖寇逼京師、丁零雑虜、跋扈関洛、州郡姦豪、所在風扇、王綱弛絶、人懐利己、今呂光回師、将軍何以抗也」とあるのは、苻丕が敵対勢力に対し「跋扈関洛、州郡姦豪、所在風扇、王綱弛絶、人懐利己」と称していたことを記す。また、『晋書』載記慕容徳に、「及垂称燕王、以徳為車騎大将軍、復封范陽王……徳進曰『……故陛下龍飛、不謀而会、雖由聖武、亦縁旧愛、燕趙之士楽為燕臣也、今永既建偽号、扇動華戎、致令群豎従横、逐鹿不息、宜先除之、以一衆聴……』」とある。「今永既建偽号、扇動華戎、致令群豎従横、逐鹿不息」は、**敵対勢力が「偽」と評価すべき正統主張をしていた**という記事になる。

第三十八条　輦車

平勢解説《その一》「輦」参照。

第四十五条　女尚書・貂蝉他（石窟寺院を準備したもの）

平勢解説《その一》「**輦**」の用例、『**鄴中記**』**第十五条**「女妓」の用例を通して、『晋書』から『旧唐書』に反映される**皇后・太后の儀礼的特別性**が理解できる。尚書は、皇帝と官僚との間を行き来して、情報を伝達することを業務とする。その職務を宰相が兼ねるものとなり、やがては宰相の意味になった。**女尚書**は制度上ない用語である。文字通り**皇后・太后と官僚を取り結ぶ役職**である。しかし、尚書と同様**実質的権力を握っている**ということだろう。皇后・太后の権力が背後にあるので、時代とともに名称も消滅する。この条文には、宋楽史撰『**太平寰宇記**』を引いて**女尚書**は「**皆貂璫直侍**」とする。これに関連する記事が『**鄴中記**』**第四十七条**にあり、「石虎置女侍中、皆貂蝉」とする。通常議論される官制では、侍中は尚書に次ぐ位である。ここに見える**女侍中は女尚書に次ぐ儀礼官の位**と見られる。龍門石窟第三窟東南隅に上掲の彫刻があり、皇后が貂蝉[13]の冠、女尚書が貂璫、女侍中が貂蝉、それぞれの冠を被る表現のようだ。『**鄴中記**』**第三十五条**に「**雲母五明金箔莫難扇**」の名が見え、「**看之如謂可取**」という。下掲彫刻の**皇后がつまむようにも**つ扇が、この種の扇であろう。皇后の横に立つのはおそらく**西王母**であり、**同種の扇**をもっている。**パルメット風のもの**が「**雲母五明金箔莫難扇**」**に近い**ようだ。西王母は扇を三本もっており、残り二本はいわゆる**団扇**である。**第三十五条**には「石虎作雲母五明金箔莫難扇、此一扇之名也。薄打純金如蝉翼」とあり、「**蝉の翼の如し**」**との表現がパルメット風の図に通じる**。また「其五明方中辟方三寸、或五寸、随扇大小、雲母帖其中」という表現も同様である。「細縷縫其際、雖罨画而彩色明徹、看之如謂可取、故名莫難也」も、パルメットの分かれた葉相互を糸でつないだ表現に思える。「其五明方中辟方」の「中辟方」の「辟」は「璧」に通じ欠けた部分がある。全体の形状はカエデ状つまりパルメット風ということになる。白檀は枝に葉のついた形状が特徴的である。

東南隅・東北隅いずれの図にも、**後方に芭蕉の葉のごときもの**（芭蕉扇）が見える。同じく『**鄴中記**』第三十五条について述べたように、扇は風と不可分の関係にある。そして**平勢解説《その一》**「**曲水**」に述べたように、『**鄴中記**』は内容的に「曲水」儀礼に深く関わっていて、詩との関わりが無視できない。常識的に知られるように、『**毛詩**』（『**詩経**』）には、「**風」の名をもってまとめられる詩編**が少なくない。そして、『**毛詩**』**国風周南**には、「后妃の徳なり。風の始めなり。天下に風あらしめて夫婦を正す所以なり」、「風、風なり。教なり。風あり以て之を動かす。教あり以て之を化す」とある。**后妃の徳の名をもって詩が語られ、それが風に関連づけられる**。その「風」に関わる扇が『**鄴中記**』において議論されている。**皇后と扇が関連づけられる画像**は、龍門石窟第三窟東南隅に見えた後（扇風のものを持つのは西王母らしき神格だが）、鞏県石窟画像になると（下記解説**《その三》『石虎と帳』天蓋を象徴する帳、天井の蓮華**）、仏教の影響は貴人を先導する僧侶、釈迦誕生に重ねられた皇后の皇太子懐妊を象徴する帳、蓮弁をあしらった特別扇に継承される一方、天の神意を受ける特別冠をつける貴人、その影響を受ける特別扇という表現は、明らかに神仙思想を背景として構想されている。邪気をはらう団扇は図としては下位に置かれる。そして、皇帝が肩にする蓮弁をあしらった特別扇の他は、特別扇、団扇ともすべて女子がもつ。帳を継承した特別傘はすべて男子（皇后関係はおそらく宦官）がもつ。大陸の影響を受けたはずの日本では、**高松塚古墳壁画のいわゆる飛鳥美人東面、西面ともに唐代風の団扇を手にしている**。**中国では滅びた意匠が、高松塚古墳壁画に部分継承されているとすれば、**日本では、天の神意が介在する扇表現がない[14]。

『史記』呂太后本紀に、太后称制のことを述べ、「始めて高帝と啑血して盟ひ、諸君在らずや、今高帝崩じ、太后女主たり、呂氏を王たらしめんと欲す。諸君従ひて阿意背約せんと欲すれば、何の面目ありてか高帝に地下に見えん」とあるのは、死後の高帝が天地を行き来し、死後の臣下は地下において高帝に謁見することを述べている。唐李延寿撰『北史』和士開列伝にも臣下としての似た議論が見える。これは、**死後のこととして、皇帝と臣下の交流の場が「地下」に**

あることを述べるものである。

一方、**『鄴中記』第七条**に扱ったように、「石室」**には、仙人を通して嵩山や伊洛の間と関わりが議論できる**。その考え方は、神仙思想をもって石虎の鄴とつながっているようである。石虎皇后に関わる石室に蔵されていたのは、「孔老の論」の類であり、正統に関わる書物かと推測できた。**八紘の正統書に石虎が関わり、そこに西王母の「石室」にある正統書の霊力がもたらされる。西王母の霊力を石虎皇后が受ける、という構図**かと考えられる。

そもそも『史記』本文としては、二種の相異なる石室の記述がある。一つは殷王紂が周文王を**捕らえて石室に投じた**という記事である（亀策列伝）。もう一つは**『史記』を石室金匱の書として紡いだ**という記事で（太史公自序）、この自序の最後に決め台詞があり「蔵之名山、副在京師、俟後世聖人君子」としている。この自序を『漢書』は司馬遷伝という個人の列伝におしこめたのだが[15]、そこでは「已著此書、蔵之名山、伝之其人、通邑大都」と表現を変更し、石室と決め台詞を切り離した。しかし、**国家の正史を金匱の書としたという筋立ては、継承**された。これも上述した『北史』斉本紀に石虎を揶揄した記事では、石室という言い方を用いつつ、意味はくさして述べる。いわゆる石室ではなく「石季龍（石虎）の旧居」であり、皇帝といわず「馬子」と蔑称した（「又先是謠云『馬子入石室、三千六百日』、帝以午年生、故曰馬子、三台、石季龍旧居、故曰石室、三千六百日、十年也」）。この筋立てを参照すると、**石虎と石室は特別の関係があり、同じ石室でありながら、やや時代の下る北魏の龍門石窟に、上掲の彫刻がある**（第三洞東北隅および東南隅）。この彫刻内容が石虎の記事と関わるのであれば、**第七条**に想定された**石室と神仙思想との関連は、仏教と神仙思想との統合**（石窟寺院の源流のひとつ）にも関わることになる。問題の鍵を握るのは、西王母の影響と皇后との関係である。一つの想定ということになるが、彫刻にあって、貂蝉を冠するのは、皇后と女侍中、貂璫を冠するのは女尚書と思われる（東南隅）。東北隅の彫刻では特別の冠を皇帝がかぶる。パルメット様の扇と団扇の祖と思われるものをもつのは、皇后を導く西王母として落ち着きがよいわけである。先に述べたように**『鄴中記』**第三十五条の「**雲母五明金箔莫難扇**」は、ここに見えるパルメット様の扇に飾りを加えたものと思われるが、同条に「亦用**牙桃枝扇**、其上竹」とある「牙桃枝扇」

図17　鞏県石窟第一窟、出口に向かって左側

右側の画像と対になる（特別冠、特別扇、格下の団扇、特別傘について、解説《その三》の「**〖石虎と帳〗天蓋を象徴する帳、天井の蓮華**」を参照。特別扇・団扇ともに女子がもち、特別傘を男子、女性貴人側は宦官がもつ）。

は、団扇の祖と思われるものに枝や葉の飾りをつけたもの、などの想定が可能である。いずれも西方からの影響を考えるわけだが、一つの可能性として、「**雲母五明金箔莫難扇**」は仏教的要素、「**牙桃枝扇**」は神仙思想的要素が想定できる。

　鞏県石窟第一窟の出口に向かって左側図上段の貴人第一者は、神仙思想的要素として天の神意を受け、その神意を対面の右側図上段貴人の第一者に伝える。

　同じく第一者は肩にする飾りつきの長柄と蓮弁をつけた特別傘をもって

西方からの仏法の影響を受け、対面の右側上段貴人の第一者の特別傘に伝える。

この第一者どうしの影響関係は、特別扇、格下の団扇、特別傘をもって、他者にも伝えられる。

こうした複雑な構造に比較して、龍門石窟第三窟の東北隅・東南隅両図の場合は、東王父、西王母と皇帝・皇后の影響関係が読み取りやすい構図となっている。一見比較的素朴な構図である。しかしながら、龍門石窟第三窟の東北隅・東南隅両図は、明らかに鞏県石窟第一窟図の先駆になっている。後者の先導役は僧侶だが、前者の先導役は道師である。前者には後者の特別傘とは異なる特別傘があり、後者の特別扇と団扇に相当するパルメット風の扇（西王母）と芭蕉扇がある（後者に見える蓮華を思わせる飾り付きの特別具と前者に見えるその先駆と思しき特別具、その他について、平勢解説《その三》の「【V】補足二　先天八卦方位の立面図とその前後の時期の留意点」の「『石虎と帳』天蓋を象徴する帳、天井の蓮華」に述べる）。

龍門石窟第三窟の東南隅図（出口に向かって右側）の皇后の後ろには、貂璫をつけた女尚書、貂蝉をつけた女侍中がひかえる。鞏県石窟第一窟の出口に向かって右側図の第一者の後ろにも貂蝉（蝉表現が退化）をつけた二人がひかえる。**貂蝉の「蝉」が含蝉と意味的につながるとすると、生まれ変わりの議論**になる。天井の蓮弁を経て生まれ変わるのを補佐する意味があるのだろう。**『鄴中記』**第七条の「**太子像**」とそれに関わる「**皇后浴室**」の記載、同じく第二十九条の「**帳頂上安金蓮花**」、第三十五条の「**雲母五明金箔莫難扇**」、「**牙桃枝扇**」等は、石窟寺院の源流のひとつが、石虎時代の神仙思想と仏教との融合に求められることを教える。

第四十九条　出行上図

平勢解説《その一》「**輦**」参照。

第五十二条　指南車　司里車

これらは、当時の車の制度を通して理解するのが筋である（平勢解説《その一》「**輦**」の図を参照）。儀礼に用いるのは輦である。その輦は、**副車という添え車をつけて牛や馬に挽かせる**ことができる。その車の回転と方向軸とを歯車等でつなげて方向を一定にするしかけは、車と道路の接触面が一定しないことからも、現実的ではない(16)。あり得るとすれば、**磁石を利用した指南魚を具えた車**であろう（『宋書』礼志五に「晋代又有指南舟」とある）。もう一つ、星座を利用して南を意識した儀礼の場を設け、その場で南を向く車を備える。**南を意識した儀礼用の車**である。この可能性もないわけではない（つまり、しかけによるものではない）。司里車は、**車の回転を歯車でうまく伝えて里程を数えるしかけ**を造ればよい。

第六十九条　神亀

六世紀までは、立面図としての後天八卦方位の時代である（**平勢解説《その一》「曲水」**参照）。坤は、太陽がもっとも低い位置にあり、そこには玄武が設定されている。大地は水に浮かんでおり、時代を遡った前漢の馬王堆三号墓出土帛画には、大地と覚しき中段に被葬者と覚しき婦人が立ち、その大地を支える水から亀が顔をのぞかせている。三国魏の薄葬令で、墓葬の地上の目印が消滅した。地下には制約が及ばず、前漢以来存在した亀の考えが玄武と結びつき、**大地を支える水中に霊亀がいる**ということになったようだ。だから、地中を掘ると井戸水が得られるように、霊亀が得られる。通例得られるわけではない。だから、特別に霊亀という。後漢時代に玄武を意識した亀趺碑があったが、薄葬令の制約がなくなってきて、梁の陵墓の墓前に亀趺碑が再出現した。同じ亀趺でも意味するところが異なっている。再出現の時期である六世紀以後、**先天八卦方位が立面図として意味をもつにいたり、玄**

図18　唐代李寿墓誌（西安碑林博物館蔵）
水中の玄武という発想は、薄葬令後、地下に亀形墓誌を生んだ。地上には、石碑を支える亀趺ができたが、亀形墓誌はしばらく継続して造られた。後に大地そのものを支える亀趺塔（仏塔は大地の象徴）ができた。

武は四神として地表を守護することになる。玄武は亀趺の亀とは分離した。また、墓碑とは別に、墓誌が継続して造られた。地中の亀として、唐代李寿墓誌が蓋つきで亀形になっている。**墓誌の末尾に**「霊亀是考」とあり、**その形が霊亀**であることがわかる。本**『鄴中記』第六十九条**の「神亀」は、「大踰方丈、其堵堞之状、咸以亀象焉」とあり、李寿墓誌の「霊亀」が参照できる。**この種の地中の霊亀が、後の亀趺塔の亀となる。**亀趺塔の塔は、舎利塔であり、地上の宝物として、大地を象徴する。大地を浮かべる水を亀が象徴する。亀趺碑(17)は、この宝物に換え、貴人の事績を文字として記したと考えられる（後天八卦方位下の後漢時代とは意味づけが異なる点は、上記**『鄴中記』第七条**の「石室」参照）。宋楽史撰『太平寰宇記』に「贔屓」の名があり、霊亀が継承され名称を変えている。贔屓は龍の子とされる。以後、贔屓の称が一般化する。「神亀」については、**平勢解説《その一》「曲水」**で言及した**飛鳥の亀形石造物**は、**伏流水を意識したらしい水の儀礼**に用いられている。大地の下の水として、沐浴儀礼に用いる。

注

（1）『文物参考資料』一九五八年九期、川勝政太郎・山田宰「因幡岡益の石堂」（『史跡と美術』三〇五、一九六〇年七月）。図と本文解説は川勝政太郎。

（2）関野貞『支那の建築と芸術』（岩波書店、一九三八年九月）等の関野の見解は、これを時期決定の基準にしているように見える。

（3）鏡には、老魅・魑魅魍魎の正体をあぶり出す霊力があるとされている。反転文字は、鏡に映せば正常の文字になる。老魅・魑魅魍魎がきらう鏡がないと読めないということであろう。また、「**補足**」の「『三月三日、五月五日、**七月七日**』**女妓の楽の始まりと伏日の意味**」には「『**鄴中記**』**第二条**に参考画像としておいた梁呉平中侯右闕（西）の門標が西地中から見て正字になる（われわれがみると字が左右反転している）のは、呉平忠侯が死後地中にいる（天には昇っていないか、地上と交信するには地中におりてきて墓地にいたる）ことを示しているようだ。鏡が左右反転した自己を映し出すのは、似た効果を想起させたはずである』」と述べた。神となった墓の被葬者は墓に用意された（墓中埋葬か門柱に託された解釈はしばらく問わぬこととして）鏡の霊力に守られて神道（参道）を進み、老魅・魑魅魍魎は正体を暴かれて、神道を進むことができないということだろう。

（4）以下、四神の議論は、平勢隆郎『「八紘」とは何か』（東京大学東洋文化研究所・汲古書院、二〇一二年三月）一二四頁以下。

（5）**平勢解説《その一》**注（30）に指摘したように、神輿の表現としては、その鳳凰も後天八卦方位の朱雀の位置づけが継承されている。おなじく《その一》注（35）参照。

（6）現行『周易』に先行する『易』のテキストについては、池田知久・李承律『易（上）六十四卦』（馬王堆出土文献訳注叢書、東方書店、二〇一一年十月）、同『易（下）二三子問篇、繫辞篇、衷篇、要篇、繆和篇、昭力篇』（同右）等参照。現行本に「馬」とする字が、実は「象」の字であったこと等、歴代参照された現行本の解釈にも関わる問題（意味の取り違えから史料利用を阻んできた部分がある）が、適切に理解できる。

（7）『左伝』の卦変に関する検討による。平勢隆郎『左伝の史料批判的研究』（東京大学東洋文化研究所・汲古書院、一九九八年十二月）三三一頁参照。

（8）天の方位が定まるについては、乙女座（角・亢の二宿）や蠍座（房・心・尾の三宿）が冬至の未明に見える辰方位が起点として注目された。前掲平勢『左伝の史料批判的研究』十七頁等。「亢」が房・心・尾三宿といっしょになるについては、出土史料に「亢」を「抗」（『二三子問』第三章・『繫辞篇』第十二章）・「炕」（『衷篇』第十六章・第十七章・第二十章）に作り、『説文』亢部に「亢、人頸也、从大省、象頸脈形」とする（上掲池田・李『易（上）』十三頁）。「亢」の字がそもそも房・心・尾三宿の頸部になる意味をもっていたようだ。

（9）五徳終始については、前掲平勢『「八紘」とは何か』第一章に扱ったことがある。特に同第一節では、緯書説を扱った。

（10）湖北省随県（随州市）の曽侯乙墓出土品には、多数の楽器と多数の女性遺体がある。女性遺体は棺に納め殉葬されている。楽器には、演奏風景を簡単に描いたものもある。女性は楽器を演奏し舞を舞った者たちと考えられている（中国社会科学院考古研究所編『曽侯乙墓』湖北省博物館・文物出版社、一九八九年七月）。

（11）『旧唐書』穆宗本紀「上雑伎楽を麟徳殿に観る。歓甚し」、『旧唐書』音楽志「宋世に高麗、百済の伎楽有り」、『旧唐書』太宗諸子恒山王承乾「常戸奴数十百人に命じて専ら伎楽を習ひ、胡人椎髻を学ばしむ。翦綵を舞衣と為し、尋橦跳剣、昼夜絶へず、鼓角の声、日ごと外に聞こゆ」、『旧唐書』高宗中宗諸子列伝邠王守礼「守礼唯だ弋獵、伎楽、飲謔するのみ」、

『旧唐書』武元衡列伝「高崇文既に成都に発し、尽く其の軍資、金帛、帟幕、伎楽を載せ、工巧以て行く」（宋歐陽修撰『新唐書』武元衡列伝に同内容）、『新唐書』賈曽列伝「余閑かに宴私し、後廷伎楽、古も亦之有り。猶当に秘隠すべし。不以て人に示さず。況んや之を所司に閲し、群臣に明示するかな。願はくは下令して倡優女子を屏とし、諸々の使者もて採召し、一切罷止す」、『新唐書』厳挺之列伝「今の暴衣冠、羅伎楽、雑鄭、衛の音」、『新唐書』田弘正列伝「布号泣固辞、不聴、乃出伎楽、與妻子賓客決曰〝吾不還矣〟、未至魏三十里、跣行被髪、号哭而入、居堊室、屏節旄、凡将士老者、兄事之、禄奉月百万、一不入私門、又発家銭十余万緡頒士卒」、『旧五代史』唐書荘宗紀「礼儀使奏すらく、貞簡皇太后升祔礼畢り、一に宗廟伎楽に応ず。諸祀に及び、並びに請ひて仍ほ旧なりと。之に従ふ」、『旧五代史』唐書明宗紀「皇子従栄の第に幸す。禁中に宣して伎楽もて観宴せしむ。従栄進馬及び器幣、帝因て伎楽を以て之を賜ふ」、『旧五代史』晋書宗室列伝「廉愛恤下、不営財利、不好伎楽、部人安之」、『旧五代史』礼志下「宗廟伎楽及び群祀に応ず。並びに旧に准じて施行す」、『宋史』礼志賜酺「皆駕するに牛を以てし、之に錦繡を被せ、縈らすに綵紉を以てし、諸軍に分載す。京畿の伎楽は、又中衢（みち）に編木して欄を為り之に処り」、『宋史』杜衍列伝「祠神伎楽を以て賓を娯しましむ」、『明史』文苑列伝顧瑮「璘時時客と豪飲し、伎楽もて雑作す」。

（12）前掲『「八紘」とは何か』六二八頁「『左伝』に示される楽と風化」。編鐘の形式変遷については、前掲平勢隆郎『左伝の史料批判的研究』六頁および平勢隆郎『中国古代紀年の研究——天文と暦の検討から』（東京大学東洋文化研究所・汲古書院、一九九六年三月）第二章第一節。

（13）ここには、皇后（・皇太后）の儀礼における特別性に着目しているが、官制としての貂蝉・貂璫については、戸川芳郎「貂蝉—蝉賦と侍臣」（『加賀博士退官記念中国文史哲学論集』講談社、一九七九年三月）参照。この論文末尾に、濱田耕作「支那古玉概説」（濱田耕作編『有竹齋古玉譜』上野精一出版、一九二五年）以来の含蟬研究が紹介されている。

（14）**平勢解説《その一》「曲水」**に述べたように嵩山の宋代曲水遺跡は唐代に遡って議論でき、その地に高宗の時に西王母の祭祀の場を設け、東王父のいる泰山の封禅の儀式の場も移して合体させたことである。こういう動きが唐朝では進んでいる一方、日本では、西からの風により皇后等が西王母の霊力を受ける意識が継承されたようだ。関連する話題だが、**「『三月三日、五月五日、七月七日』女妓の楽の始まりと伏日の意味」**に**『鄴中記』第十五条「女妓」**を参照しつつ、「伎楽についての魏以来の制度を改めた結果、晋以後『楽を廃す』の状態となった。この時『女妓』の称が出現し、それまでの雅楽ではなく、女妓が舞うのと合体された楽が行われるようになったらしい」と述べた。これが西王母の儀礼における女官重視の出現に関わるだろう。

(15) この種の正統観を強調する決め台詞については、前掲『「八紘」とは何か』六四二頁「『史記』・『漢書』の記載と南越問題」参照。『公羊伝』の決め台詞を『史記』太史公自序が作り変え、「一家の言」を成して名山に蔵し副本を京師に置くことにした旨述べた。『漢書』がこれを司馬遷伝という個人の列伝に移してこの「形」を誹謗していたのを、石虎時代に「石室」を持ち出し仏教を関連づけて再利用した、ということになる（第二章－三　平勢解説《その三》末尾の「参考図4『史記』の正統「石室」を継承改変した『鄴中記』の正統「石室」」参照）。

(16) ジョセフ・ニーダム『中国の科学と文明』第八巻（東畑精一・藪内清監修、思索社、一九七八年三月）三八一頁は、石虎のことに触れつつ「（指南車は）蛮族の職人によってつくられたものだが、完全に正確に動くものではなかった」・「晋のとき指南舟というものもあった」とする。

(17) 亀趺碑・亀趺塔については、前掲平勢隆郎『「八紘」とは何か』序説「亀趺碑・亀趺塔の概要」。

参考図3 『詩経』毛伝三女と日本的七夕儀礼、曲水儀礼を繋いだ『鄴中記』儀礼

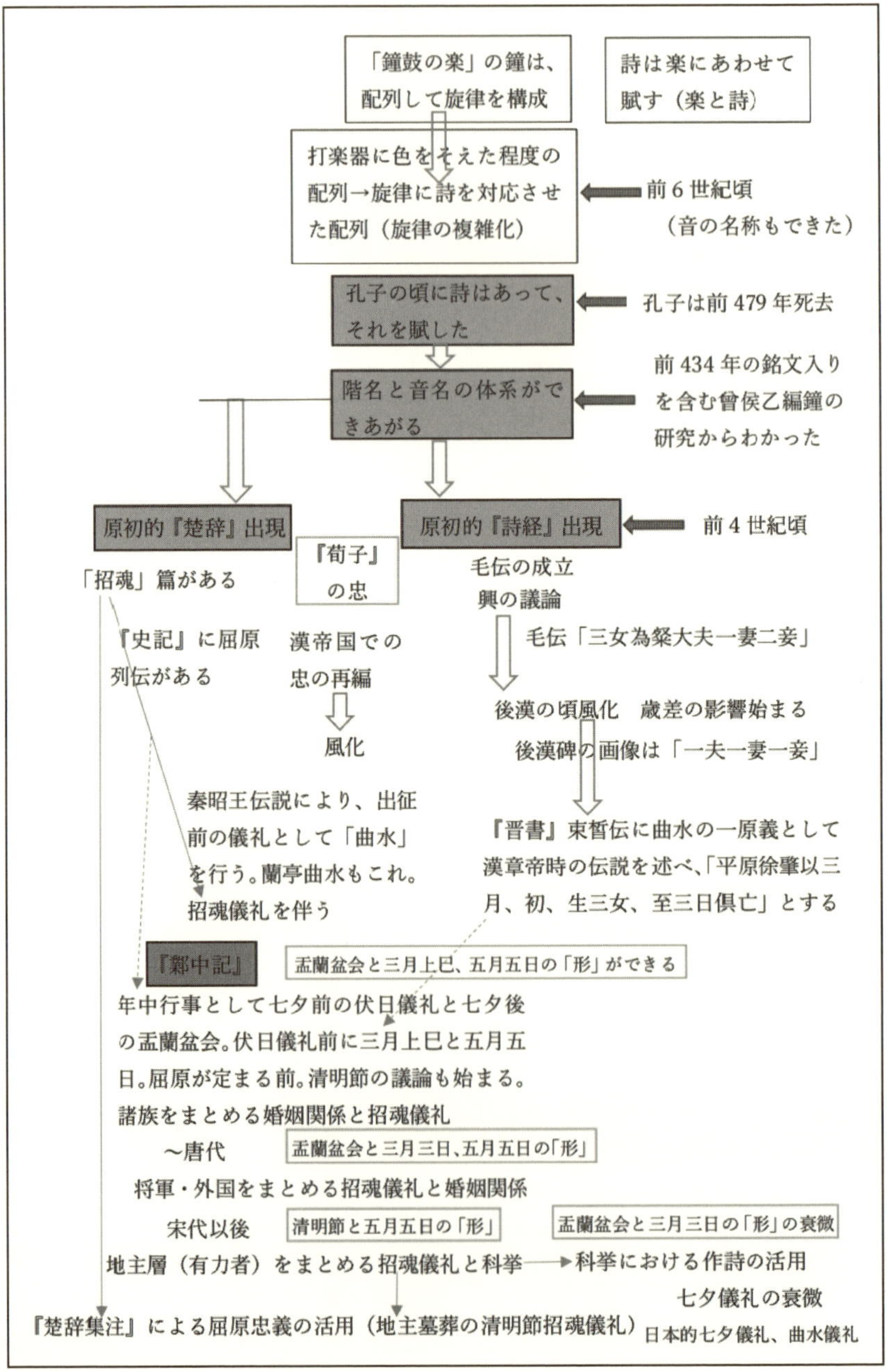

第二章―三　解説：『鄴中記』を読む上で鍵を握る用語《その三》

【Ⅳ】補足一　三星、七夕、招魂

〔『毛詩』から『鄴中記』へ〕『詩経』「三星」の解釈が変化して曲水儀礼の源流の一つ「三月上巳」儀礼が生まれる　歳差の影響の一つ

平勢解説《その一》に言及したように、『晋書』礼志に曲水儀礼の二つの源流が示されている。一つが三月上巳、もう一つが秦昭王伝説であった。『晋書』礼志が述べる内容には、三月上巳と三月三日の混在時期等、修正すべき部分のあることがわかっている。ただ、三月上巳の儀礼がどのように遡れるかは、よくわかっていない。解説《その一》に述べたように、曲水儀礼には、三月上巳・秦昭王伝説いずれにおいても、「賦詩」が主たる位置を占めている。その「賦詩」から、宋代の科挙殿試の始まりとともに、教養としての「作詩」に重心が移った。その「賦詩」を手がかりとして、時代を遡るには、自然のこととして『毛詩』との関わりを詮索しないわけにはいかない。

ざっと見渡してみて、下記の詩句が目にとまった。目にとまった理由は、『詩経』研究において注目されている「興也」[1]をつぶさに検討してみたためでもある。検討してみると、「興也」を述べる毛伝の見解と、それに付された鄭箋には、解釈上のずれが見られる。そのずれにより、「興也」についての毛伝の見解は、よくわからないものとなっている（毛伝だけで何が言えるか考えるとよいということである）。「興也」の素朴な意味が、毛伝には含まれていて、モノに感じて**興趣にいたる意味がある。**その事例を検討していて、下記の詩句が得られた。

唐風綢繆《第一章》「綢繆束薪、三星在天」、【伝】、興也、綢繆猶纏綿也、三星参也、在天謂始見東方也、男女待礼、而成若薪芻待人事、而後束也、三星在天、可以嫁娶矣、【箋】云、三星謂心星也、心有尊卑夫婦父子之象、又為二月之合宿、故嫁娶者、以為候焉、昏而火星不見嫁娶之時也、今我束薪於野、乃見其在天、則三月之末、四月之中、見於東方矣、故云不得其時、○「今夕何、夕見此良人」、【伝】、良人美室也、【箋】云、今夕何夕者、言此夕何月之夕乎、而女以見良人、言非其時、○「子兮子兮、如此良人何」、【伝】、子兮者嗟茲也、【箋】云、、子兮子兮者、斥嫁取者、子取後陰陽交会之月、当如此良人何。《第二章》○「綢繆束芻、三星在隅」、【伝】、隅東南隅也、【箋】云、心星在隅、謂四月之末、五月之中、○「今夕何夕、見此邂逅」、【伝】、邂逅解説之貌、○「子兮子兮、如此邂逅何」。《第三章》○「綢繆束楚、三星在戸」、【伝】、参星正月、中直戸也、箋云、心星在戸、謂之、五月之末、六月之中、○「今夕何夕、見此粲者」、【伝】、三女為粲大夫一妻二妾、○「子兮子兮、如此粲者何」。

ここでは、詩句にある「三星」の解釈が問題になる。暦は戦国時代以後の夏正を基に構想される。**毛伝では、三星は「参（宿）」**だとする。これはオリオン座の三星である。「参（宿）」は、天の十二方位では申に属する。これに対し、**後漢時代の鄭箋は、三星は「心星」**だという。これは、蠍座の一部であり、アンタレスを含む。天の十二方位では卯に属する。冬至の太陽は天の十二方位の丑にあるから、**冬至の未明前、蠍座は東方に見え、やがて日の出後の太陽に隠される。**「乃見其在天、則三月之末、四月之中、見於東方矣、故云不得其時」の「（旧暦）三月之末、四月之中」の太陽は、ほぼ申にある。その時「参」が未明の東方に太陽といっしょに昇ってくる。太陽が邪魔するから、目には見えない。

これに対し、**鄭箋**の「則三月之末、四月之中、見於東方矣」は心星を述べるから、**心星が日没後に東方に見える様を述べている。毛伝は西に見えなくなる**「三星」、**鄭箋は東に見えてくる**「三星」を話題にする。

第二章に詩句として「三星在隅」とあるのは、毛伝の解釈としては、**詩句に忠実に「三星（参）在隅」の状態になるのは、「三月之末、四月之中」**だと述べているわけである。ところが、**鄭箋は、「心星在隅、謂四月之末、五月之中」**と参星を

図 19　四川省郫県出土の後漢永建三年王孝淵碑（四川省博物館蔵）
左から南面、東面、北面、西面。北面の玄武が低く、南面の朱雀が高い。歳差が天の着目対象の変化をもたらす。

心星に変更していている。星宿と季節の関係が、歳差現象によってずれてきていることの反映である。

図19に示したのは、四川省郫県出土の後漢永建三年王孝淵碑である。いくつかの説話がひとつにまとめて示されている。**南面の上部に朱雀、北面の下部に玄武**が示される。北面の玄武の上には**牛により牛宿**が示される。南面の中央に示された三人は、夫婦と妾のようである。『毛詩』の上掲部分の第三章の毛伝に「**三女為粲大夫一妻二妾」とある解釈が、変化**したもののようだ（冠をつけた大夫と妻と妾）。参宿の三星を心星に言い換えた時代の産物である。

ところが、**平勢解説《その一》**の「曲水」に示したように、曲水儀礼には、二つの先行する儀礼があり、その一つが三月上巳、いわゆるひな祭りの祖である。上述した毛伝の「三月之末、四月之中」よりさらに遡った三月上旬が問題になっている。以下、その意味を詮索してみよう

『晋書』束皙伝にくだんの記事があり、「武帝嘗問摯虞三日曲水之義、虞対曰、『漢章帝時、平原徐肇以三月初生三女、至三日倶亡、邨人以為怪、非好事』、晳進曰、『虞小生、不足以知、臣請言之、昔周公成洛邑、乃招携之水浜洗祓、遂因水以汎觴、其義起此』、帝曰『必如所談、便因流水以汎酒、故逸詩云『羽觴随波』、又秦昭王以三日置酒河曲、見金人奉水心之剣、曰『令君制有西夏』、乃覇諸侯、因此立為曲水、二漢相縁、皆為盛集』、帝大悦、賜晳金五十斤」とある。「漢章帝時、平原徐肇以三月初生三女、至三日倶亡」の「三女」が上記唐風綢繆の「三女」と微妙に関わる。ただし、曲水の「三女」は「非好事」の面があり、「昔周公成洛邑、乃招携之水浜洗祓、遂因水以汎觴、其義起此」とされた。詩としても、「逸詩云『羽觴随波』」とされている。だから、一般にこの『晋書』束皙伝の一節と上記唐風綢繆の「三女」は関わるものとはなっていない。

『毛詩』正義には、夏正の十月（太陽は卯）が議論されている。これは、十月も十一月に近づくにつれ、未明の東方に心星が見え始めるという話題である。また、同じく二月（太陽は戌）も議論されている。これは、二月の日没後の西方に参宿（申）が見えているという話題である。いずれも、太陽が地に没している時間帯を話題にし、星が見えている。とくに、三月上巳の儀礼として、参宿に着目すると、三星が日没後の西に没していく時である。これは、死去をイメージする。四月（太陽が申）になると、参宿も太陽にかくれて見えなくなる。三月に、清明節（現在日本の御盆のような行事がある）[2]が設定されている。

平勢解説《その二》の『鄴中記』第十二条「三伏之月」に示したのだが、「伏日」では、六月の伏日（三庚日）が「鵬鳥来る有りし時」の夏にあり、『鄴中記』第十一条の「金鳳台」が夏を象徴することを述べた。同時に「七夕」への準備期間となるものであった。夏正四月（太陽申）、五月（同未）、六月（同午）が夏であり、その後半の夏至以後、伏日が問題にされた。この五月の夏至のころには、未明の東方に参宿が見え、六月にはそれがさらに高くなる。そして七月

の**七夕の儀礼**が行われる。

その七夕の七月（太陽巳）には、太陽が地の最深部にあるとき、**東方の端に参宿**（申）、**西方の端に心星**（卯）**がある**という**位置関係**にある。『鄴中記』の時期に参宿と心宿に注目しているが議論の月が『詩経』や毛伝後漢の鄭注と異なっている。この七夕の後に御盆の行事がある（下記の話題に続くのだが、直接的には、下掲「三月三日、五月五日、七月七日」に飛んでお読みいただくとよい）。

〔三月上巳と招魂〕『詩経』「三星」の原義が失われ『楚辞』「招魂」と結びつく

上述してきたように、曲水儀礼の源流には、三月上巳と秦昭王伝説があり、いずれも『鄴中記』をさほど遡らない時期にできあがってくることが推量される。それについて、自然に思い起こされるのは、『楚辞』に「招魂」があり、これとどう関わるかである。

正史の記事を見てみると、当然の紹介として、『史記』屈原賈生列伝に「招魂」の名が記される。そして『後漢書』・『三国志』には、紹介されることがない（注釈にはある）。以下、適宜原文を付す。

『晋書』東海王越列伝に、「太興中、得渡江、欲招魂葬越、元帝詔有司詳議、博士傅純曰、『聖人制禮、以事縁情、設冢椁以蔵形、而事之以凶、立廟祧以安神、而奉之以吉、送形而往、迎精而還、此墓廟之大分、形神之異制也、至於室廟寝廟祊祭非一処、所以広求神之道、而独不祭於墓、明非神之所処也、今乱形神之別、錯廟墓之宜、違礼制義、莫大於此』、於是下詔不許、裴妃不奉詔、遂葬越於広陵、太興末、墓毀、改葬丹徒」とある。ここには、**神**（**神霊**）**の処る所は墓だ**という前提があり、そのために**招魂の儀礼**を行って葬した。しかし、この時の招魂儀礼には異論が出て改葬された。同じ『晋書』の袁瓌列伝に「時東海王越尸既為石勒所焚、妃裴氏求招魂葬越、朝廷疑之、瓌与博士傅純議、以為招魂葬是謂埋神、不可従也、帝然之、雖許裴氏招魂葬越、遂下詔禁之」とある。招魂儀礼は、**すでにしかるべく葬儀がなされ葬地が定まった後、別地に葬地を求める**ことを言うようで、朝廷としては、この時の招魂儀礼を認めないということのようだ。「招魂葬」（最初の葬儀という意味であろう）について、「埋神」という判断がなされているのが注目される。理屈としては、改葬において「招魂」を行えば、新たな葬地は親族との交流の場として機能する。すでに『楚辞』の「招魂」が**既存の葬地から新しい葬地に魂を呼ぶ儀礼**（楚の故地が失われて屈原が死し、その後に「招魂」の儀礼が行われた）として議論されているのが味噌である。

『宋書』礼志に、「旧説後漢有郭虞者、有三女。以三月上辰産二女、上巳産一女、二日之中、而三女並亡、俗以為大忌、至此月此日、不敢止家、皆於東流水上為祈禳、自潔濯、謂之禊祠、分流行觴、遂成曲水、史臣案周礼女巫掌歳時祓除釁浴、如今三月上巳如水上之類也、釁浴謂以香薫草藥沐浴也、韓詩曰、『鄭国之俗、三月上巳、之溱、洧両水之上、招魂続魄、秉蘭草、払不不祥』、払不祥、続漢書礼儀志劉昭注引、通典礼典作『祓除不祥』、此則其来甚久、非起郭虞之遺風、今世之度水也、月令、暮春、天子始乗舟、蔡邕章句曰『陽気和暖、鮪魚時至、将取以薦寝廟、故因是乗舟禊於名川也、論語、暮春浴乎沂、自上及下、古有此禮、今三月上巳、祓於水浜、蓋出此也』、邕之言然、張衡南都賦祓於陽浜又是也、或用秋、漢書八月祓於覇上」とある。**曲水に三月上巳が結合している**ことを示す記事である。しかも「**鄭国之俗、三月上巳**、之溱、洧両水之上、**招魂続魄**、秉蘭草、払不不祥」と言う。「招魂」の儀礼が説明されている。**平勢解説《その一》**「**曲水**」には、詳細を触れなかったが、三月上巳の儀礼が「曲水」儀礼に結合されるには、**夷狄**（**外敵**）**を伐つ前に戦意を鼓舞する必要があり**、ここに**問題にされた「招魂」は、それに相応しい人物の神霊を呼び寄せる意味があるはずである**。上記に述べた三月上巳の儀礼においては議論の外だった新しい意味が付与されている。

『梁書』世祖二子列伝に、「方等撃之、軍敗、遂溺死、時年二十二、世祖聞之、不以為慼、後追思其才、贈侍中、中軍将軍、揚州刺史、謚曰忠壮世子、并為招魂以哀之」とある。これは、おそらく**死体が得られぬまま**、**招魂を行って弔った**ということだろう。『魏書』裴駿列伝に、「其家有死於戎役者、使皆招魂復魄、祔祭先霊、復其年租調、身被傷痍者、免其兵役」とある。**戦役にたずさわって死去した家では「招魂復魄」を行わせ**、その年の税を返還させる。『旧唐書』永安王孝基列伝に、「後謀帰国、為武周所害、高祖為之発哀、廃朝三日、賜其家帛千匹、賊平、購其屍不得、招魂而葬之」とある。このように並べてみると、**曲水の儀礼に影響を受けつつ、有力者の葬儀において「招魂復魄」が問題にされてい**たことがわかる。

皇妃について「招魂」儀礼を行った記事もある。**『旧唐書』**后妃列伝中宗和思皇后趙氏に、「**古無招魂葬之礼、不可備棺椁、置轀輬**、宜據漢書郊祀志葬黄帝衣冠於橋山故事、**以皇后褘衣於陵所寝宮招魂**、置衣於魂輿、以太牢告祭、遷衣於寝宮、舒於御榻之右、覆以夷衾而祔葬焉」とある。同伝睿宗粛明順聖皇后劉氏には、「**招魂葬於東都城南**、陵曰恵陵」とある。同じく睿宗昭成順聖皇后竇氏にも「招魂葬於都城之南、陵曰靖陵」とある。同楊慶妻王氏に、「継母尋亦卒、王乃收所**生及継母屍柩、并立父形像、招魂遷葬訖**、廬於墓側、陪其祖父母及父母墳」とある。**三月上巳の儀礼が、皇后の儀礼として継承された**と見られる。

五代以後になると、『旧五代史』王清列伝「招魂以葬之也」、『宋史』姚宗明列伝「又招魂葬其父、痛其父死於邊、乃廬於墓次、終身哀慕不衰」、同隠逸列伝「刻木招魂以葬、立祠画像、事之如生、服喪六年、哀動行路」、同外国列伝夏国下「昼挙煙揚塵、夜篝火以為候、不恥奔遁、敗三日、輒復至其処、捉人馬射之、号曰『殺鬼招魂』、或縛草人埋於地、衆射而還」、『遼史』西夏列伝「若獲人馬、射之、号曰殺鬼招魂」、『金史』完顔定奴列伝「命徳順州刺史完顔思忠招魂葬于水洛県」、『明史』黄観列伝「歎曰『吾妻有志節、必死』、招魂葬之江上、命舟至羅刹磯、朝服東向拝、投湍急処死」、『明史』史可法列伝「踰年、家人舉袍笏招魂、葬於揚州郭外之梅花嶺」、『明史』孝義列伝楊敬「父歿於陣、為木主招魂以葬」、『明史』列女列伝楊氏「鼎以単衣溺死湖中、楊招魂葬之」、『明史』宦官列伝「英宗復辟、顧念振不置、用太監劉恒言、賜振祭、招魂以葬、祀之智化寺、賜祠曰精忠」、『明史』四川土司列伝「擁兵駆千余僧招魂去……振困招魂、忠義可嘉」、『明史』外国列伝満剌加「二人溺死、贈官賜祭、予廕、恤其家、余赦有司海浜招魂祭、亦恤其家」、『清史稿』儒林伝李顒「哭祭招魂、取塚土西帰付諸墓、持服如初喪」、『清史稿』呉鴻錫列伝「鴻錫不得帰、募工写父母遺像、検父遺衣冠招魂葬之」といった事例がある。**遺体が得られず**、衣服などを**依り代に招魂して葬儀を行う。唐代までは**、**対外戦争を指揮する人物や皇妃を対象として招魂**を行う。**『旧五代史』・『宋史』**以後、**招魂の対象は**、**一般化**していくようである。**清明節の**

場が地主層の墓地を主とするものになるのと関わる変化のようだ。

曲水の場が、殿試になるのは、皇帝と地主層との君臣関係を基礎とする。前掲の諸事例は、地主層の墓地を場とする。同じ「招魂」の儀礼が、二つの場をとりむすぶ共通の話題になっている。

〔端午の節句と屈原〕『楚辞』を通して屈原を悼む儀礼が混入する―五月五日と屈原　薬用蟾蜍

「招魂」は、『楚辞』の篇名となっている。周知のように『楚辞』は屈原等の作とされている。上述してきたように、**三月上巳に「招魂」の意味が重なって曲水儀礼**ができあがっている。では、これも周知のように屈原と不即不離の端午の節句は、どんな関わりがあるだろうか。

『史記』本文ではなく、正義（屈原列伝「於是懐石遂自投汨羅以死」）に「子羅県城在岳州湘陰県東北六十里、春秋時羅子国、秦置長沙郡而為県也、按、県北有汨水及屈原廟、続斉諧記云、『屈原以五月五日投汨羅而死、楚人哀之、毎於此日以竹筒貯米投水祭之、漢建武中、長沙区回白日忽見一人、自称三閭大夫、謂回曰、聞君常見祭、甚善、但常年所遺、並為蛟龍所竊、今若有恵、可以練樹葉塞上、以五色絲転縛之、此物蛟龍所憚、回依其言、世人五月五日作糉（粽）、并帯五色絲及練葉、皆汨羅之遺風』」とある。**『隋書』地理志**に「大抵荊州率敬鬼、尤重祠祀之事、昔屈原為制九歌、蓋由此也、屈原以五月望日赴汨羅、土人追至洞庭不見、湖大船小、莫得済者、乃歌曰、『何由得渡湖』、因爾鼓櫂争帰、競会亭上、習以相伝、為競渡之戯、其迅楫斉馳、櫂歌乱響、喧振水陸、観者如雲、諸郡率然、而南郡、襄陽尤甚、二郡又有牽鈎之戯、云从講武所出、楚将伐呉、以為教戦、流遷不改、習以相伝、鈎初発動、皆有鼓節、羣譟歌謠、振驚遠近、俗云以此厭勝、用致豊穣」とある。

ここには、**五月五日と五月望日**、**粽の風習**、**屈原の死**が書かれている。ところが、五月五日は、そもそも別の意味づけがされていた。宋李昉等撰『太平御覧』時序部の「五月五日」に、その具体事例がまとめられている。

謝承『後漢書』「陳臨為蒼梧太守推誠、而理導人、以孝弟、臨徴去後、本郡以五月五日、祠臨東城門、上令小童潔服

舞之」、**劉昭『後漢書』礼儀志**「五月五日、五色桃印、為門戸飾以止悪気也」とある。**礼儀志の記事**は、上述した「**伏日**」**儀礼の祖型**をなすようだ。『大戴礼』沐浴も、謝承『後漢書』小童潔服舞之も、これに関連づけて解釈できる。ところが、**『隋書』**所引の**上記史料**は、この**五月五日に屈原をいたむ別の儀礼が重なってきた**ことを示している。『太平御覧』時序部はさらに、**『鄴中記』第七十三条**を引く。『鄴中記』第七十三条「五月五日焼死世人為其忌故不挙餉（火）食非也」は、「伏日」に関連づけて解釈でき、并州の俗として、介子推が五月五日に焼死したのをもって世人がその忌を行う。また『鄴中記』第七十二条に、鄴の俗では、冬至から一百五日すなわち清明節の日に、介子推の為に断火を行うとし、五月五日に屈原をいたむ儀礼がまだ定着していないのみならず介子推の位置づけも定まったものではなかったらしいことを示す。ちなみに、『左伝』僖公二十四年に「介之推」なる人物の素朴な記事がある。

上記の『史記』正義所引の『続斉諧記』は、梁呉均撰であり、『隋書』をさほど時を遡らない。**北魏酈道元『水經注』は**、**屈原の入水と屈原廟の存在**を記している（「淵北有屈原廟、廟前有碑」）。こうした史料事情からすると、**六世紀の先天八卦方位出現の後、三月上巳が三月三日の儀礼として定着**するのと軌を一にして、**五月五日の儀礼に屈原の死を悼む「競渡之戯」**ができあがり、「**伏日」儀礼も定着**していくのだろう。北魏賈思勰『斉民要術』に、「五月……五日、合止痢黄連円霍乱円、**採葸耳、取蟾蜍**」とあるのは、薬用として蟾蜍を取るということだが、この**蟾蜍は、月に居る存在**である。これについても「伏日」儀礼の火を中和する効果を期待するものと理解できる。

ここで念頭に置かれているのは、天の蟾蜍の霊験にあやかって、地上の蟾蜍を薬用に用いるということである。この「天の蟾蜍」の存在がなくなると、地上の薬用蟾蜍だけが残される。本書訳注の「付記」に示したように、梁沈約撰『宋書』符瑞志の有難い鳳の記事は、『旧唐書』にも継承されたが、元代『宋史』五行志になると、「鳳卵」を献じた話題が出現し、鳳凰は手のとどく身近な存在となる。『元史』になると民間漢族の鳳凰表現に規制をかけていて、同じく身近な存在となっている様が読み取れる。その上で『淵鑑類函』鳳や唐欧陽詢撰とされる『芸文類聚』鳥部の「鳳」を見ると、「白鳳」の肉を薬にするという話がある。これは、宋代の「鳳卵」より後れる元代以後の記事である。上記の「天の蟾蜍」

なしの薬用蟾蜍は、この「白鳳」の肉を薬にするという話に通じる。『鄴中記』の蟾蜍は、「天の蟾蜍」にありがたみを感じている時期の産物と見なすのが筋である。

〖『楚辞集注』の役割〗南宋朱子の『楚辞集注』が生まれる経緯—楚辞と忠

『楚辞』は、戦国楚の屈原や宋玉等に仮託された詩編である。ただし、その書が成ったのは、漢の劉向の時とされ、後漢の王逸の『楚辞章句』、南宋の朱子の『楚辞集注』、それぞれ前叙が付されている。王逸『楚辞章句』の「形」としては、前叙が劉向、後叙が王逸の手になる体裁である。**詩編は、屈原の作と宋玉等の作**に分けられる。実際は、どう解釈できるかの研究史がある。(3)

古い時期の**王逸の『楚辞章句』の前叙**を検討し、(4)**後叙がある場合は、併せ検討**するというのが、現状望ましい方法になる。上記の「招魂」および関連事項に焦点を当ててみると、以下のようになる。

【九章章句第四前敍】「九章は屈原の所作なり。屈原江南の壄に放たれ、君を思ひ国を念じ憂心極まり罔し。故に復た九章を作る。章とは著明なり。言ふこころは、已に所陳の忠信の道、甚だ著明なるなり。卒に納を見ず、命を委ねて自ら沈む。楚人惜しみて之を哀れむ。世々其の詞を論じ、以て相ひ伝ふ」。ここには、**前叙の解釈として、屈原の「忠信の道」**を述べている。

【遠遊章句第五前敍】「遠遊は屈原の所作なり。屈原方直の行を履み、世に容れられず。上は讒佞の譖毀する所と為り、下は俗人の困極する所と為る。山沢を章皇し、告訴する所無し。乃ち深く元一を惟ふ。恬漠を修執し、済世を思欲すれば、則ち意中憤然として、文采秀発せられ、遂に妙思を敍ぶ。仙人に託配し、与に倶に遊戯し、天地を周歴し、到らざる所無く、然れども猶ほ楚国を懐念し、旧故を思慕し、忠信の篤、仁義の厚あるなり。是を以て君子其の志を珍重し、其の辞を瑋（玉名）にす」。ここには、「仙人に託配し」として仙道が問題になることを明言している。そして「然れども猶ほ楚国を懐念し、旧故を思慕し、忠信の篤、仁義の厚あるなり」と述べ、ここでも**議論すべきは「忠信の篤」**であることを言う。そして「**仁義の厚**」と述べているのに、ここに**併せ述べるのは道家の仙道**である。

【九弁章句第八前叙】「九弁は楚大夫宋玉の所作なり。弁とは変なり。道徳を陳べ変を以て君に説くを謂ふ。九とは陽の数、道の綱紀なり。故に天に九星有り、以て璣衡を正す。地に九州有り、以て万邦を成す。人に九竅有り、以て精明に通ず。屈原忠貞の性を懐き、讒邪を被り、君闇蔽せられて国将に危亡せんとするを傷み、乃ち天地の数を援け人形の要を列して九歌九章の頌を作り以て懐王を諷諫す。已れ言ふ所の天地と度を合し履みて行ふべきを明らかにす。宋玉とは屈原の弟子なり。其師の忠にして放逐せらるるを閔惜し、故に九辯を作り以て其の志を述ぶ。漢興に至り、劉向王褒の徒咸其文を悲しみて依りて詞を作る。故に号して楚詞と為す。亦其の九を承けて以て義を立つるなり」。ここにも、「屈原忠貞の性」が出てくる。「已れ言ふ所の天地と度を合し履みて行ふべきを明らかにす」とある。「九とは陽の数」以下、**道の根源を述べる**。九・六・八は三分損益法に**天地人を統合**した議論である。九は天、六は地、八は人を言う。であるのに、ここには、**地の九州、人の九竅を述べて、天の九星に呼応**することを言う。その**呼応の機微を探るのが仙道**であろう。天・地・人の呼応は、**易が具体的**「**形**」を提供してくれる。

【大招章句第十前叙】「大招は屈原の所作なり。或は曰く、景差と。明にすること能はざらんことを疑ふ。屈原放流せらるること九年、憂思煩乱し、精神越々散ず、形と離別し命の将に終へんとし行ふ所遂げられざらんことを恐る。故に憤然として大いに其の魂を招き、盛んに楚国の楽を称し懐襄の徳を崇び、以て三王の能く賢公卿を任用し明察もて能く人を薦挙せしめて宜しく之を輔佐するに興至治を以てするに比し、因て風諫を以て己の志を達するなり」。上記の「招魂」に付して解釈できる。「盛んに楚国の樂を称し懐襄の徳を崇び、以て三王の能く賢公卿を任用し明察もて能く人を薦挙せしめ」とあるように、**賢人任用を道家の仙道の側から視点を當てようとする**。「**大いに其の魂を招き**」**が仙道**を言う。

【(後語)招隠士章句第十三前叙】「七諫は東方朔の所作なり。諫とは正なり。法度を陳べ以て君を諫正するを謂ふ。古、人臣三たび諫めて従はざれば、退いて放を待つ。屈原楚と同姓。相去るの義無し。故に加へて七諫を為す。慇懃の意、忠厚の節なり。或は曰く、七諫とは天子争臣七人有るに法るなり。東方朔屈原を追憫す。故に此の辞を作り以て其の志を述ぶ。忠信を昭らかにし曲朝を矯むる所以なり」。漢代の作であることを述べる。「慇懃の意、忠厚の節なり」として、**屈原を追慨する。朱子は後語に入れた。**

【哀時命章句第十四前敍**】**「哀時命は嚴夫子の所作なり。夫子名は忌、司馬相如と倶に辞賦を好む。梁に客遊す。梁孝王甚だ之を奇重す。屈原を忌哀し性を受くること忠貞、明君に遭はず。而して暗世に遇ひて斐然たり。辞を作り歎じて之を述ぶ。故に哀時命と曰ふ」。**漢代の作であることを述べる。屈原の忠貞を述べ、「辞を作り歎じて之を述ぶ」**るものである。

【(後語)九懐章句第十五前敍**】**「九懐は、諫議大夫王褒の所作なり。懐とは思なり。言ふこころは、屈原放逐せらると雖も猶ほ其の君を思念し、憂国傾危して能く忘れず。褒屈原の文を讀み、其の温雅を嘉し、藻采敷衍し、金玉を執握し、之を汚瀆(けがれ)に委ね、世の溷(けがれ)濁に遭ひ、之を能く識る莫し。追ひて之を愍れむ、故に九懐を作る。以て其の詞を裨ふ。史官録第し、遂に篇に列す」。**漢末の作であることを述べる。屈原をしのび愍れむ。**

【(後語)九歎章句第十六前敍**】**「九歎は、護左都水使者光禄大夫劉向の所作なり。向博古敏達を以て経書を典校し、旧文を弁章し、屈原忠信の節を追念す。故に九歎を作る。歎とは傷なり。息なり。言ふこころは、屈原放たれて山沢に在り、猶ほ君を傷念し、歎息已む無し。謂ふ所賢を讃して以て志を輔け、騁(文思奔放)詞以て徳を曜(耀)かす」。**漢末の作であることを述べる。「屈原忠信の節を追念す」**と述べる。

【(後語)九思章句第十七前敍**】**「九思は王逸の所作なり。屈原終に没する自りの後、忠臣介士、遊覧学者、離騒九章の文を読み、愴然として心為に悲感し其の節行を高しとし其の麗雅を妙とせざる莫し。劉向王褒の徒に至りて咸其の義を嘉し、賦を作り騁辞以て其の志を讃す。則ち皆譜録に列し、世世相ひ伝ふ。逸屈原と同土にして国を共にす。悼傷の情凡と異る有り。竊かに向褒の風を慕ひ、頌一篇を作りて号して九思と曰ふ。以て其の辞を裨ひ未だ解説有らず。故に聊か詮を訓ず」。**後漢の作であることを述べる。王逸が屈原と同土でありながら、竊かに向褒の風を慕っていたことを言う。**

以上、王逸の『楚辞章句』に見える漢代（漢末・後漢まで）の議論を、通覧してみた。仙道の議論は、戦国時代まで遡って議論し得るものがある。「屈原に代表される人物」について**仙道を語る場合、「忠」が問題になることが確認できた。**仙道を語りつつ、王・皇帝との関係を「忠」で表現する。

「忠」については、近代の宇野哲人が『支那哲学史講話』[5]の中で、こう語っている。「かういふ理由で、孝経では特に祖先の祭祀を重んずるのである。孝経にはなほ孝を百行の本とし、孝を以て君に事ふれば即ち忠と言ひ、忠孝一致を主張し、更に一歩を進めて夫れ孝は天の経なり、地の誼なり、民の行なり、天地の経にして、民之に則るなどといひ、頗る広大な形而上的意義を加へて居る。**要するに孝経が古来非常に重んぜられたのは、支那が家族主義を以て国を為して居るからであらう**」。この説明は、**「忠犬ハチ公」で知られる「忠」が主人に仕えるイメージを与えるのに比較して、ややずれるものであること**にまずは注意しておきたい。日本的意味と異なる「忠」を、宇野は「忠孝」の名をもって論じている。

では、どうして、この相違がもたらされているのか。そもそも孝とは家族について論じる。忠とは君臣関係について論じる。それらが統合的に語られるのはなぜか。**それらを一つに結びつける考え方が主流になったからである。その考え方を支えたもの、それが　朱子『楚辞集注』である。**その前叙では、「九歌」について、「而して又彼の神に事ふるの心に因りて、以て吾が忠君愛国、眷変不忘の意を寄す」と述べている。というより、こう述べているのみである。しかし、そのわずかな言辞が、**上述した「招魂」の場としての中央と各地の地主の墓地とを結びつけているのである。**それが読み取れるから、近代の宇野哲人の上記説明ができあがった。

【『孝経緯』の役割】『楚辞集注』が生まれる経緯を遡る―『孝経緯』と忠

上記の宇野哲人の理解は、朱子『楚辞集注』の役割を明らかにして足りるのではない。宋代以後の朱子『楚辞集注』の役割を担っていた「形」が、実は、**唐代までの時期**についても認められる。官僚の「神に事ふるの心」に期待して、山川祭祀の場の掌握に緯書（『孝経緯』）を活用することである。

後漢の王逸のころになると、緯書の活用が進んでくる。屈原が楚と同姓だということを強調するのは、楚の領域内の山川祭祀を楚王の下の祭祀として統合する意味がある。その「楚王」の統合の原理を「天下の皇帝」の下の祭祀として再構築するのに、「擬制的家族主義」の「擬制」を強調するだけでは不足する。そのため、緯書の活用が始まる。

【九歌章句第二前叙】「九歌は屈原の所作なり。昔、楚国南郢を之れ邑とす。沅湘の間なり。其の俗鬼を信じて祀を好む。其の祠、必ず歌楽鼓舞を作す。以て諸神を楽ましむ。屈原放逐せられ、其の域に竄伏す。憂を懐き毒に苦しみ、愁思怫鬱、出でて俗人祭祀の礼、歌舞の樂を見るに、其の詞鄙陋、因て為に九歌の曲を作り、上は神に事ふるの敬を陳べ、下は以て己の寃結を見はす。之に託して以て風諫す。故に其の文意同じからず、章句雜錯す。而して異義を廣む」。屈原は汨羅の淵に身を投じたとされる。だから、洞庭湖の付近に「南郢」を想定し、湖の南に注ぐ沅水と湘水を例示する。そこに、祠があった。諸神を楽しましめる場があった。

以上、おおよそ想定できることは、戦国各国、楚国にあっては、『楚辞』に、屈原に代表される同族とされる人物を活用し、祭祀の場を統合する「形」ができあがっていたということである。こうした戦国各国が天下に統一され、地方とされた後、それらを皇帝の下の祭祀として統合する場が模索された。そもそも存在した同族を紐帯とする統合の場を、天下規模に「擬制的」に拡大する。その限界を意識しつつ、緯書が出現し活用されていくことになる。そうした場に、仏教が流入してくることになる。

正史における『孝経』および『孝経緯』の記事を拾い出し検討してみると、正史の立場がそうさせるわけだが、戦国以来『孝経』が担うことになった役割を見出すことができる。それは正統の孝を代々議論するということである。天命をもって正統たることを天下に示した初代正統者を、孝の名の下に特別に位置づけ、その正統者の地位を継承する「形」である。この「形」の他に、天下にあまた存在する「家」にも、孝は存在する。その多くの家の孝を皇帝に結びつける役割を演じたのが『孝経緯』であった。(6)

『孝経緯』の正史における役割も重心が変化している。『後漢書』祭祀志・光武即位告天郊封禅に、「孝経鉤命決曰『予誰行、赤劉用帝、三建孝、九会修、専茲竭行封岱青』」とある。「赤劉」は、火徳の漢王朝を帰結点に位置づける意図をもつ。篤く孝を論じ、会修には茲をもって東（青）の泰山のことに専念する。**西安に都を置く漢王朝が、山東の泰山の祭祀に専念することをもって、儀礼の場を通した天下統合を**「**形**」にする。**天下にあまた存在する祭祀の場に、皇帝の威令を及ぼす。**

『後漢書』祭祀志・北郊明堂辟雍霊台迎気増祀六宗老子には、「鄭玄曰『明堂者、明政教之堂、周度以筵、亦王者相改、周堂高九尺、殷三尺、則夏一尺矣、相参之数也』、孝経援神契曰『明堂上円下方、八窓四達、布政之宮、在国之陽』」とある。これは、**天下の祭祀を皇帝の下に統合する建築**である。八紘天下を統合する「形」の基礎に、楽の三分損益がある。**『後漢書』祭祀志・宗廟社稷靈星先農迎春に**、「**孝経援神契**曰『社者、土地之主也、稷者、五穀之長也』」とある。**皇帝の威令は、土地神の社と穀物神の稷に及ぶ。**以上、『後漢書』祭祀志は（というより志の部分は）、西晋の司馬彪の手になるので、後漢時代の知見であるかどうかは、慎重に判断すべきところがある（他の部分はより降るのでなおさらである）。上記のように「赤劉」の語があり後漢の正統観が認められるので、後漢時代まで遡り得る。

『三国志』魏書文帝紀に、「或以雑文為蒙其孫当失天下、以為漢帝非正嗣、少時為董侯、名不正、蒙乱之荒惑、其子孫以弱亡、孝経中黄讖曰『日載東、絶火光、不横一、聖聡明、四百之外、易姓而王、天下帰功、致太平、居八甲、共礼楽、正万民、嘉楽家和雑』、此魏王之姓諱、著見図讖、易運期讖曰『言居東、西有午、両日並光日居下、其為主、反為輔、五八四十、黄気受、真人出』、言午、許字、両日、昌字、漢当以許亡、魏当以許昌」とある。**魏の都は許昌になったので、西安に都を置き泰山祭祀を掌握するという**「**形**」**は少々変わった。しかし、都と泰山祭祀掌握という説明は、継承**している。

『三国志』蜀書先主伝に、「**孝経鉤命決録**曰『帝三建九会備』、臣父羣未亡時、言西南数有黄気、直立数丈、見来積年、時時有景雲祥風、従璿璣下来応之、此為異瑞、……孝経援神契曰『徳至淵泉則黄龍見』、龍者、君之象也、易乾九五『飛龍在天』、大王当龍升、登帝位也、……夫漢者、高祖本所起定天下之国号也、大王襲先帝軌跡、亦興於漢中也」とある。『三

国志』の述べる正統は魏であり、蜀は「伝」に記される。漢王朝の都を継承しているので、蜀としての「形」では、**漢王朝の「形」を継承**している。

『**南斉書**』**礼志**に、「又案礼及孝経援神契並云『明堂有五室、天子毎月於其室聴朔布教、祭五帝之神、配以有功徳之君』、大戴礼記曰『明堂者、所以明諸侯尊卑也』」とある。分裂王朝にして、**自己の領域に泰山はない**。そして、同じ『**南斉書**』**の祥瑞志**に、「**孝経鉤命決**曰『誰者起、視名将』、君者羣也、理物為雄、優劣相次以期興、将、太祖小諱也、征西将軍蕭思話見之曰『此我家諱也』」と記すにいたった。緯書の説は、さておき、**現実に皇帝の威令を及ぼすのは、将軍の軍事**力であることを明示したのである。さらに、『**梁書**』**許懋列伝**に、「臣案舜幸岱宗、是為巡狩、而**鄭引孝経鉤命決**云『封于泰山、考績柴燎、禅乎梁甫、刻石紀号』、**此緯書之曲説、非正経之通義也**、依白虎通云、『封者、言付広也、禅者、言成功相伝也』」とある。**泰山祭祀をもって天下の正統を語ることを放棄**したことを明記している。『孝経鉤命決』に泰山祭祀のことがあることを認めつつ、それは「緯書之曲説」だとしたのである。同じ**緯書の曲説**たることを述べる見解は『**魏書**』**儒林列伝李業興**にも示されており、「『見卿録梁主孝経義亦云上円下方、卿言豈非自相矛盾』、昇曰『若然、円方竟出何経』、業興曰『出孝経援神契』、昇曰『**緯候之書、何用信也**』、業興曰『卿若不信、霊威仰、叶光紀之類経典亦無出者、卿復信不』、昇不答」とある。

平勢解説《**その一**》「**曲水**」に述べたように、「曲水」の主たる意味づけは、対外戦争を前にしての儀礼にあった。それが、**泰山封禅の意味づけにも変化**をもたらしていたのである。言い方を換えれば、「**曲水**」**儀礼の確立の背後には、山川祭祀に将軍の軍事力を加えた再解釈が必要とされた現実**があったということになろう。

では、隋による天下統一の後、どのような変化があったのか。「曲水」儀礼の下、八紘天下の外にある西王母の所在地と、その内にある泰山とが儀礼の対象となった。しかも、将軍たちの防衛の場に西王母の所在地が存在することになった。この現実からもたらされたのが、これも**平勢解説**《**その一**》「**曲水**」に述べたように、**嵩山の場に西王母の祭祀場を移し、泰山で行われていた封禅の場を嵩山に移す**ことであった。

この祭祀の集中を理念的に支えた考え方は、『魏書』術芸列伝晁崇に、すでに「赤帝赤熛怒位南方、白帝白招矩位西方、黒帝汁光紀位北方、黄帝含枢紐位中央、五帝各異、並集諸神之宮、与之謀国事、孝経援神契曰『並設神霊集謀』、此之謂也」とある。

『旧唐書』礼儀志には、「開元五年、右補闕盧履氷上言……臣謹按孝経、以明陛下孝治之合至徳要道、請論世俗訾礼之徒、夫至徳謂孝悌、要道謂礼楽、『移風易俗、莫善於楽、安上治民、莫善於礼』、又礼有『無礼之礼、無声之楽』、按孝経援神契云『天子孝曰就、就之為言成也、天子徳被天下、沢及万物、始終成就、則其親獲安、故曰就也、諸侯孝曰度、度者法也、諸侯居国、能奉天子法度、得不危溢、則其親獲安、故曰度也、卿大夫孝曰誉、誉之為言名也、卿大夫言行布満、能無悪称、誉達遐邇、則其親獲安、故曰誉也』」とある。諸侯の孝は度をいい、度とは法のことである。**諸侯は国に居て、天子の法度を奉る。天子の徳は天下を覆い、恩沢は万物に及ぶ。**ここには、**法度をもって天子の徳が諸侯（地方）の孝の場にもたらされる**という認識が示されている。

『孝経緯』が天下中央と地方の孝の場を結びつけ、天下が乱れると**将軍の軍事力がこれを補うことが期待**され、**再統一されるや泰山と西王母祭祀場を嵩山の場に集中する動きがおこった。将軍の軍事力に期待**するには、**「招魂」儀礼が活用**された。それが、宋代の殿試開始以後、『楚辞集注』の活用の「形」を生んだ。『孝経緯』活用の過去は忘却され、現在の『楚辞』研究は朱子の影響を強く受けている。

〖『孝経緯』活用にいたる前の「形」〗『詩経』「三星」の原義が生きている時代の様相

上述したように、**『詩経』「三星」の原義が失われて『楚辞』「招魂」が「三月上巳」に結びついてくる。**そして、**『孝経緯』が活用**された。つまり、経書たる『詩経』との関わりが失われた後、新たな経書を求めて（経書の欠を埋めるべく出現した）緯書の『孝経緯』を活用するにいたったということである。その時期、**「曲水」儀礼に流入してきたのが秦昭王伝説であり、「招魂」儀礼が活用**された。

その将軍の軍事力に期待する場が、宋代の殿試開始以後、『楚辞集注』の活用の「形」を生んだ。そして、皮肉なことに、殿試開始に当たって教養の基礎とされたのは、『詩経』だったのである。「三星」の原義が失われたものであった。『孝経緯』たる『孝経援神契』が引用されているのは、『後漢書』祭祀志である。この祭祀志には、「宗廟」という部分と「社稷」という部分がある。本来なら、『孝経』というからには「宗廟」に関して引用されるべきなのに、『孝経援神契』が引かれるのは「社稷」の部分である。「建武二年、太社稷を雒陽に立つ。宗廟の右に在り、屋無く牆門有るのみ。二月八月及び臘、一歳三祠、皆太牢もて具し有司をして祠らしむ。孝経援神契曰く、社とは土地の主なり、稷とは五穀の長なりと」とある。つまり、宗廟に隣接して太社稷を設け、土地神たる社と五穀の長たる稷を祭祀させたということである。そして、理由を明示さぬまま、『孝経援神契』を引き、『孝経』と「宗廟」が密接不可分の関係にあるよう印象づけた。

『後漢書』祭祀志には、「唯だ州のみ治する所に社有り稷無し、其の使官を以てす」とあり、州に監察権しかない当時の制度を念頭に置く。「五穀の長なり」という意味づけが、行政的には県を通して為されることを述べる。そして、「古、官に大功有れば則ち其の神に配食すと」という記述は、各地に残される諸神をここに引きつける意味をもつ。州はやがて分割され、州県制として、かつての郡県制の意味をもつにいたる。『後漢書』は南朝宋の范曄編だが、よく知られたように、志が欠けていたので、西晋司馬彪『続漢書』の志が利用された。西晋時期の認識が示されている。

『後漢書』祭祀志には、さらに「漢興八年、言ふ有り、周興りて邑ごとに后稷の祀を立つ。是に於て、高帝天下に令して靈星祠を立つ」とある。これは、周の祖である后稷が一般に社稷の祭祀に関わってしまうことを阻止する意味がある。むろんそれは、『後漢書』祭祀志の見解ではということであるが、同内容が『史記』封禅書に見える（「或曰、周興而有邰、立后稷之祠、至今血食天下、於是高祖……」）。『史記』儒林列伝董仲舒に「遼東高廟」の記事があり、『漢書』にいう「郡国廟」のこととされる。『漢書』元帝紀に、韋玄成の意見により「郡国廟」が廃止された記事がある。これは、前漢のとき、周の故事を根拠に高祖を祭る廟を郡国に建てたことを示す。これを通して、郡国に漢高祖の威令を及ぼした。その郡国廟が廃止された後、郡国というより**州県に威令を及ぼす制度が必要とされ**、**『孝経緯』たる『孝経援神契』の活用の「形」**ができたのだろう。そしてその「形」が『後漢書』祭祀志に記されたのである。

〔『孝経緯』活用にいたる前の「形」その二〕『漢書』郊祀志　郊に「社祠」と「稷祠」の機能

『後漢書』祭祀志の最後に、「**論曰**」としてこうある。「上皇自り以来、泰山に封ずる者、周に至るまで七十二代、封とは、封土壇を為すを謂ふ。柴祭告天、代り興りて功を成す。礼記の所謂『名山に因り中より天に升る』者なり。易姓すれば則ち封を改むる者、一代の始めを著し、相ひ襲はざるを明らかにするなり。繼世の王、巡狩すれば則ち封を修めて以て祭るのみ。秦始皇孝武帝泰山を封じて自り、本より由て仙を好み方士の言を信ず。造りて石検印封の事を為す。**所聞すること此の如し。天道を誠にすと雖も度知すべきこと難し。然れども其れ大いに較べて猶ほ本要有り。**天道質誠、約ありて費あらざる者なり。故に牲に犢り、器は陶匏を用ふ。殆んど将に検封の間に事無からん。而して難攻の石を樂しむ。且つ唯だ封じて改代を為す。故に岱宗と曰ふ。夏康周宣、廢に由り復興し改封するを聞かず。**世祖孝武の故封に因らんと欲するも、實に祖宗の道を繼ぐなり。**……（梁松の議論あり）……言天地なる者は易より大なるは莫し。易に六宗在中の象無し。信の若きは天地四方の宗と為す所にして是至大なり。而して太社に比すれば又失所と為す。以て誠と為し難し」。結論は最後に示されている。**泰山封禅も、言天地の易も、太社におよばない。**

ここで、**及ばないとされている泰山封禅と言天地の易が、『孝経緯』活用にいたる前の「形」を成していた**ということになる。『後漢書』祭祀志の最初には、光武帝の告天祭祀が記され、『漢書』郊祀志が王莽の時にできあがっていたことが記される。**建武三十年に羣臣が泰山封禪を具申し、梁松の議論が示される。**『漢書』郊祀志が引用されて武帝の儀礼が記述される。これらも、「及ばない」を述べるものである。

遡って**『漢書』郊祀志**に目を向けると、『漢書』郊祀志が**『史記』封禅書を念頭において書き換えた「形」**が見いだせる。

ここには詳細は割愛するが、「顓頊之を受け廼ち南正重に命じて天を司るに属神を以てせしむ。火正黎に命じて地を司るに属民を以てせしむ。旧に復して、常に相ひ侵黷（おかしけがす）すること亡からしむ。**共工氏九州に覇たりて自り其の子を句龍と曰ひ能く水土を平らかにし死すれば社祠を為る。有烈山氏天下に王たり其の子を柱と曰ひ能く百穀を殖ゑて死すれば稷祠を為る**」は、**郊に「社祠」と「稷祠」の機能があることを述べている**。つまり、『後漢書』祭祀志の誹謗の「形」とはうらはらに、内容上は、その先行する「形」が『漢書』郊祀志に示されている。

〔『孝経緯』活用にいたる前の「形」、その三〕『史記』封禅書の「形」

『史記』封禅書は、三代の山川鬼神祭祀を紹介し、星宿祭祀、四時祭祀を述べ、漢高祖の時に、秦の四帝に黒帝を加えて五帝の祭祀としたこと等を述べ、文帝の祭祀を述べ、景帝の祭祀を述べ、武帝にいたる。「天神貴者太一、太一佐曰五帝」等の表現も見える。「有司與太史公祠官寛舒議」等の議論も見える。

『史記』封禅書の述べるところ、**東の泰山祭祀と別に西の甘泉祭祀**がある。東の泰山祭祀は、戦国斉の祭祀を継承して中身を変更する。**西の甘泉祭祀**は、「上遂に雍に郊して隴西に至る。西のかた崆峒に登り甘泉に幸す。令祠官寛舒等をして太一に祠壇を具せしむ。祠壇には、薄忌を太一壇に放つ。壇は三垓（次）。五帝壇は環りて其の下に居り。各々其の方の如く黄帝西南して八通鬼道を除す」とあるので、**太一祭祀を通して、黄帝の力を仮り、八通鬼道に力を及ぼしたことがわかる**。西の甘泉祭祀は**戦国以来の秦の祭祀**を継承する。**内容を変更する「形」を作るため、東の泰山祭祀と合体させる**ことにした。合体自体は、始皇帝が行っている。しかし、**始皇帝はやり方を間違えた**ということになった。**武帝はその間違いを正して、甘泉祭祀の主体を太方僊（仙）の道を為す一祭祀とし、かつこれに五帝祭祀を合体させて西南方面にも霊的威圧をかける「形」**を作ったのである。泰山祭祀も、黄帝の関与によって、天地を結びつけた。「**方僊（仙）の道を為す**。形解銷化し鬼神の事に依る」と記述された戦国時代斉国の儀礼を念頭におきつつ、それを漢皇帝が仙道として継承する。西の甘泉祭祀も、本来は太一祭祀であるが、戦国秦以来の秦の儀礼を念頭におきつつ、それを漢皇帝が仙道として継承することにした。

『史記』封禅書は、「（始皇帝）帝位に即くこと三年、東にかた郡県を巡りて騶嶧山に祠り、秦の功業を頌ぐ。是に於て斉魯の儒生傳士七十人を徴従し泰山の下に至らしむ。諸々の儒生或は議して曰く、古者封禅に蒲車を為り山の土石草木を傷つくるを悪む。地を埽き祭席に苴稭を用ふ。其の遵し易きを言ふなり。始皇此の議を聞くに各々乖異して施用し難し。此に由りて儒生を絀く。」と述べる。儒家・道家のうち、儒家の出る幕はここまでだと判断した。そして続けて「是に於て始皇遂に東のかた海上に游（泳）ぎ礼を行ひ名山大川及び八神を祠るに僊（仙）人羨門の属を求む」とし、始皇帝の儀礼の根據を述べた。そして、さらに「**八神は将に古自りして之有り、或は曰く、太公以来之を作る**」とし、戦国斉の儀礼を参照したことを示したのである。

『史記』封禅書の「形」は**前代を誹謗する記述**（「始皇帝はやり方を間違えた」）を含むのだが、その「形」にかかわらず、**儀礼の内容自体は、始皇帝のそれを継承して**いることが読み取れる。「儒家・道家のうち、**儒家の出る幕はここまでだ**」**という場を設定**している。『漢書』郊祀志が郊に「社祠」と「稷祠」の機能があることを前面に出す以前の「形」として、**東の泰山祭祀と別に西の甘泉祭祀を統合する**「形」があった。そこに「**稷祠**」の**機能**がある。そして別に、**郡国統治がある。そこに**「**社祠**」の機能がある。

『史記』には**司馬相如列伝**があり、そこに『史記』**封禅書に先行する記事**がまとめられている。これについては、割愛するが、同じ前漢時代でも、武帝期の見解をまとめた封禅書に先行する内容を検討することができる。

〖戦国時代の「社祠」と「稷祠」〗漢代改変前の『周礼』と『楚居』

上述したように、漢代の議論において「社祠」と「稷祠」の統合の「形」が見えているのは、**戦国時代の七雄等において、個々に**「**社祠**」**と**「**稷祠**」**の制度が整備されていたから**であろう。『史記』封禅書に、『周官』（『周礼』）を引用してこう述べる。

「周官曰く、冬日至（冬至）、天を南郊に祀る。長日の至を迎ふ。夏日至（夏至）、地祇を祭る。皆楽舞を用ひて神乃ち得て礼あるべし。天子天下名山、大川五岳を祭り、三公に視す。四瀆（大川）もて諸侯に視す。諸侯は其の彊（疆）内の名山大川を祭る。四瀆とは江河淮濟なり、天子は明堂辟雍と曰ひ、諸侯は泮宮と曰ふ。周公既に成王に相たり后稷を郊祀して以て天に配す。文王を明堂に宗祀して以て上帝に配す。禹興りて社祀を脩めて自り、后稷稼穡あり。故に稷祠有り。郊社従ひ来たる所尚し……」

ところが、ここに**引用される『周官』はいわゆる『周礼』ではない**。引用の体裁をとりつつ、実際はそれを根本から改変したものである。例えば「天下名山」等については、戦国時代の**『周礼』春官大宗伯**の冒頭にこう述べる。「大宗伯の職、建邦の天神人鬼地祇（示）の禮を掌る。以て王を佐けて邦国を建保す……国に大なる故有れば則ち上帝と四望とを旅す（賈公彦疏「旅は陳なり。祭事を陳べて以て祈る」）。王大封（賈公彦疏「大封とは典命の若きを謂ふ」）あれば則ち先づ后土に告げ、乃ち頒ちて邦国都家郷邑に祀らしむ」とあり、**天下の一部を治める王を佐ける大宗伯が、天神・人鬼・地祇を通して礼を行い、上帝と四望を「旅」することを通して邦国・都家・郷邑の下位の祭祀を挙行させる**。**『史記』**封禅書は、その王と大宗伯と邦国・都家・郷邑との関係を、**天下を治める皇帝と三公と諸侯の関係に置き換える**。実態としては、「諸侯は其の彊内の名山大川を祭る」というのが、『周礼』本来の王の役割である。**『周礼』が天神・人鬼・地祇を対象にしていたのが、『史記』封禅書では、天と地祇を対象に**するものとなった。

戦国時代には、まだ八紘観がないのに対し、漢代には八紘観ができあがり、その八紘は郡県統治された。戦国時代にはそれがまだできあがっていないので、**万物は、天神・人鬼・地祇の祭祀を通して一体化される**。この論理により一体**化がはかられる「人鬼」は、宗廟が安んずる**。「天神」は「稷祠」が司り、「地祇」は「社祠」が司ると説明しなおすことができる。

こうした観点から再評価すべきなのが（一般に議論されるところと違う視点から）、**『楚居』**[7]である。この簡は、いわゆる**骨董簡**であり、研究者の間では、**贋作ではない**として検討されてきている。

その文章を検討すると、「**居**」と「**𨗨**（**遷**）」**が鍵を握る**字であることがわかる。[8]誰がどこに「居」したか、誰の時に

「遖（遷）」が行われたかが記される。「居」**に先んじては、「處」の表現**が使われる。また「**遖（遷）」は祭祀**であり、誰の時にどこで行われたか（地名のみ）、誰の時にどこから行われ（「自～」）たか、誰の時にどこを「襲」したか（「襲～」）が記される。

始めに「季連初降於騩山、抵于穴窮、前出于喬山、宅處爰波、逆上水、見盤庚之子、處于方山、女曰妣隹、秉茲率相、詈（麗）冐（秀）四方、季連聞其有聘、從、及之泮、爰生侸、遠仲、游徜徉、先處于京宗、穴舍[illegible]于京宗」とある。**「遷」は稷神を降ろす儀礼**だろう。(9)

つまり、**「居」は「社祠」を設けてそこに居るの**であり、**「遷」は、「稷祠」を設けてそこに神を下す**のである（一般に字釈を誤って文意をとっている）。

『占法と宮と時』失われた都市国家の時代の様相

『史記』封禅書に「秦の文公東のかた汧渭の間に猟し、**之に居るをトするに吉**」というくだりがある。そして「文公夢に黄蛇自ら天より下りて地に属す。其の口鄜に止りて衍む。文公史敦に問ふ。敦曰く、『此れ上帝の徴なり、君其れ之を祠れ』と。是に於て鄜時を作り、三牲を用ひ、郊に白帝を祭る」と述べる。この鄜時が機能し始めるのは、徳公の時であり、「鄜時を作りて後七十八年、秦徳公既に立ち雍に居るをトするに、『後の子孫馬を河に飲ましめん』とあり。遂に雍に都す。雍の諸祠、此自り興る。三百牢を鄜時に用ふ。伏祠を作る。磔狗邑ごとに四門。以て蠱菑を禦ぐ」とあった。秦国の伝説と楚国の伝説が同じ土俵にあるということではないが、比較の対象にはなる。**秦において徳公の時に雍に遷都し、鄜時の下に諸祠が集まる「形」ができあがる。**それより前に先世文公の時に、**鄜時を定めるトい**があったとされる。「雍の諸祠」と「鄜時」が論じられていることから、諸祠が様々な祭祀を行い、それをまとめる「時」があったことがわかる。**先行する祭祀の場を継承して「諸祠」とし、それをまとめる「時」を作ったというのが無理のない解釈だろう。**秦が東方に進出し、諸族を従える過程でのことである。こういう作法が採用されるのは、**この「諸祠」が自**

然神として継承できたからだと推測できる。

春秋時代晋国の侯馬盟書に、「嘉の盟、定宮・平時の命[10]」という文言がある。「嘉」は主盟者趙孟を言い、定宮は晋国の宮、平時は何等かの祭祀の場となろう。『史記』封禅書に見える「時」を参照すれば、晋国としての代表的祭祀の場であり、おそらく「稷祠」に相当する場であろう。とすれば、「宮」とは、「社祠」に相当する場に違いない。「定宮」とは在位中（当時の君主号は、まだ諡号ではない。諡号は戦国時代に踰年称元法とともに始まる）の晋の定公の「宮」であり、定公一代の「居」である。こうして都市国家ごとに残された「宮」の遺址を、「諸祠」として「鄜時」の下においたと考えられる。侯馬盟書には、「岳公大冢」（嵩山）の記事もある。これは、晋国を超えた神格であり、『史記』封禅書の泰山になぞらえることができる。

『史記』封禅書に「之に居るを卜するに吉」とあり、『楚居』に、「居」を遷す前の卜が記される。「卜」は、甲骨文の文辞としてよく知られる。侯馬盟書には「卜以吉」の文言がある（第六類、卜筮類）[11]。これは筮竹による占いである。占法は儀礼に密接に関わるが、卜法の痕跡を残す亀卜や後代に継承された筮竹の事例を除けば、不明な点が多い。卜法や筮竹に関しては、甲骨文や『左伝』等の関連記事を通して、議論を深めることができるが、割愛する。時代とともに次第に意味を変えていくということを念頭において、『史記』亀策列伝のまとめが理解に役立つ。

こうした占法によって挙行される儀礼では、祭祀の対象が話題にされる。甲骨文では[12]、殷の祖先神と自然神が祭祀対象になっている。青銅器銘文[13]では、祖先代々を話題にし、各国の関係を話題にしているが、自然神という祭祀対象にはあまり触れない。自然神のことは、各国にまかせているように見える。上述したように、「諸祠」とされた祖先神は、土地との関係を前提に「社祠」相当の祭祀に組み込まれ、自然神は、「稷祠」相当の祭祀に組み込まれる、と想定してよかろう（祖先祭祀そのものは宗廟）。

こうした祭祀は、一度戦国時代に王の制度として「形」が作られた後、漢代に皇帝の制度として「形」が作り直された。一般的な殷代、周代の認識は、この皇帝の制度による「形」として記述されているので、そのままでは歴史を語るものとはならない。同様に注意したいのは、皇帝の制度の埒外にある存在は、同様の制度をもっていても、埒外のレッテルが貼られるということである。帝国の反乱者は罪人として記述され、埒外を認められた者たちは、それなりの誹謗の「形」が示される。『三国志』では、道教の祖とされる五斗米道の張魯について「魯、遂に漢中に據り鬼道を以て教民し、自ら『師君』と号す」（張魯伝）とし、倭の卑弥呼について「鬼道に事へて衆を惑はす」（東夷伝倭人）とする。(14)

〔三月三日、五月五日、七月七日〕女妓の楽の始まりと伏日の意味　織女と七夕と詩経

上記に検討してきたように、三月上巳、端午節句、七夕いずれにおいても、我々の常識とはことなる内容をもって存在していた。三月三日の制度が始まり、三月上巳の称謂と混在するにいたるのは、南朝梁代ごろであり（平勢解説《その一》「曲水」）、七月七日が正史において話題になるのは、『晋書』・『宋書』になってからであり、いわゆる七夕伝説の内容がわかるのは、『梁書』所載の晋宗懍撰『荊楚歳時記』になってからである。七月七日の制度は、三月三日の場合と似た状況下にあったことがわかる。五月五日は端午の節句であるが、これも上述したように、「曲水」儀礼が「招魂」儀礼を内実とし、将軍の軍事力に期待するにいたった後の意味が継承される。平勢解説《その一》「曲水」に述べたように、石虎『鄴中記』の時期は、「曲水」儀礼の二つの起源（三月上巳と秦の昭王伝説）が融合していた。これに七夕伝説と端午の節句が加わり、三月三日、五月五日、七月七日の制度に落ち着くと見るのが、妥当である。この収斂の過程で、「伏日」儀礼も整備される。『鄴中記』第九条の語釈引用の『水経注』濁漳水注に「三月三日及始蚕之月、虎帥皇后及夫人採桑于此」とある。『鄴中記』第十八条に「三月三日」とあり、校勘に「『事類賦』が「上巳」に作るとする。『鄴中記』第三十七条に「三月三日臨水会」とあるのは、すでに「三日」が定まっていた時期の記録であろう。三月上巳の儀礼に「始蚕之月」が重なってきている。現在の日本の宮中にも継承される行事が、ここに記されている。三月上巳に「織女」の伝説が結びついた。

そもそも正史において、「織女」の語は『漢書』から『新唐書』に記されており、八卦方位を立面図として認識する

時代に意味をもったことがわかる。出土史料や『尚書』は「婺女」と記し、この字は正史の中で「織女」と混用されている。「婺女」の方が古い。上記〔『毛詩』から『鄴中記』へ〕に述べたように、『毛詩』二章の詩句「三星在隅」は「三月之末、四月之中」であり、毛伝の解釈としては、詩句に忠実だったのに、鄭箋は、「心星在隅、謂四月之末、五月之中」と述べ、日没後に心星が東方に高く見えることを言うと解釈を変えている。おそらくこの後漢のころ（つまり『漢書』が編纂されたころ）、「織女」の字が定まったのであろう。『尚書』に「婺女」とあるので、これが古典として継承され、正史において「織女」と混用されることになった。そもそも「三星」が参宿として日没後に見え、その時東に心宿が見えていることを述べる詩だったのに、関心が天の冬至点に移った。この天方位の冬至点が南中するとき、夏至点の太陽は地中の最深部にある。それが五月である。そのころの日没時、参宿はすでに地中に没しており、心宿は東方に高く見える。後漢の儒者はその状況こそ『毛詩』二章の詩句「三星在隅」だとの（当時の）新説を出した。日没から半日たった未明、参宿が東に見え、西方では心星が地下に没して牛宿・女宿がまだ見えている。この状況を、日没でもなく未明でもなく、今でいう午前零時に確認するのが七夕である。平勢解説《その一》に沿って述べれば、歳差の影響で、『毛詩』本来の意味が説明しにくくなり、後漢以後の説明が容易になってきている。

その歳差の影響は、六世紀に先天八卦方位を生み出した。その六世紀の言わば帰結を生み出す準備段階に石虎『鄴中記』は存在する。その準備段階における動きの一つとして、三国魏の景初改暦（元年は二三六年辰年）があり、歳差の議論の深化を記す『宋書』天文志がある。『梁書』所載の晋宗懍撰『荊楚歳時記』もこのころできた。「三月三日、四民並出江渚池沼間、臨清流為流觴曲水之飲」、「五月五日、謂之浴蘭節、四民並蹋百草之戯、採艾以為人懸門戸上、以禳毒気、以菖蒲、或鏤或屑、以泛酒……是日競渡採雑薬、按五月五日、競渡俗、為屈原投汨羅日、傷其死所、故並命舟檝以拯之、舸舟取其軽利、謂之飛鳧一、自以為水車一、自以為水馬、州将及土人、悉臨水而観之、蓋越人以舟為車、以楫為馬也、邯鄲淳曹娥碑云、五月五日、時迎伍君、逆涛而上為水所淹、斯又東呉之俗、事在子胥、不関屈平也、越地伝云、起於越王勾践、不可詳矣、是日競採雑薬夏小正云、此日蓄薬以蠲除毒気」、「七月七日為牽牛織女聚会之夜」とある。この段階で、**三月上巳は「曲水」に合体**し、三月三日とされている。**五月五日にも「泛酒」**とある。通常議論されるのは「曲水」に関する「泛觴」で、さかづきを浮かべることとされる。『**荊楚歳時記**』の「**泛酒**」は、**前後の文脈からして舟を浮かべての酒盛り**である。「三月三日」と「五月五日」の**本来相異なる祭祀の場が**『**荊楚歳時記**』**を経由して混同されたの**だろう（『荊楚歳時記』三月三日は「臨清流為流觴曲水之飲」）。そして、その誤解が常識となった。**五月五日の競渡のことは、**『**隋書**』**地理志にも**記されている。

『**鄴中記**』第二条に参考画像としておいた**梁県平中侯右闕**（西）**の門標は、西地中から見て正字になる**（われわれがみると字が左右反転している）。**鏡が左右反転した自己を映し出す**のは、似た効果を想起させたはずである。**平勢解説《その二》「【Ⅲ】**その他　第四十五条」に述べたことをくりかえせば、『**史記**』**呂太后本紀**に、太后称制のことを述べ、「始めて高帝と唼血して盟ひ、諸君在らずや、今高帝崩じ、太后女主たり、呂氏を王たらしめんと欲す。諸君従ひて阿意背約せんと欲すれば、何の面目ありてか高帝に地下に見えん」とあった。**死後の高帝が天地を行き来し、死後の臣下は地下において高帝に謁見すること**を述べていた。唐李延寿撰『北史』和士開列伝にも臣下としての似た議論が見えていた。それらを参照することができる。死後の世界から墓に向かえば、門標の文字が目印になる。

「伏日」が問題になる五月五日から七月七日の夜空を当てはめれば、**日没後に西に沈んだ参宿の三星がまさに上記の右闕門標を見る位置**にある。冥界から墓地へは、日没後に西からいたり、右闕の門標を見て神道に入ったのであろう。「**伏日」に火を弱める意を含ませるのは、火葬して埋葬した後を暗示させる**ことに関わろう。単なる避暑が主目的ではあるまい。

『**鄴中記**』**第二条と第三条**のいずれにも高い門楼が記されている。これらを通っていたる宮殿では、「伏日」の儀礼が行われた。**日没後の夜空の主役は牽牛と織女**である。

『毛詩』のころは、日没後に西の夜空に見えている参宿三星が「興也」の対象であった。それが、歳差の影響が及んで、夜空の星宿に過去の位置からのずれが話題にされる。夜空の基準は心星と参星だったのが、牽牛・織女と参星になっていく。上記右闕門標の字の左右反転も、その変化の中に位置づけられる。『鄴中記』第十五条「女妓」に問題にした時代とも重なる。女妓評価が比較的高い唐代までの時期、儀礼に「織女」が活用された。科挙の殿試が本格化して女妓活用の場もなくなり、「織女」活用の儀礼も廃れたとみてよい。[15]

上記『鄴中記』第十五条「女妓」について述べたように、伎楽についての魏以来の制度を改めた結果、晋以後「楽を廃す」の状態となった。この時「女妓」の称が出現し、それまでの雅楽ではなく、女妓が舞うのと合体された楽が行われるようになったらしい。

【V】補足二　先天八卦方位の立面図とその前後の時期の留意点

『立面図形としての正八角形』　先天八卦方位が描かせた正八角形

一般に知られていないが、六世紀以後の隋唐時期、つまり先天八卦方位が立面図に反映された時代の建築には、正八角形が表現されていた。

この種の研究は、戦前の米田美代治に始まる。より遡れば、ギリシア建築について、黄金比の存在やエンタシスの柱が知られており、とくに後者が法隆寺の中門の柱に用いられていることが指摘された。[16]この見解は広く継承され議論された。[17]その影響下、幾何学的検討と易の影響という観点を加え朝鮮建築を検討したのが米田美代治である。[18]米田は、基礎平面が正八角形になる仏国寺多宝塔は、立面にも正八角形が描けることを指摘した。ところが、その研究を継承する者には、「易の影響」は具体化が難しかった。

平勢も理解の及ばないところが多かったが、近年後天八卦方位から先天八卦方位への転換が六世紀に起こることをつかみ、一気に理解が進んだ。下記に示したのは、我国の玉虫厨子の立面構成である。平勢の過去の研究で、[19]米田美代治想定の仏国寺多宝塔の立面構成、チャンサンリョルの渤海龍泉府八角燈籠[20]の立面構成を紹介した。それぞれ立面構成に正八角形が描ける。これらに加え、**鳥取市国府町岡益石堂石塔部の立面構成**、奈良県当**麻寺金堂前石灯籠の立面構成**にも、正八角形を分割して得られる二等辺三角形が描けることを述べた。いずれも、現存するのが中台より下の部分であったが、いわば正八角形の下半が描けたということである。

こうした研究を公表した時点では検討するにいたらなかったのが、**玉虫厨子**である。過去の研究環境の情報が限られていたためだが、定年を前に、過去検討する機会のなかった玉虫厨子について、あらためて検討の手をのばしてみた。過去の研究において、立面構成としての正八角形がどう描けるか、その正八角形の基準尺の整数がどこに表現されるか、が通底して検討できた[21]。玉虫厨子の場合、**基準尺は上半基礎の短径に表現され**（**高麗尺の三尺**）、上半の基礎（中台部分）より上の高さと中台以下の部分の比が、**当麻寺金堂前石灯籠の基礎の短径と長径の比**、およ

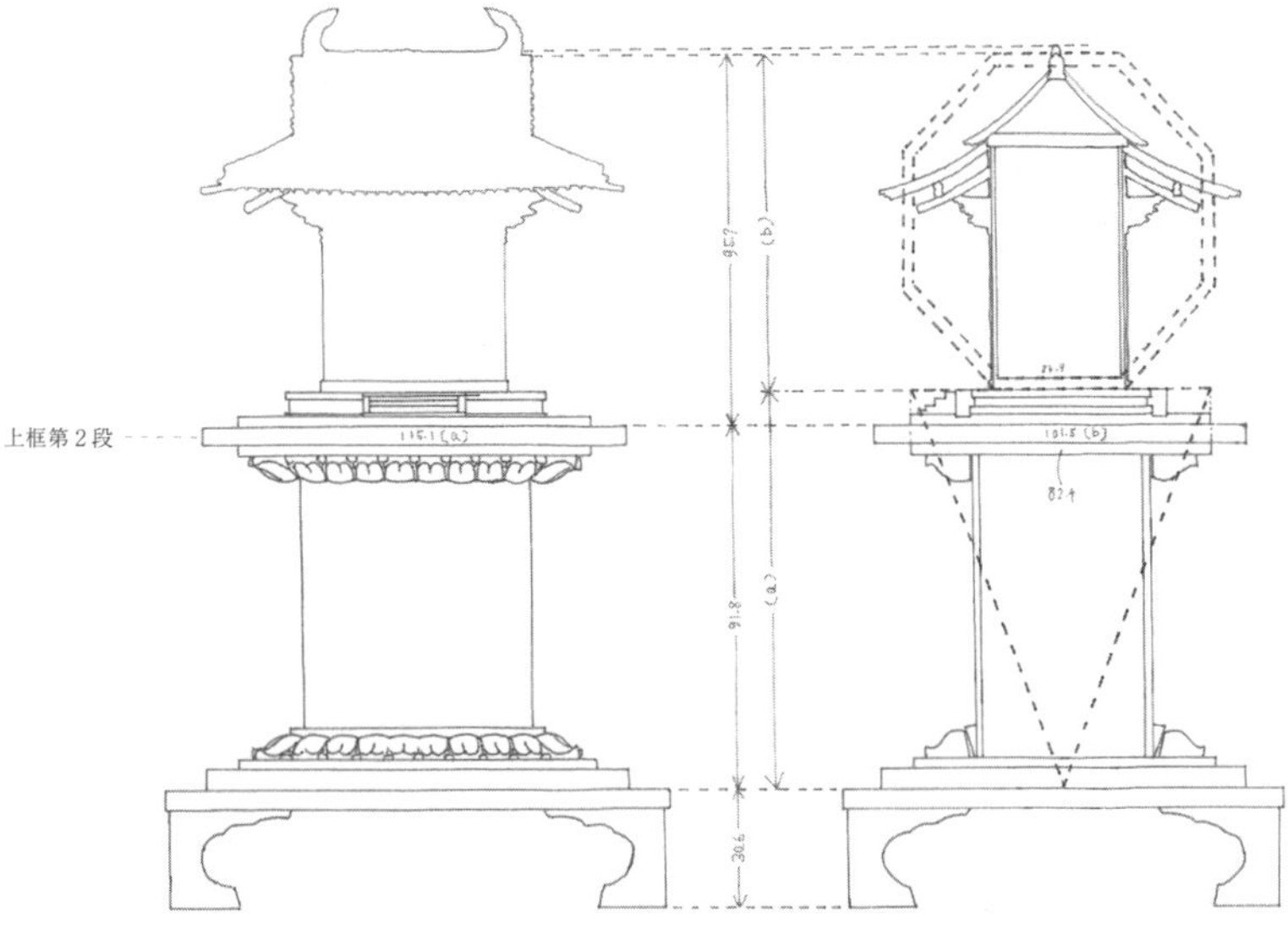

図20　玉虫厨子の立面構成（『奈良六大寺大観』五 の実測図と実測値をもとに作成[21]）
中台上辺と全体の台の上辺との間に頂角 45°の二等辺三角形 が描ける。その底辺は高麗尺の三尺になっている。中台上辺の上の部分に、図のような正八角形が描ける。上図の a：bの比は、当麻寺金堂前石灯籠基礎の長径：短径、鳥取市国府町岡益石堂の石塔部基礎の長辺：短辺の比に等しい（注 (21) の論文に両者の図と実測値を紹介）。

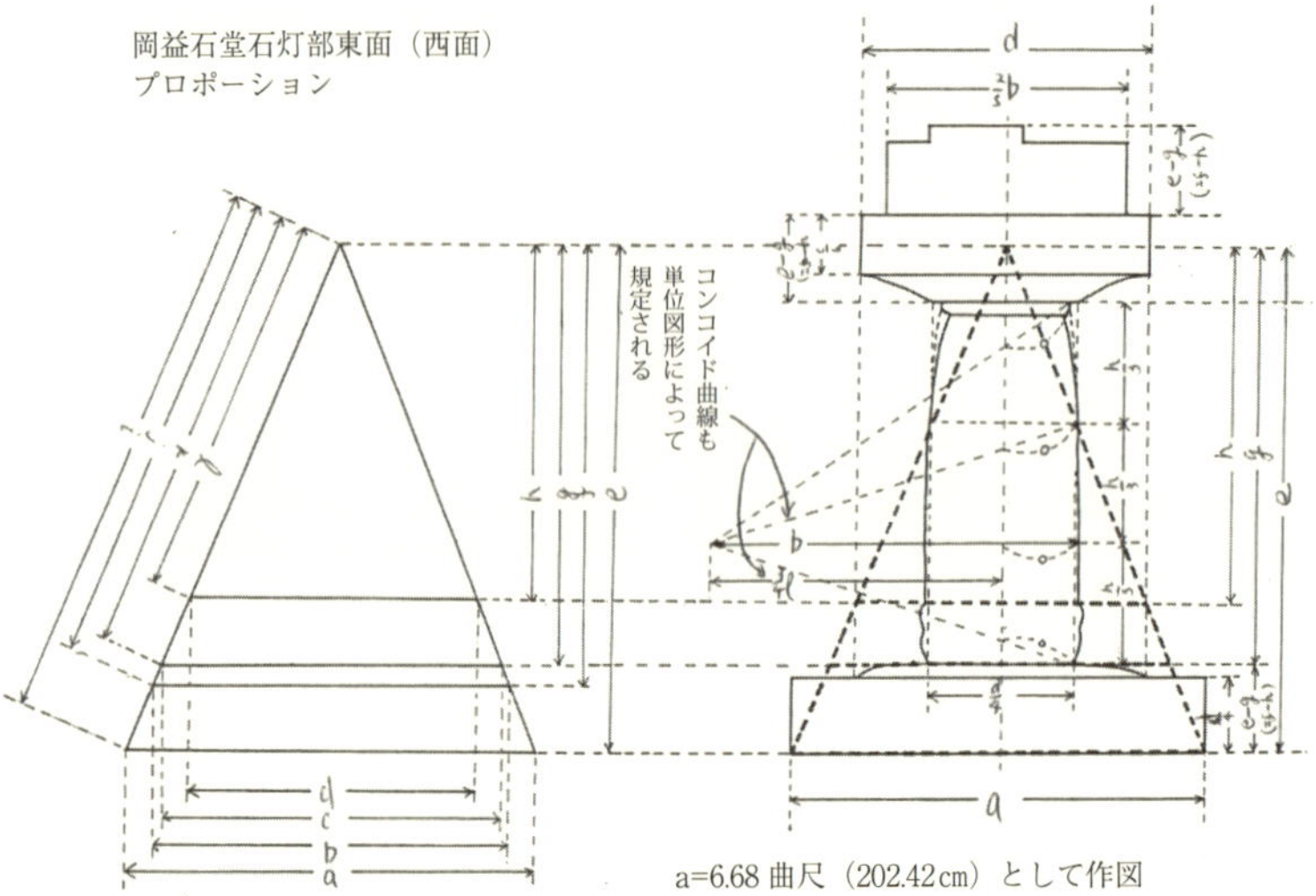

図 21　鳥取市（旧国府町）**の岡益石堂**（安徳天皇陵墓参考地）

石塔部の基礎（長方形平面）の長辺の a が上図（b は下記）。 a : b の比は玉虫厨子・当麻寺金堂前石灯籠と同じ。この比をもたらす単位図形については、平勢 1985・1987 参照(17) (19)。

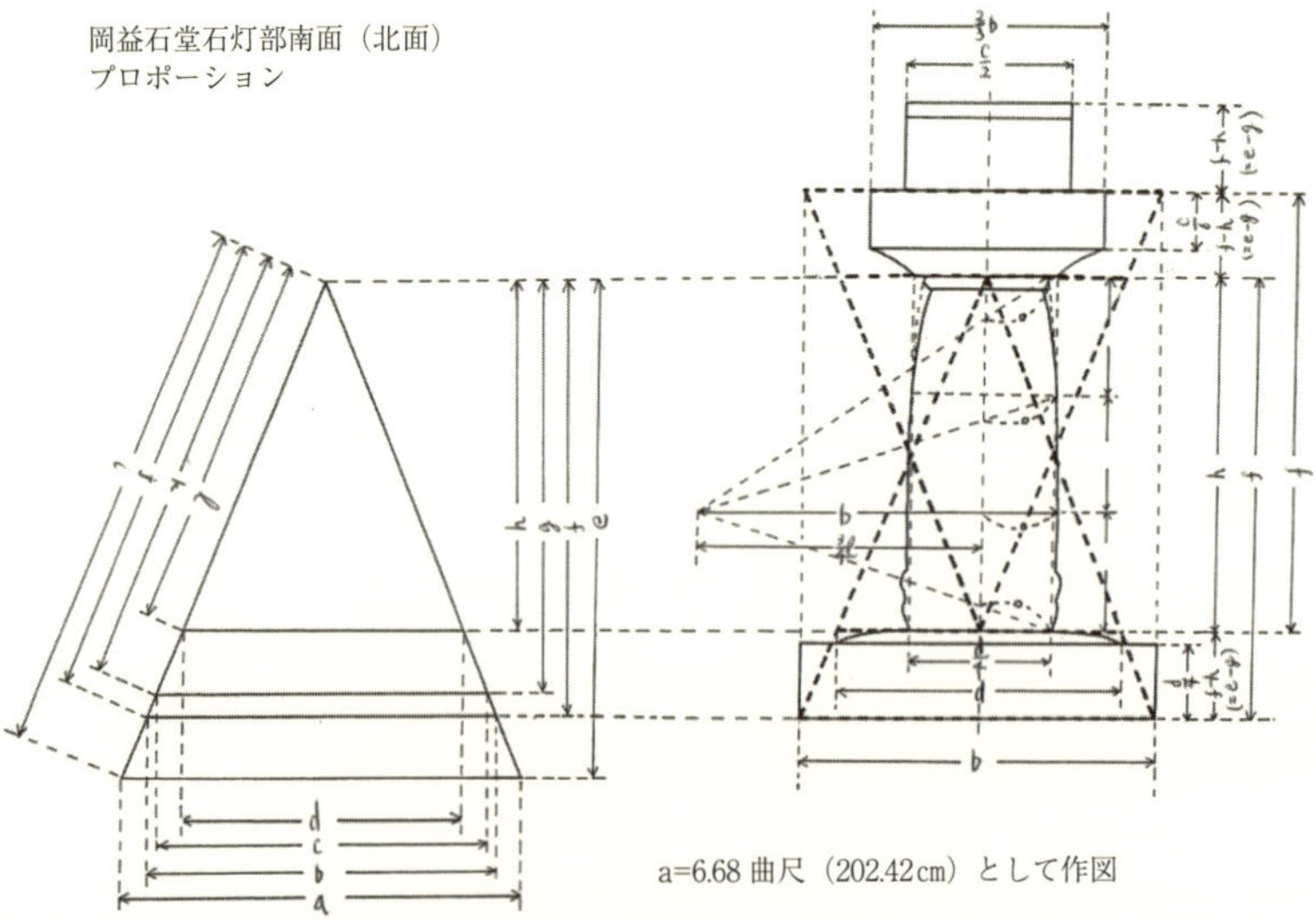

図 22　鳥取市（旧国府町）**の岡益石堂**（安徳天皇陵墓参考地）

石塔部の基礎（長方形平面）の短辺の b が上図（a は下記）。 a : b の比は玉虫厨子・当麻寺金堂前石灯籠と同じ。この比をもたらす単位図形については、平勢 1985・1987・2003 参照(17) (19)。

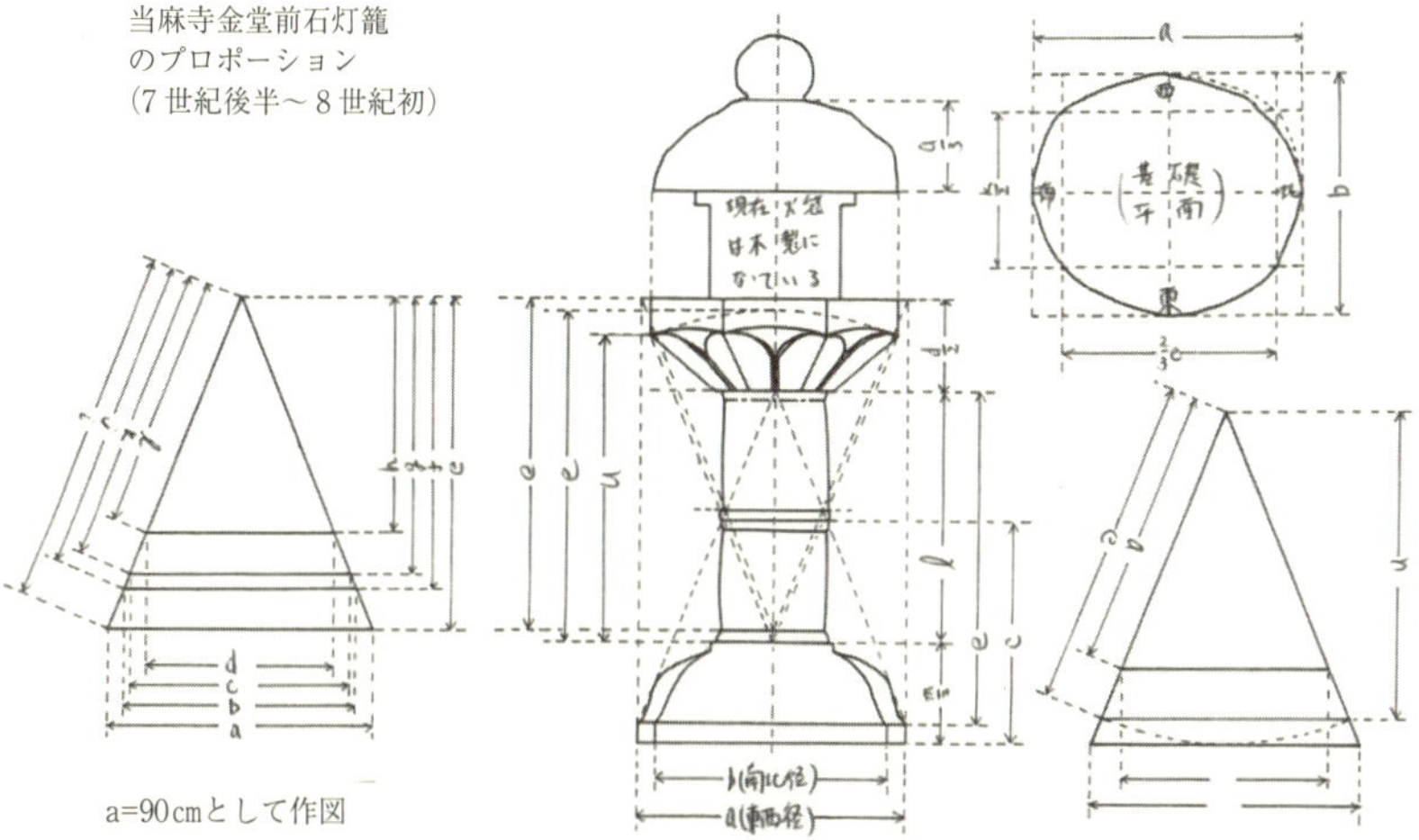

図 23　奈良県当麻寺の金堂前石灯籠
基礎（長方形平面）の長径と短径の比は、a : bになっている。この比は玉虫厨子・岡益石堂石塔と同じ。この比をもたらす単位図形については、平勢 1985・1987・2003 参照(19)。

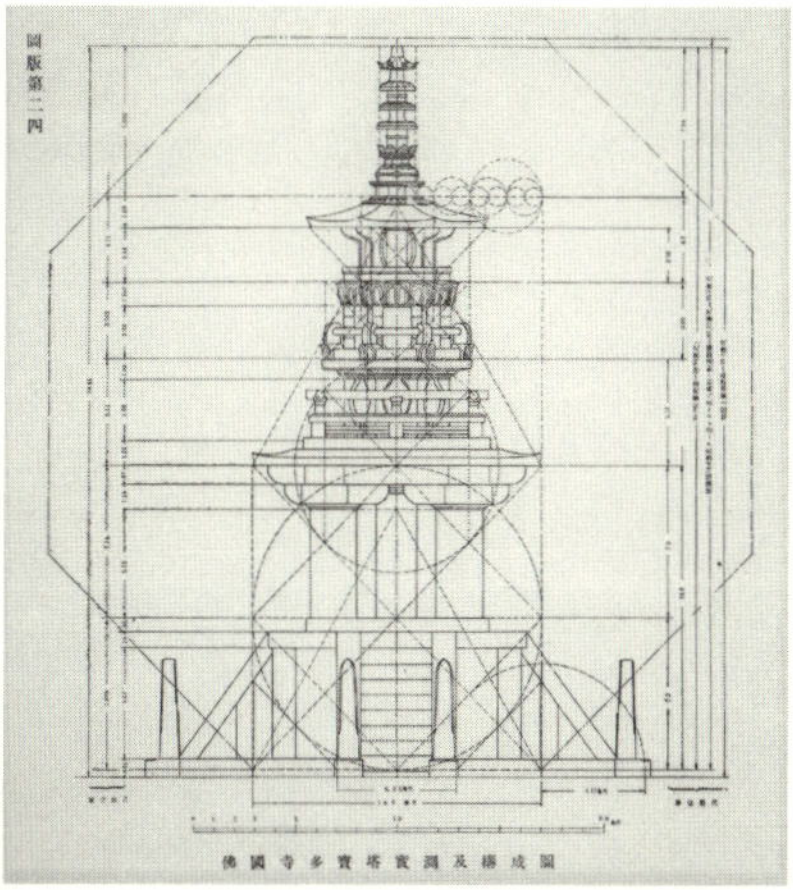

図 24　仏国寺多宝塔実測および構成図
米田美代治は、8世紀の建築である新羅の仏国寺の多宝塔について、正八角形の立面構成を想定した(18)。

図 25　正定広恵寺花塔［写真：東京大学東洋文化研究所］
仏国寺多宝塔と同じ時期に建てられ、平面構成・立面構成の類似する仏塔が中国河北省石家荘に残されている（正定広恵寺花塔、貞元年間 785 ～ 805 年）。現存するのは、金王朝の時に補修されたものである。この石家荘の仏塔は、塚本靖整理写真・関野貞整理写真として残されている。実測図は残されていない。塚本・関野等も早くに仏国寺多宝塔に注目しており、そのため、この 広恵寺花塔 の写真を残したのであろう(23)。

び岡益石堂の石塔部の基礎の**短辺と長辺の比**になる。この三例に共通する**短・長の比は、岡益石堂と渤海石灯籠との比較から得られた単位図形**（単位図形は図23。渤海石灯籠はここには割愛）**により作成される**。

ここに述べた立面構成の正八角形では、建築の天地が垂直になるのが注目点である。六世紀以後主流となる立面図としての先天八卦方位の天地が垂直になるのを、具体的に反映させた結果と見なせる。[22] そのため、六世紀以後の隋唐時期に限って、この種の立面構成が問題になるのである。[23]

〔鏡の効能〕

『太平御覧』服用部の鏡に、諸書を引用し、鏡の霊験を具体的に述べる。

『蜀志』を引き、「曰、張祐暁相術、毎学、鏡視面、自知刑死、未嘗不撲之於地」とする。この内容は、『三国志』蜀志に見える。張祐暁の相述をもって学ぶごとに、鏡をつかって面を視、みずから刑死することを知ったという話題である。「未嘗不撲之於地」は地に強く打ちおろしたことをいうのであろう。同じく『魏武帝上雑物疏』を引き、「曰、御物有尺二寸、金錯鏡一枚、皇太子雜純銀錯、七寸鐵鏡四枚、貴人至公主、九寸鉄鏡四十枚」とし、『鄴中記』を引き、「**石虎三台**、及内宮、**中鏡有径二三尺者**、純金蟠龍雕飾」とする。石虎の三台で扱ったのは**御物**だということである。**梁沈約撰『宋書』劉敬宣伝**を引き、「曰、劉敬宣八歳喪母、**四月八日、敬宣見衆人潅仏、乃披頭上金鏡、以為母潅因悲泣不勝**」（『宋書』の文は少し異なる）とする。**四月八日の潅仏にも頭に金鏡をかぶらせ、母のために悲しん**だという話題である。この金鏡も御物である。続けて「又曰、殷仲文在東陽照鏡、而不見其頭面、旬日而戮」とあるが、これは『宋書』の文ではないようである。文意は、上記の『蜀志』と同様である。同じく蕭方等『三十国春秋』を引き、「曰、甘卓将被誅、引鏡不見其頭」とする。続けて「又曰、慕容垂攻鄴、苻丕遣其従弟龍、請救、乃遺謝玄青銅鏡、黄金宛転縄等、以為之信」とする。「以為之信」というのは、**鏡の霊験により人を見抜いた**ということだろう。『宋書』と『三十国春秋』では、鏡の霊験がもたらす結果が一見異なっている。しかし、下記に見ていく諸事例からすると、聖なるものと邪悪なるものを鏡が見抜いて白日のもとにさらす、ということのようである。

同じく『**抱朴子内篇**』を引き、「曰、……又曰、万物之巧者、其精皆能仮託人形、以炫人、惟鏡中不能逃、其真形是以入山、道士以明鏡、径九寸懸於背、有老魅未敢近、或後来者視鏡中、疑是仙人及山中神者、鏡中故知人形」とする。**道士が明鏡を背にして入山すると老魅がおそれて近づかない**。人形にかりて人を惑わすので、正体がばれるのをおそれるという話である。[24] ここに述べる鏡の霊験も、もたらす結果が上記両者と異なっている。

同じく『**西京雑記**』を引き、「曰、高祖入咸陽宮、周行府庫、有方鏡九寸、表裏明徹人直来照之、影則側見以手掩心而来、即腸胃五臓、歴然無礙、人有病在内、則掩心而照之、即知病之所在、女子有邪心、則胆張目動、秦始皇帝以照宮人胆張、心動者則殺之」とする。これは、**鏡にうつすと人の病変も見えるし、邪心も見透かせる**という話題である。高祖としては、後代性の強い話であるのは言うまでもない。

続いて「又曰、宣帝被収繋郡邸、獄臂上猶帯史良娣、合綵婉転縄繋身毒宝鏡、一枚如八銖銭、旧伝此鏡照見妖魅、佩之者、為天神所福、宣帝従危獲済、及紹大位、毎持此鏡、感応如神、帝崩鏡不知所在」とある。**転縄繋身毒宝鏡という名の鏡が妖魅を照らし出す**と述べる。これを帯びれば、天神が福をもたらし、これを持ち歩いた宣帝は感応すること神のごときであったという。

続いて『**拾遺録**』を引き、「曰、周穆王時、渠国貢火済鏡、広三尺六寸、闇中視物、如画人向鏡、語鏡中則響応之也」とする。周の穆王は、『穆天子伝』において西王母に関わりの深い人物である。また「又曰、周穆王時、有如石之鏡、此石色白、如月照面、如雪謂之月鏡」ともある。これに続けて「又曰、方丈山池、泥百煉成金鏡、色青可照魑魅」とある。**方丈山池の泥で作った金鏡は、魑魅の正体を照らし出す**。『**洞冥記**』を引いて「曰、望蟾閣上有青金鏡、広四尺、元光中波、祇国献此鏡、照見魑魅百鬼、不能隠形」とする。望蟾閣の上にある青金鏡は祇園の国からの献上品で、魑魅百鬼を照らし出し、魍魎は正体を隠すことができない。

『**劉根別伝**』を引き、「曰、思形状可以長生、以九寸明鏡、照面熟視之、令自識己身形長、令不忘久、則身神不散疾悪

不入」とする。若さと長生を念じ、**九寸明鏡をもって目をこらすと、若さを忘れることなく、その想いが病気の浸入を防ぐ。**『**捜神記**』を引き、「曰、孫策既殺于吉、毎独自髣髴、見其左右引明鏡、自照見在鏡中、因倍大叫瘡皆裂、須臾而死」とする。孫策は于吉の妖魑をもってこれを殺した。その後、急激に老化し、明鏡で見るとみるみる老化が進んで死んでしまった。**呪術の効果を鏡が映し出した**ということのようだ。

『**神異経**』を引き、「曰、**昔有夫妻、将別破鏡、人執半以為信**、其妻與人通、其鏡化鵲飛至夫前、其夫乃知之、後人因鋳鏡為鵲、安背上自此始也」とする。**鏡を割って破鏡を夫婦が分けてもっていた。**妻が裏切ったとき、鏡が鵲と化して夫に知らせた。この故事をもとに、**鋳鏡を鵲にみたてて背に負うことが始まった。**上記の『**抱朴子内篇**』が「道士以明鏡、径九寸懸於背、有老魅未敢近」とするのは、**結果を述べている。**

『**幽明録**』を引き、「曰、宮亭湖辺傍山門、有石数枚、形円若鏡、明可以鑑人謂之石鏡、後有行人、過以火燎一枚、至不復明其人、眼乃失明」とする。**石鏡は人の正体を明らかにしてしまう。見た人を失明に追い込むまでになったから、行く人は火燎を使った。**

『**地鏡図**』を引き、「曰、欲知宝所在、以大鏡夜照見影、**若光在鏡中者、物在下也**」とする。**地中探査をする鏡**の話題である。宝の所在を知るには夜の月影を照らす。**光が鏡中に生じれば、地中に宝がある。**『**雲角要占**』を引き、「曰、圧盗賊法、三月以小形銅鏡、七枚埋於地、秤七百斤、土覆之坎、深二尺五寸、広一尺五寸、築令堅固」とする。**三月は上巳の祭祀がある。七月は七夕祭祀がある。その鏡を地に埋めるのは、鏡が地中を見せることによる**のだろう。**地中に霊界がある。**『**孟遠與劉封書**』を引いて、「曰、**天地生如鏡**」とする。これは、**天地の境に鏡があり、地中世界が存在することを述べている。**ただし、地上に見える世界を**反射したものではない。天が回転して西に沈み東から出てくるから**である。『続捜神記』を引いて、「曰、文献曽令郭璞筮、已一年中吉凶、璞曰、当有小不吉、利可取、広州二大罌盛水、置床帳二角、名曰鏡、耗以圧之、某時撤罌去水、如此、其災可消、至日、忘之尋失、銅鏡不知所在、後撤去水、乃見所失鏡在於罌中、罌口数寸、鏡大尺余、王公後令筮鏡、罌之意、璞云、罌違期、故致此妖邪魅所為、無他故也、使焼車轄、而鏡立出、又曰、林慮山下、有一亭、人過宿者、或病或死、常有十許、男女各雜衣、或白或黒、輙來為害、有郅伯夷者、過宿、於此、独坐誦経、忽有十餘人來、與伯夷並坐、因共蒲博、**於是、伯夷密以鏡照之、乃是一羣犬**、因執燭而起、佯誤以燭焼其衣毛乃焦、伯夷懐刀、殺一人、中之、遂死成犬、余悉走去」いわゆる幻術を扱う者が出現したが、**鏡を照らして正体を見破った**という話題である。**霊験ある鏡を通して地中の世界を反映させると、正体がばれる**ということらしい。

以上、鏡のもつ霊力の話題は、**先天八卦方位が主流になる少し前から始まり、先天八卦方位の始まった後に継承され、**宋代にも佚書の引用をもって知られていたことがわかる。

『石虎と鏡と太子像』母を特別に位置づける「形」

鏡と太子像の関係から、説き起こすと以下のようになる。

梁沈約撰『宋書』巻四十七列伝に、「劉敬宣字万寿、彭城人、漢楚元王交後也、祖建征虜将軍父牢之鉄北将軍、敬宣八歳喪母、昼夜号泣、中表異之、輔国将軍桓序鉄蕪湖牢之參序軍事、四月八日敬宣見衆人潅仏、乃下頭、上金鏡以為母潅、因悲泣」とある。劉敬宣については、上記の記事の後に隆安三年（三九九）以下の年代がある。四月八日の潅仏が定着している。「**下頭、上金鏡、以為母潅**」というのは、**太子像に金鏡をかぶせて母による潅仏を形にした**ようだ。鏡はすでに述べたように地中の冥界の力を示すので、その力を借りて母の霊験が示されるのだろう。すでに述べた事例からして、その霊力により、妖魔は正体をさらけ出される。**太子の聖性を鏡が保証した**ということだろう。この記事は、宋李昉等撰『太平御覧』服用部の「鏡」に引用され、さらに、『天中記』巻四十九の「鏡」に引用される。

また、**『魏書』鉄仏劉虎列伝**に、「又殺劉氏石生先鉄長安石朗鉄洛陽並起兵討虎為虎所滅、虎遂自立、為大趙王号年建武、自襄国徙居於鄴、乃殺大雅、及其母程氏、并大雅諸弟、初虎衣袞冕、**将祀南郊照鏡無首、大恐怖不敢称皇帝、乃自貶為王**、使其太子邃省可尚書奏事、唯選牧守祀郊廟征伐刑断、乃親覧之虎、又改称大趙天王、邃以事呈之恚曰、此小事何、

足呈也」とある（『天中記』はこれを摘記する）。唐李延寿撰**『南史』梁武帝諸子列伝**に、「河東王誉字重孫普通二年……曰、奉令不許、**遂斬首、送荊鉄元帝、返其首以葬焉、初誉之将敗引鏡照面、不見其頭**、又見長人」とある（『天中記』は同内容を述べている）。唐張読撰**『宣室志』**に、「柳公済尚書、唐太和中奉詔、討李同、鞬既出師、無何麾槍、忽折客、有見者、嘆曰、夫大将軍出師、其旋旗及麾槍折者、軍必敗衂、不然上将死、後数月、公済果薨、凡出軍征、討有烏鳶、随其後者、皆敗亡之、徽有会敬玄者、嘗為北都裨将李師道、叛時、曽将行営兵士数千人、毎出軍有烏鳶随其後、必主敗、折率以為常、後捨家為僧、住持太原凝定寺、太和九年羅立言為京兆尹、嘗因入朝、既冠帯、**引鏡自照、不見其首**、遂語於季弟約言、後果為李訓連坐誅死」とある。同じ内容を述べているかに見えるが、唐の『宣室志』は、鏡を使って地中の光を当てた、という言い方であり、『天中記』も同じく言い換えた内容である。

微妙な言い換え以上に、気にかかるのは、宋李昉等撰『太平御覧』時序部の「三月三日」の「鄴中記曰、石虎三月三日、臨水会、公主妃主名家婦女、無不畢出臨水施帳幔車服、燦爛走馬、歩射飲宴終日、陸翽鄴中記曰、華林園中千金堤上、作両銅龍、相向吐水、以注天泉池、通御溝中、三月三日、石季龍及皇后百官宴賞」、人事部の「沐」の「石虎鄴中記曰、石虎金華殿、後有虎皇后浴室、三間徘徊、反宇櫨檘、隠起彤采刻、鏤雕文粲麗、**四月八日、九龍銜水浴太子之像**、又太武殿前、溝水注浴時、溝中先安銅籠、疏其次用葛、其次用紗、相去六七歩、断水、又安玉盤、受十斛、**又安銅亀飲穢水、出後却入諸公主第、溝亦出建春門東、又顯陽殿後、皇后浴池上、作石室、引外溝水注之室、中臨池上有石床**」、人事部の「奴婢」の「石虎鄴中記曰、石勒字世龍、上党郭季子奴也、勒未生之前、襄国有讖曰、古在左月、在右譲言退、或入口襄国字也、遂治襄国」の前二者に**石虎の妻が「皇后」と記されている**ことである。

『晋書』載記石季龍、**『通志』載記後趙**、そして成立時期に不確かなところがある**『十六国春秋』**に、上記の関心を検討すべき記述とし、ほぼ同文が記されている。『十六国春秋』は後代の解釈が含まれるものではあるが、同書は、句点の切り方等内容把握上の基準を決める場合もあるので、これを以下に示す。関連する部分に『晋書』載記石季龍、『通志』載記後趙を示すのが適切だが、ここには割愛する（『十六国春秋』に見える建武三年、『晋書』に見える咸康三年、いずれも三三七年で、前者は後趙、後者は晋の年号)。

『十六国春秋』後趙録五石虎上(『晋書』**載記石季龍上を参照**)に、「石虎字季龍、勒之従子也、祖曰匐邪、父曰寇覓、寇覓有四子、虎第四……建武三年(三三七)春正月庚辰、太保夔安等文武五百九人、**勧虎上皇帝尊号**、安等方入庭燎油灌下盤、死者二十余人、虎悪之、腰斬成公段于閶闔門、辛巳、**虎依殷周之制**、**称大趙天王**、初虎衣袞冕将祀南郊、照一大鏡、不見其首、**乃大恐怖**、**遂不敢称皇帝**、**自貶為王**、至是、**又僭称大趙天王**、**即位于南郊**、大赦境内、殊死已下、**追尊祖匐邪為武皇帝**、**父寇覓為太宗孝皇帝**、**立后鄭氏為天王皇后**、**太子亀邃為天王皇太子**、諸子為王者、皆貶封郡公宗室為王者、降為県侯百官、封署各有差、……夔安等又勧進曰、臣等謹案、大趙水徳、玄亀者水之精也、玉者古之宝也、分之数以象七政、寸之紀以準四極、昊天成命不可久違、輙下史官択吉日、具体儀謹昧死、上皇帝尊号……并其妃張氏及男女二十六人、合一棺埋之、宮臣支党二百余人、皆伏、誅廃、邃母鄭氏為東海太妃、**立河間公宣為天王**、**皇太子宣母杜昭儀為天王皇后**……**仏図澄**曰、燕福徳之国、未可加兵、虎作色曰、以此攻城何城不克、以此衆戦、誰能禦之、区区小豎、何所逃也、太史令趙攬固諫曰、燕地歳星所守、行師無功、必受其禍、虎怒鞭之……虎不納待之愈厚、虎謀伐昌黎、遣渡遼将軍、曹伏将青州之衆、渡海戍蹋頓城、無水而還、因戍于海島運穀三百万斛、以給之、又以船三百艘運穀三十万斛、詣高句驪、使典農中郎将王典率衆万余、屯田海浜、又令青州造船千艘、以謀撃燕掠縁海諸県所在殺戮、……乃下書問中書令曰、仏号世尊国家所奉、閭里小人無爵秩者、応事仏与否、又沙門皆応高潔貞正行能精進、然後可為道士、今沙門甚衆、……虎以澄故下書曰、度議云、**仏是外国之神**、**非天子諸華所可宜奉**、**朕生自北鄙忝当期運君臨諸夏**、至于饗祀応従本俗、仏是戎神所行兼奉、夫制由上行永世作、則苟事允無虧、何拘前代、其夷趙百姓有舎于淫祀、楽事仏者、悉聽為道士、于是慢戒之徒、因之以勵【『太平広記』異僧二仏図澄仏図澄「度議云、**仏是外国之神**、**非天子諸華所可宜奉**、**朕生自辺壌忝当期運君臨諸下**、至於饗禮応兼従本俗、仏是戎神正所応奉、夫制由上行永世作、則苟事克無虧、何拘前代、其夷趙百蛮有捨其淫礼、楽事仏者、悉聴為道、於是慢戒之徒、因之以厲」】……」とある。

上記においては、『晋書』の異なる記述は割愛したが、【】として最後に示した事例は、『太平広記』である。『十六国春秋』に「臨諸夏」とするところを『太平広記』では「臨諸下」とし、同じく「淫祀」を「淫礼」、「為道士」を「為道」とする。字の違いが、大きな意味の違いをもたらしている。**仏教が伝来してきたころの認識が『十六国春秋』に、また仏教が士大夫層に浸透した後の認識が『太平広記』**に示されているように見える。

『十六国春秋』において、石虎を「大趙天王」、后を「天王皇后」、太子を「天王皇太子」と称している。**この称号自体、僭越とされる扱い**である。それは、「皇后」・「皇太子」が皇帝の后と太子であるからに他ならない。しかも、「天王」は、古典中の古典である『春秋』に、正統君主たる周王に用いられている称号である。だから、**「虎依殷周之制」とされる。僭越な称号**である。祖父と父に「皇帝」を追号しているのだから、自らも死後に「皇帝」と称されることになる。ところが、ここには、**「照一大鏡、不見其首、乃大恐怖、遂不敢称皇帝、自貶為王」**と評価されている。この部分の判断が記事として示されているから、**そもそも僭越なはずの称号が、みずからへりくだって称したと解釈されている**わけである。『天中記』の「鏡」にも、この話題が引用されて、後代の認識を作り出している。しかし、その実はと言えば、**皇帝としての新しい制度を模索した結果**だと理解した方がよい。

上記において、宋李昉等撰『太平御覧』時序部の「三月三日」の「鄴中記曰、石虎三月三日、臨水会、公主妃主名家婦女、無不畢出臨水施帳幔車服、燦爛走馬、歩射飲宴終日、陸翽鄴中記曰、華林園中千金堤上、作両銅龍、相向吐水、以注天泉池、通御溝中、三月三日、石季龍及皇后百官宴賞」、同じく人事部の「沐」の「石虎鄴中記曰、石虎金華殿、後有虎皇后浴室、三間徘徊、反宇櫨檘、隠起彤采刻、鏤雕文粲麗、四月八日、九龍銜水浴太子之像、又太武殿前、溝水注浴時、溝中先安銅籠、疏其次用葛、其次用紗、相去六七歩、断水、又安玉盤、受十斛、又安銅亀飲穢水、出後却入諸公主第、溝亦出建春門東、又顯陽殿後、皇后浴池上、作石室、引外溝水注之室、中臨池上有石床」、そして人事部の「奴婢」の「石虎鄴中記曰、石勒字世龍、上党郭季子奴也、勒未生之前、襄国有讖曰、古在左月、在右讓言退、或入口襄国字也、遂治襄国」の前二者に石虎の妻が「皇后」と記されていることに注目しておいた。そこに、四月八日の潅仏が定着し、「下頭、上金鏡、以為母灌」というのは、太子像に金鏡をかぶせて母による潅仏を形にしたようだと述べた。ここに記されているのは、**鏡の効能が、釈迦の太子像にそそがれる母の霊験を示す**という話題である。『鄴中記』として残されているように、**石虎は、こういう意味での鏡の効能を言わば利用して、母としての皇后の霊験に注意を向けた**のであろう。

こういう石虎の**鏡の効能利用に対し、鏡に首から上が写らないという死の予兆を重ねているのが、**『十六国春秋』に示された上記の記事である。上記の死の予兆記事は、やや下るものだと理解しておく。以上、『**十六国春秋**』を用いる場合の一つの試案を示した。言わば「実」を継承する部分とやや後に加えられた理解を想定してみた。**天王と皇帝についての独自の制度の存在と、それを誹謗するやや後の見解**、それらを関連づけて検討できる。やや後の見解で『十六国春秋』を用いるのは、**史実に近づこうとする場合は不可**である。

〔石虎と帳〕天蓋を象徴する帳、天井の蓮華

後代の事例から話を遡るが、**明陳耀文撰『天中記』**には、「衮」の事例が配列され、いくつかの項目の後、「帳」の事例が配列される。これらの具体的記述を通覧すると、**「衮」は天からの霊験を象徴し、「帳」は、天蓋を象徴する**ようだ（『天中記』のまとめだが）。

同書「衮」の冒頭に、「龍衣、説文天子享先王衮、龍繡於下裳、幅一龍蟠、上向徐、按周礼、衮龍衣也、衣五章、裳四章、凡九皆絺繡、而画以為衮阿曲也、謂繡龍蟠屈也、王之卿六、命公自衮冕而下如王之服、侯伯自衮冕而下如公之服、礼記三公一命巻、天子巻冕亦作褘、荀子天子袾褘衣冕」とある。引用された諸書を実際にみると、衮・巻・褘の異同がある。**後漢時代以来の伝統継承**が議論できる。

『天中記』は、「帳」について、**『爾雅』・『釋名』を引用する**ことから始める。『釋名』には「帳張也、張施於牀上也、小張曰斗、形如覆斗也」とある。やや時期が遅れる『神仙伝』については、その**『神仙伝』の茅君を引きつつ意訳して**「素縑帳、茅君、當受神靈之職、衆賓皆至、忽然有素縑、帳於屋下敷数重、白氈金案玉杯人皆醉飽」とある。**天蓋を象徴する帳の下に牀がある。おそらく夢が関わると考えている**のだろう。

さらに、**『鄴中記』を引いて「流蘇斗帳、石虎御床辟、方三丈、冬月施熟錦流蘇斗帳、四角安純金龍、**頭銜五色流蘇、或青綈光錦、或用緋綈登高文錦、或用紫綈大小錦、絲以房子錦百二十斤白縑、裏名為裏複帳、帳四角、安純金銀鏨金香爐、以石黒燒集和、名香帳、頂上安金蓮花、花中懸金薄織成枕囊、春秋但錦帳、表以五色総為夾帳、夏用紗羅或綦文丹羅、或紫縠文為單帳」とする。**これは『訳注』第二十九条である**（字句に多少の相違）。「四角安純金龍頭」は、龍水が天よりいたり、天から龍の霊験がいたることを期待するものだろう。**上述の「『孝経緯』の役割・『孝経緯』と忠」**に、**『三国志』蜀書先主伝を引き、「孝経援神契曰**『徳至淵泉則黄龍見』、龍者、君之象也、易乾九五『飛龍在天』、大王当龍升、登帝位也」とあることを述べている。第二十九条の「（龍頭）銜五色流蘇」は**天蓋を模した屋蓋つき蚊帳と房である**。日本に伝来した後、伝承された事例を話題にすれば、**日本の最古の神輿に、屋根下の四面に「流蘇」に似た表現**が見える。**平安後期とされる鞆淵八幡神社の神輿**（国宝）、それよりやや遅れ源頼朝寄進と伝わる**誉田八幡神社神輿**（国宝）である。**第二十九条**はやや新しい伝承ということになるが、**『鄴中記』**第十一条に、「上安御牀、施蜀錦流蘇斗帳、四角置金龍頭、銜五色流蘇」とあるので、**部分的とはいえ石虎時代の状況を比較的正しく伝承**しているのだろう。第二十九条に「帳頂上安金蓮花」とある部分（「石虎御牀……、帳四角安純金銀鏨鏤香爐、以石墨焼集和名香。帳頂上安金蓮花、花中懸金箔織成綩囊」）は、第十一条には見えていない[25]。この表現は、第二十九条の「流蘇」の上に「帳四角安純金銀鏨鏤香炉」とあるのとも関わっている。**頂上に金蓮花があるというのは、釋迦誕生を象徴する蓮華を頂上にいただく**ということで、**釈迦（太子）の前世と石虎御牀にて皇太子を身ごもること**を重ねるのだろう。**蓮華を頂上にいただく表現**は、雲崗や龍門の石窟に具体例が見られる[26]。

上記「御牀」に関わる「帳四角安純金銀鏨鏤香炉」は、その場からして、除虫・匂い付けが容易に想起されるが、『鄴中記』の記事内容は、特別香炉が特別蓮華とセットになり太子誕生を寿ぐ役割を担うことを示している。特別な香炉という点にしぼって述べれば、仏教寺院の灯籠が衰微した後、大雄殿前に大型の香炉が置かれることが知られる[27]。その時代、特別香炉・特別蓮華のセットが太子誕生を寿ぐ役割を担う「形」はなくなっている。図27・28の鞏県石窟画像が示

図26　龍門石窟第十三洞天井から西壁上部　［写真：東京大学東洋文化研究所］

すように、唐代まで『鄴中記』の特別香炉が特別蓮華のセットの「形」は継承されている。

この龍門石窟第十三洞にやや遅れて造営された鞏県石窟画像には、いま話題にしたばかりの「帳」を傘状にしたものが見られる。この特別傘には、四本の綱が下がり、その先に房がついている。左側画像上段の第一貴人の特別傘は、八本の綱と房が下がり、その綱と傘のつなぎ目に蓮弁がついている。右側画像の第一貴人の特別傘も八本の綱と房が下がるが、綱と傘のつなぎ目に蓮弁はついていない。左側画像第一貴人から右側画像第一貴人への影響伝播の形のようだ。

平勢解説《その二》の「第四十五条」に示したように、龍門石窟第三窟の東北隅・東南隅両図は、明らかに鞏県石窟第一窟図の先駆になっている。しかし、後者の連弁つき特別傘は、前者にはまだ出現していない。ただ、後者の皇帝の後ろの人物は特別長柄（飾りつきの特別具）を肩にかけその従者が連弁つき傘をもつ。前者でこの飾りつき特別具を肩にするのは、東王父と目される仙人である。しかもこの特別具の飾りは、連弁というよりそれを簡略化したものになっていて、上記に紹介した龍門石窟第十三洞天井の

図 27-1　肇県石窟出口に向かって右側行列画像三段のうち上二段［写真：塩沢］

上段に貴人が３人おり、第一者の前に僧侶が先導し、第一者は懐妊しており、特別冠をつけ特別傘の下にいる。特別扇２本で左側図第一者から天の神意を受ける。第二者は香嚢を手にし、特別傘と特別扇を用いる。第三者は特別傘の下、香炉を手にし団扇を用いる。特別扇も団扇も女子がもつ。特別傘は男子（宦官か）がもつ。第一者の懐妊と八本綱・房の特別傘、第二者の四本綱・房の特別傘が、左側図の蓮弁つき長柄、蓮弁つき特別傘とともに、釈迦誕生と天井の蓮弁の話題に重なる。

蓮華と対照的である。五角形になっているのは、五行との関わりを想起すべきで、神仙思想の産物とみるべきだろう。龍門石窟第三窟図が古風を残すとして検討すべきことを示している。

上掲図27－1・2から、**先導役ともいうべき僧侶の特別性**がわかる。すでに平勢解説《その二》の「第四十五条」に、龍門石窟第三窟の東北隅図に先導役が描かれ、道師と目されることを述べた。肇県石窟図27の皇后の先導役は尼僧、龍門石窟第三窟の東南図の西王母の前にいるのは女官と考えるのが妥当だろう。また、一つの想定を述べておくと、**左側第一者が特別冠をつけて天から神意を受ける**のだろう。冕冠は、皇帝の象徴として儒教的に解釈されているはずだが、起源としては、この図にあるような神意を受ける機能が議論でき、それは龍門石窟第三窟の東北隅図に遡ることができる。

上掲両図を規制するのは、第一に、**特別冠**（**天の神意を受ける**）**と特別扇**（**神意を伝える**）である。そして第二に左右両図の八本綱・房の特別傘、

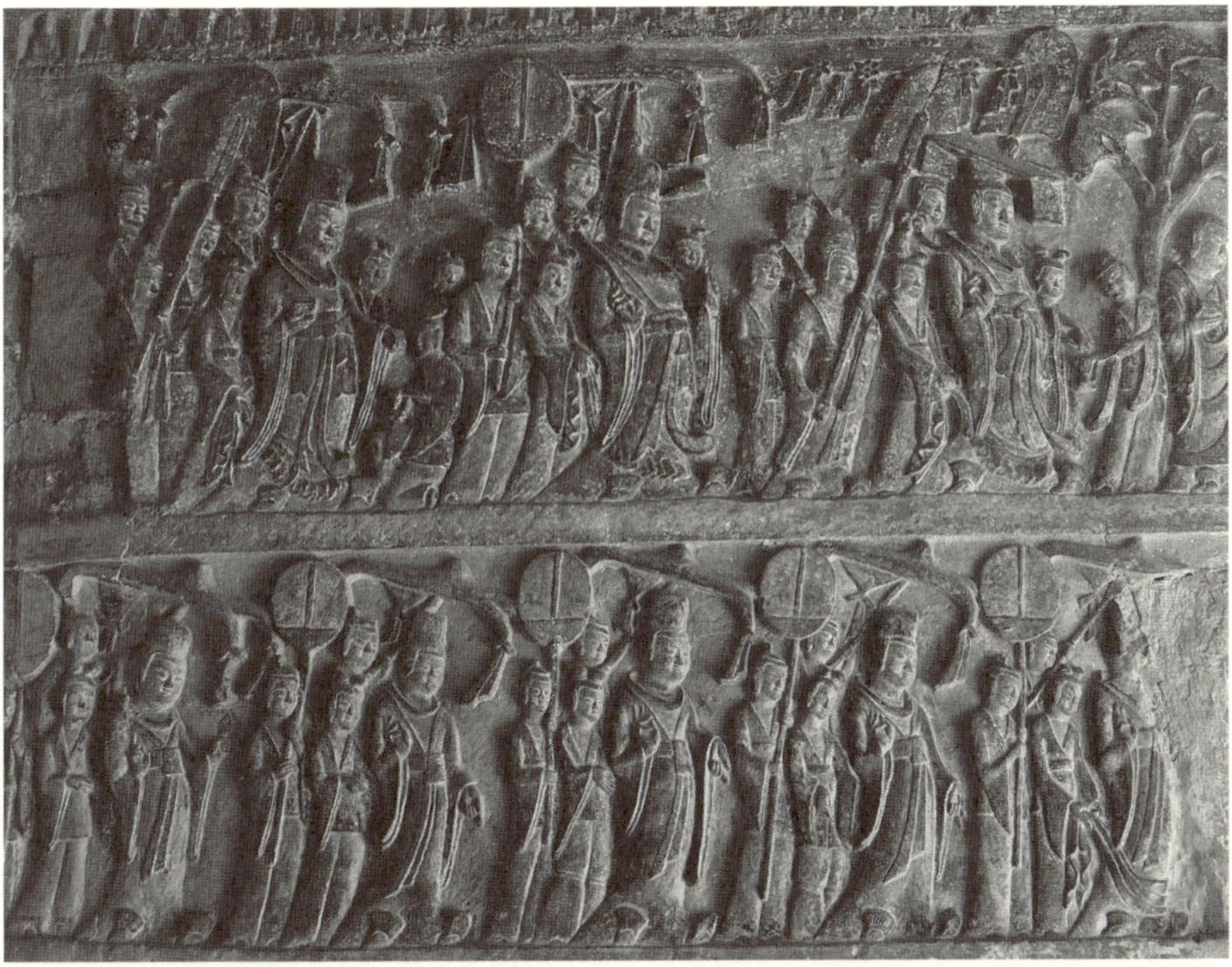

図 27-2　鞏県石窟出口に向かって左側行列画像三段のうち上二段［写真：塩沢］
上段に貴人が３人おり、第一者の前に僧侶が先導し、第一者は特別の冠で天の神意を得る。特別の飾りつき長柄を肩にし特別扇２本と蓮弁つき特別傘を従える。第二者は蓮弁つき長柄を肩にし、特別傘の下、邪気をはらう団扇を用いる。第三者は特別傘の下、特別扇を用い第一者から天の神意を受ける。特別扇も団扇も女子がもつ。特別傘は男子がもつ。第一者の特別の飾りつき長柄と蓮弁つき特別傘、第二者の蓮弁つき長柄と特別傘、第三者の特別傘が、釈迦誕生と天井の蓮弁の話題に重なる。

同じく四本綱・房の特別傘がある。**左側図の蓮弁つき長柄、蓮弁つき特別傘に重ねられるのは、釈迦誕生と天井の蓮弁の話題**である。『鄴中記』第二十一条に「冠通天」とある。これは正会の冠である。この「冠通天」の冠と、『晋書』輿服志にある「通天冠」と鞏県石窟の特別冠が同様のものかどうかは未詳だが、仮に似たものとしても、『鄴中記』に見える段階では正会の冠であり、**それが鞏県石窟の段階で太子懐妊儀礼に合体した**、と説明するしかない。

　右側図の貴人第一者が懐妊していることをめぐる話題が、両図を規制し、その子に天の神意が伝えられる。左側図と右側図で特別扇の柄の近くの形状がやや異なる。

　左右両図の上段の貴人が、具体的にどんな人物かは、いろいろ想定可能である。例えば、左側図第一者が皇帝、右側第一者が皇后、懐妊した子が皇太子とする。

右側図の第二者、第三者はそれぞれ貂蟬の冠をつける。神官かもしれない。とすれば、左側図の上段第二者、第三者も、神官と考えてよい。

両図に見える団扇は、邪を祓うもの（平勢解説《その二》に扇を論じた）で、特別扇より下位に位置づけられている。

以上は、一つの可能性を述べ連ねただけなので、他の想定もあろう。

ただし、この可能性は、世にあまり知られていない下記の史料根拠の上に構築される。**正史に記された「袞冕」と「通天冠」の意味変化**である。同じ漢字用語だが、意味が変化してきている。「袞冕」はその一部を読み取って構想されたいわゆる常識によって理解されている。ところが、その「袞冕」の意味が変化してきている。しかも、下掲の伝閻立本『歴代帝王図』をさしたる史料根拠なく理解しているように見える（多くの論者がそうであるはずだが、『歴代帝王図』の後代性に懸念を抱く）。

〖袞冕、通天冠、遠遊冠の用例の変遷〗

古くは、『漢書』王莽伝に儀式用冠を示す一般名詞として「袞冕」が記され（注釈は後代のものなので要注意）、以後『後漢書』儒林列伝（志は『続漢書』を再利用。他は宋范曄撰）、『三国志』魏書武帝紀に襲用され、『晋書』に及ぶ（景帝紀）。『晋書』は最終的に唐代の編になるが、同輿服志には、通天冠以下の諸冠とともに「袞冕」が規定されている。つまり、『晋書』**には、古くからの用例と新しい用例が混在している**ということである。

では、ここに見え隠れしている「袞冕」の新しい意味はいつごろ出現するのか。その一つの答えが鞏県第一窟の左側図上段に示されているということになる。『晋書』輿服志に、「及中興後、明帝乃始採周官、禮記、尚書及諸儒記説、還備袞冕之服。天子車乗冠服従歐陽氏説、公卿以下従大小夏侯氏説、始制天子、三公、九卿、特進之服、侍祠天地明堂」とする。この記述は、**「袞冕」の新しい意味の規定が後漢明帝のときに創始されたことを述べる**。これに続けて「皆冠旒冕、兼五冕之制、一服而已、天子備十二章、三公諸侯用山龍九章、九卿以下用華虫七章、皆具五采、魏明帝以公卿袞衣黼黻之飾、疑於至尊、多所減損、始制天子服刺繍文、公卿服織成文、及晋受命、遵而無改、天子郊祀天地明堂宗廟、元会臨軒、黒介幘」とあるので、当時の議論内容の総括としては、「疑於至尊、多所減損」とされるが、「及晋受命、遵而無改。天子郊祀天地明堂宗廟……」ということになった。続けて「通天冠、平冕。冕、皁表、朱緑裏、廣七寸、長二尺二寸、加於通天冠上、前円後方、垂白玉珠、十有二旒、以朱組為纓、無緌、佩白玉、垂珠広大旒、綬黄赤縹紺四采」とある。後代の想像図はあるが、具体的にはいろいろ想定可能な記述である。そして「其釈奠先聖、則皁紗袍、絳縁中衣、絳袴袜、黒舃、其臨軒、亦袞冕也。其朝服、通天冠高九寸、金博山顔、黒介幘、絳紗袍、皁縁中衣。其拝陵、黒介幘、単衣。其雑服、有青赤黄白緗黒色、介幘、五色紗袍、五梁進賢冠、遠遊冠、平上幘武冠。其素服、白帢単衣。後漢以来、天子之冕、前後旒用真白玉珠」と述べる。ここに「後漢以来、天子之冕、前後旒用真白玉珠」という解釈を述べているが、上述したように「疑於至尊、多所減損」とされる記述になる。ただ、時期的に唐代までのいつかの問題は残るが、「始制天子、三公、九卿、特進之服、侍祠天地明堂」とされるのが「袞冕」であり、「其朝服、通天冠高九寸、金博山顔」だということはわかる。鞏県石窟第一窟の図に見える貴人表現は、『晋書』輿服志に見える「袞冕」、「通天冠」に比較してより原始的に見える。『晋書』輿服志には「通天冠、本秦制、高九寸、正豎、頂少斜却、乃直下、鉄為巻梁、前有展筩、冠前加金博山述、乗輿所常服也」ともあり、通天冠の古い形態を述べるようにも見える（上述した「金博山顔」が「**金博山述」の言い換え**であることもわかる）が、「疑於至尊、多所減損」とされる記述である点は変わらない。

『宋書』礼志に、「至漢明帝始採周官、礼記、尚書諸儒説、還備袞冕之服、魏明帝以公卿袞衣黼黻之文、擬於至尊、復損略之、晋以来無改更也。天子礼郊廟、則黒介幘、平冕、今所謂平天冠也」とあり、「其釈奠先聖、則皁紗裙、絳縁中衣、絳袴袜、黒舃。其臨軒亦袞冕也。其朝服、通天冠、高九寸、金博山顔、黒介幘、絳紗裙、皁縁中衣」とある。これは、**『晋書』**輿服志の内容に矛盾しない。

ところが、**『隋書』礼儀志に、以下の記述がある。**「**梁元会之礼**、未明、庭燎設、文物充庭。台門闢、禁衛皆厳、司各

従事。太階東置白獣樽。羣臣及諸蕃客並集、各従其班而拝。侍中奏中厳、王公卿尹各執珪璧入拝。侍中乃奏外弁（辦）、皇帝服袞冕、乗輿以出。侍中扶左、常侍扶右、黄門侍郎一人、執曲直華蓋従。至階、降輿、納舄升坐。有司御前施奉珪藉。王公以下、至阼階、脱舄剣、升殿、席南奉贄珪璧畢、下殿、納舄佩剣、詣本位。主客即徙珪璧於東廂。帝興、入、徙御坐於西壁下、東向。設皇太子王公已下位。又奏中厳、皇帝服通天冠、升御坐。王公上寿礼畢、食。食畢、楽伎奏。太官進御酒、主書賦黄甘、逮二品已上。尚書騶騎引計吏、郡国各一人、皆跪受詔。侍中読五条詔、計吏毎応諾訖、令陳便宜者、聴詣白獣樽、以次還坐。宴楽罷、皇帝乗輿以入。皇太子朝、則遠遊冠服、乗金輅、鹵簿以行。預会則剣履升坐。会訖、先興」。ここに示された記事では、『晋書』輿服志に示された「袞冕」、「通天冠」と、それらの役割が異なっている。

そして注目されるのは、「羣臣及諸蕃客並集、各従其班而拝。侍中奏中厳、王公卿尹各執珪璧入拝。侍中乃奏外弁（辦）、皇帝服袞冕、乗輿以出」となっている点である。『鄴中記』第二十一条に「尋改車服、著遠遊冠、前安金博山、蝉翼丹紗裏服。大曉行礼。公執珪、卿執羔、大夫執雁、士執雉、一如旧礼」とあるが、ここに、「遠遊冠、前安金博山、蝉翼」、「公執珪」とあり、これを『隋書』礼儀志「梁元会之礼」に関連づけることができる。「執珪」は戦国時代の楚の爵位として知られている。楚の爵位が「梁元会之礼」の祖型として何等かの影響をもたらしている。興味深いのは、「羣臣及諸蕃客並集、各従其班而拝」とあって、「諸蕃」が話題に上ることである。そして「遠遊冠」について「前安金博山」とあるのが、梁元会之礼では「皇太子朝、則遠遊冠服、乗金輅、鹵簿以行」となる。また、『晋書』輿服志では「其朝服、通天冠高九寸、金博山顔」とあった。

上記の「『端午の節句と屈原』『楚辞』を通して屈原を悼む儀礼が混入する—五月五日と屈原、薬用蟾蜍」に述べたように、三月上巳に「招魂」の意味が重なって曲水儀礼ができあがっている。三月上巳の儀礼が「曲水」儀礼に結合されるには、夷狄（外敵）を伐つ前に戦意を鼓舞する必要があり、ここに問題にされた「招魂」は、それに相応しい人物の神霊を呼び寄せる意味がある。武周のころ、曲水の儀礼に影響を受けつつ、有力者の葬儀において「招魂復魄」が問題にされていた（『旧唐書』永安王孝基列伝）。これより先、六世紀の先天八卦方位出現の後、三月上巳が三月三日の儀

礼として定着するのと軌を一にして、五月五日の儀礼に屈原の死を悼む「競渡之戯」ができがり、「伏日」儀礼も定着していった。この「伏日」儀礼定着の前、『鄴中記』本条すなわち第二十一条の「公執珪、卿執羔、大夫執雁、士執雉、一如旧礼」がある。つまり、**『鄴中記』には、「伏日」儀礼の中に楚国の俗が定着していく過程が記されている。**第十二条に「石季龍于冰井台藏冰、三伏之月、以冰賜大臣」とあるが、これも、「伏日」儀礼に関わる別の記事であった。**後に科挙が定着すると、「招魂」の場としての中央と各地の地主の墓地とを結びつける論理として、『楚辞集注』が活用されるにいたる。**その前叙では、「九歌」について、「而して又彼の神に事ふるの心に因りて、以て吾が忠君愛国、眷変不忘の意を寄す」と述べている。忠と言えば官僚制度と決めてかかる向きも多かろう。儒家経典とは距離のある『楚辞』の注釈を朱子が書いている。注意しておいてよい。

つまり、**『隋書』礼儀志「梁元会礼」やそれより古い内容の『鄴中記』第二十一条では、天下の諸族との朝会の場が設定され、その規定がなされている。その規定が整う過程で、戦国以来の楚の伝統が組み込まれ、『楚辞』を利用する一定の道筋を作り出したと言える。**

『隋書』礼儀志「梁元会礼」を承けて、議論できるのが『陳書』高祖本紀「五月景辰朔、日有食之、有司奏、旧儀、御前殿、服朱紗袍、通天冠。詔曰『此乃前代承用、意有未同。合朔仰助太陽、宜備袞冕之服。自今已去、永可為准』」である。

そして『隋書』礼儀志には、続いて次のようにある。「又有遠遊五梁冠、並不通于下。四時祭廟、円丘、方沢、明堂、五郊、封禅、大雩、出宮行事、正旦受朝及臨軒拝王公、皆服袞冕之服。還宮及斎、則服通天冠。籍田則冠冕、璪十二旒、佩蒼玉、黄綬、青帯、青袜、青舄。拝陵則黒介幘、白紗単衣。釈奠則服通天金博山冠、玄紗袍。春分朝日、則青紗朝服、青舄、秋分夕月、則白紗朝服、緗舄、倶冠五梁進賢冠。合朔、服通天金博山冠、絳紗袍。季秋講武、出征告廟、冠武弁、黄金付蝉、左貂。禡類宜社、武弁、朱衣。纂厳升殿、服通天金博山冠、絳紗袍。入温、涼室、冠武弁、右貂付蝉、絳紗服。征還飲至、服通天冠。廟中遣上将、則袞冕、還宮則通天金博山冠。賞祖罰社、則武弁、左貂付蝉。元日、冬至大小会、皆通天金博山冠。四時畋、出宮、服通天冠、並赤舄。明堂則五時倶通天冠、各以其色服。東、西堂挙哀、服白帢」。この文中、「遊

五梁冠」、「釈奠則服通天金博山冠、玄紗袍」、「服通天金博山冠、絳紗袍」、「服通天冠。廟中遣上将、則袞冕、還宮則通天金博山冠。賞祖罰社、則武弁、左貂付蝉」といった句が注目できる。「通天冠」は内向きである。統一王朝の制度となったため、外向きの要素が減衰した。梁元会礼の「諸蕃」に替わって、「上将」が記されている。

『旧唐書』輿服志には、「開元十一年冬、玄宗將有事於南郊、中書令張説又奏稱『准令、皇帝祭昊天上帝、服大裘之冕、事出周礼、取其質也。永徽二年、高宗親享南郊用之。明慶年修礼、改用衮冕、事出郊特牲、取其文也。自則天已來用之。若遵古制、則応用大裘、若便於時、則衮冕為美』。令所司造二冕呈進、上以大裘樸略、冕又無旒、既不可通用於寒暑、乃廃不用之。自是元正朝会依礼令用衮冕及通天冠、大祭祀依郊特牲亦用衮冕、自余諸服、雖在於令文、不復施用」とある。「自是元正朝会」以下の最後の部分に、「袞冕」と「通天冠」は、規定はあっても、実質元正朝会用の「袞冕」と「通天冠」、大祭祀用の「袞冕」を除き、有名無実となったことが記される。外向きの機能をもっていた「袞冕」と「通天冠」は、すべて内向きとなった。

『金史』輿服志に「泰和元年八月、礼官言『祭服所以接神、朝服所以事君、雖歴代損益不同、然未嘗不有分別。是以袞冕十二旒、玄衣纁裳備十二章、天子之祭服也。通天冠、絳紗袍、紅羅裳、天子之視朝服也。臣下之服則用青衣朱裳以祭、朱衣朱裳以朝。国朝惟天子備袞冕、通天冠二等之服、今羣臣但有朝服、而祭服尚闕、毎有祀事但以朝服従事、実於典礼未当』」とある。遼金は唐の制度を継承していることが知られるが、「国朝惟天子備袞冕、通天冠二等之服」というのが一つの帰結である。

『明史』輿服志皇帝冕服に、「太祖曰『此礼太繁。祭天地、宗廟、服袞冕。社稷等祀、服通天冠、絳紗袍。餘不用』」とある。

以上、「袞冕」、「通天冠」、そして部分的ながら「遠遊冠」に焦点を当て、輿服制度等の歴史的展開をさぐってみた。**後漢以来、服装と冠に関する規定が存在し、それが帝国の制度として「形」をなしていたらしいが、具体的には不明な点が多い。やがて、分裂国家の時代を迎えると、「蕃国」を内にとりこむ「形」が必要になり、その中で、『鄴中記』所載の記事も生まれる。北方の国家の「形」の中に、南方の俗を取り込んだことが、新しい「袞冕」、「通天冠」の規定を**

生み、その「蕃国」が「将軍」に変容する過程で再統一の国家隋唐が出現する。その時の編輯によって、『晋書』の記事は、まとめ方に一定の後代的タガがはめられたようだ。そうした意味の北方に国家の「形」ができあがる魁をなした国家として後趙があり、その具体的「形」が『鄴中記』第十八条や第二十一条に示されたと考えることができる。その『晋書』にはめられたタガによる「形」が実際にいつ始まるかは、『隋書』礼儀志「梁元会礼」を参照することができる。

『鄴中記』第三十二条に「石虎作席以錦、雑以五香、施以五采綖。編蒲皮、縁之以錦」とある。梁顧野王『玉篇』に、「綖」についての「冕前後垂」とする。鞏県石窟第一窟出口に向かって左側図の上段の貴人がかぶる特別冠の前後に垂れる布をいうようだ。それとは異なる意味の「綖」が『鄴中記』第三十二条に記される。冠に使う布ではないが、同種の布と理解できる。この「席」に用いる「五采綖」が特別に扱われる状況がある。その布を「冕前後垂」とするのが梁顧野王『玉篇』「綖」である。石虎の時期には、まだ「冕前後垂」の「綖」は出現していなかったと理解しておく。

『晋書』輿服志では「通天冠高九寸、金博山顔」、「通天冠、本秦制。高九寸、正豎、頂少斜却、乃直下、鐵為巻梁、前有展筩、冠前加金博山述」とし、『宋書』礼志では「通天冠、高九寸、金博山顔」、『南斉書』輿服志に「通天冠……金博山顔」とし、『隋書』礼儀志「梁元会礼」に「有通天冠、高九寸、前加金博山述」とあるから、「金博山述」が古く「金博山顔」が新しいと想定でき、『鄴中記』第二十一条に「著遠遊冠、前安金博山、蝉翼」とあるのは、「述」でもなく「顔」でもない「金博山」があったことを述べるものである。『鄴中記』第五十五条に「錦有大登高・小登高・大明光・小明光・大博山・小博山……」とあるのも、「大博山」が「錦」の表現として存在したことを述べるのみで、「金博山述」がまだ出現していなかったことを示すものであろう。先に述べた『玉篇』「冕前後垂」の「綖」は「延べる」意味がある。「述」にも「義を訓ずる」意味があり、延長の意味を含む。

〖扇の機能〗補足

すでに解説《その二》において、龍門窟第三窟東北隅図・同東南隅図を論じた。東王父、西王母の霊力に関して、何が問題になり継承変化されたかが議論できる。両者の霊力授与は、二つの形の違う特別扇と冕冠によって説明されるよう変化した。冕冠は、後代において皇帝の象徴的なモノとなるのだが、鞏県石窟段階では、東王父の霊力を特別冠が演じる役割を担っている。こうした意味づけを議論することができそうだ。龍門窟第三窟東北隅図・同東南隅図の主題では特別扇は仏教の影響を受けており、鞏県石窟両図では、特別扇は神仙思想を継承する。

『鄴中記』第三十五条に「虎出時、以此扇夾乗輿。亦用牙桃枝扇、其上竹。或綠沈色、或木蘭色、或作紫紺色、或作鬱金色」とされた扇は、「乗輿」であるから、傘状のものを車に取り付けた体裁を考えてよい。その**乗輿の扇が、鞏県石窟の画像のような特別扇になるまでには**、どんな過程が想定可能か。加えて、『**鄴中記**』二十九条に「帳頂上安金蓮花」とある帳の頂上の蓮華が釈迦と太子像の話題に結びつくわけだから、それが、**鞏県石窟の画像のような特別扇**になるまでに、どんな過程が想定可能か。おそらく、龍門窟第三窟東北隅図・同東南隅図の段階では、東王父・西王母の霊力を受ける「形」はそれぞれから皇帝・皇后が別別に受けるものであった。そこに僧侶の介在という「形」が入り、東王父と西王母の霊力を受ける「形」に特別扇を用いるようになった。解説《**その二**》の『**鄴中記**』第三十五条に述べたように、「**仏教が流行した後にして、神仙思想の背景として立面構成である後天八卦方位と先天八卦方位が語られた時代**、『**白羽扇**』と『**白団扇**』**が用いられた**」。古来の扇の邪を祓う意味が継承される一方、東王父・西王母の霊力を受ける「形」が特別扇として加わってきた。『**鄴中記**』第三十五条の「虎出時、以此扇夾乗輿。亦用牙桃枝扇、其上竹。或綠沈色、或木蘭色、或作紫紺色、或作鬱金色」は、特別の扇であって、団扇ではない。しかも「牙桃枝扇」の名は西王母を想起させる。西からの影響を考え、『**鄴中記**』**の記事に関連づける扇の意味としては、龍門窟第三窟東北隅図・同東南隅図における仏教の影響に神仙思想を加味して、特別の形を模索するのが筋であろう。**

〖魍魎と柏〗人脳を食する地下の魍魎を殺す

明陳耀文撰『**天中記**』に「**柏**」の項目がある。石虎ではなく、**虎の話題**であるが、魍魎は虎と柏を恐れたという。「平勢解説《その二》」の「曲水」に、**唐代登封曲水遺跡の関野貞調査写真**を紹介した。その**崇福宮関連遺跡**として**嵩陽観漢柏**にも触れた。関野はその嵩陽観漢柏の写真をも残している。「東南枝、秦穆公之時、陳倉人掘地得物、若羊非羊、若猪非猪、怪将献之道、逢二童子謂之、曰、子知彼乎、**名為魍**、**常在地下**、**食死人脳**、**若欲殺之以柏**、東南枝指之則死矣（宋符瑞志）、墓上樹柏路頭石虎、周礼方相氏、入壙禦魍像、魍像好食死者肝脳、人家不能当、令方相立於墓側、以禁禦之、而魍僧畏虎与柏（風俗通）」とある。

この項目は、宋李昉等撰『**太平御覧**』**木部の「栢」を継承**する。関野等はこの『太平御覧』等を調査前に調べあげていたのであろう。

この『**太平御覧**』の「**栢**」には、「礼記曰、礼之於人也、如松栢之有心也」とある。これは、『礼記』礼器「礼器是故大備、大備盛徳也、礼釈回、増美質、措則正、施則行、其在人也、如竹箭之有筠也、**如松栢之有心也**、二者居天下之大端矣、故貫四時、而不改柯易葉、故君子有礼、則外諧、而内無怨、故物無不懐仁、鬼神饗徳」**を摘記**したものである。これに対し、「漢書曰、武帝造栢梁殿与羣臣宴其下（又云作栢梁台）」というのもある。これも『漢書』そのままではなく、『**漢書**』には、「太初元年、冬十月行幸泰山、十一月甲子朔旦冬至、**祀上帝于明堂**、乙酉**柏梁台**災、十二月禶高里、**祠后土**、東臨勃海、**望祠蓬萊**、春還、**受計于甘泉**、二月起建章宮、夏五月正歴㠯正月為歳首、色上黄数用五、定官名協音律、遣因杅将軍公孫敖、築塞、外受降城、秋八月、行幸、安定遣貳師、将軍李廣利発天下讁民、西征大宛」とある（この年までは十月歳首。なお、「柏梁台災」については、『史記』では「災」ではなく「於是、天子感之、**乃作柏梁台**、高数十丈、宮室之修、由此日麗、乃分緡錢諸官、而水衡少府大農太僕、各置農官……」と記される。『**史記**』**と**『**漢書**』**の武帝に対する評価が異なる**）。

ところが、唐段成式撰『**酉陽雑俎**』**冥跡**になると、「**周礼方相氏**、毆罔象、罔象好食亡者肝、而畏虎与栢、墓上樹栢、路口致石虎、為此也」と記すにいたる。**この引用も**『周礼』そのままではない。というより、『**周礼**』**の文章ではない**。『**周礼**』**夏官司馬下**に、「方相氏、掌蒙熊皮、黄金四目、玄衣朱裳、執戈揚盾、帥百隷、而時難以索室毆疫①、大喪先匶、及墓入壙、以戈撃四隅、毆方良②」とある。①に付された鄭氏注に「蒙冒也、冒熊皮者、以驚毆疫癘之鬼、如今魌頭也、時難四時作方相氏、以難卻凶悪也、月令季冬命国、難索廋也」とあり、②に付された鄭氏注に「壙穿地中也、方良罔兩也、天子之椁柏、黄腸為裏、而表以石焉、国語曰、木石之怪夔罔」とある。戦国時代について書かれた『周礼』夏官方相氏の記述が、後漢の鄭氏注にいたって、より詳細になり、具体的になっている。そして、唐の『酉陽雑俎』冥跡になると、内容が上記のように増補されている。「墓上樹栢、路口致石虎」が議論されている。関野貞調査地の嵩陽観漢柏は、伝承上は「漢柏」とされているが、崇山封禅の理念を支えた漢武帝故事同様、唐代をさほど遡らぬ時期の伝承を世に伝えてきたものとしておくのがよい。

この石虎の議論の発生定着については、正史に残る石虎（石造の虎）の記述を整理することで、おおよそを推定するとができる。上述したように人物としての石虎ではないが、通常目にする「方相氏」の記事が、何の根拠もないまま春秋戦国時代の解釈に使用されている現状が一方にあるので、わずかばかりの注意喚起に換えて、ここに略述することにした。

〖正史と地獄〗形容表現と西方の世界

魑魅魍魎から亡者の肝を守るといった発想と異質なものと理解できるのは、地獄という発想である。正史における「地獄」の用例を見てみると、一般の通例に違うことなく、『旧唐書』までとそれ以後との間に、認識の相違が見えている。『旧唐書』までは、西方に「地獄」が設定され、それを形容の言葉として使用する。それ以後は、「地獄」により形容される地が、いわゆる八紘の地になっている。八卦方位の平面化に併行する現象である。

『史記』秦始皇本紀（（ ）内に注釈）に、「二十八年、始皇東行郡県、上鄒嶧山……立石、與魯諸儒生議、刻石頌秦德、議封禅望祭山川之事……乃遂上泰山（〔『正義』泰山一曰岱宗、東嶽也、在兗州博城県西北三十里、山海経云『泰山、其上多玉、其下多石』、郭璞云『従泰山下至山頂、百四十八里三百歩』、道書福地記云『泰山高四千九百丈二尺、周迴二千里、多芝草玉石、長津甘泉、仙人室、又有地獄六、曰鬼神之府、従西上、下有洞天、周迴三千里、鬼神考讁之府』〕）」とある。ここに唐張守節撰『史記』

正義引く『**道書福地記**』であるが、『太平御覧』に引用があり、「道書福地記曰、泰山多芝草玉石、下有洞、天周廻三千里、鬼神之府」、「道書福地記曰、抱犢山在上党東南、南高七丈、有石城高十丈方一里、東南角有草名玉照、下枝冬生花、高五六尺、味頗甘、取其末、服之方寸、七日不飢、宜五穀多物、無悪毒寇賊不至」とする。「又有地獄六」は、張守節『正義』の引用文にはあって、『太平御覧』引用文にはない。「**西従り上る**」とあるから、**西方に設定**される。

晋陳寿撰『**三国志**』**魏書蒋済伝**に、「文帝即王位、転為相国長史、及践祚、出為東中郎将……黄初三年、与大司馬曹仁征呉、済別襲羨谿、仁欲攻濡須洲中、済曰『賊據西岸、列船上流、而兵入洲中、**是為自内地獄、危亡之道也**』、仁不従、果敗、仁薨、復以済為東中郎将、代領其兵、詔曰『卿兼資文武、志節慷慨、常有超越江湖呑呉会之志、故復授将率之任』」とある。比喩として述べた「地獄」だが、（判断を担う）**鬼神でもない人間の身で「地獄」に赴くのは危険だ**という意味であろう。

梁沈約撰『**宋書**』**天竺迦毗黎国列伝**に、「白曰『固能大其言矣、今効神光無径寸之明、験霊変罔纖介之異、勤誡者不覩善救之貌、篤学者弗剋陵虚之実、徒称無量之寿、孰見期頤之叟、咨嗟金剛之固、安覿不朽之質、苟於事不符、宜尋立言之指、遺其所寄之説也、且要天堂以就善、**曷若服義而蹈道、懼地獄以敕身、孰与従理以端心**、礼拝以求免罪、不由祗粛之意、施一以徼百倍、弗乗無吝之情』」とある。**身をたださないでいて地獄に行くことを恐れた話**だが、**天竺迦毗黎国の話題**である。

唐姚思廉撰『**梁書**』**扶南国列伝**に、「其後西河離石県有胡人劉薩何遇疾暴亡、而心下猶暖、其家未敢便殯、経十日更蘇、説云『有両吏見録、向西北行、**不測遠近、至十八地獄、随報重軽、受諸楚毒**、見観世音語云、汝縁未盡、若得活、可作沙門、洛下、齊城、丹陽、會稽並有阿育王塔、**可往禮拝、若寿終、則不墮地獄**、語竟、如墮高巖、忽然醒寤』、因此出家、名慧達」とある（この記事は『南史』扶南国列伝にもある）。**夢に西北行し地獄に至った**という胡人の話題である。

後晋劉昫等撰『旧唐書』傅奕列伝に、「又上疏十一首、詞甚切直、高祖付羣官詳議、唯太僕卿張道源称奕奏合理、中書令蕭瑀与之争論曰『**仏、聖人也**、奕為此議、非聖人者無法、請置厳刑』、奕曰『**礼本於事親、終於奉上、此則忠孝之**

理著、臣子之行成、而仏踰城出家、逃背其父、以匹夫而抗天子、以継体而悖所親、蕭瑀非出於空桑、乃遵無父之教、臣聞非孝者無親、其瑀之謂矣』、瑀不能答、但合掌曰『**地獄所設、正為是人**』、高祖将従奕言、会伝位而止」とある（この記事は、少々の字句変更をもって『新唐書』傅奕列伝に記される）。**インドの釈迦の所行について人の所行だとの判断が示され、「地獄」に言及**する。

同**『旧唐書』天竺国列伝**に、「天竺国、即漢之身毒国、或云婆羅門地也……云昔有婆羅門領徒千人、肄業於樹下、樹神降之、遂為夫婦、宮室自然而立、僮僕甚盛、於是使役百神、築城以統之、経日而就、此後有阿育王、復役使鬼神、累石為宮闕、皆雕文刻鏤、非人力所及、**阿育王頗行苛政、置炮烙之刑、謂之地獄、今城中見有其迹焉**」とある。外国の阿育王が鬼神を役使し、石を積み上げて宮闕を作ったのだが、その苛政は地獄のようだったと形容する。これも西に「地獄」がある前提で述べているのであろう。

宋薛居正等撰**『旧五代史』僭偽列伝劉晟**に、「晟、陟第二子也、僞封勤王、又封晋王、玢之立也、多行淫虐、人皆悪之、晟因与其弟偽越王昌等同謀弑玢、自立為帝、改元為応乾、又改為乾和、晟率性荒暴、得志之後、専以威刑御下、多誅滅旧臣及其昆仲、**数年之間、宗族殆尽、又造生地獄**、凡湯鑊、鐵床之類、無不備焉、人有小過、咸被其苦、及湖南馬氏昆弟尋戈、晟因其釁、遣兵攻桂林管内諸郡及郴、連、梧、賀等州、皆克之、自此全有南越之地」とある。南越の地について、**「地獄」を形容の言葉**として使っている。

元脱脱等撰**『宋史』刑法志**に、「三衙及江上諸軍、各有推獄、謂之『後司』、獄成決于主帥、不経属官、故軍吏多受財為奸、光宗時、乃詔通曉條制属官兼管之、広東路瘴癘、惟英徳府為最甚、謂之**『人間生地獄』**、諸司公事欲速成者、多送之、自非死罪、至即誣伏、亟就刑責以出」とある。広東について**「地獄」を形容の言葉**として用いている。

明宋濂等撰**『元史』脱脱列伝**に、「四年閏月、領宣政院事、諸山主僧請復僧司、且曰**『郡県所苦、如坐地獄』**、脱脱曰**『若復僧司、何異地獄中復置地獄邪』**、時有疾漸羸、且術者亦言年月不利、乃上表辞位、帝不允、表凡十七上始従之、有旨封鄭王、食邑安豊、賞賚巨万、倶辞不受、乃賜松江田、為立稲田提領所以領之」とある。**天下の郡県について「地獄」**

を形容の言葉として用いている。

注

（1）松本雅明『詩経諸篇の成立に関する研究』（東洋文庫、一九五八年一月。後『著作集』所収）の「詩経修辞における賦比興の分類」に、詩序の作者について『四庫全書総目』詩序を引くことから始め、詩序と毛伝の食い違いを述べる。その当否はさておき、諸説ある中、詩序と毛伝の相違、『左伝』所引の詩との関わりが議論されることを、まずは確認しておくとよい。松本には、「しかし、賦比興の関係をかく見るなら、ことに比は文中のせいぜい一句にすぎないのに、興は全篇をうごかすほどの重大な描写となり、分類そのものが均衡を失うにいたるであらう。なぜなら興のなかには比は含まれうるはずであるから、この『正義』の説はそののちながく後学のよりどころとなるのであるが、それに対して新しい立場を提起した人に宋の朱子がある」（上掲書三二一頁）と記す部分がある。この比と興の出現頻度は、毛伝の「興」、鄭箋の「比」を実際に調べてそのとおりである。そして、朱子にいたるまで、詩経学の大きなテーマになっている。その後の研究については、例えば藪敏裕『『毛詩』の文献學的研究―出土文献との比較を中心に』（汲古書院、二〇二〇年一月）は、「興也」に冷淡であり、小寺敦『先秦家族関係史料の新研究』（東京大学東洋文化研究所・汲古書院、二〇〇八年三月）も、「興也」には冷淡だが、松本雅明の研究を引きつつ賦詩断章を述べる。藪・小寺両者とも、詩の淵源をにらみつつ出土史料に向き合うので、自然に「比」に冷淡になるのは、了解できる。しかし、松本の指摘からしても、「興」については、少なくとも戦国時代の出土史料検討には、より検討の軸足を置いてよい。

（2）**平勢解説《その一》「曲水」**に述べたように、三月上巳が「曲水」儀礼に吸収され、その「曲水」儀礼は、宋代の殿試開始に代表される場の変化とともに大きく意味を変えた。三月上巳から清明節への変化については、別に、中村裕一『中国古代の年中行事』第一冊春（二〇〇九年一月、汲古書院）に関連史料が要領よくまとめられている。ただ、その所載史料を参照しても、現在の清明節の在り方がいつ始まったかを推量するのは、難しいものがある。その上で述べておけば、顧嗣立編『元詩選初秋』の孫氏蕙蘭に「繍被寒多未欲眠、梨花枝上聴春鵑、明朝又是清明節、愁見人家買紙銭」とあるのは、「買紙銭」からみて先祖供養が前提の詩句といえる。三月上巳も清明節も、死を悼むという意味では共通している。しかし、三月上巳は「曲水」と結びつき、国家的に悼むべきを悼んだ。これに対し、清明節では、地主官僚層がその墓地において先祖を悼むものとなったと見てよい。これも、曲水の賦詩が殿試の作詩に変化したのを受けると考えてよい。

(3) 冨山房漢文大系本(岡田正之・井上哲次郎校訂『楚辞・近思録』冨山房、一九一六年十月)に、岡田正之の『楚辞』の解題があり、朱子の注、王逸の注、岡松甕谷の考が参照できる。石川三佐男『楚辞新研究』(汲古書院、二〇〇二年)に「『楚辞』学術史論考」が収められている。

(4) 上掲冨山房漢文大系本は、朱子『楚辞集注』を用いる。これに王逸『楚辞章句』と岡松甕谷『楚辞考』を合する。読者の便を考え、この冨山房漢文大系本を底本に準じて扱い、漢字を現在の事情により適宜改めることにした。『楚辞集注』の前叙は、朱子によるが、本論で扱うのは、「王」として示される王逸『楚辞章句』の前叙および後叙である。「後語」とあるのは、朱子の分類に従う。

(5) 宇野哲人『支那哲学史講話』(大同館書店、一九一四年四月)。これは、宇野の若い時の著作で、漢文訓読の(原文引用の)影響が残り、ごつごつした文章が目につく(本論の検討の上では、かえって役立つ)。後継研究者たちは、宇野のやや後のこなれた(宇野哲人『支那哲学史概論』中文館書店、一九二九年四月に、「正義と孝と、衝突する場合、孝は正義を超絶する」ことを述べる)文章を継承しているように見える(皮肉なことに、議論の深化により捨象された内容が継承されなくなった)。

(6) 平勢隆郎『「仁」の原義と古代の数理―二十四史の「仁」評価「天理」観を基礎として』(東京大学東洋文化研究所・雄山閣、二〇一六年十二月)の「終章・先行研究とどう関わるか」の「七、世襲と『孝』」にまとめたところがある。賢人主義は革命を引き起こすだけでなく、多くの小国の滅亡を是認した。賢人主義の台頭は「仁」を語る場が中央に集中する動きと連動する。邑制国家の大国小国連合の時代の儀礼が、「礼制」としてまとめられる過程で、賢人主義を超える世襲の「形」ができあがる。二十四史では、皇帝の資質として議論される「寛仁」に通じる用語として「孝慈」があった。これは、一般の「孝」を論じたものではない。民の「孝」は本来人倫の問題であるはずなのに、「君」の「仁」の継承論理に組み込まれている。

(7) この竹簡史料は、清華大学出土文献与保護中心『清華大学蔵戦国竹簡貳』(上海文芸出版集団中西書局、二〇一〇年十二月)により基本情報が得られる。日本の通常書体に変換して論じることも少ないので、報告書を参照されることを希望する。

（8）平勢隆郎「平勢隆郎春秋戰國『年表』與其後出土的文獻」（『東洋文化研究所紀要』一七六、二〇二〇年二月）に論じている。

（9）以上の字釈は、前掲平勢隆郎「平勢隆郎春秋戦国『年表』与其後出土的文献」に示した。「色」を偏旁としており、この「色」が「稷」に音通する（この音通に最初に気づいたのは、徐中舒『漢語古文字字形表』〈一九八〇年八月、四川人民出版社〉の「色」引く信陽楚簡の事例〈ただし、偏旁を分割して入れ替える必要がある〉である）。

（10）平勢隆郎編『春秋晋国侯馬盟書字体通覧―山西省出土文字資料』（東京大学東洋文化研究所付属東洋学文献センター叢刊別集十五、一九八八年三月）の三一頁等。前掲平勢隆郎『「仁」の原義と古代の数理』四一五頁等。

（11）前掲『春秋晋国侯馬盟書字体通覧』二五頁。

（12）島邦男『殷墟卜辞研究』（私版、一九五八年七月。汲古書院、一九七五年八月）に文例が論点に沿ってまとめられている。この書をひもとくには、甲骨文の知識が必要。また、殷王の田猟地の範囲の特定が誤っているので、松丸道雄「殷墟卜辞中の田猟地について」（『東洋文化研究所紀要』三一、一九六三年三月。松丸道雄『殷周史甲骨文研究』大修館書店、二〇二四年二月所収）によって補正の上参照されるとよい。

（13）白川静『金文通釈』（白鶴美術館、一九六四年七月～一九八四年。原本は『白鶴美術館誌』）にて、西周金文の文例が解説づきで、ほぼ網羅的に通覧できる。ただ、儒教経典の『詩経』・『書経』について、皇帝の制度下の解釈が混在するので注意されるとよい。『詩経』（『毛詩』）については、例えば前掲松本雅明『詩経諸篇の成立に関する研究』の「詩経修辞における賦比興の分類」、『書経』（『尚書』）については、例えば平勢隆郎「戦国楚王の自称」（西周金文と『尚書』の周王の自称の相違を扱う。『楚簡楚文化与先秦歴史文化国際学術研討会論文集』、湖北教育出版社、二〇一三年八月）等により、各自補正の方法を模索されるとよい。

（14）あくまで正史の評価によるという話題だが、『後漢書』劉焉列伝に張魯の母について「挾鬼道」、『梁書』諸夷伝は卑弥呼について「挾鬼道」とする。この「挾」は罪人あつかいの表現になる。

（15）ただし、民間ですたれるのとは別に、皇帝と天との関係を語る上では強固に継承されている。**平勢解説《その一》「輦」**参照。時代ごとに「輦道」（山の輦道から天の輦道へ）と「織女」がどう関わるか、その違いに注目するとよい。

（16）伊東忠太『法隆寺建築論』（『東京帝国大学紀要』工科第一冊第一号、一八九八年四月）。

(17) 例えば、川上貞夫『岡益の石堂』(鳥取郷土選書矢谷印刷所、一九六六年、増補牧野出版、一九九七年)。岡益石堂の石塔部の竿の現状は崩落が見られ、参照写真を間違うとエンタシス(コンコイド曲線が認められる)ではないと誤解する(誤解した見解の根拠はこれである)。川上貞夫撮影の写真に適切な角度からするものがある(平勢隆郎『「仁」の原義と古代の数理—二十四史の「仁」評価「天理」観を基礎として』東京大学東洋文化研究所・雄山閣、二〇一六年十二月、四一七頁の図三〇—二〇に引用した)。川上は、平勢と異なり、$\sqrt{2}$と黄金分割による説明を試みている。平勢はこの可能性を否定しないが、他の諸事例との共通要素を探って、米田の見解を継承議論した。ちなみに、石室の立面構造について、黄金分割の存在を指摘した見解がある。『日本石材工業新聞』昭和六〇年一月十五日「東明神古墳を復元・橿原考古学研究所の手で」等の新聞報道とテレビ番組がある(実際に復元を担当した打谷石材社長打谷久義氏に情報提供いただいた。打谷氏には、岡崎に石灯籠製作の中心があることや石灯籠製作についての基礎的情報を提供していただき、岡益石堂石塔部の東アジア的検討をする上で基礎的かつ根幹をなす知見を得た)。

(18) 米田美代治『朝鮮上代建築の研究』(秋田屋、一九四四年)。

(19) 平勢隆郎「岡益石堂の設計建築基準単位—石燈籠のモジュールを求める単位図形」(『鳥取大学教育学部研究報告』人文社会科学三六、一九八五年)、平勢隆郎『謎の石造建築・岡益石堂』(たたら書房、一九八七年)および前掲『「仁」の原義と古代の数理』、平勢隆郎「数の秩序と九・六・八」(『月刊考古学ジャーナル』500、二〇〇三年十一月)。

(20) 我国の東大寺大仏殿前青銅灯籠等から具体的にわかるように、古代の大仏殿・金堂前石灯籠は基礎平面が正八角形となり、八角灯籠と称される。宋代に相当する時代以後、平面は正六角形の六角灯籠が主流となり、正八角形の平面形を継承する場合も、立面構成は正八角形やその構成図形たる二等辺三角形を考慮しなくなる。部分的継承と理念の形骸化が見てとれる。

(21) 『奈良六大寺大観』第五巻(同書刊行会編、岩波書店、一九七一年九月)に、玉虫厨子の実測図が所収される。この実測図をもとに下掲図を作成した。林良一の同書解説によると「厨子の宮殿の建築様式は金堂より古いものと考えられるが、その絵画・装飾の様式は、推古朝よりも降った金堂四天王像をはじめとする遺例に近似する特徴をもつ。それ故その製作年代は推古朝以前とは考えがたく、ほぼ山田寺金堂の建立時から漢山口直大口が詔を奉じて千仏像を刻んだ白雉元年、降っても天智五年のころまで、飛鳥朝を天智九年までとすれば、皇極・孝徳朝より天智朝までの飛鳥後期ということになろう」とある。法隆寺再建論や吉備池廃寺を含めた関連研究については、専門研究者の概説を掲載する『法隆寺』（朝日ビジュアルシリーズ創刊号、朝日新聞出版、二〇一五年十二月）を示すにとどめておく。

(22) 前掲注のように、その立面構成が理念として成立しなくなると、立面構成も変化し、易の先天八卦方位との関わりがなくなる。

(23) 正定広恵寺花塔（貞元年間七八五―八〇五年）については、田良島哲・平勢隆郎・三輪紫都香編『東京国立博物館所蔵竹島卓一旧蔵「中国史跡写真」目録』（東京大学東洋文化研究所付属東洋学研究情報センター叢刊一八、二〇一五年）NO一二二九、平勢隆郎・宇都宮美生、野久保雅嗣編『東洋文化研究所蔵山本照像館等撮影中国史跡写真目録』（同上センター叢刊二四、二〇一七年）NO二〇〇。

(24) 『抱朴子』の諸版本・伝来等は、平凡社版中国古典シリーズ四の『抱朴子・列仙伝・神仙伝・山海経』一九七三年六月の本田済『抱朴子』解説が役立つ。

(25) 中国正史においては、征服王朝の下で、「八紘」観が衰微する。「八紘」宇宙を基礎づけていた四神も「八紘」の場を離れ、王朝の儀衛や高位者葬送の規定として、形骸が残ることとなる。「流蘇」も本来の意味が失われる。『明史』礼志凶霊に「喪葬之制」として「柳車上用竹格、以綵結之、旁施帷幔、四角重流蘇、誌石二片、品官皆用之、其一為蓋、書某官之墓、其一為底、書姓名、郷里、三代、生年、卒葬月日及子孫、葬地、婦人則隨夫與子孫封贈、二石相向、鐵束埋墓中、祭物、四品以上羊豕、九品以上豕」とあり「流蘇」に言及する。この一節に続いて「初、洪武二年敕葬開平王常遇春於鍾山之陰、給明器九十事、納之墓中……青龍、白虎、朱雀、玄武神四」とあり、明器として四神を納めることを述べる。『清史稿』礼志（凶礼）には「埋墓中、製柩轝、上用竹格、結以綵、旁施帷幔、四角垂流蘇、繪荒、繪幃並青藍色、公、侯、伯織五采、一、二品用銷金、五品以上畫雲氣、六、七品素繪無飾」、「柩轝上竹格垂流蘇、槓飾紅堊、無翣、引布二、功布一、霊車一、明器従俗」とある。

(26) 正史としては、梁蕭子顕撰『南斉書』のみに「兜率天」の名が見えるのと関わるかもしれない。いわゆる兜率天理解とは異なる。

(27) 平勢隆郎「日本近世の亀趺碑：中国および朝鮮半島の歴代亀趺碑との比較を通して」および「その続」（『東洋文化研究所紀要』一二一、一二二、一九九三年三月、十一月）。中国で大雄殿前に大型香炉が置かれるにいたる頃、日本では灯籠の平面形が正六角形となり（それまでは正八角形）、神社（仏寺との習合が目立つ）の参道の左右に置かれるようになる。朝鮮半島では、この動きは見られないが、僧侶の浮図（と称される供養塔。平面形が八角）が置かれるようになる。この研究を進めたころは不明だったが、後の調査で、八角塔（平面形が八角）の形式をもつ焚帛爐が元代の中国で造られている（平勢解説《その一》の図8、図9を参照）。征服王朝時代の中国、朝鮮半島、日本それぞれの独自性が顕著になっている。

参考図４　『史記』の正統「石室」を継承改変した『鄴中記』の正統「石室」、そして石窟寺院

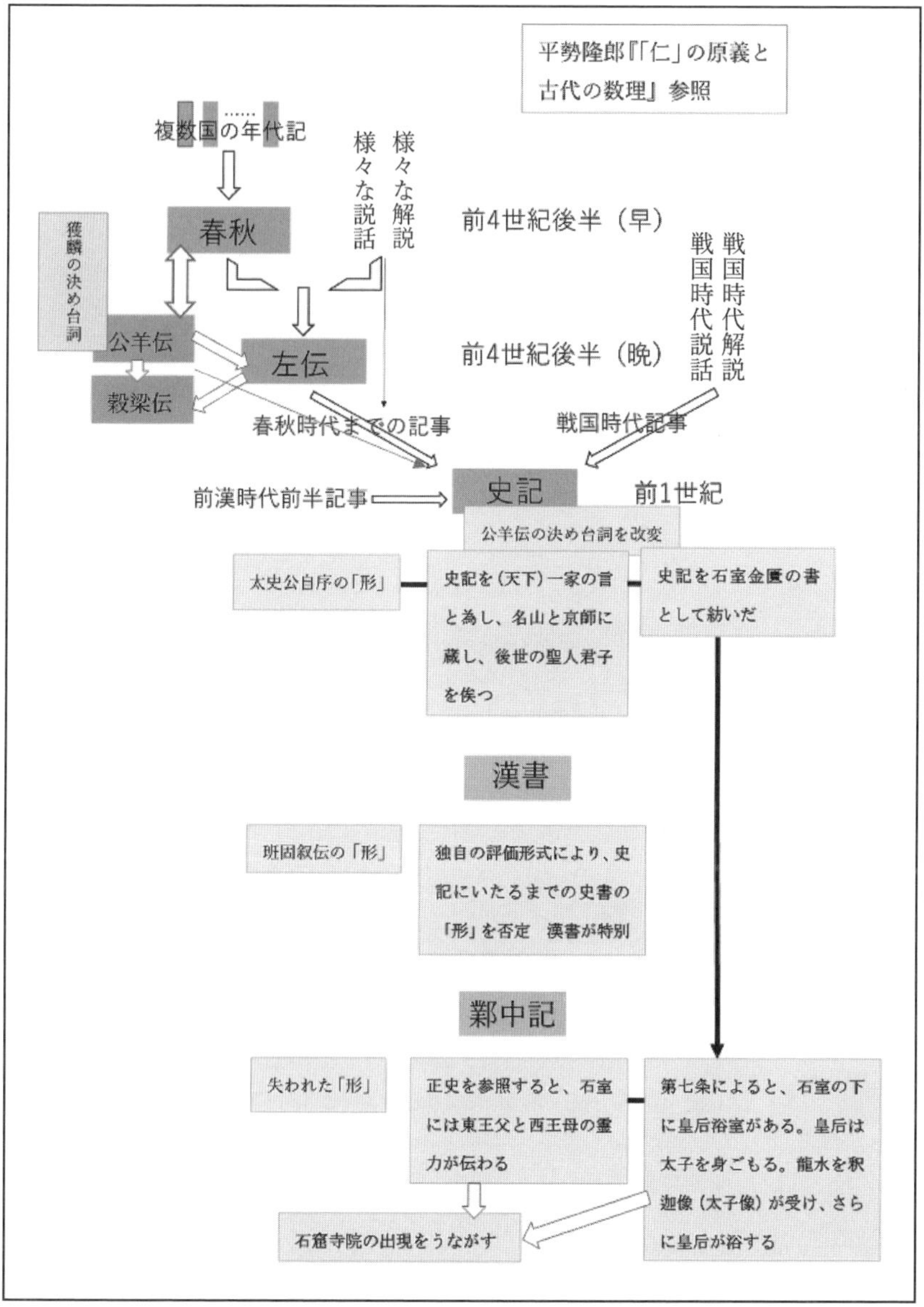

参考図5　『公羊伝』末尾の決め台詞の「形」　代々どう継承されたか

平勢隆郎『『春秋』と『左伝』―戦国の史書が語る「史実」「正統」国家領域観』（中央公論新社、2003）参照。後に正史を編纂した王朝が正史の王朝をくさす。戦国時代は七雄どうしがくさし合う。

先秦

『公羊伝』末尾「麟は仁獣であり、王者が現れれば至る。……春秋の義を制して後聖を俟つ。その後聖の時君子がこれに楽しむことになる」（斉の田氏権力掌握の年の予言。戦国時代斉の『公羊伝』成書のころ田斉が称王している現実）。『左伝』（韓）と『穀梁伝』（中山）がそれをくさす

秦

前漢

『史記』太史公自序に、この太子公書（史記、石室金匱の書）を（漢家）一家の言と為し、それを名山に蔵し、副を京師に置いて後世の聖人君子を俟つと述べ、（麒）麟には言及しなかった。『史記』に先行する『礼記』曲礼に五惑星が行軍を守護する記事（四神に言及→『宋史』以後の旗の制度に影響）

後漢

『漢書』班固叙伝は『漢書』の特別性を述べ、郊祀志で漢高祖九世の子孫が受命し漢を中興したことを述べた。『公羊伝』何休注は麟を仁獣とし、大平の嘉瑞とし、周室が大いに衰えたので、漢の高祖が堯の祚に起ち興らんとしていること（予言にして漢代の事実）を述べた。武帝紀に「麟鳳在郊藪、河洛出図書」とのべた。王莽伝「麟鳳亀龍、衆祥之瑞」（くさしを含む）

三国

『三国志』魏書文帝紀に、獲麟以来七百余年、天の暦数は尽きようとし、帝王の興は一姓に限らないという革命論を述べる。そして「天垂象、見吉凶、聖人則之、河出図、洛出書、聖人效之……使逝之後、不愧後之君子」とする（魏をくさし晋の正統暗示）

晋

五胡

宋

北魏

斉

『晋書』文苑伝袁宏に「従桓温北征、作北征賦……溫令滔読其北征賦、至『聞所伝於相伝、云獲麟於此野、誕霊物以瑞徳、奚授体於虞者、疚尼父之洞泣、似実慟而非仮、豈一性之足傷、乃致傷於天下』（左伝を引用しくさす）」とある。帝紀「愍帝即位……于時有玉冊見於臨安、白玉麒麟神璽出於江寧、其文曰長寿万年、日有重暈、皆以為中興之象焉」（神璽は中興の象だが長寿を意味するにすぎないとくさす）

梁

東魏西魏

陳

北斉北周

『魏書』霊徴志「位於子聖武帝、命令南徙、山谷阻絶、仍欲止焉、復有神獣、其形似馬、其声類牛（麒麟でないとくさす）、先行導引、積年乃出、始居匈奴之故地、高祖……肆州秀容民獲麟以献（偽物）、王者不刳胎剖卵（鳳凰の卵）則至（偽者の作為をくさす）、世祖……冀州献白亀、王者不私人以官、尊耆任旧、無偏党之応」

隋

唐

遼

五代

『旧唐書』文苑列伝王勃は「依春秋体例、自獲麟後、歴秦、漢至於後魏、著紀年之書、謂之元経、又依孔子家語揚雄法言例、為客主対答之説、号曰中説、皆為儒士所称」とする（元経は北魏まで）。虞世南列伝「若徳義不修、雖獲麟鳳、終是無補」

金

宋

『宋史』徽宗本紀「宣和三年……汝州牛生麒麟」。五行志「政和五年……郡県民范済家牛生麒麟、重和元年……陝州言牛生麒麟、宣和二年……歙州歙県民鮑珙家牛生麒麟、三年……梁県民邢喜家牛生麒麟」（くさし）、楽志「太宗太平興国……九年、嵐州献祥麟、雍熙中、蘇州貢白亀、端拱初、澶州河清、広鳳凰集、諸州麦両穂」。儀衛志「軍公旗六……黄鹿、飛麟、兕、騶牙、白狼、蒼烏、辟邪、網子、貔旗各二」

元

明

『元史』順帝本紀「禁服麒麟、鸞鳳、白兔、霊芝、双角五爪龍、八龍、九龍、万寿、福寿字、赭黄等服」。『明史』五行志牛禍、儀衛志の旗、輿服志用宝金牌等参照

清

平勢解説早見一覧：索引に換えて

「あとがき」に言及したところだが、本書に扱った内容は、『鄴中記』を検討するに当たって、特定の基準を設けている。大きくは、中国王朝における儒教・仏教・道教の統合を述べる。そして、その検討基準を正史に置く。この種の基準としては、これまで仏教経典に軸足を置く研究と道教経典に軸足を置く研究があった。ところが、この種の基準では、『鄴中記』を検討するのに、不十分さが目につくことがわかった。従来の『鄴中記』研究に欠けた点がそこにあると思いいたった。そこで、平勢の過去の「仁」と「天理」に関する検討結果を基に、「正史」に基準を据えてみた。

そもそも索引は、読者が内容のおおよそを予想し、用語を探すのに利便性がある。ところが、これまでの研究に欠けた点があるのを前提にする場合、その利便性は求められない。そこで、別に示した「本文内容早見一覧」に倣って、「平勢解説内容早見一覧」を作り、それを入口にしていただき、さらに興味ある内容があるかどうかをご検討いただく。何か興味ある部分を探していただくのが、次善の策になると考えた。それを言わば入口にしていただき、さらに興味ある内容があるかどうかをご検討いただくことにした。

このような経緯で、本一覧を作成した。ささやかな試みの一つとしてご寛恕いただけるとありがたい。

『鄴中記』を読む上で鍵を握る用語《その一》

◉はじめに

101：中国正史とその関連書籍に「こう書いてある」

◉時期区分の目安

102：正統王朝の色眼鏡／史料の時期と色眼鏡が生じた時期／後晋劉昫等撰『旧唐書』以前と宋欧陽修等撰『新唐書』以後／八卦方位が天地を横から見た視点／六世紀までは八卦方位の立面図において地軸が傾いて議論される

103：六世紀に実際は傾いている地軸を理念的に垂直だと修正

【注（1）－（4）】『鄴中記』第三条

【I】「曲水」

103：「曲水」

104：一つの起源は南朝梁代ごろに「三月三日」とすることが定まりそれ以前は「三月上巳」に行う儀礼であった／以後しばらく両者が混在した

105：もう一つの起源たる『続斉諧記』の「曲水」は秦の昭王が覇王になる前に河曲（黄河の河曲部）に「置酒」を行い金人が奉水心剣を出し昭王が覇王になると予言した／蘭亭儀礼は殷浩の下の北伐を前に挙行

106：秦昭王故事と三月上巳の洗濯祓除が合体して「蘭亭曲水」

儀礼がなされている
107：永淳二年（六八三）の嵩山における新しい儀礼の場合は封禅に加えて漢武帝の故事を合した儀礼を行い突厥を滅ぼした／唐代において示されていた高句麗や突厥を滅ぼした意義が宋代においては示してはならないものに変貌した／『旧唐書』則天紀
108：『旧唐書』によれば嵩山に御幸して「吐蕃大論賛婆来奔」を得た／唐代の本来の意味が宋代に変更されその変更内容が継承された
【注（5）－（8）】『鄴中記』第七条第四十五条第四十七条第九条第六十一条第十六条第十八条第五十九条第六十条／平勢解説「輦」

◉宋代「曲水遺跡」出現の経緯

108：関野貞が大陸調査
109：泛觴亭址（曲水遺跡）／高宗封禅があって則天武后を念頭においた儀礼が入り込みそれが発展して永淳二年（六八三）年の嵩山における新しい儀礼ができあがる
110：『旧唐書』礼儀志
111：少室山に禅を行い神岳天中王を尊んで神岳天中皇帝とし礼妃を天中皇后とし夏后啓を斉聖皇帝とし啓母神を封じて玉京太后とし少室阿姨神を金闕夫人とし王子晋を昇仙太子とし別に廟を立てることとした
112：漢武帝故事を合した／突厥を滅ぼした／漢武帝故事により再編された西王母伝説が「曲水」の祓の意義附けをもって息づいている
【注（9）－（17）】如松栢之有心也二者居天下之大端矣／戦国時代について書かれた『周礼』夏官方相氏の記述が後漢の鄭氏注にいたってより詳細になり具体的になっているそして唐の『酉陽雑俎』冥跡になると内容が増補されている／『鄴中記』第十一条第六十条第七条

◉「曲水」と西王母との関係

113：『旧唐書』までについては八卦方位が立面図／古い八卦方位（後天八卦方位）と六世紀ごろに出現した新しい八卦方位（先天八卦方位）がある／酈道元は八紘天下を一つの小天下とする大天下を述べている
114：崑崙からは「地中を伏流する」／崑崙に西王母がいる
116：左の翼（東方）が東王公を覆い右の翼（西方）が西王母を覆う／高宗の時泰山封禅（六六六年）の儀礼の場を嵩山に移した際西方の西王母の祭祀の場も嵩山の地に移した／宋代になって永淳二年の嵩山（河南登封）における新しい儀礼も意味を失った
【注（18）－（22）】『鄴中記』第十八条第七条

◉飛鳥酒船石、亀形石造物、飛鳥宮跡苑池

116：酒船石は天の水（『鄴中記』第七条に龍銜より太子像に水

浴せしめ第十八条に正会には銅龍より吐水が天泉池に注がれるとし第二十九条に太子懐妊の場である御牀を述べて四角に純金の龍を備え付けて五色の流蘇を銜えるとし第五十三条に金で仏像を作って車上に乗せ九龍に吐水させて仏像に水をかけたとする天から龍を通して水がもたらされる）に西方から西王母の霊力を受けるための場亀形石造物はその付属施設で霊力をさらに受ける沐浴の場（おそらく太子懐妊に関わる沐浴だろう）飛鳥宮跡苑池は別に設けられる宴会の場（霊力を受ける場でもある）／酒船石の名／第二十三条に金龍頭より白龍樽に酒が五十斛注がれるとするのが参照できる

117：「曲水」儀礼は科挙の本格化とともに軍事侵攻儀礼が否定されかつ「五月五日」による『楚辞』の活用が皇帝と地主層の墓地を結びつけたため「三月三日」の存在意義がなくなったこの『楚辞』の活用の背景にある地主層と皇帝との関係が日本にはなかったため日本では「三月三日」の儀礼が以後も存続しかつ西王母の霊力の話題は忘却されることになる軍事侵攻儀礼と西王母の霊力が忘却される点は日中とも共通する

120：こうした古い時期の玄武の意味が継承されていく途路にあるのが亀形石造物である／古い意味が日本において息づいた結果日本の亀趺には仏塔を支えるものがある

【注（23）－（30）】『鄴中記』に見える「輦」は、歴代王朝の下で継承される／平勢解説「輦」

◉「曲水」儀礼と殿試　常識的「曲水」観の始まり

120：隋唐の「曲水」儀礼の基本義は武韋の禍まで継承されその後に変容している

121：及第を祝う宴会を開催／『玉海』「選挙」／宴会の話題は一般に出されることがない

122：『玉海』「宮室」／一〇一四年と一〇一九年を引き合いに出し作詩の記述がある上記「選挙」では一〇一九年に作詩の記述がある／「作詩」の才能も問われたそれが科挙の形となった／「曲水」の宴／観書流盃詩を作った／宴会と詩の関係／『玉海』「選挙」

123：及第を賜い宴会を開いた／いわゆる蘭亭序のイメージ（教養を試す目的の作詩）は宋代に始まる／日本飛鳥の酒船石と亀形石造物は古義を残した「曲水」儀礼の遺構

【Ⅱ】「輦」

124：「輦」の概要は、正史を丹念に調べることで得られる／明の王圻『三才図会』／江戸中期寺島良安『倭漢三才図会』／東京国立博物館蔵の「鳳輦」／『孝明天皇紀附図』

125：特別身分の葬儀に用いる「輦」／同種の乗り物が別の称謂を／正史から関連記事を抜き出すしか歴代の「輦」の形態を

探るすべはない／「輦」が特別身分の者にゆるされる乗り物／車輪の有無が話題になる／分不相応の者が乗れば穢れ／侍中の陪乗は道を清めるが賊が使用すると「偽輦」

126：『宋書』二凶列伝／神像を「輦」に乗せて宮内に迎えた／「輦」には御物と仏像が乗せられていた／「輦」の構造は人が担ぐことを基本／副車と称される着脱可能な車輪(付の部分)／唐魏徴撰『隋書』煬帝本紀に「始めて路及び五時副車を備ふ」とある／『隋書』礼儀志に「今の輦制は軺車に象る而して輪を施さず」は「輦」に車がないことを言う

127：『魏書』礼志に「繍輪」とあるのは前後の表現より車輪ではなく座席の頂輪のようである／『宋史』輿服志「上に天輪三層有り外に施金塗銀の博山八十一あり内に円鏡金塗銀頂龍一四面行龍十六火珠四あり……既にして而上皇却って受けず大内に至る毎に乗馬多くして間に行幸有れば則ち肩輿を用ふ」の「天輪」は傘軸につけた傘の装飾である／『魏書』李平列伝の「輦」の記述から地形が険しい場合「輦運」は有効な運搬手段であることがわかる／「輦」が葬儀に関わりその場が諸族の交流の場になっている／『旧五代史』斉書李遐列伝に「輦運」の中身が繒帛だったという話題がある

128：唐に伝えられていた正統と「輦」との関わりは宋元明だけでなく遼にも伝えられている／『清史稿』后妃列伝孝荘文皇后に「康熙九年上太后を奉じて孝陵に謁す十年福陵昭陵に謁す十一年赤城湯泉に幸し長安嶺を経上下馬し輦を扶す」とある

129：この時期「輦」と陵墓との関係が特別視され太后への尊崇が「形」にされている／六世紀までの後天八卦方位が論じられた時代は「輦道」は古くは山地の祭祀に関わる地上の道である／唐房玄齢等撰『晋書』の後代性を考慮すればおそらく六世紀以後に天の「輦道」を議論するにいたる／『晋書』天文志『魏書』張淵列伝から見て天の織女から西足を経て天の赤道の五星にいたるのが天の「輦道」なのだろう／本来は「牽牛」の名を冠する牛宿に冬至点があり隣に「織女（婺女）」の名を有する女宿があったという話だった／七夕伝説は最古の記事が梁宗懍撰『荊楚歳時記』「七月七日為牽牛織女聚会之夜」にある／その伝説に関係するとみられる儀礼が『鄴中記』第三条／石虎本来の制度が古い／金鳳凰二頭というのは鳳凰と称すべき鳥が二羽いることを言う

130：後天八卦方位の四神観を表現する後漢永建三年の王孝淵碑には南面上部に朱雀北面下部に玄武が見えその玄武の上には牛頭がありさらにその上に朱雀とは別の鳥がいる／後に「曲水」儀礼の一部となる三月上巳の儀礼と七夕に関わる儀礼が行われそれらが西王母伝説や釈迦の誕生説話と結び

ついたその説話と結びつきつつ「輦道」を通って天に昇ることが想定されている／歳差による天の冬至点の移動が世に認知されていたことが『宋書』天文志に見える徐々にではあるが、天の冬至点は牛宿の中を織女方向に移動していた七夕伝説と「輦」との結びつきは『鄴中記』のころにはすでに起こっていた

131：『明史』石珤列伝に地上と天の「輦道」とを通じさせる記事／明朝と清朝の陵墓には焚帛爐／特別の「輦」をもって尼師の屍を焚いた／『旧五代史』斉書李遐列伝に「人をして輦より繒帛を取り以て羣逆に賞せしむ」とあり「輦運」の中身が繒帛

132：遺体と輦運の繒帛とは関連づけられやがて焚帛爐の出現を見た／『明史』天文志客星に「輦道東南有星如盞」とあり『清史稿』天文志に「輦道」を緯度の基準として用いるので七夕伝説との関わりはなくなっている／『漢書』霍光伝に「盛飾なる祠室輦閣もて通じて永巷に属す而して幽良人婢妾之を守る」とある／この「輦閣」は「輦」そのものであり祠室と墓地（永巷）が通じるという意味だろう／天の「輦閣」ではない

【注（31）】『鄴中記』第三条第十条第五十四条七条第四十五条第四十七条【他の平勢解説】「曲水」「補足三星七夕招魂」

『鄴中記』を読む上で鍵を握る用語《その二》

【Ⅲ】その他

◉第二条　参考図

146：河北省定興県義慈恵石柱／梁呉平忠侯蕭景墓右闕

◉第四条　流蘇

147：四川省渠県趙家村の無銘門闕／流蘇に青龍白虎を固定／この四神配当は周易の戦国時代以来の後天八卦方位に重ねられ立面構成は地軸が傾き北極方向に乾玄武の位置に坤を配当六世紀に乾を天頂坤を反対方位に配当する先天八卦方位ができあがる／「流蘇は鳥の羽を染めて造られ五色の糸で蒲の敷物を編んで造った」／後天八卦方位の四神観を前提／鞆淵八幡神社と神輿誉田八幡神社の神輿は後天八卦方位の四神観を継承／石虎の時期は後天八卦方位の時期／通常龍は皇帝の象徴とされるが上記の青龍はこれと別／別に『周易』の六十四卦に問題にする龍と符瑞の五徳終始に問題にする龍がある

148：後天八卦方位の出現過程は『周易』の説卦伝が参照できる（平勢解説「その二」「曲水」注（4））／四川省雅安の後漢高頤碑／「乾」卦に特別な書式として「用九見群龍无首吉」

149：これと別に「亢龍」と「群龍」がおり「亢龍」については

繋辞伝に記事がある／「亢龍」は言わば戦国時代以後の二十八宿にならず仕舞いになった星宿で漢代以後の四神の青龍の原形になる／正史は代々『周易』の議論を継承／『史記』から『新五代史』までは後漢以来唐代まで流行した緯書を活用して五徳終始を述べ五色の龍の出現を瑞兆とみなした／『宋史』以後は儀衛志等に五色の龍の旗を制度の中に位置づけている／『鄴中記』第三十五条の「扇」の特別性の検討（宰相が特別に扱われる中で扇を象徴的に用いている）／『三国志』から『北史』までは「九龍殿」が話題／建築の一部に「九龍」をあしらう／『宋史』以後「九龍」の冠や車を用いる等輿服の制度として踏襲される傾向／『鄴中記』第七条に扱うように「九龍」が『周易』の議論により水の儀礼を述べつつ仏教（太子像）と結びついた点を『鄴中記』の時代的特徴として議論することができる

【他の平勢解説】第六十九条「神亀」

◉第七条　浴室　石室　太子像

150：西王母については平勢解説「その一」「曲水」の崑崙の位置づけ参照／太子像と西王母について平勢解説「その一」「輦」を参照／唐代には西王母を中原の地において祭祀する場／泉より湧出し渓谷を流れ大河に流れ込む水を引き小型化した流水の場を作り出したのが曲水儀礼の場／『水経注』河水注は大鳥が南に向かって憩う時左の翼（東方）が東王公を覆い右の翼（西方）が西王母を覆うとした（『荘子』逍遥遊が「鳳」を論じる内容を改変増補）／東王公（父）と西王母を鳳が洛陽の地に直につなぐ／日本の酒船石に関連し下る水が亀形石造物に達しその石造物に蓄えられた水で禊を行うことを述べた（水の淵源はおそらく西方）／聖なる禊の場の水は伏流して宴会の場にもたらされ貴族たちがその恩恵にあずかった／『鄴中記』第四条に見える禊の儀礼は飛鳥の亀形石造物の周囲で行われた禊の儀礼の祖とみなせる／水は石室から下方の皇后浴室に流れる／九龍から流れる水を釈迦を重ねる太子像にかけ（浴せしめ）その水を穢水と称して銅亀が受け（『鄴中記』第七条によると、太武殿の前の溝より水が注ぎ入り、下方の玉盤に水を溜めた。その水を用いて皇后が浴した）それをもって諸公主が禊を行う／『史記』を石室金匱の書として紡いだとし正統の宝を石室に置く／『北史』斉本紀に石虎を揶揄した記事

151：くさされる前の話題では特別の存在（皇帝）として石室に入ったということである／石室は仙人を通して嵩山や伊洛の間と関わりがありその考え方は神仙思想をもって石虎の鄴とつながっている／八紘の正統書に石虎が関わりそこに西王母の「石室」にある正統書の力がつたわる（下記『鄴中記』第四十五条）／厠神とはいえ「後帝」と称する存在である／「後帝」にはおそらくより上位の「帝」がいる／

その上位の存在から下位の存在に霊験が流れてくる／常識に述べる「穢」ではない

◉第十一条　銅爵・金鳳・氷井三台

152：『鄴中記』第三条「鳳陽門五層楼去地三十丈安金鳳凰二頭」とあるので唐房玄齢等撰『晋書』五行志に「石季龍時鄴城鳳陽門上金鳳皇二頭飛入漳河」の「鳳陽門上」は鳳陽門から進んで上った五層楼を言う／南中時の朱雀七夕のころの夜天の鶉を二頭に象徴させていた／鳳凰は中原を象徴し銅爵は朱雀氷井は玄武を象徴する／石虎の意図としてはこの鳳凰の位置に上記七夕の夜天の鶉を関連させて七夕伝説を取り込み『鄴中記』第六十一条に「石虎苑中有勾鼻桃重二斤」とある勾鼻桃が唐段成式撰『酉陽雑俎』続集に「王母桃洛陽華林苑内有之十月始熟形如括蔞俗語曰王母甘桃食之解労亦名西王母桃」とある西王母桃であることをもって皇后の懐妊をイメージさせたのであろう／坤を象徴するのであれば高台には井戸をほって水を汲む必要がある／北は四季では冬（冬至）を意味するから氷を作る

◉第十二条　伏日

154：夏至を越えたら第三の庚を初伏とし次の庚（四伏）を中伏とし立秋を越えたら庚日を末伏とする／明章潢撰『図書編』の「論四時気序」の説をまとめなおし時期を遡って検討する／『大平御覧』の「伏日」は六月ということになるようだ／六月の伏日（三庚日）が「鵩鳥来る有りし時」だから問題になる／『鄴中記』第十一条の「金鳳台」が七夕のころに意味をもつようにする

◉第十三条　雲母

155：「輦」や「安車」に用いられた／皇帝・皇后に関わる／『魏書』釈老志に「忽遇大神乗雲駕龍導従百霊仙人玉女左右侍衛集止山頂称太上老君」とある／仙人の「乗雲駕龍」と西王母を重ねて「雲母」の語を用いている

◉第十五条　女妓

155：六世紀までの後天八卦方位の時期六世以後の先天八卦方位の時期があるその時期区分ごとに検討を進めると理解が深まるのが女妓である／関連して議論できるのが伎楽と角抵である／梁蕭子顕撰『南斉書』に南朝宋を回顧し権勢と富を象徴するのが車服と伎楽であったことを述べる／梁沈約撰『宋書』にも権勢家すら皇帝の司る室宇園池には無断で立ち入れないことを述べその象徴として伎楽の妙があった／三国魏に遡っての記事があり魏の武帝が崩御した折は「伎楽百戯を設く」としこれを言い換えて「楽を廃せず」とする／晋武帝以来「楽を廃す」の状態となった

156：晋の時「女妓」の称が出現する／それまでの「廃す」とされた楽ではなく新しい楽が行われるようになった／薄葬の時代に沿った楽の様態になった／以後「女妓」と「伎楽」

は併存／併存前を知るには唐房玄齢等撰『晋書』からさらに遡る／『晋書』には個人の家について「妾媵伎楽」を論じる

157：晋陳寿撰『三国志』には伎楽が女伎であることを述べる／宋范曄撰『後漢書』仲長統列伝の「倡謳妓伎楽深堂に列す」とある／戦国以来の風を継承するのであれば、女性がそれまでの楽演奏に加わることを言う／晋以後それまでの楽が廃止されるとなると女性は新しい楽と舞を担った可能性が濃い／新しくなる前の楽は具体的にどのようなものなのか／『晋書』載記慕容垂によれば「乗輿、服御、伎楽、珍宝」が具体的に貴重視される存在である／宋において「楽を廃す」の状態になる前「伎楽」が獲得の対象となっている／『晋書』何攀列伝に個人の家について「妾媵伎楽」を論じる／『晋書』楽志によれば「其の余の伎楽」はなされなかったが鼓吹鐘鼓を作しての楽は行われた／『三国志』魏書夏侯惇列伝に伎楽が女伎であることを述べるものがある／宋范曄撰『後漢書』仲長統列伝「倡謳妓伎楽深堂に列す」は古来の風を継承する可能性がある／以上古い楽として女妓が議論される場合「鼓吹鐘鼓を作す」ことが念頭に置かれる／「鐘鼓」の楽は重厚な楽の音を提供する

158：「廃す」と議論されたのはこの種の重厚な楽と見て間違いない／時代を降ると『魏書』に「美女伎楽」の話題があり後晋劉昫撰『旧唐書』に権勢家の伎楽の記事がある／宋薛居正等撰『旧五代史』に権勢家の伎楽の記事がある／元脱脱等修『宋史』に市中に進出した伎楽の記事と祭祀場における伎楽をもって賓客を楽しませた記事がある／清張廷玉等修『明史』に酒席の伎楽の記事がある／唐代までの権勢家の下の伎楽から市中の酒席の伎楽へという変化が読み取れる／正史の伎楽には、女妓の意味を含むものが見え隠れ／伎楽とは別に女伎という語が出現するのはそれ自体特別な意味を付与された経緯があるためである

159：個々の事例を見るだけでは女妓を妾のように誤解しやすい／実際のところ祭祀に関わる存在である／女妓は国家にせよ貴家にせよ外国であるにせよ皇后や家の嫁や外国君主に嫁いだ者に関わる祭祀をとりしきる存在であった／母（太后）として特別に位置づけられ貴者の跡継ぎを生んだ妻についても同様／「輦」が陵墓祭祀において尸の運搬に関わって特別に扱われているのと連動しその祭祀に女妓の楽や舞が関わって特別視される／『旧唐書』李勣列伝に女妓と子孫が併称されているのは当主の母が女妓と儀礼的に深く関わるためである／『宋史』王洙列伝に女妓と賽神の関係に言及するのは女妓の関わる場が一般に広がっている現実を示す／唐末からそれらの議論中によくない意味が見える／その後の時代正史における女妓の話題はなくなる

◉第二十条　鐘と鐸

160：複数吊り下げるものを編鐘といい鐘の平面形は目のようになっている／殷代の鐃は編鐘を逆さにしてもつ／春秋時代前七世紀ごろに音階をきれいに出せるようになった／大鐘から小鐘への配列も大小変化が直線的になった／前五世紀後半に曲線的になった

161：前四世紀に編鐘の製作法が変わる／蜜蠟ないし鉛を摸とする方法になった／製作過程の関係で胴太の編鐘となりかつ鉄器が普及する中で小型になった／小型胴太編鐘は前漢武帝以後急速に衰える／鐃は鐸と称されるようになる／やや形態の異なる錞于もある／編鐘の存在が忘れられた後梵鐘が作られるようになった／晋以後「楽を廃す」の状態となった／女妓の出現は同時に梵鐘の出現でもある

◉第三十五条　雲母五明金箔莫難扇

161：下記『鄴中記』第四十五条の画像参照／下記『鄴中記』第四十五条に「扇」と「皇帝女尚書女侍従」との関係を述べた

162：「扇」は平勢解説「その一」「輦」にまとめた「輦」の制度と付かず離れずの関係にある

163：「扇」は特別に意味づけられた／『旧唐書』以前の「扇」の記事は風を遮ることの特別性を示している／門の内に外からの邪気が入り込むことを遮断する意味がある／「扇」は風を起こすものでありその風は反乱を誘発する／甲骨文まで遡ると「風」は「鳳」の字になる

164：「輦」の屋根に「鳳」があしらわれる意味もわかる／「羽扇」は神仙思想を根底に位置づける／「団扇」はその形状からして大きな葉が風を起こすものとして利用されたのが起源になる／仏教が流行した後にして神仙思想の背景として立面構成である後天八卦方位と先天八卦方位が語られた時代「白羽扇」と「白団扇」が用いられたとまとめなおすことができる／邪気をはこぶ「風」が話題になる「扇動」等の用語がある一方神仙思想に基づく鳳凰の霊力下に秩序が保たれるという考え方がある／儒教的王道が風によって運ばれるという考え方もある

165：書聖としての王羲之には「扇」にまつわる話題もある

166：王羲之が皇帝の補佐賢人として活躍を期待される家柄「王氏」の中心人物であることが前提になっている／下記第四十五条に「龍門石窟第三窟東南隅」の画像を紹介／皇后の隣は西王母と覚しき人物（神格）／西王母は二本の「扇」を手にしている／第三窟東北隅の画像には若き皇帝と東王父と覚しき人物（神格）が見える／鞏県石窟の同種画像では格下の「団扇」の上位に特別の扇が存在する／「龍門石窟第三窟東南隅」の西王母が手にするパルメット風の「扇」の特別性

167：西王母がもつ他の二本の「扇」も後代の団扇に比較してよ

り自然で蓮の葉のような形／「扇」には仏教の影響が強い／（図）安倍文珠院の騎獅文殊菩薩像

◉第四十五条　女尚書・貂蝉他

168：「女妓」の用例を通して『晋書』から『旧唐書』に反映される皇后太后の儀礼的特別性が理解できる／女尚書は制度上ない用語であり文字通り皇后太后と官僚を取り結ぶ役職であろう／尚書と同様実質的権力を握っている／女尚書は「皆貂璫直侍」／『鄴中記』第四十七条に「石虎置女侍中皆貂蝉」とする／女侍中は女尚書に次ぐ儀礼官の位と見られる／『鄴中記』第三十五条に「雲母五明金箔莫難扇」の名が見え「看之如謂可取」という／皇后がつまむようにもつ扇がこの種の扇／西王母がもっている同種の扇でパルメット風のものが「雲母五明金箔莫難扇」に近い／西王母は扇を三本もっており残り二本はいわゆる団扇である／第三十五条には「石虎作雲母五明金箔莫難扇此一扇之名也薄打純金如蝉翼」とあり「蝉の翼の如し」の表現がパルメット風の図に通じる／「其五明方中辟方三寸或五寸隨扇大小雲母帖其中」という表現も同様である／「細縷縫其際雖罨画而彩色明徹看之如謂可取故名莫難也」も、パルメットの分かれた葉相互を糸でつないだ表現に思える／「莫難」はおそらく発音の近い「白檀」だろう／「其五明方中辟方」の「中辟方」の「辟」は「璧」に通じ欠けた部分がある

169：全体の形状はカエデ状つまりパルメット風ということになる／白檀は枝に葉のついた形状が特徴的である／東南隅東北隅いずれの図にも後方に芭蕉の葉のごときもの（芭蕉扇）が見える／『毛詩』（『詩経』）には「風」の名をもってまとめられる詩編が少なくない／后妃の徳の名をもって詩が語られそれが風に関連づけられる／鞏県石窟画像になると（下記「その二」『石虎と帳』）天蓋を象徴する帳、天井の蓮華）仏教の影響は貴人を先導する僧侶釈迦誕生に重ねられた皇后の太子懐妊を象徴する帳蓮弁をあしらった特別扇に継承される／一方天の神意を受ける特別冠をつける貴人その影響を受ける特別扇という表現は明らかに神仙思想を背景として構想されている／邪気をはらう団扇は図としては下位に置かれる／皇帝が肩にする蓮弁をあしらった特別扇の他は特別扇団扇ともすべて女子がもつ／帳を継承した特別傘はすべて男子（皇后関係はおそらく宦官）がもつ／高松塚古墳壁画のいわゆる飛鳥美人東面西面ともに唐代風の団扇を手にしている／中国では滅びた意匠が高松塚古墳壁画に部分継承されている／『史記』呂太后本紀によると死後のこととして皇帝と臣下の交流の場が「地下」にある

170：『鄴中記』第七条に扱ったように「石室」には仙人を通し

て嵩山や伊洛の間と関わりが議論できる／八紘の正統書に石虎が関わりそこに西王母の「石室」にある正統書の霊力がもたらされ西王母の霊力を石虎皇后が受けるという構図か／『史記』を石室金匱の書として紡いだという「形」は国家の正史を金匱の書としたという筋立として『鄴中記』に継承された／「亦用牙桃枝扇其上竹」とある「牙桃枝扇」は団扇の祖と思われるものに枝や葉の飾りをつけたものなどの想定が可能である

171：「雲母五明金箔莫難扇」は仏教的要素「牙桃枝扇」は神仙思想的要素が想定できる

172：貂蝉の「蝉」が含蝉と意味的につながるとすると生まれ変わりの議論になる／『鄴中記』第七条の「太子像」とそれに関わる「皇后浴室」の記載同じく第二十九条の「帳頂上安金蓮花」第二十五条の「雲母五明金箔莫難扇」「牙桃枝扇」等は石窟寺院の源流のひとつが石虎時代の神仙思想と仏教との融合に求められることを教える

◉第五十二条　指南車　司里車

173：当時の車の制度を通して理解するのが筋／輦は副車という添え車をつけて牛や馬に挽かせることができその車の回転と方光軸とを歯車等でつなげて方向を一定にするしかけは車と道路の接触面が一定しないことからも現実的ではない／あり得るとすれば磁石を利用した指南魚を具えた車であろう／『宋書』礼志五に「晋代又有指南舟」ともある／司里車は車の回転を歯車でうまく伝えて里程を数えるしかけ

◉第六十九条　神亀

173：唐代李寿墓誌（西安碑林博物館蔵）／六世紀以後先天八卦方位が立面図として意味をもつにいたり玄武は四神として地表を守護することになる

174：墓碑とは別に墓誌が継続して造られ地中の亀として唐代李寿墓誌が蓋つきで亀形になっている／この種の地中の霊亀が後の亀趺塔の亀となる／飛鳥の亀形石造物は伏流水を意識したらしい水の儀礼に用いられている

『鄴中記』を読む上で鍵を握る用語《その三》

【Ⅳ】補足一　三星、七夕、招魂

◉〖『毛詩』から『鄴中記』へ〗『詩経』「三星」の解釈が変化して曲水儀礼の源流の一つ「三月上巳」儀礼が生まれる　歳差の影響の一つ

179：曲水儀礼の二つの源流／一つが三月上巳もう一つが秦昭王伝説／三月上巳の儀礼がどのように遡れるか／解説《その一》「賦詩」を手がかりとして時代を遡る／『詩経』研究において注目されている「興也」をつぶさに検討してみた／「興也」を述べる戦国時代毛伝の見解とそれに付された後漢

時代鄭箋には解釈上のずれ／「興也」の素朴な意味が毛伝には含まれていてモノに感じて興趣にいたる意味がある

180：詩句にある「三星」は毛伝では「参（宿）」（オリオン座三星）／後漢時代の鄭箋は三星は「心星」（蠍座の一部）／冬至の未明前蠍座は東方に見えやがて日の出後の太陽に隠される（西に見えなくなる「三星」）／鄭箋の「則三月之末四月之中見於東方矣」は心星が日没後に東方に見える様を述べている（東に見えてくる「三星」）／毛伝の解釈としては詩句に忠実に西に「三星（参）在隅」の状態になるのは「三月之末四月之中」だと述べている／鄭箋「心星在隅謂四月之末五月之中」は日没後に東に心星が高く見えると変更した

181：歳差現象により星宿と季節の関係がずれてきていることの反映／四川省郫県出土の後漢永建三年王孝淵碑／南面の上部に朱雀北面の下部に玄武／北面の玄武の上には牛により牛宿が示される／南面の中央に示された三人は『毛詩』の上掲部分の第三章の毛伝に「三女為粲大夫一妻二妾」とある解釈が変化したもののようだ

182：意味が変化した結果三月上巳と『毛詩』毛伝との関係はわからなくなる／三月上巳はその後に「曲水」の源流の一つのなった／『晋書』束皙伝「漢章帝時平原徐肇以三月初生三女至三日倶亡」の「三女」が詩経唐風綢繆の「三女」と微妙に関わる／曲水の「三女」は「非好事」の面があり「昔周公成洛邑乃招携之水浜洗祓遂因水以汎觴其義起此」とされ詩としても「逸詩云『羽觴随波』」とされている／一般に『晋書』束皙伝の一節と唐風綢繆の「三女」が関わるものとなっていない／星宿は地中にあり東から昇り西に沈んで地中にはいる／三月上巳のころの太陽と参宿三星と心宿三星との関係は参宿三星が太陽に遅れて西の地中に沈む／三月に清明節という現在日本の御盆のような行事がある／『鄴中記』第十二条「三伏之月」の「伏日」では六月の伏日（三庚日）が「鵬鳥来る有りし時」の夏にあり『鄴中記』第十一条の「金鳳台」が夏を象徴する

183：『鄴中記』の時期に参宿と心宿に注目している議論の月が詩経や毛伝後漢の鄭注とまったく異なっている／歳差現象の影響

【他の平勢解説】平勢解題《その一》「曲水」／平勢解題《その二》『鄴中記』第十二条「三伏之月」

◉〖三月上巳と招魂〗『詩経』「三星」の原義が失われ『楚辞』「招魂」と結びつく

183：『晋書』の袁環列伝では招魂儀礼はすでにしかるべく葬儀がなされ葬地が定まった後に別地に葬地を求めることを言う

184：同じくすでに『楚辞』の「招魂」が既存の葬地から新しい

葬地に魂を呼ぶ儀礼（楚の故地が失われて屈原が死しその後に「招魂」の儀礼が行われた）として議論されている／『宋書』礼志に曲水に三月上巳が結合していることを示す記事があり「鄭国之俗三月上巳之溱洧両水之上招魂続魄秉蘭草払不不祥」と言い「招魂」の儀礼が説明されている／『梁書』世祖二子列伝に死体が得られぬまま招魂を行って弔ったとある／『魏書』裴駿列伝に戦役にたずさわって死去した家では「招魂復魄」を行わせたとある／『旧唐書』永安王孝基列伝曲水の儀礼に影響を受けつつ有力者の葬儀において「招魂復魄」が問題にされていたことがわかる

185：皇妃について「招魂」儀礼を行った記事／『旧唐書』后妃列伝中宗和思皇后趙氏「古無招魂葬之礼不可備棺椁置轀輬……以皇后褘衣於陵所寝宮招魂置衣於魂輿」／同伝睿宗粛明順聖皇后劉氏「招魂葬於東都城南」／同楊慶妻王「継母尋亦卒王乃收所生及継母屍柩并立父形像招魂遷葬訖廬於墓側陪其祖父母及父母墳」／三月上巳の儀礼が皇后の儀礼として継承されたようだ／五代以後遺体が得られず衣服などを依り代に招魂して葬儀を行う／唐代までは対外戦争を指揮する人物や皇妃を対象として招魂を行う／『旧五代史』『宋史』以後招魂の対象は一般化していく／清明節の場が地主層の墓地を主とする

186：曲水の場が殿試になるのは皇帝と地主層との君臣関係を基礎とする

【他の平勢解説】「曲水」

◉〔端午の節句と屈原〕『楚辞』を通して屈原を悼む儀礼が混入する―五月五日と屈原　薬用蟾蜍

186：『隋書』地理志には五月五日と五月望日粽の風習屈原の死が書かれている／宋李昉等撰『太平御覧』時序部の「五月五日」にその具体事例がまとめられている

187：劉昭『後漢書』礼儀志「五月五日五色桃印為門戸飾以止悪気也」は「伏日」儀礼の祖型をなす／『隋書』所引の史料五月五日に屈原をいたむ別の儀礼が重なってきた／『鄴中記』第七十三条「五月五日焼死世人為其忌故不挙餉（火）食非也」は「伏日」に関連づけて解釈でき幷州の俗として介子推が五月五日に焼死したのをもって世人がその忌を行う／また『鄴中記』第七十二条に鄴の俗では冬至から一百五日に介子推の為に断火を行うとし五月五日に屈原をいたむ儀礼がまだ定着していないことを示す／『史記』屈原列伝正義所引の続斉諧記（梁呉均撰）「屈原以五月五日投汨羅而死楚人哀之毎於此日以竹筒貯米投水祭之」は『隋書』をさほど時を遡らない／北魏酈道元『水經注』は屈原の入水と屈原廟の存在を記している／六世紀の先天八卦方位出現の後、三月上巳が三月三日の儀礼として定着するのと軌を一にして五月五日の儀礼に屈原の死を悼む「競渡之戯」ができがり「伏日」儀礼も定着していく／北魏賈思勰『斉明要術』「五月……五日合止痢黄連円霍乱円採蔥耳取蟾蜍」は薬用の蟾蜍を取るが蟾蜍は月に居る存在である／「伏日」儀礼の火を中和する効果を期待するものと理解できる／天の蟾蜍の霊験にあやかって地上の蟾蜍を薬用に用いる／「天の蟾蜍」の存在がなくなると地上の薬用蟾蜍だけが残される／梁沈約撰『宋書』符瑞志の有難い鳳の記事は『旧唐書』にも継承された（本書訳注の「付記」）／元代『宋史』五行志になると「鳳卵」を献じた話題が出現／『元史』になると民間漢族の鳳凰表現に規制をかけ身近な存在／『淵鑑類函』鳳や唐欧陽詢撰とされる『芸文類聚』鳥部の「鳳」の「白鳳」の肉を薬にするという話は宋代の「鳳卵」より後れる元代以後の記事／「天の蟾蜍」なしの薬用蟾蜍は「白鳳」の肉を薬にするという話に通じる

188：『鄴中記』の蟾蜍は「天の蟾蜍」にありがたみを感じている時期の産物

◉『『楚辞集注』の役割』南宋朱子の『楚辞集注』が生まれる経緯—楚辞と忠

188：詩編は屈原の作と宋玉等の作に分けられ実際はどう解釈できるかの研究史がある／古い時期の王逸の『楚辞章句』の前叙を検討し後叙がある場合は併せ検討／【九章章句第四前叙】前叙の解釈とし屈原の「忠信の道」を述べる／【遠遊章句第五前敘】議論すべきは「忠信の篤」

189：「仁義の厚」に併せ述べるのは道家の仙道／【九弁章句第八前敘】道の根源を述べる／天地人を統合した議論／地の九州人の九竅を述べて天の九星に呼応することを言う／呼応の機微を探るのが仙道／天地人の呼応は易が具体的「形」を提供／【大招章句第十前敘】賢人任用を道家の仙道の側から視点を當てようとする「大いに其の魂を招き」が仙道を言う／【（後語）招隠士章句第十三前敘】屈原を追憫する／朱子は後語に入れた

190：【哀時命章句第十四前敘】漢代の作であることを述べる／屈原の忠貞を述べ「辞を作り歎じて之を述ぶ」るものである／【（後語）九懐章句第十五前敘】漢末の作であることを述べる／屈原をしのび愍れむ／【（後語）九歎章句第十六前敘】漢末の作であることを述べる／「屈原忠信の節を追念す」と述べる／【（後語）九思章句第十七前敘】後漢の作であることを述べる／王逸が屈原と同土でありながら竊かに向褒の風を慕っていたことを言う

191：王逸の『楚辭章句』に見える漢代（漢末・後漢まで）の議論／「屈原に代表される人物」について仙道を語る場合「忠」が問題になる／宇野哲人が『支那哲学史講話』要するに孝経が古来非常に重んぜられたのは支那が家族主義を以て国を為して居るからであろう／「忠犬ハチ公」で知られる「忠」

が主人に仕えるイメージを与えるのに比較してややずれるものである／孝とは家族忠とは君臣関係について論じる／それらが統合的に語られるのはそれらを一つに結びつける考え方が主流になったからでありその考え方を支えたものが朱子『楚辞集注』である／上述した「招魂」の場として の中央と各地の地主の墓地とを結びつけている

◉〖『孝経緯』の役割〗『楚辞集注』が生まれる経緯を遡る――『孝経緯』と忠

191：『楚辞集注』の役割を担っていた「形」が実は唐代までの時期についても認められる

192：山川祭祀の場の掌握に緯書（『孝経緯』）を活用する／後漢王逸のころ緯書の活用／屈原が楚と同姓だということを強調するのは楚の領域内の山川祭祀を楚王の下の祭祀として統合する意味がある／その「楚王」の統合の原理を「天下の皇帝」の下の祭祀として再構築するのに「擬制的家族主義」の「擬制」を強調するだけでは不足したため緯書の活用が始った／【九歌章句第二前敍】其の祠必ず歌楽鼓舞を作す以て諸神を楽ましむ／楚国『楚辞』に屈原に代表される同族とされる人物を活用し祭祀の場を統合する「形」ができあがっていた／そもそも存在した同族を紐帯とする統合の場を天下規模に「擬制的」に拡大する／その限界を意識しつつ緯書が出現し活用されていくことになる／そうした場に仏教が流入してくる／正史における『孝経』および『孝経緯』の記事／戦国以来『孝経』が担うことになった役割を見出す／正統の孝を代々議論する／初代正統者を孝の名の下に特別に位置づけその正統者の地位を継承する「形」／「家」に孝は存在するその多くの家の孝を皇帝に結びつける役割を演じたのが『孝経緯』

193：『孝経緯』の正史における役割も重心が変化／『後漢書』祭祀志光武即位告天郊封禅／西安に都を置く漢王朝が山東の泰山の祭祀に専念することをもって儀礼の場を通した天下統合を「形」にする／天下にあまた存在する祭祀の場に皇帝の威令を及ぼす／『後漢書』祭祀志北郊明堂辟雍霊台迎気増祀六宗老子／鄭玄曰として明堂を説明するのに孝経援神契を引く／天下の祭祀を皇帝の下に統合する建築／『後漢書』祭祀志宗廟社稷靈星先農迎春に孝経援神契を引き皇帝の威令は土地神の社と穀物神の稷に及ぶことを述べる／『三国志』魏書文帝紀によると魏の都は許昌になったので西安に都を置き泰山祭祀を掌握するという「形」は少々変わった／しかし都と泰山祭祀掌握という説明は継承している／『三国志』蜀書先主伝に孝経鉤命決録と孝経援神契を引く

194：蜀としての「形」では漢王朝の「形」を継承している／南斉は自己の領域に泰山はないので『南齊書』祥瑞志に「孝

経鉤命決『誰者起視名将』」を引き現実に皇帝の威令を及ぼすのは将軍の軍事力であることを明示した／『梁書』許懋列伝に鄭引孝経鉤命決を引いて此緯書之曲説非正経之通義也とし泰山祭祀をもって天下の正統を語ることを放棄したことを明記している／緯書の曲説たることを述べる見解は『魏書』儒林列伝李業興にも示される／「曲水」の主たる意味づけは対外戦争を前にしての儀礼にあり泰山封禅の意味づけにも変化をもたらしていた／「曲水」儀礼の確立の背後には山川祭祀に将軍の軍事力を加えた再解釈が必要とされた現実があった／嵩山の場に西王母の祭祀場を移し泰山で行われていた封禅の場を嵩山に移す

195：『魏書』術芸列伝晁崇に「孝経援神契曰『並設神霊集謀』此之謂也」とある／『旧唐書』礼儀志によると諸侯の孝は度をいい度とは法のことである／諸侯は国に居て天子の法度を奉り天子の徳は天下を覆い恩沢は万物に及ぶ／法度をもって天子の徳が諸侯（地方）の孝の場にもたらされるという認識が示されている／『孝経緯』が天下中央と地方の孝の場を結びつけ天下が乱れると将軍の軍事力がこれを補うことが期待され再統一されるや泰山と西王母祭祀場を嵩山の場に集中する動きがおこった／将軍の軍事力に期待するには「招魂」儀礼が活用され宋代の殿試開始以後『楚辞集注』の活用の「形」を生んだ／『孝経緯』活用の過去は忘却され現在の『楚辞』研究は朱子の影響を強く受けている

【他の平勢解説】「曲水」

◉〔『孝経緯』活用にいたる前の「形」〕『詩経』「三星」の原義が生きている時代の様相

195：『詩経』「三星」の原義が失われて『楚辞』「招魂」が「三月上巳」に結びついてくる

196：『孝経緯』たる『孝經援神契』が引用されているのは『後漢書』祭祀志でありこの祭祀志には「宗廟」という部分と「社稷」という部分がある／『孝經援神契』が引かれるのは「社稷」の部分である／孝經援神契曰く社とは土地の主なり稷とは五穀の長なりと／宗廟に隣接して太社稷を設け土地神たる社と五穀の長たる稷を祭祀させた／『後漢書』祭祀志には「唯だ州のみ治する所に社有り稷無し」とある／州県制としてかつての郡県制の意味をもつにいたる／西晋司馬彪『続漢書』の志が利用された／『後漢書』祭祀志と同内容が『史記』封禅書に見える（或曰周興而有部立后稷之祠至今血食天下於是高祖……）／『史記』儒林列伝董仲舒に「遼東高廟」の記事があり『漢書』にいう「郡国廟」のこととされる／『漢書』元帝紀に韋玄成の意見により「郡国廟」が廃止された記事がある／前漢のとき周の故事を根拠に高祖を祭る廟を郡国に建て郡国に漢高祖の威令を及ぼした

197：郡国あらため州県に威令を及ぼす制度が必要とされ『孝経緯』たる『孝經援神契』の活用の「形」ができた

◉**〔『孝経緯』活用にいたる前の「形」その二〕『漢書』郊祀志郊に「社祠」と「稷祠」の機能**

197：『後漢書』祭祀志の「論曰」に「所聞すること此の如し天道を誠にすと雖も度知すべきこと難し然れども其れ大いに較べて猶ほ本要有り」「世祖孝武の故封に因らんと欲するも、實に祖宗の道を繼ぐなり」とあり泰山封禅も言天地の易も太社におよばないとする／ここで及ばないとされている泰山封禅と言天地の易が『孝経緯』活用にいたる前の「形」を成していたことがわかる／『後漢書』祭祀志の最初に建武三十年に羣臣が泰山封禪を具申し梁松の議論が示される／遡って『漢書』郊祀志に目を向けると『漢書』郊祀志が『史記』封禅書を念頭において書き換えた「形」が見いだせる

198：「共工氏九州に覇たりて自り其の子を句龍と曰ひ能く水土を平らかにし死すれば社祠を為る有烈山氏天下に王たり其の子を柱と曰ひ能く百穀を殖ゑて死すれば稷祠を為る」は、郊に「社祠」と「稷祠」の機能があることを述べている

◉**〔『孝経緯』活用にいたる前の「形」その三〕『史記』封禅書の「形」**

198：『史記』封禅書の述べるところ東の泰山祭祀と別に西の甘泉祭祀がある／東の泰山祭祀は戦国斉の祭祀を継承して中身を変更／西の甘泉祭祀は戦国以来の秦の祭祀を継承し太一祭祀を通して黄帝の力を仮り八通鬼道に力を及ぼした／内容を変更する「形」を作るため東の泰山祭祀と合体させた／始皇帝はやり方を間違えたとされ武帝はその間違いを正して甘泉祭祀の主体を太一祭祀としかつこれに五帝祭祀を合体させて西南方面にも霊的威圧をかける「形」を作ったとされた／「方僊（仙）の道を為す」

199：「八神は将に古自りして之有り或は曰く太公以来之を作る」／『史記』封禅書の「形」は前代を誹謗するが儀礼の内容自体は始皇帝のそれを継承する／儒家の出る幕はここまでだという場を設定／『漢書』郊祀志が郊に「社祠」と「稷祠」の機能があることを前面に出す以前の「形」として東の泰山祭祀と別に西の甘泉祭祀を統合する「形」「稷祠」の機能／別に郡国統治がありそこに「社祠」の機能がある／『史記』には司馬相如列伝がありそこに『史記』封禅書に先行する記事がまとめられている

◉**〔戦国時代の「社祠」と「稷祠」〕漢代改変前の『周礼』と『楚居』**

199：戦国時代の七雄等において個々に「社祠」と「稷祠」の制度が整備されていた

200：『史記』封禅書に引用される『周官』はいわゆる『周礼』ではない／戦国時代の『周礼』春官大宗伯の冒頭には天下の一部を治める王を佐ける大宗伯が天神人鬼地祇を通して

礼を行い上帝と四望を「旅」することを通して邦国都家郷邑の下位の祭祀を挙行させる／『史記』封禅書はその王と大宗伯と邦国都家郷邑との関係を天下を治める皇帝と三公と諸侯の関係に置き換える／「諸侯は其の疆内の名山大川を祭る」というのが『周礼』本来の王の役割／『周礼』は天神人鬼地祇を対象／『史記』封禅書は天と地祇を対象／漢代には八紘観ができあがりその八紘は郡県統治／戦国時代にはまだ八紘観がないので万物は天神人鬼地祇の祭祀を通して一体化／一体化がはかられる「人鬼」は宗廟が安んずる「天神」は「稷祠」が司り「地祇」は「社祠」が司る／『楚居』「居」と「**⿺辶⿱𠂊皿**（**⿺辶⿱䙴皿**）」が鍵を握る／誰がどこに「居」したか誰の時に「**⿺辶⿱𠂊皿**（**⿺辶⿱䙴皿**）」が行われたかが記される

201：「居」に先んじては「處」の表現が使われる「**⿺辶⿱𠂊皿**（**⿺辶⿱䙴皿**）」は祭祀であり誰の時にどこで行われたか（地名のみ）誰の時にどこから行われ（「自〜」）たか、誰の時にどこを「襲」したか（「襲〜」）が記される／「**⿺辶⿱𠂊皿**」は稷神を降ろす儀礼／「居」は「社祠」を設けてそこに居るのであり「**遷**」は「稷祠」を設けてそこに神を下す

201 ◉『占法と宮と時』失われた都市国家の時代の様相

201：『史記』封禅書に「秦の文公東のかた汧渭の間に猟し之に居るを卜するに吉」というくだりがある／秦において徳公の時に雍に遷都し鄜時の下に諸祠が集まる「形」ができあがる／それより前に先世文公の時に鄜時を定める卜いがあったとされる／先行する祭祀の場を継承して「諸祠」としそれをまとめる「時」を作ったというのが無理のない解釈／この「諸祠」が自然神として継承できた

202：春秋時代晋国の侯馬盟書に「嘉の盟、定宮・平時の命」という文言がある／「嘉」は主盟者趙孟を言い定宮は晋国の宮平時は何等かの祭祀の場／『史記』封禅書に見える「時」を参照すれば晋国としての代表的祭祀の場でありおそらく「稷祠」に相当する場／侯馬盟書「岳公大冢」（嵩山）は晋国を超えた神格であり『史記』封禅書の泰山になぞらえることができる／侯馬盟書には「卜以吉」の文言がある（第六類卜筮類）／甲骨文や『左伝』等の関連記事を通して議論を深めることができ『史記』亀策列伝のまとめが理解に役立つがこれ以上の詮索はひかえる／甲骨文では殷の祖先神と自然神が祭祀対象／青銅器銘文では祖先代々を話題にし各国の関係を話題にしているが自然神という祭祀対象にはあまり触れず各国にまかせているらしい／祖先祭祀そのものは宗廟／「諸祠」とされた祖先神は土地との関係を前提に「社祠」相当の祭祀に組み込まれる／自然神は「稷祠」相当の祭祀に組み込まれる

203：皇帝の制度の埒外にある存在は同様の制度をもっていても埒外のレッテルが貼られる／帝国の反乱者は罪人として記

述され埒外を認められた者たちはそれなりの誹謗の「形」が示される／『三国志』では道教の祖とされる五斗米道の張魯について「鬼道を以て教民し自ら『師君』と号す」とした／倭の卑弥呼について「鬼道に事へて衆を惑はす」（東夷伝倭人）とした

◉【三月三日、五月五日、七月七日】女妓の楽の始まりと伏日の意味　織女と七夕と詩経

203：三月三日の制度が始まり三月上巳の称謂と混在するにいたるのは南朝梁代ごろ（平勢解説《その一》「曲水」）／七月七日が正史において話題になるのは、『晋書』『宋書』になってから／いわゆる七夕伝説の内容がわかるのは『梁書』所載の晋宗凛撰『荊楚歳時記』になってから／「曲水」儀礼が「招魂」儀礼を内実とし将軍の軍事力に期待するにいたった後の意味が継承される／『鄴中記』の時期は「曲水」儀礼の二つの起源（三月上巳と秦の昭王伝説）が融合していた／七夕伝説と端午の節句が加わり三月三日五月五日七月七日の制度に落ち着く／「伏日」儀礼も整備／『鄴中記』第三十七条に「三月三日臨水会」とあるのはすでに「三日」が定まっていた時期三月上巳の儀礼に「始蚕之月」が重なってきていることを示す／三月上巳に「織女」の伝説が結びついた／「織女」の語は『漢書』から『新唐書』に記されており八卦方位を立面図として認識する時代に意味をもった

204：出土史料や『尚書』は「婺女」と記しこの字は正史の中で「織女」と混用されていて「婺女」の方が古い／『毛詩』二章の詩句「三星在隅」は「三月之末、四月之中」／毛伝の解釈としては詩句に忠実／鄭箋は「心星在隅謂四月之末五月之中」と述べ日没後に心星が東方に高く見えることを言うと解釈を変えている／後漢のころ（つまり『漢書』が編纂されたころ）「織女」の字が定まった／『尚書』に「婺女」とあるのでこれが古典として継承され正史において「織女」と混用されることになった／日没から半日たった未明参宿が東に見え西方では心星が地下に没して牛宿女宿がまだ見えているこの状況を日没でもなく未明でもなく今でいう午前零時に確認するのが七夕である／歳差の影響で『毛詩』本来の意味が説明しにくくなり後漢以後の説明が容易になってきている／歳差の影響は六世紀に先天八卦方位を生み出した／その六世紀の言わば帰結を生み出す準備段階に石虎『鄴中記』は存在する／その準備段階における動きの一つとして三国魏の景初改暦（元年は二三六年辰年）があり歳差の議論の深化を記す『宋書』天文志があり『梁書』所載の晋宗凛撰『荊楚歳時記』もこのころできた

205：三月上巳は「曲水」に合体し三月三日とされていて五月五日にも「泛酒」とある／通常議論されるのは「曲水」に関

する「泛觴」でさかづきを浮かべることとされ『荊楚歳時記』の「泛酒」は前後の文脈からして舟を浮かべての酒盛りである／「三月三日」と「五月五日」の本来相異なる祭祀の場が『荊楚歳時記』を経由して混同された／『荊楚歳時記』五月五日の競渡のことは『隋書』地理志にも記されている／『鄴中記』第二条に参考画像としておいた梁呉平中侯右闕（西）の門標は西地中から見て正字になる（われわれがみると字が左右反転している）／鏡が左右反転した自己を映し出すのが参照できる／『史記』呂太后本紀に死後の高帝が天地を行き来し死後の臣下は地下において高帝に謁見することを述べている／「伏日」が問題になる五月五日から七月七日の夜空を当てはめれば日没後に西に沈んだ参宿の三星がまさに上記の右闕門標を見る位置にある／冥界から墓地へは日没後に西からいたり右闕の門標を見て神道に入ったのであろう／「伏日」に火を弱める意を含ませるのは火葬して埋葬した後を暗示させる／『鄴中記』第二条と第三条のいずれにも高い門楼が記されこれらを通っていたる宮殿では「伏日」の儀礼が行われた／日没後の夜空の主役は牽牛と織女である

206・『鄴中記』第十五条「女妓」に問題にした時代とも重なる／女妓評価が比較的高い唐代までの時期儀礼に「織女」が活用された／科挙の殿試が本格化して女妓活用の場もなくなり「織女」活用の儀礼も廃れたとみてよい／『鄴中記』第十五条「女妓」について述べたようにそれまでの雅楽ではなく女妓が舞うのと合体された楽が行われるようになった

【V】補足二　先天八卦方位の立面図とその前後の時期の留意点

◉〔立面図形としての正八角形〕先天八卦方位が描かせた正八角形

206・先天八卦方位が立面図に反映された時代の建築には正八角形が表現されていた／この種の研究は戦前の米田美代治に始まる／黄金比の存在やエンタシスの柱が知られている／米田は幾何学的検討と易の影響という観点を加え朝鮮建築を検討／新羅仏国寺多宝塔は立面にも正八角形が描ける／天八卦方位から先天八卦方位への転換が六世紀に起こる／玉虫厨子の立面構成

207・チャンサンリョルの渤海龍泉府八角燈籠の立面構成／鳥取市国府町岡益石堂石塔部の立面構成／奈良県当麻寺金堂前石燈籠の立面構成／玉虫厨子の場合基準尺は上半基礎の短径に表現され（高麗尺の三尺）玉虫厨子上半の基礎（中台部分）より上の高さと中台以下の部分の比が当麻寺金堂前石燈籠の基礎の短径と長径の比および岡益石堂の石塔部の基礎の短辺と長辺の比になる

209：正定広恵寺花塔貞元年間七八五～八〇五年

◉『鏡の効能』

210：『大平御覧』服用部の鏡／『蜀志』『魏武帝上雑物疏』を引き「日御物有尺二寸金錯鏡一枚皇太子雑純銀錯七寸鐵鏡四枚貴人至公主九寸鉄鏡四十枚」とし『鄴中記』を引き「石虎三台及内宮中鏡有径二三尺者純金蟠龍雕飾」とする／石虎の三台で扱ったのは御物／梁沈約撰『宋書』劉敬宣伝「四月八日敬宣見衆人潅仏乃披頭上金鏡以為母潅因悲泣不勝」／この金鏡も御物／『三十国春秋』に鏡の霊験により人を見抜いたこと述べるが『宋書』と『三十国春秋』では鏡の霊験がもたらす結果が一見異なっている／ただ聖なるものと邪悪なるものを鏡が見抜いて白日のもとにさらすことは継承

211：引用の『抱朴子内篇』によると道士が明鏡を背にして入山すると老魅がおそれて近づかない／引用の『西京雑記』によれば鏡にうつすと人の病変も見えるし邪心も見透かせる／転縄繫身毒宝鏡という名の鏡が妖魅を照らし出す／引用の『拾遺録』によれば方丈山池の泥で作った金鏡は魑魅の正体を照らし出す／引用の『洞冥記』によれば望蟾閣の上にある青金鏡は祇園の国からの献上品で魑魅百鬼を照らし出し魑魅は正体を隠すことができない／引用の『劉根別伝』によれば九寸明鏡をもって目をこらすと若さを忘れることなくその想いが病気の浸入を防ぐ

212：引用の『捜神記』によれば呪術の効果を鏡が映し出した／引用の『神異経』によれば鏡を割って破鏡を夫婦が分けてもっていて妻が裏切ったとき鏡が鵲と化して夫に知らせた／引用の『幽明録』によれば石鏡は人の正体を明らかにしてしまい見た人を失明に追い込むまでになったので行く人は火燎を使った／引用の『地鏡図』によれば光が鏡中に生じれば地中に宝がある／引用の『雲角要占』によれば「三月以小形銅鏡七枚埋於地」／引用の『続捜神記』によればいわゆる幻術を扱う者が出現したが鏡を照らして正体を見破った

213：鏡のもつ霊力の話題は先天八卦方位が主流になる少し前から始まり先天八卦方位の始まった後に継承され宋代にも佚書の引用をもって知られていた

◉『石虎と鏡と太子像』**母を特別に位置づける「形」**

213：梁沈約撰『宋書』巻四十七列伝によれば四月八日の潅仏が定着している／「下頭上金鏡以為母潅」は太子像に金鏡をかぶせて母による潅仏を形にした／太子の聖性を鏡が保証した

214：齊魏收撰『魏書』鉄仏劉虎列伝に「将祀南郊照鏡無首大恐怖不敢称皇帝乃自貶為王」唐李延寿撰『南史』梁武帝諸子列伝に「将敗引鏡照面不見其頭」唐張読撰『宣室志』に「引鏡自照不見其首」とあり不吉な予言的姿を鏡が見せている

／宋李昉等撰『太平御覧』時序部の「三月三日」人事部の「沐」の「四月八日九龍銜水浴太子之像」「又安銅亀飲穢水出後却入諸公主第溝亦出建春門東又顯陽殿後皇后浴池上作石室引外溝水注之室中臨池上有石床」人事部の「奴婢」などの記事は『晋書』載記石季龍、『通志』載記後趙そして成立時期に不確かなところがある『十六国春秋』に関連記述としてほぼ同文が記されている

215：『十六国春秋』後趙録五石虎上（『晋書』載記石季龍上を参照）の文章を検討すると『十六国春秋』に「臨諸夏」とするところを『太平広記』では「臨諸下」とし同じく「淫祀」を「淫礼」「為道士」を「為道」とする字の違いが大きな意味の違いをもたらしている

216：仏教が伝来してきたころの認識が『十六国春秋』にまた仏教が士大夫層に浸透した後の認識が『太平広記』に示されているように見える／『十六国春秋』において石虎が「大趙天王」后を「天王皇后」太子を「天王皇太子」と称している／この称号自体僭越とされる扱いである／それは「皇后」「皇太子」が皇帝の后と太子であるからに他ならない／しかも、「天王」は古典中の古典である『春秋』に正統君主たる周王に用いられている称号である／「虎依殷周之制」とされる僭越な称号である／祖父と父に「皇帝」を追号しているのだから自らも死後に「皇帝」と称されることになる／ところがここには「照一大鏡不見其首乃大恐怖遂不敢称皇帝自貶為王」と評価されている／この部分の判断が記事として示されているからそもそも僭越なはずの称号がみずからへりくだって称したと解釈されている／『天中記』の「鏡」にもこの話題が引用されて後代の認識を作り出している／しかしその実はと言えば皇帝としての新しい制度を模索した結果だと理解した方がよい

217：鏡の効能が釈迦の太子像にそそがれる母の霊験を示す／石虎はこういう意味での鏡の効能を言わば利用して母としての皇后の霊験に注意を向けた／石虎の鏡の効能利用に対し鏡に首から上が写らないという死の予兆を重ねているのが『十六国春秋』に示された上記の記事／死の予兆記事はやや下る／『十六国春秋』を用いる場合の一つの試案／天王と皇帝についての独自の制度の存在とそれを誹謗するやや後の見解／やや後の見解で『十六国春秋』を用いるのは不可

◉**【石虎と帳】天蓋を象徴する帳　天井の蓮華**

217：後代の事例から話を遡るが明陳耀文撰『天中記』のまとめとしては「衰」は天からの霊験を象徴し「帳」は天蓋を象徴する／引用された諸書を実際にみると衰巻裷の異同がある／後漢時代以来の伝統継承が議論できる／『爾雅』・『釋名』を引用／やや時期が遅れる『神仙伝』についてその『神仙伝』の茅君を引きつつ意訳／天蓋を象徴する帳の下に牀

があり夢が関わると考えているのだろう

218：『鄴中記』を引いて「流蘇斗帳石虎御床辟方三丈冬月施熟錦流蘇斗帳四角安純金龍」とする／平勢塩沢宇都宮『訳注』第二十九条「四角安純金龍頭」は龍水が天よりいたり天から龍の霊験がいたることを期待／第二十九条の「（龍頭）銜五色流蘇」は天蓋を模した屋蓋つき蚊帳と房／日本の最古の神輿に屋根下の四面に「流蘇」に似た表現／『鄴中記』第十一条に「上安御牀施蜀錦流蘇斗帳四角置金龍頭銜五色流蘇」とあり部分的とはいえ石虎時代の状況を比較的正しく伝承／第二十九条の「帳頂上安金蓮花」は第十一条には見えない／第二十九条の「流蘇」の上に「帳四角安純金銀鏨鏤香炉」とあるのとも関わる／頂上に金蓮花があるというのは釋迦誕生を象徴する蓮華を頂上にいただくということ／釈迦（太子）の前世と石虎御牀にて皇太子を身ごもることを重ねる／龍門石窟第十三洞天井から西壁上部に蓮華を頂上にいただく表現／「御牀」に関わる「帳四角安純金銀鏨鏤香炉」は除虫と匂い付け／特別香炉と特別蓮華のセットが太子誕生を寿ぐ「形」／仏教寺院の灯籠衰微後大雄殿前に大型の香炉が置かれる時代にその「形」はなくなる

219：唐代まで『鄴中記』の特別香炉と特別蓮華のセットの「形」を継承／やや遅れて造営された鞏県石窟画像には「帳」を傘状にしたものが見られる／龍門石窟第三窟の東北隅東南隅両図は鞏県石窟第一窟図の先駆／鞏県石窟第一窟の連弁つき特別傘は龍門石窟第三窟にはまだ出現していない／鞏県石窟第一窟の皇帝の後ろの人物は飾りつき特別具を肩にかけその従者が連弁つき傘をもつ／龍門石窟第三窟で飾りつき特別具を肩にするのは東王父と目される仙人

220：龍門石窟第三窟図が古風を残す／鞏県石窟第一窟皇帝の先導役僧侶の特別性／龍門石窟第三窟東北隅図先導役は道師／鞏県石窟図第一窟皇后の先導役は尼僧／龍門石窟第三窟東南図西王母の前は女官／左側第一者が特別冠をつけて天から神意を受ける／特別冠（天の神意を受ける）と特別扇（神意を伝える）

221：蓮弁つき長柄蓮弁つき特別傘に重ねられるのは釈迦誕生と天井の蓮弁の話題／『鄴中記』第二十一条に「冠通天」とあるのは正会の冠／それが鞏県石窟の段階で太子懐妊儀礼に合体した／右側図貴人第一者が懐妊していることをめぐる話題が両図を規制

222：正史に記された「衮冕」と「通天冠」の意味変化／『歴代帝王図』の後代性

◉**【衮冕、通天冠、遠遊冠の用例の変遷】**

222：『晋書』には古くからの用例と新しい用例が混在／「衮冕」の新しい意味の規定が後漢明帝のときに創始されたことを

述べる

223：『晋書』輿服志には「通天冠本秦制（という解釈）高九寸正豎頂少斜却乃直下鉄為巻梁前有展筩冠前加金博山述乗輿所常服也」ともあり通天冠の古い形態を述べるようにも見える／「金博山顔」は「金博山述」の言い換え／『宋書』礼志は『晋書』輿服志の内容に矛盾しない／『隋書』礼儀志に「梁元会之礼」が紹介されている

224：『鄴中記』第二十一条に「尋改車服著遠遊冠前安金博山蝉翼丹紗裏服大曉行礼公執珪卿執羔大夫執雁士執雉一如旧礼」とある／「遠遊冠前安金博山蝉翼」「公執珪」とあるのは『隋書』礼儀志「梁元会之礼」に関連づけることができる／「遠遊冠」について梁元会之礼では「皇太子朝則遠遊冠服乗金輅鹵簿以行」／三月上巳の儀礼が「曲水」儀礼に結合されるには夷狄（外敵）を伐つ前に戦意を鼓舞する必要がありここに問題にされた「招魂」はそれに相応しい人物の神霊を呼び寄せる意味がある／六世紀の先天八卦方位出現の後三月上巳が三月三日の儀礼として定着するのと軌を一にして五月五日の儀礼に屈原の死を悼む「競渡之戯」ができがり「伏日」儀礼も定着していった

225：『鄴中記』には、「伏日」儀礼の中に楚国の俗が定着していく過程が記されている／後に科挙が定着すると「招魂」の場としての中央と各地の地主の墓地とを結びつける論理として『楚辞集注』が活用されるにいたる／『隋書』礼儀志「梁元会礼」やそれより古い内容の『鄴中記』第二十一条では天下の諸族との朝会の場が設定されその規定がなされている／その規定が整う過程で戦国以来の楚の伝統が組み込まれ『楚辞』を利用する一定の道筋を作り出した

226：後漢以来服装と冠に関する規定が存在しそれが帝国の制度として「形」をなしていたらしいが具体的には不明な点が多い／やがて分裂国家の時代を迎えると「蕃国」を内にとりこむ「形」が必要になりその中で『鄴中記』所載の記事も生まれる／北方の国家の「形」の中に南方の俗を取り込んだことが新しい「袞冕」「通天冠」の規定を生みその「蕃国」が「将軍」に変容する過程で再統一の国家隋唐が出現する

227：『鄴中記』第三十二条に「石虎作席以錦雑以五香施以五采綖編蒲皮縁之以錦」とある／梁顧野王『玉篇』に「綖」について「冕前後垂」とする／鞏県石窟第一窟出口に向かって左側図の上段の貴人がかぶる特別冠の前後に垂れる布をいう／「金博山述」が古く「金博山顔」が新しいと想定できる『鄴中記』第二十一条に「著遠遊冠前安金博山蝉翼」とあるのは「述」でもなく「顔」でもない「金博山」があったことを述べるものである／『鄴中記』第五十五条に「錦有大登高・小登高・大明光・小明光・大博山・小博山……」とあるのも「大博山」が「錦」の表現として存在し

たことを述べるのみで「金博山述」がまだ出現していなかったことを示す／『玉篇』「冕前後垂」の「綖」は「延べる」意味がある／「述」にも「義を訓ずる」意味があり延長の意味を含む

228 ◉『魍魎と柏』**人脳を食する地下の魍魎を殺す**

：明陳耀文撰『天中記』に「柏」の項目／石虎ではなく虎の話題

229：「平勢解説《その一》」「曲水」に唐代登封曲水遺跡の関野貞調査写真／崇福宮関連遺跡として嵩陽観漢柏／「名為魍常在地下食死人脳若欲殺之以柏」／この項目は宋李昉等撰『太平御覧』木部の「栢」を継承／『太平御覧』「栢」の『礼記』礼器を摘記「礼之於人也如松栢之有心也」／『漢書』「祀上帝于明堂乙酉柏梁台災十二月禮高里祠后土東臨勃海望祠蓬萊春還受計于甘泉」／「柏梁台災」については、『史記』では「災」ではなく「於是天子感之乃作柏梁台高数十丈宮室之修由此日麗乃分緡錢諸官而水衡少府大農太僕各置農官……」と記される／唐段成式撰『酉陽雑俎』冥跡になると「周礼方相氏敺罔象罔象好食亡者肝而畏虎与栢墓上樹栢路口致石虎為此也」と記すにいたる／この引用も『周礼』の文章ではない／『周礼』夏官司馬下鄭氏注に「天子之椁柏黄腸為裏」

230：関野貞調査地の嵩陽観漢柏は伝承上は「漢柏」とされているが唐代をさほど遡らぬ時期の伝承／通常目にする「方相氏」の記事が何の根拠もないまま春秋戦国時代の解釈に使用されている現状が一方にあるのでわずかばかりの注意喚起に換えて略述

230 ◉『正史と地獄』**形容表現と西方の世界**

：魑魅魍魎から亡者の肝を守るといった発想と異質な地獄という発想／『旧唐書』までは西方に「地獄」が設定されそれを形容の言葉として使用する／それ以後は「地獄」により形容される地がいわゆる八紘の地になっている／八卦方位の平面化に併行する現象である／唐張守節撰『史記』正義引く『道書福地記』「又有地獄六曰鬼神之府従西上下有洞天周迴三千里鬼神考讁之府」

231：『太平御覧』に同文引用はあるが「又有地獄六」はない／「西従り上る」とあるから地獄は西方に設定される／晋陳寿撰『三国志』魏書蒋済伝に比喩として述べた「地獄」（判断を担う）／鬼神でもない人間の身で「地獄」に赴くのは危険だという意味／梁沈約撰『宋書』天竺迦毗黎国列伝に天竺迦毗黎国の話題として身をたださないでいて地獄に行くことを恐れた話がある／唐姚思廉撰『梁書』扶南国列伝に胡人の話題として夢に西北行し地獄に至った話がある／後晋劉昫等撰『旧唐書』傅奕列伝にインドの釈迦の所行について人の所行だとの判断が示され「地獄」に言及する

232：宋薛居正等撰『旧五代史』僭偽列伝劉晟に南越の地について「地獄」を形容の言葉として使っている／元脱脱等撰『宋史』刑法志に広東について「地獄」を形容の言葉として用いている／明宋濂等撰『元史』脱脱列伝に天下の郡県について「地獄」を形容の言葉として用いている

第三章　鄴城遺址に対する考古学術調査

塩沢裕仁

はじめに

鄴城に対する実地調査は、一九三五年に北平研究院によって実施されたが、その報告の所在は不明である。よって、我々が把握できる最初のものは、一九五七年に兪偉超によって行われた調査であるといえる（「鄴城調査記」『考古』一九六三年第一期）。この時の調査は、現金虎台（伝銅爵《ママ》台）遺址を基点として東側五キロ（冀家荘村一帯まで）、南側七・五キロ（招賢村一帯まで）の範囲を区切って実施されたもので、地面踏査が主体で、金虎台遺址など一部の遺構に対してボーリング探査が実施されている（中国独特の遺構確認の調査方法については、安亜偉・葉剣（塩沢裕仁訳注）「考古ボーリング調査（勘探）における洛陽鏟の技術とその応用」『法政史学』九三号　二〇二〇年、参照、図1）。

兪偉超の調査を基礎として、河北省臨漳県文物保管所による鄴城所在想定区域に対する大規模な考古調査（ボーリング探査を主とする）が行われ（「鄴城考古調査和鉆探簡報」（『中原文物』一九八三年第四期）、鄴城の大まかな遺構範囲が理解された。この調査を前提に社会科学院と河北省とが鄴城考古隊を編成し、一九八三年以降当該工作隊による考古調査が継続的に実施されている。

特に、全城内の規格と遺構の配置状況をより鮮明に解明したものとして、鄴北城については一九八三・八四年のボーリング探査と一部発掘調査（「河北臨漳鄴北城遺址勘探発掘簡報」『考古』一九九〇年第七期）が、鄴南城については

図 1-2　ボーリング探査に使用する洛陽鏟

図 1-1　ボーリング探査作業

一九八五年のボーリング探査と一部発掘調査（「河北臨漳縣鄴南城遺址勘探與発掘」『考古』一九九七年第三期）が実施された。個別の修正などはみられるものの、この二つの調査を基礎として鄴城の規模・規格・範囲に対する認識が確立され、以後その認識のもとで個別調査が実施されている。

ここでは、『鄴中記』を読み進めるにあたり、上記四つの調査の概要を示し、鄴城に対する考古調査（ボーリング探査と発掘調査の両方を含む）がどのように実施され、現在では如何なる考古情報を持ち得るにいたったのかという鄴城考古学の発展の経緯について触れておきたい（紙幅の関係で採集遺物の詳細については割愛する）。

一　兪偉超の考古調査

兪偉超による鄴城調査は、一九五七年の冬二月に北京大学歴史系考古専業の邯鄲考古実習として行われたものであり、鄴城の伝銅爵台遺址（当該報告の段階では銅雀ではなく銅爵の表記を用いている。当該遺構はのちに金虎台の遺構であることが認識される）が地上面で認識可能ということでボーリング探査員二名を伴い現地周辺を調査した。このときの記録（日記形式）が「鄴城調査記」である。その折、兪偉超一行は道すがら磁県の講武城址に立ち寄り城壁遺構図を作成している（「河北磁県講武城調査簡報」『考古』一九五九年第七期）。なお、講武城はその創建が戦国期とされ（武安牛汲城で採集される戦国期の陶片と類似した遺物が散乱する）、平面形状は方形で、南北残長一・一五キロ、東西一・一キロ、地上残高約六メートル、牆基最大幅一二メートル、夯築一層の幅八～一一センチという城壁の遺構が確認できる（図2）。三国期でもその城址は活用されたといわれ、鄴城との関係においてその立地が視野に入る城址遺構である。

伝銅爵台の台基は鄴鎮の西北〇・二五キロあまりのところにあり、現在の漳河（古は漳水。濁漳水ともいう。講武城の近傍で河道遷移がみられる。古は漳水は鄴城の北側を流れていた）は鎮の南側を東流しており、伝銅爵台の東側で三台村以北は砂地となっていることから、彼らはそれが濁漳水の故河道であると理解した。実際のところ、それは現漳河の氾濫原である。

図2　講武城遺址　北城壁

愈偉超は、伝銅爵台の台基より東に向かって約五キロにある冀家荘村一帯、南に漳河を越えてさらに約七・五キロ進んだ招賢村一帯に至る方形区域を調査範囲（愈偉超は南北両城がこの範囲内にあると想定）とし、五日の調査日程を組み、そのうち四日を漳河以北の踏査、一日を漳河以南の踏査に充てた。

当該調査の段階で、鄴城の旧城壁は地上面には全く残っていなかった。愈偉超は伝銅爵台台基の真南および東側で台基よりやや北寄りの二か所を選定し、洛陽鏟を用いてボーリング探査を行った。その結果、地下二メートル以内はことごとく氾濫による沖積砂で、夯築による城壁の基礎遺構（夯築：日本では版築と表記）は確認できず、特に漳河以南の堆積は厚く、遺構探査が困難であることが認識された。しかしながら、倪辛荘村の北を西北から東南に向かって通過する井辺渠の傍らで古代の瓦磚を発見したことから、城址遺構の多くが地下深くに埋まっており、その保存状態は良好であろうと推測するに至った。

上記の調査範囲において、地上面で目視確認できた建築遺構は、伝銅爵台台基のほかに八基あり、それらの規模は比較的大きい。兪偉超は発見した順にこれらに編号を付け、歩測記録に基づき一万分の一の地形図上に書き加えていった。以下、調査時点における伝銅爵台台基および八基の遺構について簡略に述べる。

(1) 伝銅爵台台基（現金虎台台基）

台基は三台村の西隣にある。規模は高大であったことから、調査隊が講武城を出発する日には快晴であったため約二一・三キロ離れた地点でも目視することができたという。台基の底部は、歩測では東西約七〇メートル、南北約一二〇メートルの長方形で、南端部がやや高く約九・五メートル、北端部は約八メートルとわずかに低くなっている。台基の夯築は明瞭で、底部に近いところの夯土層内には灰土と竜山・東周期の陶器片が挟まっていることから、台基が築造された際に周囲にある早期の遺構を破壊した痕跡であると理解している。台基の上部では約七〇～八〇センチの厚さの瓦礫層が確認された。台基の北側に高さ約一・五メートル、幅の最も広いところで五〇メートルほど、長さは約八五メートルある夯築の残壁が連結している。残壁の北端は高く台状になっており、その高さは約三メートル、南北の長さ約二〇メートル、東西は不整形（三角形に近い）である。これを兪偉超は別の台基の遺存ではないかと推測し、残壁両端の土台（台基）は曹魏三台中の二つの台基の遺存であると認識した。そして、夯築の残壁は鄴北城西城壁北端部の遺存であると考えた。台基と残壁の周囲には大量の瓦磚片が散在しており、元明以降の建築材が多くを占めているが、東魏北斉の黒瓦がこれに次ぎ、戦国秦漢より北朝にいたる縄文瓦磚も散見された。

兪偉超が確認した当時の状況は現在でも変わりはない。台前の門楼の傍らでは元代の「鄴鎮金鳳台洞清観首創之碑」が確認されており、その内容には元の長春真人邱処機の弟子趙志睦が金鳳台に洞清観を創建したことが記されている（この碑は現在金虎台址上の道観内に建つ）。その内容と『河朔訪古記』の「金鳳台は周囲一百三十余歩、高さ三丈、上に洞霄道宮が建つ」という記載から、兪偉超は金鳳台（金虎台）が伝銅爵台台基を指しており、台北にある別の低い土台が銅雀台の残基で、氷井台の遺存は全くないと理解した。そして、明嘉靖『彰徳府志』巻二地理志鄴鎮条の「今ただ三廃台あり、旧基は見るべきものなし」という記載と『広陽雑記』『鄴都三台碑記』雍正『臨漳県志』乾隆『彰徳府志』などを勘案し、銅雀・冰井の二つの台基が漳水の氾濫によって浸食された時期について、明中葉以降で清雍正・乾隆以前と想定している。現在では、愈偉超の指摘通り伝銅爵台台基は金虎台の遺構、残壁北端の台基は銅雀台の遺構、その南部は金虎台と銅雀台を結ぶ城壁であることが確認されている。

(2) 第Ⅰ台基

台基は伝銅爵台台基の東北約一六〇メートルのところにあり、南北約三三メートル、東西約二〇メートル、残高一メートル余である。台基の東南角で洛陽鏟を用いたボーリング坑をあけたところ、一・七メートル以下のところに夯築土がみられた。しかし、地下水位が高く地下三メートルで地下水面に達することから探査は困難となった。台基の上部および周囲には大量の東魏北斉の黒瓦片が散乱（瓦尻の上に刻印のあるもの一点採集）し、縄文瓦片も若干ではあるが確認された。

(3) 第Ⅱ台基

台基は第Ⅰ台基の南約二〇メートルのところにあり、南北約七〇メートル、東西約三三メートル、残高一・五メートル余（南に向かって徐々に低くなり地面と平行になる）である。台基の上部には東魏北斉の黒瓦片もみられるが数量は多くない。台基の東側にある水渠の底では大量の黒瓦残片が確認され、瓦尻の上に刻印のあるもの四点が採集された。

(4) 第Ⅲ台基

台基は第Ⅱ台基の東約二〇〇メートルのところにあり、南北約四八メートル、東西約二〇メートル、残高は北端で約三・五メートル、南端で約二メートルである。現地では「皇姑墳」と称されている。台基の傍らには多くの東魏北斉の黒瓦片が散乱し、縄文瓦片も極めて僅かではあるが確認されており、蓮華紋瓦当片も二点採集された。

以下、(5)第Ⅳ台基より(8)第Ⅶ台基は後述する南城の範囲にある遺構ということになる。

(5) 第Ⅳ台基

台基は漳河の南約二・五キロ、趙彭城村の北にあり、ほぼ方形で一辺の長さは約四〇メートルである。台基の残高は四〜五メートル、夯築が明瞭でその一層の厚さは約二〇センチである。台基の周囲には東魏北斉の黒瓦片が散乱していたが、その光沢と尺寸は前掲の台基で見出されたものより劣っている。縄文瓦片も極めて僅かではあるが確認された。

(6) 第Ⅴ台基

台基は第Ⅳ台基の東側約五〇〇メートルのところにあり、台基の周りでは大規模な掘削が行われており、夯築にも明確な掘削痕が認められた。残基は南北約一二メートル、東西約一五メートル、高さは二メートル余りである。台基の周囲には大量の東魏北斉の黒瓦片が散乱し、縄文瓦片も僅かではあるが確認された。

(7) 第Ⅵ台基

台基は漳河の南約三・五キロ、趙彭城村の西南約二五〇メートルのところにあり、第Ⅴ台基からは約五〇〇メートル離れている。ほぼ方形で一辺の長さは約四〇メートルである。残基は南北約三五メートル、東西約二八メートルで、北端がやや高く四メートル、南端は二メートルの高さがある。夯築が明瞭でその一層の厚さは約一〇センチである。台基の周囲には東魏北斉の黒瓦片が散乱していた。縄文瓦片も僅かではあるが確認されており、蓮華紋瓦当片も四点採集された。

(8) 第Ⅶ台基

台基は第Ⅵ台基の南側約一キロのところにある。残基は南北約一〇〇メートル、東西約三八メートルで、北端の高さは約二メートル、南に向かって徐々に低くなり地面と平行になることから南端の境界は不明瞭である。この台基は激しく破損しており、現在小学校がその南部に建てられている。小学校は旧廟の故址にあり、校門には明万暦三年「重修交台寺」碑が残る。台基の周囲には多くはないが東魏北斉の黒瓦片が散乱していた。

(9)　第Ⅷ台基

台基は漳河南岸の上柳村にあり、台基の西と北は漳河南堤から数十メートルしか離れていない。上柳村の北村壁は当該台基を用いて築かれている。残基については、東西が約五〇メートルであるが、南北には民家が近接していることから測量不能であった。上柳村全体の地勢をみるに、周囲の地上面より高いことから、台基がもともと村の範囲にあった可能性が指摘されている。台基の西・北部では大量の瓦磚片の堆積が確認され、その大部分は黒瓦で、光沢をもたない灰瓦や縄文瓦も若干みられ、刻印の黒瓦片一点、蓮華紋瓦当片も四点採集された。なお、上柳村の東北部ではかつて石造仏が出土し、また調査の一か月前にも二点の石造仏が出土したという情報がもたらされており、臨漳県の人民委員会を通じて調査が行われた。

以上、伝銅爵台台基およびその他八基の遺構の状況であるが、兪偉超は縄文瓦について、手捏の痕跡が明瞭で布紋痕が見られず表面が整形されていないことから戦国時代の遺物と考え、また鋸歯紋辺縁瓦当については曹魏の遺物ととらえている。その他の採集瓦磚は東魏北斉のものであるが、ここで注意すべき点は漢代の瓦磚が採集、認識されていないことである。末尾でも触れるが、鄴城の調査報告において、漢代の遺構および遺物に対する言及がない点は如何にとらえたらよいか判断に迷うところである。

上記の成果をもとに兪偉超は図3の破線のような北城の復原案（区域）を提示している。以下に復原案作成の手順を示すが、これが鄴城北城に対する最初の考古調査復原図となる。

先ず、『水経注』巻一〇濁漳水に「東西七里、南北五里」「城の西北に三台あり、みな城壁をもって基壇となす」とあることより、西晋の尺度の一尺二四センチ、一里四三二メートルを用い、東西に延びる南・北の城壁の長さを三〇二四メートル、南

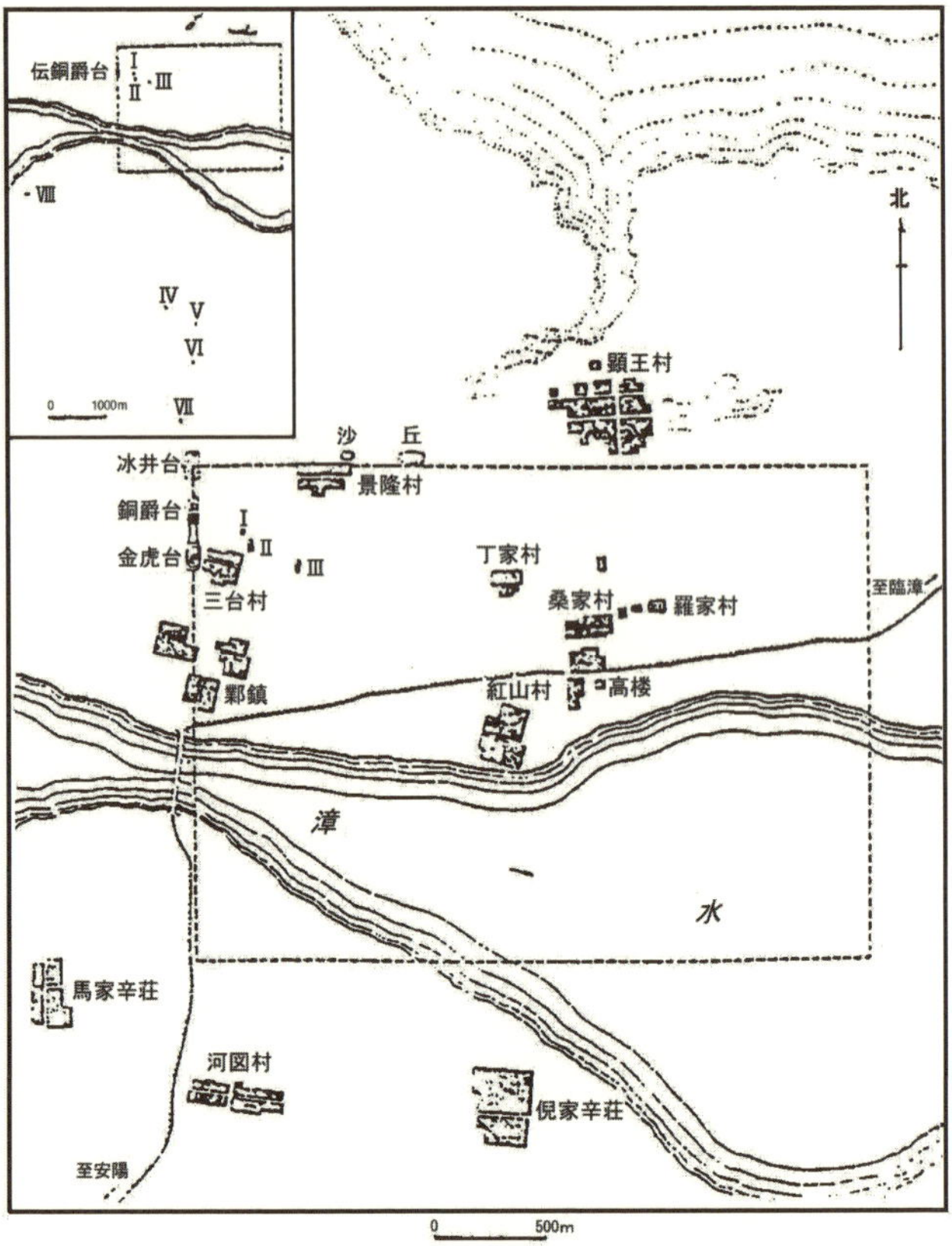

図3 鄴城付近遺址および北城城壁復原図
（「鄴城調査記」より転載、一部筆者加筆）

北に延びる東・西の城壁の長さを二一六〇メートルとした。次に、その範囲を定める基点を決める。金虎台の南端から冰井台の北端までの長さは、一二〇メートル（歩測金虎台の長さ）＋八五メートル（歩測金虎・銅雀二台間の長さ）＋一二〇メートル（銅雀台復原の長さ）＋八六・四メートル（銅雀・冰井二台間の長さ：『河朔訪古記』に引く『鄴中記』の「三台は相去ること各六十歩」による）＋一二〇メートル（冰井台復原の長さ）で、合計して五三一・四メートルとなり、三台中の金虎・銅雀の二台は遺構が特定できることから、その位置と上述の数値をもって北城の西北角を確定した。その際、冰井台は北端にあるとはいえ一部が城壁の北側に突出している可能性も否定できないことから、西北の曲り角は冰井台の復原位置の中心としている。そのポイントより東に向かって直線を引き、暫定的に北城壁の復原線とした。この復原線は三台の東側にある景隆村の北村壁と重なることから、村北にある東西に延びる一・五キロほどの小規模な黄砂堆積丘の南側に復原線を延ばした。この小丘の北側は砂地で、漳河の故河道の可能性がある。古代城壁の側に氾濫砂が堆積しており、村壁の築造の際にこれが用いられたと推測した。

なお、『河朔訪古記』に引く『鄴中記』には東魏北斉の南城の範囲を「東西六里、南北八里六十歩」とするが、北城のように基点を定めることができないことから、第Ⅳ台基から第Ⅶ台基は南城の範囲内にあると想定しつつも敢えて復原案は提示していない。この他、第Ⅷ台基は西に大きく離れていることから南城西城壁外にあると推定した。

以上、兪偉超の考古調査が目指したところは、当時未解明であった鄴城遺跡の範囲を定めることであったといえる。結果、当該調査を踏まえてその後の調査が展開されることになる。今日の鄴城考古調査に与えた影響は極めて大きなものとなった。

二　河北省臨漳県文化館による鄴城所在想定区域に対する大規模なボーリング探査

一九七六年八月から一九七七年一二月にかけて、臨漳県文化館は河北省地方文化部門の指導下において古鄴城に対する本格的な調査を実施した。その後、一九七九年に新たに発足した文物保管所が継続してその整理作業を行っている。兪偉超の考古調査以降、公的機関が実施した最初の調査である。

(1) 鄴南城の城壁探査

鄴南城の城壁は地上面でその痕跡を辿ることはできず、全部が地下に埋もれているが、一年余のボーリング探査によって、基本的にその範囲をはっきりさせた。

西城壁と東城壁の間隔は二六〇二メートル、南城壁と北城壁の間隔は三四五四メートルである。『河朔訪古記』に引く『鄴中記』に「東西六里、南北八里六十歩」とあり、西晋尺の一尺二四センチをもって計算すると一里は四三二メートル、六里は二五九二メートル、八里六〇歩は三五四二メートルとなることからボーリング探査の実測値に近い数値である。城壁は土築で夯築は堅く締まっており、夯築一層の厚さは一〇～一三センチ、夯窩（夯築打器による圧痕）の直径は約六センチ、深さは一・五センチである。城基の夯築土の深さは、西城壁で〇・五～二・五メートル、南城壁で一・二～二・五メートル、東城壁で二・五～三・一メートル、北城壁で三・〇～三・五メートルである。ボーリング探査の過程で三基の西城門を発見し、その内両端の二基は幅約二五メートル、中間の一基は幅四〇メートルである。門道内には夯土が見出され、その厚さは約一メートル、夯土の上面には厚さ約二五センチの路土がみられた。西城壁最南の門址と東城壁の仁寿門址（明嘉靖『彰徳府志』鄴都南城条の記載では鄴南城東城壁最南の門を仁寿門とする）とは東西に一直線となっている。現在の仁寿村は仁寿門址の近傍に位置する。

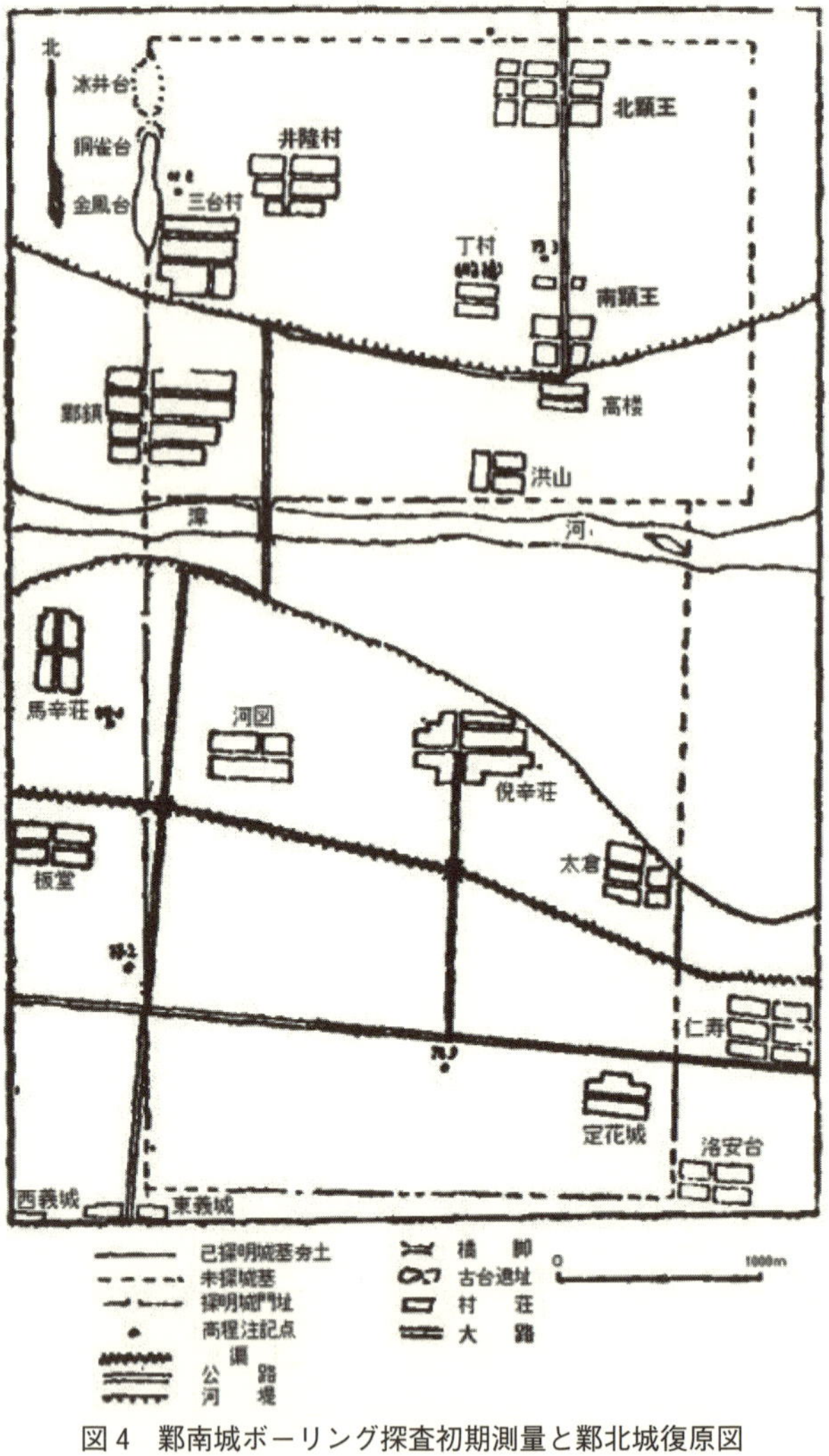

図４　鄴南城ボーリング探査初期測量と鄴北城復原図
（「鄴城考古調査和鉆探簡報」より転載、一部筆者加筆）

(2) 鄴北城第一探査区における文化層の様相

鄴北城については、景隆村の南側で三台村の東側をもって第一探査区、鄴鎮村の東北をもって第二探査区とした。第一探査区の文化層の状況は、地上から〇・七～三メートルが東魏北斉の文化層、四～四・五メートルが十六国の文化層（以上の二つの文化層は場所によっては攪乱あり）、六メートル程度が曹魏の文化層である。東魏北斉の文化層の面積は大きく、十六国がこれに次ぎ、曹魏の面積は最も小さい。銅雀台遺址の東北で地表から四～四・五メートルのところに、面積の比較的大きな文化層が見出され、さらに〝大趙万歳〟の瓦当も出土した。石虎が襄国から鄴に遷都した後、銅雀台の東北において九基の華麗な宮殿を建てて〝九華宮〟と称し、宮女一万余人を住まわせたといわれるが、その〝九華宮〟の遺址であると考えられた。また、東魏北斉期には鄴南城を築城してはいるが、鄴北城も継続して使用し廃棄してはおらず、大規模な修築を行っている。北斉の天保年間に工匠三〇万人を徴発して三台とその付近の宮室を修築し三年にして完成しているとされるのはその事例であり、ボーリング探査と試掘調査によって、銅雀台・金虎台遺址の東面と北面では、地表から二～三メートルのところに面積の大きな東魏北斉の文化層を確認した。また、文字が記載された大量の黒瓦と蓮華紋瓦当が出土しており、天保年間とそれに次ぐ大規模な建築遺存の可能性を指摘している。

なお、当調査報告では、遺構の説明よりも採集遺物の説明に紙面を割いている。

三　鄴北城に対する一九八三・八四年のボーリング探査と一部発掘調査

一九八三年秋、鄴城考古隊が中国社会科学院考古研究所と河北省文物研究所とにより組織され、鄴城遺址に対して全面的なボーリング探査と発掘調査を開始した。この時の調査は極めて大規模なもので、河北省文化庁・河北省文物局・邯鄲地区行政署・地方文化局・臨漳県人民政府などの積極的な支援のもと、邯鄲地区文物管理所・臨漳県文物保管所の協力により関係諸氏も加わって調査が行われた。一九八三年の秋から一九八四年にかけては主に鄴北城の調査が行われ、一九八五年には後述する鄴南城に対する調査作業をはじめるとともに、鄴北城の調査作業も継続的に実施されている。

鄴城一帯には、漳河の氾濫により地表面には比較的に厚い砂の層が堆積し、加えて地下水位が極めて高いという問題点があった。この状況を克服しつつ、この時の調査では、広範囲のボーリング探査を主体とし必要に応じて重点発掘を組み合わせるという方法を採用している。すなわち、ボーリング探査の基礎上に、城壁・道路・台基などに対して試掘坑を開き、ボーリング探査の状況を裏付け、その地層・年代・構造などを把握し、基本的に城址の平面規格を明らかにするというものであった。この実地探査により、鄴北城の範囲は東西二四〇〇《メートル》、南北一七〇〇《メートル》（図5）というものであり、『水経注』などの文献に記載される「東西七里、南北五里」よりも実際の範囲はやや小さいことが判明した。

(1) 城壁と城門の調査

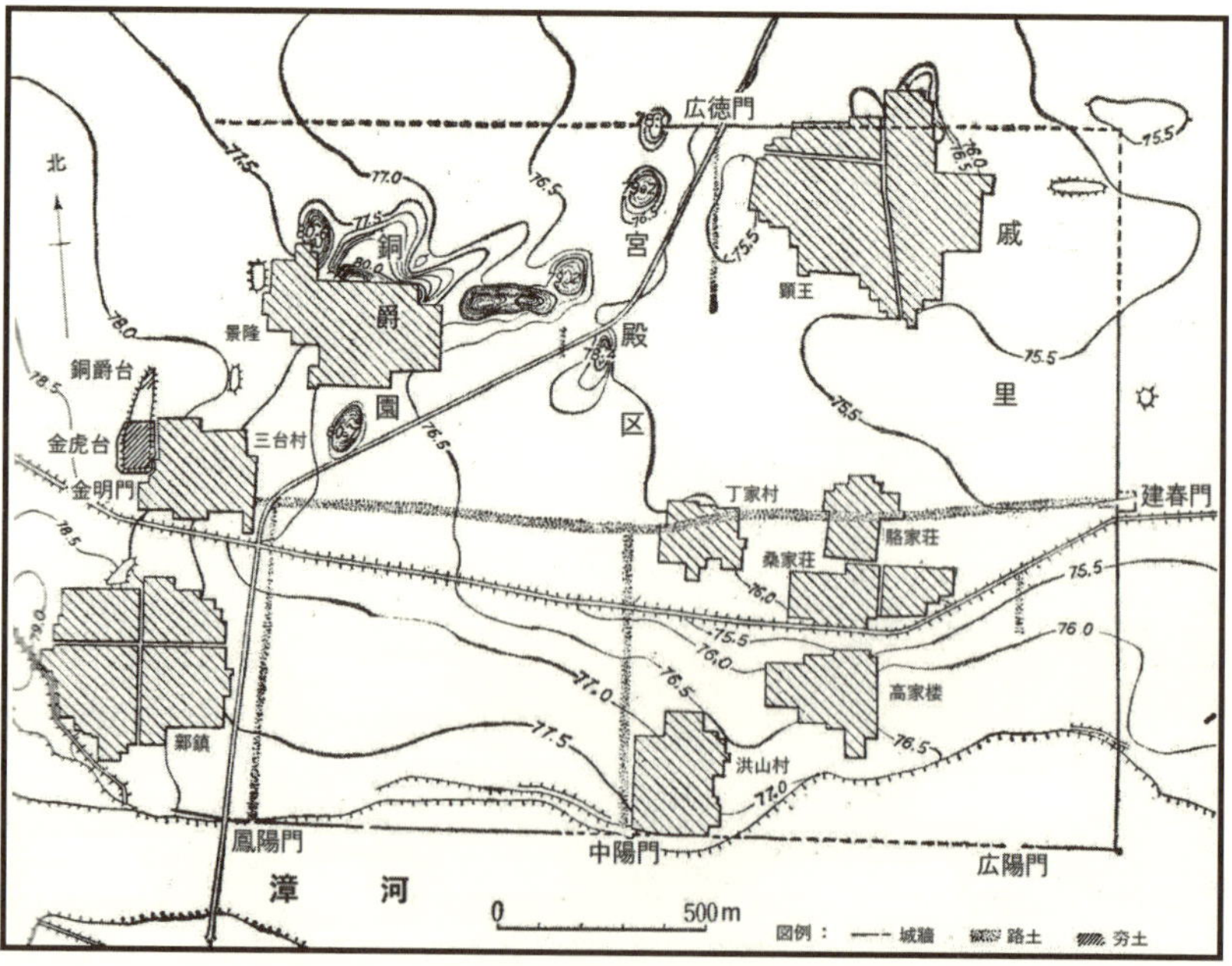

図5　鄴北城遺址実測図（「河北臨漳鄴北城遺址勘探発掘簡報」より転載、一部筆者加筆）

ボーリング探査により、南城壁・東城壁・北城壁の墻基を発見している。城壁は夯土で築造され、築牆の際に基槽を穿っていることが確認されたが、全体的にみると城壁の保存状態は決して良いとはいえず、ある部分では夯築壁の基槽部分のみが残存しているという状況で、牆体の保存がよいところでも残高は一〜二メートルである。

南城壁については現漳河の北岸にあって、長年の河水の浸食を受けつつもなお堤防の作用も果たしていることが理解され、かつ遺構の大半を探出（ボーリング探査により検出すること）している（発掘した部分での幅は一六・三五メートル）。しがしながら、河岸の近くでは地下水の水位が高いことから発掘は未了である。東城壁について発見した部分の長さは一三〇〇メートル、幅は一五〜一八メートル（発掘した部分での幅は一五・三五メートル）である。北城壁については顕王村の西側でのみ三五〇メートルの残存が確認され、その幅は約一六メートルであった。

なお、西城壁の牆基についてはボーリング探査を繰り返した結果、何とかその手懸りを得るにいたったが、確定するための決定的な遺存をつかむには至っていない。城壁の四隅の角については、東南の角のみを探出した。

城門の遺構については、東城壁において東南角より北に八〇〇メートルのところで一基の門址（門道の幅二二メートル、門道の外側には瓮城がある）を発見している。しかし、発掘は実施していないため、瓮城の築造年代の特定にはいたっていない。北城壁でも一基の門址（門道の幅は二〇メートル）を発見している。一方、南城壁では反復してボーリング探査を行ったが、門址は未探出である。南城壁の門の所在については、後述する三条の南北に向かう大道が城門を通過するとの想定から、三門の所在ポイントを設定している。報告書では、『水経注』の「七門あり、南を鳳陽門といい、中を中陽門といい、次を広陽門といい、東を建春門といい、北を広徳門といい、次を厨門といい、西を金明門という」という記載から、東城壁で発見された門址を建春門、北城壁で発見された門址を広徳門、南城壁上で想定される三基の門址を西より東に向かって鳳陽門・中陽門・広陽門に比定している。

なお、西城壁にある金明門の遺構については、集落直下にあることから調査はしていないが、東西に向かう大道上にあるとの想定から所在ポイントを設定している。北城壁の西部にあるとされる厨門の位置については、南北に向かう大道の解明が不十分であることから、未確認としている。

(2) 道路と建築基址の調査

ボーリング探査により、六条の道路遺構、すなわち、東西大道一条、東西大道以南で南北に向かう大道三条、以北で南北に向かう大道二条を発見している。

東西大道は、建春門と金明門とを結ぶ大道であり、二一〇〇メートルを探出しているが、西端の三台村を通過する部分については未探査である。この大道は直線的ではなく、丁家村の付近でわずかに折れ曲がっている。路面の幅は約一三メートルである。発掘時に早晩二層の路面を発見しており、早期の路面は後漢晩期から曹魏期に建設されて十六国期まで使われていたもので、晩期の路面は東魏北斉期に建設され使用されたものであるとの見解が提示されている。

東西大道の以南で南北に向かう三条の大道については、西から東に向かって順次鳳陽門大道・中陽門大道・広陽門大道という呼称で区別する（以下南城についても同様であるが、鄴城考古隊の特徴として、文献に登場する門基名を用いて報告書を作成している。本文では報告書に倣ってそれらの文言を用いるが、文献に引っ張られる嫌いがあることから、漢魏洛陽城の報告書のごとくⅠ号城門・Ⅱ号城門という表記を用いるべきかと思う）。

中陽門大道の長さは七三〇メートル、南では中陽門を起点とし、北では東西大道と交差する。路面の幅は一七メートル、鄴北城において最も幅の広い道路である。宮殿区の主要宮殿（これについては未調査で実証されていない）に対していることから、鄴北城の南北に向かう主要幹線大道であると認識されている。路土の厚さは〇・五～一メートル、後漢晩期から曹魏期に建設されて後代でも使用されたと考えられている。

鳳陽門大道の長さは八〇〇メートル、東西大道と交差しそれを越えてさらに北に向かう部分は未探査である。路面の幅は約一三メートル、発掘時に道路の両側に側溝が発見されており、その幅は〇・六～一メートル、深さは〇・五五～一・一メートルである。早晩二層の路面があり、早期の路面は後漢晩期から曹魏期のもの、晩期の路面の下限は東魏北斉のものであるとの見解が提示されている。

広陽門大道については、南北に向かう長さ一五〇メートルの部分しか探出されておらず、その路面の幅は約一三メートルである。東西大道以北で南北に向かう二条の大道については、いずれも部分的なものである。東側一条の残長は四五〇メートル、これは広徳門を通過する大道と想定され、その幅は約一三メートルである。西側一条の残長はわずかに七〇メートル、その幅は約一〇メートルである。これが厨門を通過する道路であるか否かは未確定である。

夯土建築基址については、丁家村の北側にして西寄りの区域、すなわち東西大道の北側にして北城壁との間では、ボーリング探査によって一〇基の夯土建築基址が発見されている。その内、面積の比較的大きなものとしては、東西五七メートル南北三五メートルの基址、東西三九メートル南北六〇メートルの基址、東西四五メートル南北七五メートルの基址で、均しく地表面から深さ二・五メートルより下に埋没しており、地下水位より下にあるため発掘を行うのは非常に困難である。この区域は鄴北城の宮殿区とすべきであるが、この周囲では宮牆の基址が探出されてはいない。

景隆村の南側と西側では、ボーリング探査によって四基の夯土建築基址が発見されている。面積の比較的大きなものとしては、東西七〇メートル南北四〇メートルの基址、東西二七メートル南北三〇メートルの基址で、この一帯でも囲牆の遺構は確認できていない。なお、報告書では『魏都賦』李善注の「文昌殿の西に銅雀園あり」「銅雀園の西に三台あり」との記載を用い、景隆村一帯が曹魏期の銅雀園の所在地（後趙期では九華宮）であると想定している（現在でも未発掘のようである）。

上記の想定宮殿区以東、すなわち顕王村の南側と東側のボーリング探査では夯土建築基址は未発見である。報告書では、当該区域について『魏都賦』にある「戚里」の所在地と想定している。この他、東南の角で夯土建築基址を発見しており、後趙の東明観の基址である可能性を指摘している。

(3) 銅雀台と金虎台の調査

銅雀台基址は金虎台基址の北側にあり（当該調査の時点では伝銅爵台基址はすでに金虎台基址と認識している）、夯土の遺

図6　1970年調査当時の鄴鎮周囲の状況（衛星画像　Base：CORONA by USGS）

構はわずかにその東南の角が南北五〇メートル、東西四三メートル、高さ四〜六メートルで残存しているにすぎない。調査では基址の周囲に探査坑を設置し、夯土遺構の南端部が台基南辺の縁にあたることを確認している。報告書では曹魏以降十六国・東魏北斉期に修繕が加えられながら使用されたものと考えている。

金虎台基址については、夯土基址の保存状態が比較的によく、南北一二〇メートル、東西七一メートル、高さ一二メートルで残存している。金虎台は金明門の北側にあると想定されるが、上記のごとく金明門の所在は当該調査では未確認である。

銅雀・金虎両台は相去ること八三メートルであるが、両台の間では、ボーリング探査および探査坑を用いた試掘でも夯土の牆基は発見されず、すでに破壊されている可能性が指摘されている。

銅雀台の北にある氷井台の基址については、ボーリング探査で地表から深さ八メートルにいたるも均しく砂土であり、遺構は未確認である。

以上、鄴北城遺址のボーリング探査と一部の発掘調査を通して、鄴北城の平面規格について考古隊は以下のような見解を導き出している。

東・南・北三面の城壁遺構が明らかになり、鳳陽門・中陽門・広陽門・建春門・広徳門の位置が確定された。また、建春門と金明門の間の東西大道、鳳陽門・中陽門・広陽門を通過する三条の南北大道、ならびに広徳門を通過する南北の大道が明らかとなった。東西大道の北側中央部に位置する（想定）宮殿区では一〇基の建築基址を、西部に位置する（想定）銅雀園区（後趙では九華宮）では、四基の建築基址がとらえられた。地上面に残存する銅雀台・金虎台遺址に対してはボーリングと小規模の発掘を行い遺構の確認ができた。

当該調査を踏まえ、報告書では鄴北城の特徴として以下の三点を指摘する。

①金明門と建春門との間の東西大道は、城をまさに南北二つの区画に分ける。その内北区を主体とする。北区は南区よりも大きく、中央を宮殿区となし、西側は苑園、東側は戚里であるといえる。これに対し、南区は一般の官署と居民区となっている。

②城址の中央にある中陽門大道は、宮殿区の主要宮殿に往き当たって中軸線を形成し、鳳陽門大道と広陽門大道とは平行対称となっている。このような規格は、中国都城発展史の新たな段階を示すもので、漢代以来の宮殿区の分散規格を改めるものである。都城規格における中軸線の形成は、都城の配置を対称かつ整然としたものにしており、北魏・東魏北斉・隋唐の都城に対し大きな影響を与えている。

③鄴北城の西北に屹立する銅雀・金虎・冰井の三台は、鄴城の大きな特徴の一つでもある。三台は飲宴賦詩の場所であるのみならず、重要なのはその軍事的な作用であり、事実上一つの軍事堡塁でもあった。これは時代の産物であり、割拠する政権が頻繁に戦争を繰り広げる特徴の反映である。曹魏・後趙・前燕・東魏・北斉らの政権は、継続的に三台に対して改修を加えている。鄴北城が営まれた時間は非常に長く、異なる時期の層位の確立、各種の遺物に対する分類研究、特に大量に存在する瓦磚と器物の分類研究など、魏晋南北朝の考古研究に対して、その存在は重要な意義を有している。

以上の北城に対する調査報告から見出される問題点として、筆者は次のような点を提示しておきたい。

①報告書では路面の検出結果について後漢晩期・曹魏と東魏北斉の二層と結論づけている。それ以前の路面が未検出であるのか、あるいは発見された遺構について漢以前という認識がないのか、いずれにしても問題が残るところである。

同様に、城壁の遺構についても後漢晩期から曹魏の時期に建造され、十六国と東魏北斉の時期に修築あるいは補修されたものであるととらえている。しかしながら、鄴城の創建は戦国であり、秦漢を通じて県城として、特に漢代では都城の郡治もおかれたことからその遺存が認められてしかるべきである。当該報告にはその視点がみられない。

②東西大道は中央部に屈曲がみられる。都城の目抜き通りを創建する際には、基本的に直線を採用するのが常道である。道路上に屈折部などが存在する場合、防御のために鉤型を採用するなど意図的設計によるか、旧来の城址からの拡張の際に連結部に現出する現象か、という状況が想定される。この視点をもっての調査はなされていない。

③中陽門大道の路層の厚さ、および発見された状況が不自然である。その点では鳳陽門大道も同様といえる。すなわち、西城壁の残存状態が極めて悪いのに対し、路面の残存状態が良すぎるのである。漳水の氾濫と河道遷移によって西城壁が破壊されたのならば、城壁よりも脆弱な道路の残存状態が良好なのは不自然である。鄴北城で採出された残存状態の良い道路遺構は旧来の城壁を活用したものと考えることはできないであろうか。

④Google 衛星画像をみるに、昨今では銅雀台・氷井台から北城壁中央部辺りまで遺構の整備がなされているようである。北城壁についてはその調査概要が「臨漳県鄴城遺址鄴北城北城墻中段遺存」と題して『中国考古学年鑑』二〇一五年版に掲載されているが、その調査部分は極めて限定的であり、北城壁上で門址が確認できたか、という点についても全く触れられていない（城壁の構造が時期の異なる五層の夯築層からなっていることのみ示されている）。また、Google 衛星画像からは、北城壁の整備とともに三台も整備されており、三台は西城壁の外側に突出するような構造をもち、西城壁と三台が連結する部分で西城壁も外側に屈折していることが看取される。従来の見解に修正が必要となる極めて重要な問題を含んでいるといえる。北城壁から三台にかけての整備は一連の復原事業の一つと理解できるが、その前提となる調査内容に『中国考古学年鑑』が触れていないのは何故であろうか。

四　鄴南城に対する一九八五年のボーリング探査と一部発掘調査

中国社会科学院考古研究所と河北省文物研究所とにより組織された鄴城考古隊は、前記の鄴北城の調査に続き、一九八五年より鄴南城に対する全面的なボーリング探査と発掘調査を開始した。

鄴南城遺址の大部分は現在の漳河の南岸に位置しており、北面の一部が漳河の河床中にある。経年による人為的・自然的な破壊、特に漳河の氾濫を被ったことから、現在、鄴南城の全部が地下に埋没している。地層中の流砂はボーリング探査作業をこの上なく困難なものとしたが、考古隊は広範なボーリング探査と磁気探査を行い、城壁・道路・建築遺址などを確定していった。加えて部分的に重点発掘を行い、相関する遺構の地層・年代・建築構造ならびに遺物や包含物などを理解し、鄴南城の平面規格をとらえた。

(1) 城壁

ボーリング探査により、東・南・西三面の城壁を確定し、あわせて北城壁が鄴

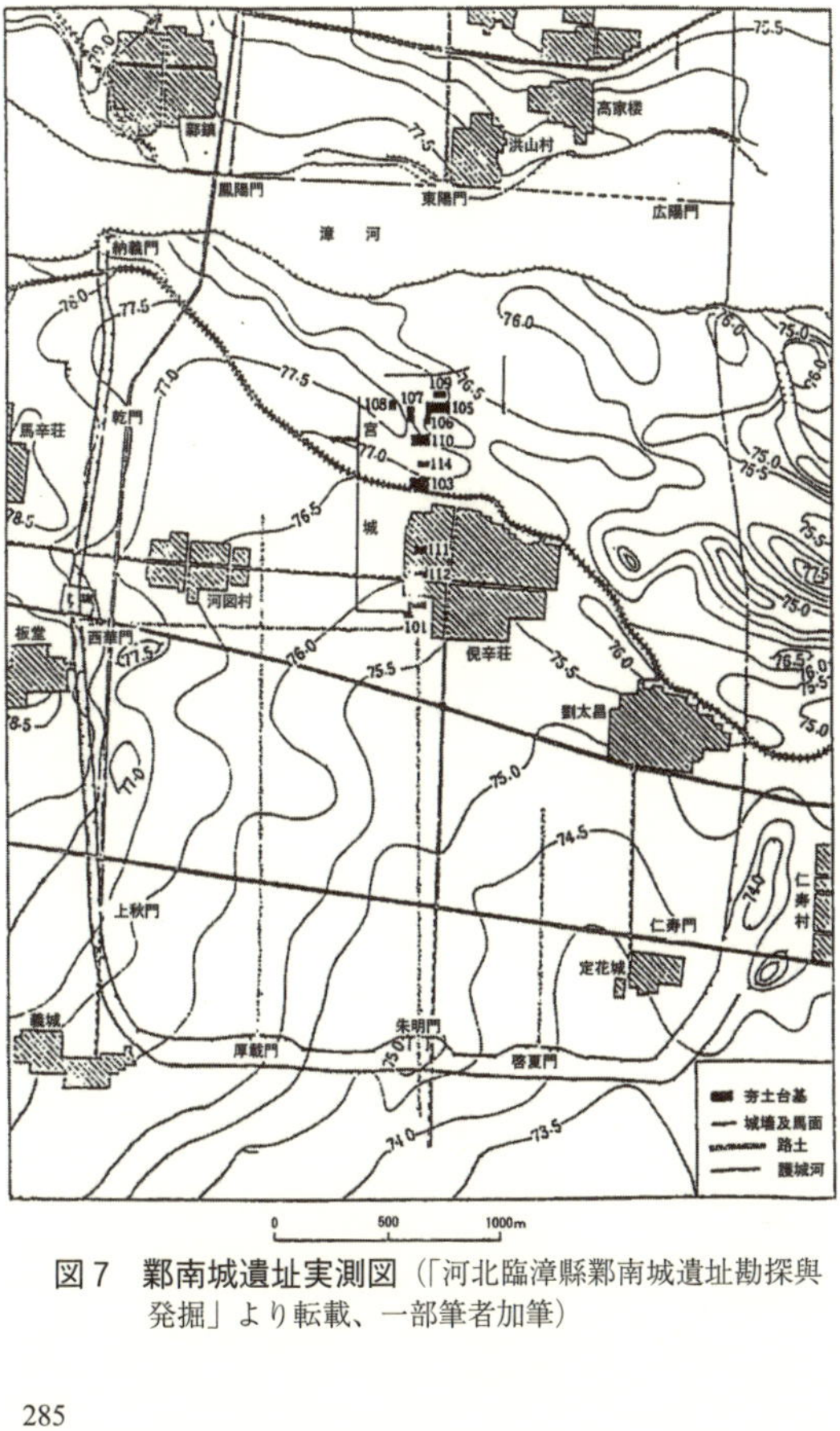

図７　鄴南城遺址実測図（「河北臨漳縣鄴南城遺址勘探與発掘」より転載、一部筆者加筆）

北城の南壁を用いていることを認識した。南城の城壁で最も間隔の広いところは、東西二八〇〇メートル、南北三四六〇メートルであり、東・南・西三面の城壁遺構は直線的なものではなく、各面の城壁はみな緩やかに湾曲し、東南・西南の城角は弧を描いた隅丸で、その形状は極めて特異であることが確認された。

城壁の牆体および基槽は均しく夯土で築かれており、牆体の一般的な幅は七～一〇メートル、基層部の深さは一・二一～三・二メートルであるが、大部分は、わずかに基槽が残っているにすぎない。とはいえ、鄴南城の中部を東西に貫いている現代の水渠である太平渠の壁面で、西城壁の残留夯築を確認している。また、倪辛荘郷馬辛荘村の東側にある西城壁の北側の部分については、地表面で明確な隆起が観察されており、発掘によりその場所には部分的に牆体が残存していることが確認された。その残高は約〇・八メートルである。さらに、習文郷義城村の西北の発掘では、城壁基槽の幅が八・五～九・三メートル、深さが約一・八メートル、夯築一層の厚さが八～一〇センチであることが理解された。

(2) 城門

ボーリング探査により、鄴南城の東城壁では城門一基、南城壁では城門三基、西城壁では城門四基が残存していること、鄴北城の南城壁三基の城門は後に鄴南城の北城壁の城門となったことが確認された。一方、鄴南城東城壁北寄りの三基の城門については、所在想定地が砂地と漳河の河道内にあたるため、確認は困難であった。報告書では、「鄴南城は十一門、南面三門、東を啓夏門といい、中を朱明門といい、（略）西を厚載門という、東面四門、南を仁寿門といい、次を中陽門といい、その北を上春門といい、北を昭徳門という、西面四門、南を上秋門といい、次を西華門といい、その北を乾門といい、北を納義門という」とある明代の『嘉靖彰徳府志』巻八に引く『鄴都宮室志』の記載に結び付け、探出した門址遺構に比定を試みている（本書平勢解題中で注記している点でもあるが、文献の性格を検討せずして比定の材料とすることに違和感を覚える）。

なお、当該調査の延長線上で南城壁中央の城門に対しては発掘が行われた。その調査成果は一九九六年の『考古』第一期に「河北臨漳県鄴南城朱明門遺址的発掘」と題して公開されている。門址の規模は壮大で、三つの門道をもち、門址の両側には闕が突出している。城門門道の幅は四・八～五・四メートル、多くの部分で路土が残存している。

(3) 馬面（城壁の外側に直接取り付く方形あるいは長方形の防御施設）

東・南・西三面の城壁の外側には〝馬面〟が築かれており、五〇基がボーリング探査で確認された。

納義門と乾門の間には五基がある。乾門と西華門の間では五基が確認されているが、馬面配置の距離間隔を分析すると六基があると考えられ、西華門の北側に一基の馬面があると想定された。しかし、その位置は河図棉集積所の内にあって建物があることよりボーリング探査は難しい。西華門と上秋門の間には八基が、上秋門と厚載門の間には六基が、厚載門と朱明門の間には四基が、朱明門と啓夏門の間には三基が、啓夏門と仁寿門の間には九基がある。仁寿門以北には一〇基があるが、さらに北側では流砂の層が甚だ厚く、馬面の分布状況は不明である。東城壁の馬面の間隔は一般的に八五メートル前後、南・西城壁の間隔は九五メートル前後である。乾門・厚載門・啓夏門それぞれの両側面にある馬面は、門からの距離が非常に近く、かつ対称の配置となっている。

鄴南城の馬面の形状は長方形で、幅一八メートル前後、城壁より約一二メートル突出しており、夯築一層の厚さは約一〇センチである（乾門付近で行った馬面の発掘調査による。調査の具体的内容は未公開）。

(4) 護城河（外濠）

東・南・西三面の城壁の外側では、均しく護城河の遺構がボーリング探査で見出されたが、仁寿門以北の東城壁の外側については、護城河の状況は不明である。『北斉書』巻一八高隆之伝には「渠を鑿って漳水を引き、城郭を周流させた」と記載されており、ボーリング探査の結果と付合することが確認されている。

護城河と城壁とは基本的に平行である。東・南城壁と護城河の距離は比較的離れていて、約一二〇メートル、西城壁と護城河の距離は近く、約二八メートルである。護城河の一般的な幅は二〇メートル、深さは約一・八メートルであり、淤泥と細かい砂が堆積している。

城門の外側に位置するところの護城河の川幅は比較的に狭く、橋を架けるのに便利な造りとなっている。東南・西南の城角の外側にある護城河の川幅は甚だ広い。その内側の岸と城壁とは平行で弧形隅丸を呈し、外側の岸は基本的に直角に近く、幅広の川面を形作っている。

鄴南城遺址の地勢は西高東低で、ボーリング探査と発掘から知り得た北朝文化層の埋没深度について現代の地形を合わせて推測すると、やはり西高東低となる。このことから、護城河は西部より水源を引き入れ、東部から流出させていたと想定できる。なお、西華門外の護城河の西側でボーリング探査が行われ、水渠の一部が発見された。これについては護城河の河流に係る引水渠の一部と考えられている。

朱明門外の護城河の発掘中に、部分的ではあるが戦いの遺留物である甲冑や兵器類などが出土している（中国社会科学院考古研究所考古科技実験研究中心「鄴南城出土的北朝鉄甲冑」『考古』一九九六年第一期）。

(5) 道路

鄴南城の内側では、主要な道路が六条、すなわち南北に向かう道路三条、東西に向かう道路三条がボーリング探査で発見された。路土は地表面より深さ〇・八メートル〜一メートルのところにある。

南北に向かう三条の道路の南端は、南城壁の三基の城門に往きつく。この三条の大道は互いに平行である。報告書では厚載門大道・朱明門大道・啓夏門大道と称している。

朱明門大道は、南に向かっては朱明門と護城河を貫き、北に向かっては宮城の正南門に突き当たる。残長は一九二〇メートル、幅は三八・五メートル、残存する路土の厚さは〇・二〜〇・四メートルである。発掘では、路面上にある多くの車轍の痕跡と道路の両側にある路溝が見出された。この大道は鄴南城の中で最も幅の広い道路であり、北に向かって延した線上には以下に記す宮城の主要な宮殿基址が並んでいることから、報告書では鄴南城の中軸線と考えている。

厚載門大道は朱明門大道の西側にあり、南に向かっては厚載門を通過し、北に向かっては一条の東西大道を通り抜けたのち、河図村の東北で途切れている。残長は約二二〇〇メートル、幅は六～一一メートル、残存する路土の厚さは約〇・一五メートルである。

啓夏門大道は朱明門大道の東側にあり、南に向かっては啓夏門を通過し、北に向かっては一条の東西大道を通り抜けたのち、劉太昌村の西南、太平渠の南側で途切れている。残長は約九四〇メートル、幅は約一一メートル、残存する路土の厚さは約〇・一五メートルである。

右の厚載門大道と啓夏門大道については未発掘である。

東西に向かう三条の道路は、西に向かって西城壁の三基の城門に往きつく。この三条の大道は互いに平行であり、南北に向かう道路とは直角である。報告書では乾門大道・西華門大道・上秋門大道と称している。

乾門大道は、西に向かっては乾門を通過し、東に向かっては宮城の西門に達する。路土は断続的に残留しており、残長は約四五メートル、幅は四メートル、表土は著しく破損している。残存する路土の厚さは約〇・三メートルである。

西華門大道は、西の西華門から発し、東に向かって宮城の南牆の外側を通過する。厚載門大道・朱明門大道と直角に交差したのち、倪辛荘村の南側で途切れている。残長は一三二〇メートル、幅は五～八メートル、残存する路土の厚さは約〇・一五メートルである。

上秋門大道は、西の上秋門から発するが、東に向かって路土は断続的に破損しており、特に東部の破損は著しい。残存する路土の幅は約一〇メートル、厚さは約〇・一五メートルである。上秋門大道の延長線は真っすぐに東城壁の仁寿門に達している。

東西に向かう三条の道路はすべて未発掘であることより、路溝の状況は不明である。

右の報告内容をみるに、北城に比べて南城の道路幅がかなり狭いことに気づく。何故なのか、今後の課題となろう。

(6) 宮城・宮殿遺址

ボーリング探査により、鄴南城中央北寄りのところで宮城が認識されている。東西約六二〇メートル、南北九七〇メートル、四面に宮牆の遺構があるが、東牆の破損が著しい。宮城は倪辛荘村およびそれ以北の区域に位置し、そのほぼ半分は漳河南堤以北の河原の中にあって、遺構の上には三～五メートルの流砂層が堆積している。東・南・西の宮牆は均しく直線を呈するが、北宮牆のみその東部が北に向かって湾曲している。

宮城内およびその付近では一五か所の建築基址が発見された。

全城の中軸線（報告書では上記朱明門大道を想定）上に位置する複数の宮殿基址の面積は比較的に大きい。一一〇号基址は倪辛荘村の果樹園内に位置し、東西八〇メートル・南北六〇メートル、地表面より約三～三・五メートルの深さにあってその厚さは一～一・五メートルである。一〇三号基址は漳河南堤の北側に位置し、東西八〇メートル・南北六〇メートル、地表面より約三・五～四・五メートルの深さにあってその厚さは〇・三～一メートルである。その他の宮殿建築基址の中で面積が比較的に大きなものとしては、一一一号基址が東西六〇メートル・南北三一メートル、一〇五号基址が東西九五メートル・南北五一メートルなど何か所かあり、その多くは地上面から四メートル前後の深さにあって、その上には流砂層が覆いかぶさっている。

南に朱明門を起点に北に向かって宮城の主要宮殿に達する中軸線は、まさに宮城を東西二つの部分に分けており、その東半分は西半分よりも明らかに大きい。また、北宮牆の東側が北に曲がり東宮牆も北に飛び出ているが、このような現象について、報告書では、北斉中後期に宮城が拡張された（『北史』巻八本紀の「高緯は宮院を増設し、偃武・修文台を造った」や嘉靖『彰徳府志』巻八『鄴都宮室志』に引く『鄴中記』の「斉武成帝高湛は、河清中に後宮の嬪妃が多く椒房が少ないことから、東宮を壊して修文・偃武台の二殿と聖寿堂を造った」などの記載から）結果であるとの見解を示している。

当該報告を前提に、昨今では、南城宮城区域の調査報告（二〇一五年～二〇二一年の調査）として「河北臨漳県鄴城遺址東魏北斉宮城区二〇六号大殿基址及附属遺跡」（『考古』二〇二三年第二期）が発表されている。二〇六号基址は上記の一一〇号基址の北側に築かれた回廊を有する殿基である。

以上、報告書では、ボーリング探査と一部の発掘調査を通して、鄴南城遺址に関して以下のような見解を提示している。

①四周の城壁・馬面・護城河などの遺構を確定し、東城壁の仁寿門、南城壁の啓夏門・朱明門・厚載門、西城壁の納義門・乾門・西華門・上秋門の位置を明らかにした。また、三条の南北大道、すなわち啓夏門大道・朱明門大道・厚載門大道、三条の東西大道、すなわち乾門大道・西華門大道および上秋門から仁寿門にいたる大道を確定し、宮城および宮城内の主要宮殿基址の位置についても明らかにした。

②初歩的ではあるが、鄴南城全体の規格と平面配置を認識した。鄴南城の設計は東魏の尚書右僕射高隆之の監修のもとで実施され、「京邑の製造はこれに拠らざるはなし」（『北斉書』巻一八高隆之伝）といわれる。同時に東魏の営構大将の辛述や張熠らも参与した。したがって、鄴南城の規格設計者はもともと北魏の官員であり、鄴南城の設計には必然的に北魏洛陽城の影響を受けていることが想定される。ボーリング探査で発見された全城の中軸線、宮城の位置、道路の規格などは、北魏洛陽城との密接な関係を明らかに示している。

③鄴南城は明確な中軸線をもつ。朱明門・朱明門大道・宮城の正南門・宮城の主要宮殿などをもって中軸線となし、全城の城門・道路・主要建築などは比較的厳格な中軸対称の配置を呈している。また、縦横に走る街路は直角に交差し、道路網は碁盤の規格を呈している。

①〜③を踏まえて鄴南城の設計について、報告書は次のようにその意義を指摘する。

鄴南城の北側は鄴北城に臨み、鄴南城の規格は前代の都城の成果をくみ取っている。それは設計者の意図を充分に貫徹したものであり、中国古代都城発展史上、最初に実践に移されたものである。この実例は、隋唐都城設計者の重視するところとなり、隋都大興城・唐都長安城の規格の直接的な淵源となった。

④鄴南城の独自的かつ特色ある城壁は、これに馬面と護城河を加え、完備された軍事防衛システムを構成しており、こ

の点が突出した特徴である。鄴南城の東・南・西三面の城壁は緩やかな曲線を描き、東南・西南の両城角は隅丸になっているほか、城壁の外側には整然と馬面が築かれ、さらにその外側には護城河が回されている。このような平面配置は空前のものである。加えて、ボーリング探査と一部発掘により鄴南城は「亀象」に似ていることが確定した。嘉靖『彰徳府志』巻八『鄴都宮室志』に引く『鄴中記』に「掘るに神亀を得、大いに方丈を踰す、それ堵堞（城壁）の状、みな亀象を以てす」とあり、文献の記載にはこじ付けのきらいがあると認識しつつも、曲線や隅丸の形状をもつ城壁は、意図的な（有為なる）規格設計の結果に他ならず、この種の形状が軍事防衛機能を有すると理解する。

⑤鄴南城には、「四百余坊があった」（『嘉靖彰徳府志』巻八『鄴都宮室志』に引く『鄴中記』）と外郭内条坊のことが示されているが、未発見であることから今後の調査課題とする。

以上、当該報告によって鄴南城の概要は十分に把握されたといえ、以後の発掘調査はこの調査成果の延長上にある。昨今、宮城内の調査が本格化しているようであるが、上記の二〇六号大殿基址以外は、『中国考古学年鑑』に主要な調査の概要が掲載されるに止まり、詳細な報告は刊行されていないのが現状である。鄴南城については日本の古代都城を考える上にも不可避な研究対象である。鄴南城に関する考古情報の一層の公開が待たれる。

当該報告を読み解くと、①鄴南城には多くの馬面が設けられているが、隋唐長安・洛陽城には確認されていないのはなぜか、②城壁の形状が亀甲である点も隋唐長安・洛陽城に引き継がれないが、そもそも先進的な防衛システムであるとするならば何故に後世に受け継がれないのか、③中軸線は継承され防衛システムが継承されないのは何故か、など鄴南城の考古成果から数々の疑問が提示できる。今後の課題となろう。

なお、当該報告では嘉靖『彰徳府志』巻八『鄴都宮室志』に引く『鄴中記』の内容を意識しているが、本書の平勢解説でも触れるように、その史料性に問題が認められることを前提に文献の扱い方に注意しなければならない。鄴城考古隊は、あまりにも文献に引っ張られながら報告を作成している。考古学の探究方法からして文献をあまり意識せず、門址の名称比定などもう少し慎重に行ってもらいたいと思う次第である。

五　城外に展開する個別遺構の調査

前記の他、城外では仏教寺院址のほか、磁県の北斉陵墓、西高穴村の曹操高陵比定墓の発掘が行われた（拙稿「鄴城が有する都市空間」『後漢魏晋南北朝都城境域研究』二〇一三年、雄山閣、参照）。

(1) 仏教寺院遺構

従来、三国曹魏の元帝曹奐の陵墓と考えられていた土丘に対する発掘の結果、東魏北斉の仏寺であることが確認された（中国社会科学院考古研究所・河北省文物研究所鄴城考古隊「河北臨漳県鄴城遺址東魏北斉仏寺塔基的発現与発掘」『考古』二〇〇三年第一〇期、中国社会科学院考古研究所・河北省文物研究所鄴城考古隊「河北臨漳県鄴城遺址趙彭城北朝仏寺遺址的勘探与発掘」『考古』二〇一〇年第七期、中国社会科学院考古研究所・河北省文物研究所鄴城考古隊「河北臨漳県鄴城遺址趙彭城北朝仏寺二〇一〇〜二〇一一年的発掘」『考古』二〇一三年第一二期）。また、北呉荘村の造像埋蔵坑では大量の仏像が出土している（中国社会科学院考古研究所・河北省文物研究所鄴城考古隊「河北鄴城遺址趙彭城北朝仏寺与北呉荘仏教造像埋蔵坑」『考古』二〇一三年第七期）。その多くは現在鄴城博物館に展示されている。

(2) 陵墓遺構の調査

(i) **西高穴一号二号墓（曹操高陵に比定）**（図8－1）

河南省安陽市安陽県安豊郷西高穴村で二〇〇七年の盗掘（図8－2）を契機として二〇〇八年より発掘が行われた墓葬である。二基のうち南側に位置する二号墓が曹操の高陵に比定され注目を集めている。墓道（長さ三九・五メートル、上部幅九・八メートル・底部幅四・一メートル、最深部は地上面より深さ約一五メートル）、墓門（外券の幅一・九五メートル、高さ三・〇三メートル、拱高一・一三メートル、内券の幅一・六八メートル、高さ二・五八メートル、拱高〇・八メートル）、甬道（長さ二・八五メートル、幅一・六八メートル、拱高〇・八メートル、通高二・五八メートル）、前室（東西三・八五メートル、南北三・八七メートル、墓頂の高さは墓底より六・四メートル）・後室（東西三・八二メートル、南北三・八五メートル、墓頂の高さは墓底より六・五メートル）および前室二つ後室二つの側室から構成される（河南省文物考古研究所・安陽県文物局「河南安陽市西高穴曹操高陵」『考古』二〇一〇年第八期。河南省文物考古研究所『曹操高陵』中国社会科学出版社、二〇一六年）。

図 8-1　2 号墓墓口

図 8-2　2 号墓盗掘痕

（ii）**磁県陵墓・東魏北斉陵区**

北斉文宣帝高洋の陵墓に比定される壁画墓が一九八七年に磁県の湾漳村で発掘され、その報告書が刊行されている（中国社会科学院考古研究所・河北省文物研究所『磁県湾漳北朝壁画墓』科学出版社、二〇〇三年）。墓道（長さ三七メートル、上部幅三・八八メートル、底部幅三・三六～三・六二メートル、南端深さ〇・三六～〇・四二メートル、北端深さ八・八六メートル）、甬道（全長六・七メートル、南部長さ二・二一メートル、幅三・五三メートル、高さ四・三四メートル、北部長さ四・四八メートル、幅二・六五メートル、高さ三・九メートル）、墓室（東西七・四メートル、南北七・五六メートル、墓頂の高さ一一・八メートル：復原高一二・六メートル）から構成される。また磁県大冢営村で一九七八年から七九年にかけて発掘された茹茹公主墓については河北省博物館に墓葬が復原展示されている（磁県文化館「河北磁県東魏茹茹公主墓発掘簡報」『文物』一九八四年第四期）。こちらも同様に墓道・甬道・墓室から構成される。この二つの墓葬で注目されるのが、墓道から墓室にかけて画かれた壁画である。

このほか、主な発掘報告としては以下のとおり（『中国文物報』『中国考古学年鑑』は内容

図 9–1　西門豹水利遺址（衛星画像　Base：CORONA by USGS）

図 9–4　西門豹引水道（渠道）

図 9–3　西門豹取水口（天井堰端）

図 9–2　西門豹築堤遺址

が簡略すぎることから除く）。河南省博物館「河南安陽北斉范粋墓発掘簡報」『文物』一九七二年第一期、磁県文化館「河北磁県東陳村東魏墓」『考古』一九七七年第六期、磁県文化館「河北磁県北斉高潤墓」『考古』一九七九年第三期、磁県文化館「河北磁県東陳村北斉堯峻墓」『文物』一九八四年第四期、河南省文物研究所・安陽県文管会「安陽北斉和紹隆夫婦合葬墓清理簡報」『中原文物』一九八七年第一期、中国社会科学院考古研究所・河北省文物研究所鄴城考古工作隊「河北磁県湾漳北朝墓」『考古』一九九〇年第七期、中国社会科学院考古研究所河北工作隊「河北省磁県北朝墓群発現東魏皇族元祜墓」『考古』二〇〇七年第一一期。なお、馬忠理「磁県北朝墓群―東魏北斉陵墓兆域考」『文物』一九九四年第一一期、および張小英・張李亜「河北磁県北朝墓群研究」（『華夏考古』二〇〇三年第二期）では東魏北斉陵区とされる区域の墓群の分布状況が紹介されている。

(3) 西門豹水利遺址

鄴城に関連する遺跡として、西門豹の灌漑閘門口とされる遺跡が安陽県安豊郷西高穴村の西北にある（『中国文物地図集・河南分冊』一四二・二七六頁）。その遺構は石灰と河卵石を混ぜた堰堤（図9－2）と夯築の引水道（残長約一キロ、上面幅約二〇メートル、深さ約一〇メートル、図9－3・4）からなる。その開基は、三戸峡の出口（岳城ダム）のすぐ下流にあり、鄴城のある太行東麓の扇状地の扇頂部に取水口が設けられた。すなわち、西門豹・曹操による灌漑とは、太行東麓の扇頂部に堰堤を設けて漳水を引き、邯水と合わせて十分な水量を確保しつつ、広大な扇状地の上に灌漑を施したと考えることができよう。なお、閘門址の近傍には前述した曹操の高陵とされる大型墓葬区もある。また漢代の遺物が散在する城邑遺構も確認される（筆者調査による。漢邯会故城址と想定されるが、現地の考古報告はない）。

おわりに

以上、二〇一四年には上掲の調査成果や諸々の論考を収録した『鄴城―考古発現与研究』（文物出版社）が刊行されているので、近十年以前の調査と収穫遺物についてはその概要をとらえるのに便利である。

本文では、あくまでも『鄴中記』理解の一助とすべく現在にいたる鄴城考古学の発展経緯を記したものであり、復原案などを示した個別の研究論文は紹介していない。何故かといえば、鄴北城については曹操の改築以降の城邑形状（宮殿区の配置については見解が分かれる）をもって鄴の歴史的な性格が議論されており、それ以前、特に後漢後期に袁紹が本拠とした魏郡治（およびそれ以前）の形状が全く議論されていないからである。漢代以前の鄴城の状況に係る議論が棚上げにされたままで鄴城の変遷などが議論できるであろうか。筆者はこれまで数々の城址を調査してきたが、秦漢以降の城邑については前漢の陵邑や隋唐長安・洛陽城が新造であるのを除けば、他は基本的に増改築の城邑であるといえる。詳述は別稿を期すが、鄴が城内の北側中央に宮城を配しているのは戦国から後漢にかけての城基からの増改築による拡大の過程の中で生じたものであると考える。この増改築を議論する上で北城壁の考古調査報告は不可欠な情報であり、早々に発表されることを期待したい。

本稿の脱稿を前に、鄴城の考古学を先導してきた中国社会科学院研究員朱岩石氏の訃報に接した。朱岩石氏とは彼が日本留学中に東洋文庫の研究会で意見交換を重ね、以来鄴城研究において数多の情報の提供を受けた。鄴城考古学研究、ひいては中国の都城研究に更なる成果が期待される折、突然の悲報に接し痛恨の極みである。心より哀悼の意を捧げる。

あとがき

本書はもとより『鄴中記』の検討を軸に据えている。書名が示すとおりである。しかし、この書に、石虎の名に代表される後趙政権の「正統」観が深く関わっていたことは、想定されてこなかったらしい。後趙は華北に大領域を構えた。華北の大領域ということからすると、後趙に加え、前秦・北魏が注目される。しかし、日本事情が欠落する時代に当たっているためか、その「正統」観にも研究者の注意が向かなかったのだろう。では、今あらためてこれらの「正統」観に焦点を当てるとして、具体的に何に焦点を当てるべきか。自ら問うてみて、これまで絞り込まれてきていないことに気づかされる。

『鄴中記』には、当時の混乱が予想される中、歴代の中国史書を熱心に研究した成果が見えている。何を継承し、何を独自性の発露として付加したか、解明のための焦点の当て方がさらに問題になった。手探りの中から見えてきた点は多岐にわたる。『史記』に見える石室の特別な位置づけ、仏教の影響が及ぶに当たっての神仙思想、とりわけ西王母と東王父の位置づけ、釈迦像と太子の位置づけ、皇后の太子懐妊を寿ぐ「形」としての香炉・香嚢・連弁の「形」、戦国以来の地域的独自性をもつ屈原伝説の天下の伏日儀礼への定着、以上いくつかが関わって石窟寺院の出現を促したこ

五胡十六国興亡の概要

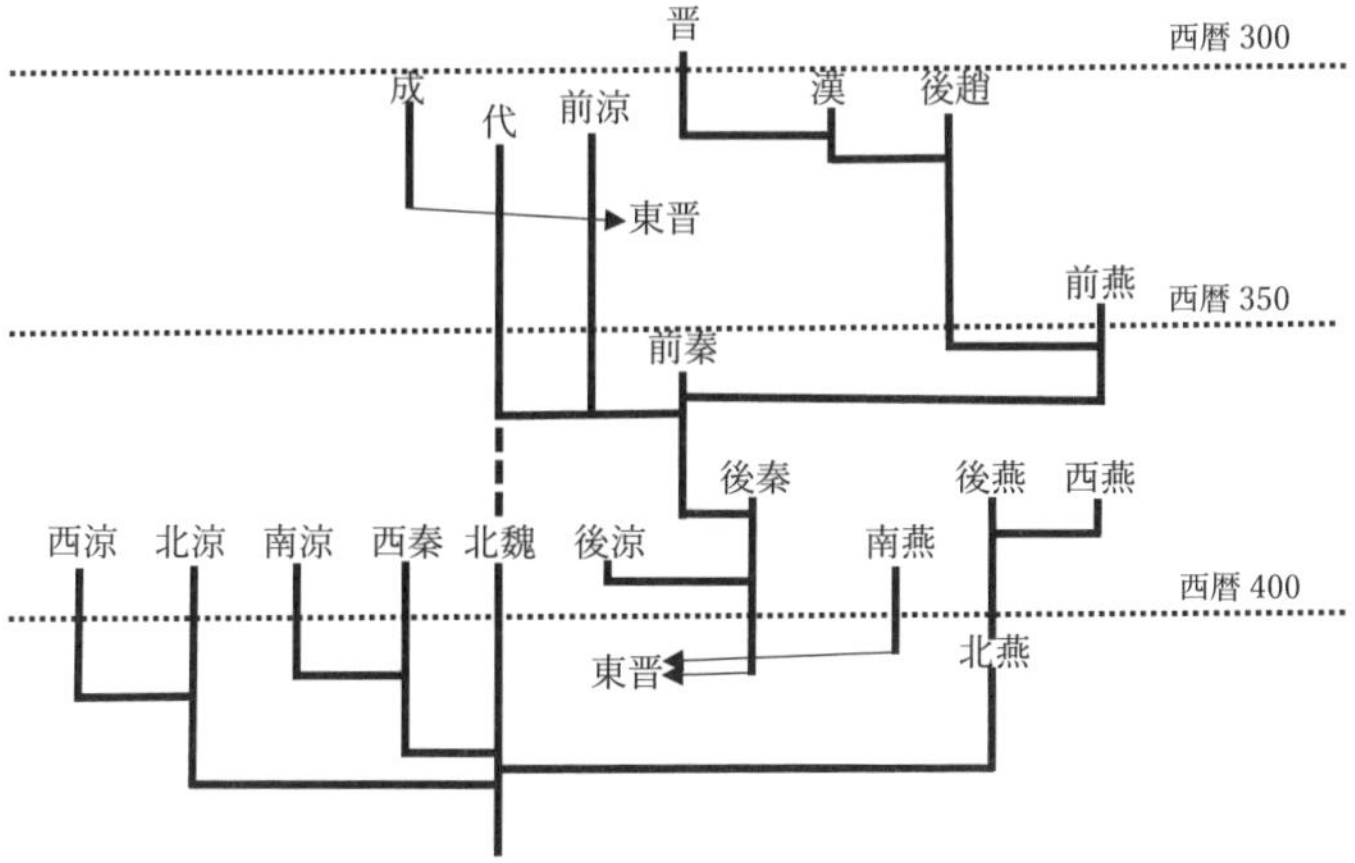

と等が指摘できた。

これら諸点の理解に関わるのは、大きくは歳差現象による天文現象の変化が明らかに史書に見えているのに、その時代時代の特徴を捉える観点がほぼ皆無に等しかったという現実である。本書が関わり得たのは、その現実のごく一部にすぎないが、失われた原初的曲水儀礼の解明が進み、忠なる語の意味を朱子『楚辞集注』の地主階層と皇帝との関係に基づき再構築する中国王朝と、唐代以前の素朴な忠義を日本的武家政権下で継承した日本との相違に焦点を当て得た点は、収穫と考えてよかろう。近代以来の研究にも、その相違自体には気づいた先人の見解が見えている。しかし、それがどのような意味をもつかについては、本書の着眼点を見過ごしてきた点は否めない。また、よく知られたこととして、道教が日本に伝来したか否かの議論がある。その要点は中国の道教に指摘される諸点が日本において確認できない点に帰着する。しかし、相違がある部分にいくら着目しても、「ない」という結論しか得られない。そうなった経緯に焦点を当てなおす必要がある。

本書は、儒教・仏教・道教の混交が大きなテーマとなった。これも従来理解が及んでいなかったようだ。どうしてそうなったのか。史料の整理法に根差しているというのも、本書を整理して得られたささやかな結論である。

本書は、「平勢解説」冒頭に述べたように中国正史を基準に据えている。この方法自体は、平勢隆郎『「仁」の原義と古代の数理――二十四史の「仁」評価「天理」観を基礎として』（東京大学東洋文化研究所・雄山閣、二〇一六年十二月）にて実践ずみである。同じ「仁」や「天理」という漢字語の用法が正史ごとに変化を遂げている。共通する意味と時代相を反映する意味が混在する。さらに述べれば、日本の邪馬台国論争の基礎資料も中国古代の正史にあり、その正史をどう利用するかも熱心になされた過去がある。この方法は三品彰英『邪馬台国研究総覧』（創元社、一九七〇年四月）に議論が尽きており、その後の考古発掘の成果が議論を深化させてきた。本書もこの議論を参照している。正史の整理された時代は、王朝興亡の時代順にはなっていない。

儒教・仏教・道教の混交、特に唐以前の状況については、仏典に軸足を置いた常盤大定『支那に於ける仏教と儒教道教』（東洋文庫、一九三〇年十二月）、道教史料に軸足を置いた小林正美『中国の道教』（創文社、一九九八年七月）をご参照いただくのが早道である。これらをご参照いただければ、上述した正史における鍵を握る用語の用例という視点のもつ意味も、よりよくご理解いただけよう。

本書をまとめる過程で、あらためて気づいたのは、上述した歳差現象である。この現象自体は古来よく知られていて、正史でも『宋書』に記事がある。地軸がコマのようにゆっくり振れるので星座と季節の関係がだんだんずれてくる。正史の記事に、この現象がどう関わるかは、これまで等閑視されてきたと言っても過言ではない。本書が扱う『鄴中記』は、『宋書』に記されるこの現象をめぐる混乱が出始めた後の議論が反映されている。『詩経』『楚辞』やその注釈にそれがどう反映されているか、この種の議論はこれまで為されてきていない。

本書は、この歳差現象を正史の記事解釈にからめ、検討の軸に据えてみた。

以上ながながと述べてきたが、今後研究を進める上で必須不可欠の問題を取り上げたため、本書では、従来なされてきた解説と、かなり異なる視点が示されている。説明上の工夫をいろいろ試みたが、力の及ばない点も少なくないと思う。ご容赦願えれば幸いである。

本書では、上述の小林正美を念頭におきつつ、「道教」という用語を避けて、「神仙思想」の語を用いている。そしてこの語が使われるということのもつ意味も、読者には、あらかじめご留意いただきたいところがある。それは、この思想の下、記された内容は、得てして見えない世界を記述しているということである。仙人の話題も出てくるが、現実にそうだったという記事というより、そう言う具合に考えられていたことをご理解いただくのがいい。そうしないと、読者としての理解の道筋が絶たれてしまいかねないからである。あらかじめご配慮いただけるとありがたい。

さて、本書を編纂しつつ、常に気にかかっていたにもかかわらず、これまで言及する機会のなかった点に、最後に触れておきたい。

これもちょっとした縁から、二〇二〇年の立春を前後して、対馬の豆酘を訪れる機会があった。ちょっとした縁というのは、日本に残る弥生時代の卜骨儀礼に関わる。一九八一年から九年間、鳥取大学教育学部で教鞭をとっていた。八八年から八九年のことだったと思うが、地元鳥取岩井の太田兼雄氏より、恩師松丸道雄先生を通して連絡があった。松丸先生は甲骨金文の専門家だが、かねて日本の卜骨に興味があり、私に応対を依頼された。太田氏は、熱心に太占の研究をなさっていて、松丸師に連絡をとられたのであった。その時、私には、応対するだけの知識もなかったのだが、太田氏からガリ版刷りの『太占研究』を手渡された。その内容は、近藤龍雄氏の研究に加え、歴代の関連研究を集め、太田氏が追記を施されたものであった。

一九九〇年四月より転任した九州大学には、楠本碩水旧蔵の碩水文庫があり、その中に対馬の亀卜に関わる江戸時代の書物が入っていた。それらに目を通して、かつて太田兼雄氏から手渡された研究の引用書が、江戸時代の調査史料として目前に存在することがわかったのである。そして二〇一九年、対馬豆酘の亀卜を伝える岩佐家の縁者の方たちが来訪され、江戸時代と現代がつながったのであった。亀卜は弥生時代以来の儀礼の伝承が問題になるわけだが、実際に豆酘を訪れてみると、当地には、奥深く離れた地ながら、かつての禁足地があり、そこに天道法師という伝説的人物の墓があった。天道法師の墓については、戦前、アジールを研究した平泉澄が訪れている（平泉澄『中世に於ける社寺と社会との関係』至文堂、一九二六年十一月。国書刊行会、一九八二年五月、第三章「社会組織・対馬の天道山」）。戦後、地元の永留久恵氏が天道法師のみならず豆酘の亀卜についても、江戸時代の記録をも紹介しつつ研究をまとめている（永留久恵「対馬亀卜の起源について」『東アジアの古代文化』大和書房、一九七八年早春）。同氏の「天道信仰の源流」（『日本民俗学』一五五、一九八四年）には、天道法師の墓の実測図が示されている。岩佐家に伝えられる文書には、この実測図から今の我々が知り得る天道法師墓の高さを記し、朝廷に報告したと思しき内容が見える。これに関わるのだが、平勢は、二〇二〇年の定年退職前、急いで東京大学総合図書館内を調査し、『貞享年中諸図』を確認した。これは、貞享四年に復活した大嘗祭を図として残した記録である。そこに、亀卜を挙行したとみられる図がある。上記の岩佐家による朝廷への報告は、この大嘗祭に先んじてのものであり、亀卜が挙行されたことと関わる可能性がある。これとは別に、水戸徳川家では、彰考館における『大日本史』編纂事業が始まっており、朝廷が進める大嘗祭準備作業とは別に、大嘗祭関連の史料収集を行っていた。その情報は、朝廷側に提供されている（以上、平勢隆郎「光圀の『圀』を通して見える『大日本史』編纂と則天武后評価」『唐代史研究』二四、二〇二一年八月に一部紹介した）。豆酘の岩佐家が、貞享大嘗祭時点において、亀卜儀礼（対馬には一般に知られる鹿の肩甲骨を使った占いもある）を継承するのみならず、天道法師墓の管理の要にいたことが議論できる。天道法師墓は、積石にて方形壇を設けるもので、その母の墓も近くにある（天道法師とその母の関係は、『鄴中記』の太子をみごもる皇后、西王母の霊力等を容易に想起させる。平勢解説《その三》「『石虎と鏡と太子像』母を特別に位置づける『形』」）。徳島市矢倉比売神社奥の院の岩座や岡山県赤磐市熊山遺跡など、ネット情報ながら、類似のものが知られるので、今後比較検討が期待される。対馬豆酘の現在を通して浮かび上がる卜骨儀礼は、近年注目を浴びてきた弥生時代の儀礼について、『史記』亀策列伝（平勢解説《その三》「『占法と宮と時』失われた都市国家の時代の様相」に言及）が参照できる。天道法師の伝説も、我国への仏教の伝来を検討する作業として、本書内容に関わる。対馬豆酘には、弥生に遡る儀礼と、仏教伝来時の神仙思想の影響が融合して存在する。

ただし、本書でも冒頭から「禁欲的に対処する」ことを述べたように、古代の儀礼は、伝承の過程で多くの改変を経ている。この視点から念頭におくべき道教研究として、窪徳忠『庚申信仰の研究：日中宗教文化交渉史』（第一書房、一九九六〜一九九八年）という大著がある。この種の研究について、本書に述べた内容はどう関わるか。「曲水」の先行儀礼である「三月上巳」儀礼をさらに遡ると『詩経』唐風綢繆鄭注の「三女」（唐風綢繆の「粲」について『国語』周語の「三女」を関連づける）が目にとまる。この「三女」の原義が失われて「三月上巳」の「三女」の死（三尸）となり、その「三尸」が「三伏」に合体してその原義がさらに失われてしまう。招魂の儀礼は、『鄴中記』の記事中に反映され、その比重が次第に屈原伝説に移る途次にある。屈原伝説の比重が増した後、宋代に科挙が定着すると、地主層の墓葬儀礼と皇帝とを、朱子『楚辞集注』が忠で結びつけるようになる。かくして中央の儀礼をはなれた「三尸」の儀礼は、民間療法に取り込まれて宋代『旧五代史』に「西岳有五粒松淪脂千年能去三尸」、宋代『新五代史』に「華山有五粒松淪入地千歳化為薬能去三尸」（特別の薬を使うと三尸の毒が除かれる）とされるにいたる。こうして世に知られる庚申信仰の三尸の意味が生まれた。窪徳忠がその研究中注目した山梨の庚申塔を実際に見聞してみると、近辺はかつて養蚕の盛んな場所だったことがわかり蚕影山道祖神もある。絹帛（本書でもたびたび話題にした）を通して七夕儀礼との関わりが見えている。「庚」（かのえ。火の最大の苛烈さを宿す）はとりもなおさず「三伏」の儀礼（苛烈さを和らげる）が行われる日である。しかし、「庚申」ということになると、中国の儀礼記事には見えていない。中国における七夕儀礼の衰微が関わりそうだ。これに対し、七夕儀礼は日本において独自に継承された。「庚申」の「申」は、日本において付加されたことが強く示唆されるということである。中国伝来の理論としては、「申」は天の方位で夏至点が配される（太陽が最も苛烈な時）。「三伏」儀礼は夏至をすぎて始まる。

論点を挙げれば切りがない。日本史を検討する上で、当然のように中国正史を参照してきたわけだが、その正史に何が書いてあるか、あらためて検討しなおすべきことを本書は述べた。「わからない」ですまされてきた点にも、正史の記述から出発し、関連記事にも時代的タガをはめ（これが重要である）、思いもよらなかった光明がさすとすれば、望外の幸せである。すべてほんの出発点に立っただけのことを述べて擱筆する。

平勢隆郎

■著者紹介

平勢隆郎（平勢隆郎）（ひらせ たかお）

東京大学大学院人文科学研究科修士課程修了、東京大学論文博士（文学）取得。
鳥取大学教育学部助教授、九州大学文学部助教授、東京大学東洋文化研究所教授等を経て現在東京大学名誉教授。専門は東洋史。

主要著書

『新編史記東周年表—中国古代紀年の研究序章』東京大学東文研・東京大学出版会 1995 年、『左伝の史料批判的研究』東京大学東文研・汲古書院 1998 年、『『春秋』と『左伝』』中央公論新社 2003 年、『「八紘」とは何か』東京大学東文研・汲古書院 2012 年、『「仁」の原義と古代の数理—二十四史の「仁」評価「天理」観を基礎として』東京大学東文研・雄山閣 2016 年 ほか

塩沢裕仁（しおざわ ひろひと）

法政大学大学院人文科学研究科博士課程満期退学、京都大学論文博士（人間・環境学）取得。現在、法政大学文学部教授、法政大学大学院中国古代物質文化研究所所長。専門は中国都城考古学。

主要著書

『千年帝都 洛陽—その遺跡と人文・自然環境—』雄山閣 2010 年、『後漢魏晋南北朝都城境域研究』雄山閣 2013 年 ほか

宇都宮美生（うつのみや みき）

東京大学大学院人文社会系研究科博士課程修了、博士（文学）取得。現在、法政大学文学部教授。専門は中国古代史（都城史、水利史、交流史、交通史）。

主要著書

『東洋文化研究所蔵山本照像館等撮影中国史跡写真目録』（平勢隆郎編 共著）東京大学東洋文化研究所附属東洋学研究情報センター 2017 年、『中国前近代の関津と交通路』（辻正博編 共著）京都大学学術出版会 2022 年、『隋唐洛陽の都城と水環境』雄山閣 2023 年 ほか

2025年3月25日　初版発行　《検印省略》

五《ご》胡《こ》の正統《せいとう》遺産《いさん》『鄴中《ぎょうちゅう》記《き》』
―失《うしな》われた古代《こだい》の面影《おもかげ》―

著　者　平勢隆郎　塩沢裕仁　宇都宮美生

発行者　宮田哲男

発行所　株式会社 雄山閣

東京都千代田区富士見 2-6-9

ＴＥＬ　03-3262-3231 / ＦＡＸ　03-3262-6938

ＵＲＬ　https: //www.yuzankaku.co.jp

e-mail　contact@yuzankaku.co.jp

振　替：00130-5-1685

印刷・製本　株式会社 ティーケー出版印刷

© HIRASE Takao, SHIOZAWA Hirohito, UTSUNOMIYA Miki 2025
Printed in Japan

ISBN978-4-639-03034-8 C3022
N.D.C.222　306p　21cm